查 海

——新石器时代聚落遗址发掘报告

（下册）

辽宁省文物考古研究所　编著

编著者　辛　岩

文物出版社

北京·2012 年

图版目录

1. 查海遗址博物馆

2. 查海遗址全国重
点文物保护标志

查海遗址博物馆及保护标志

图版二

杏海遗址鸟瞰

1. 1993年发掘现场

2. 1993年发掘现场（局部）

查海遗址发掘现场

1992年发掘现场

查海遗址发掘现场

1993年窖穴发掘现场

查海遗址发掘现场

1994年发掘现场

查海遗址发掘现场

查海遗址东北部

查海遗址龙形
堆石发掘现场

1. F29、F38田野绘图

2. F25（由北向南拍摄）

查海遗址房址

F25室内东北角

查海遗址房址

F26及其南侧小石堆

查海遗址房址

1. F26：28磨盘、F26：29磨棒、F26：30斜腹罐

2. F26：34斜腹罐倒置现象

查海遗址房址

F27、F37打破F28

查海遗址房址

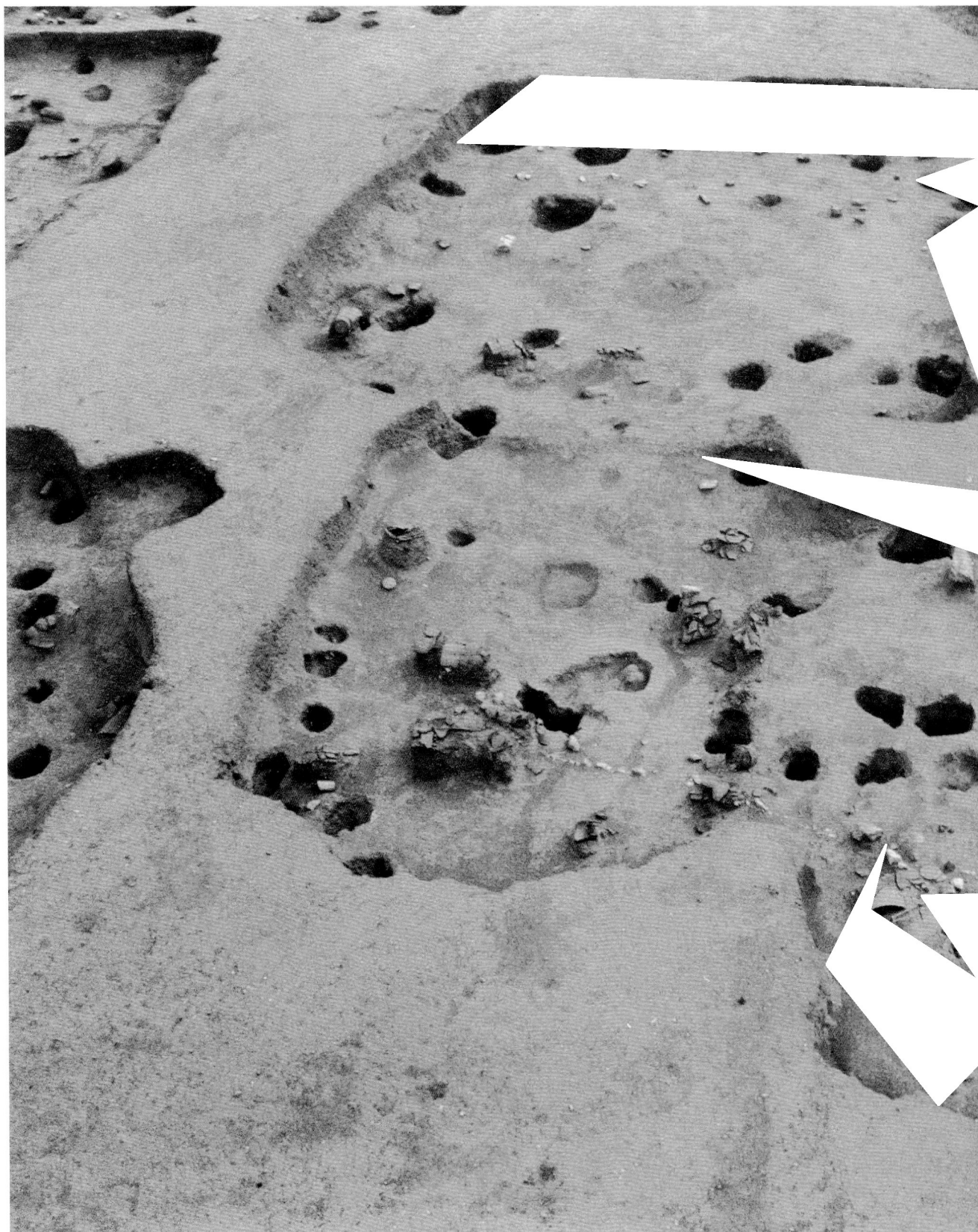

查海遗址房址

F27、F28、F37

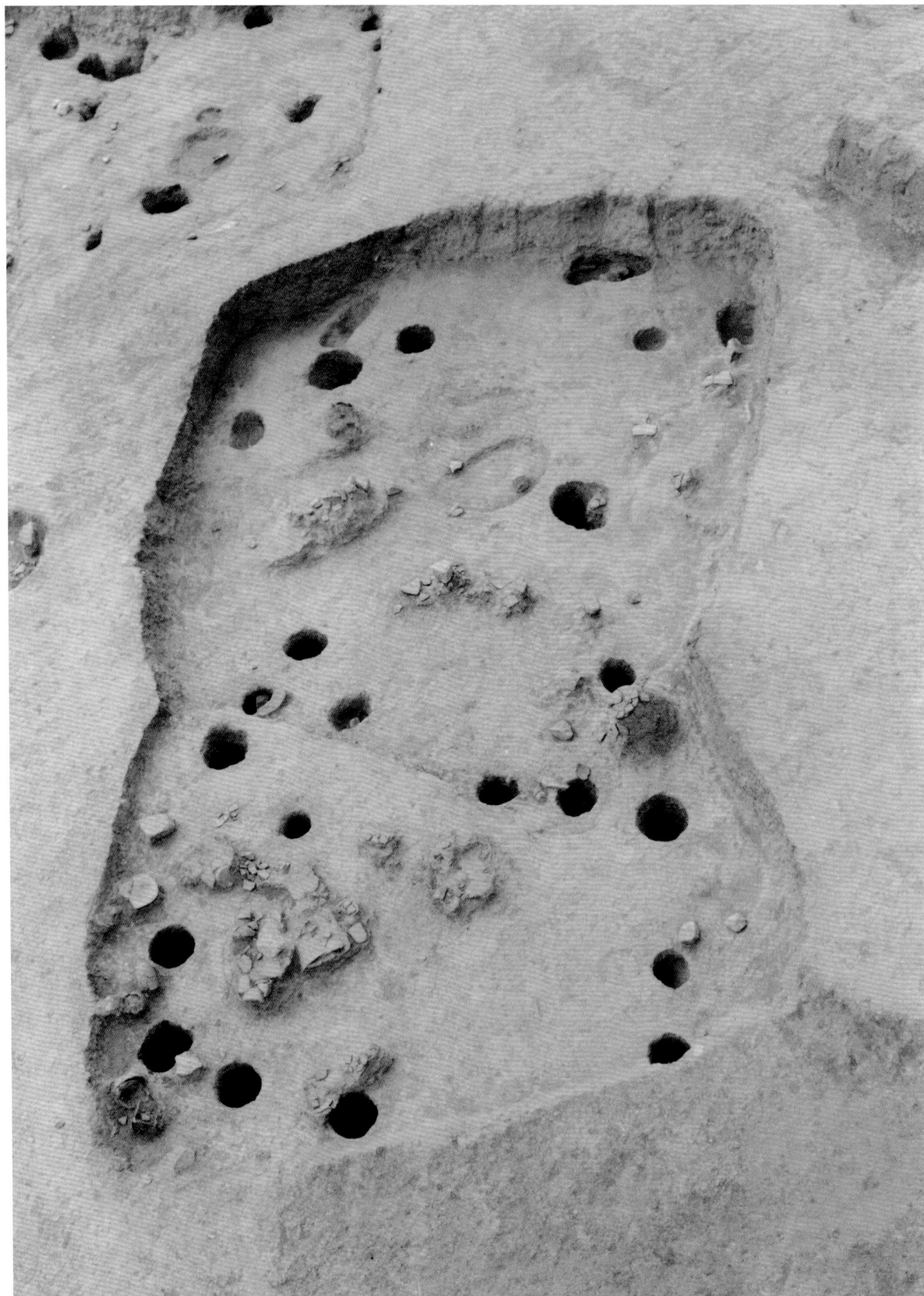

F38打破F29

查海遗址房址

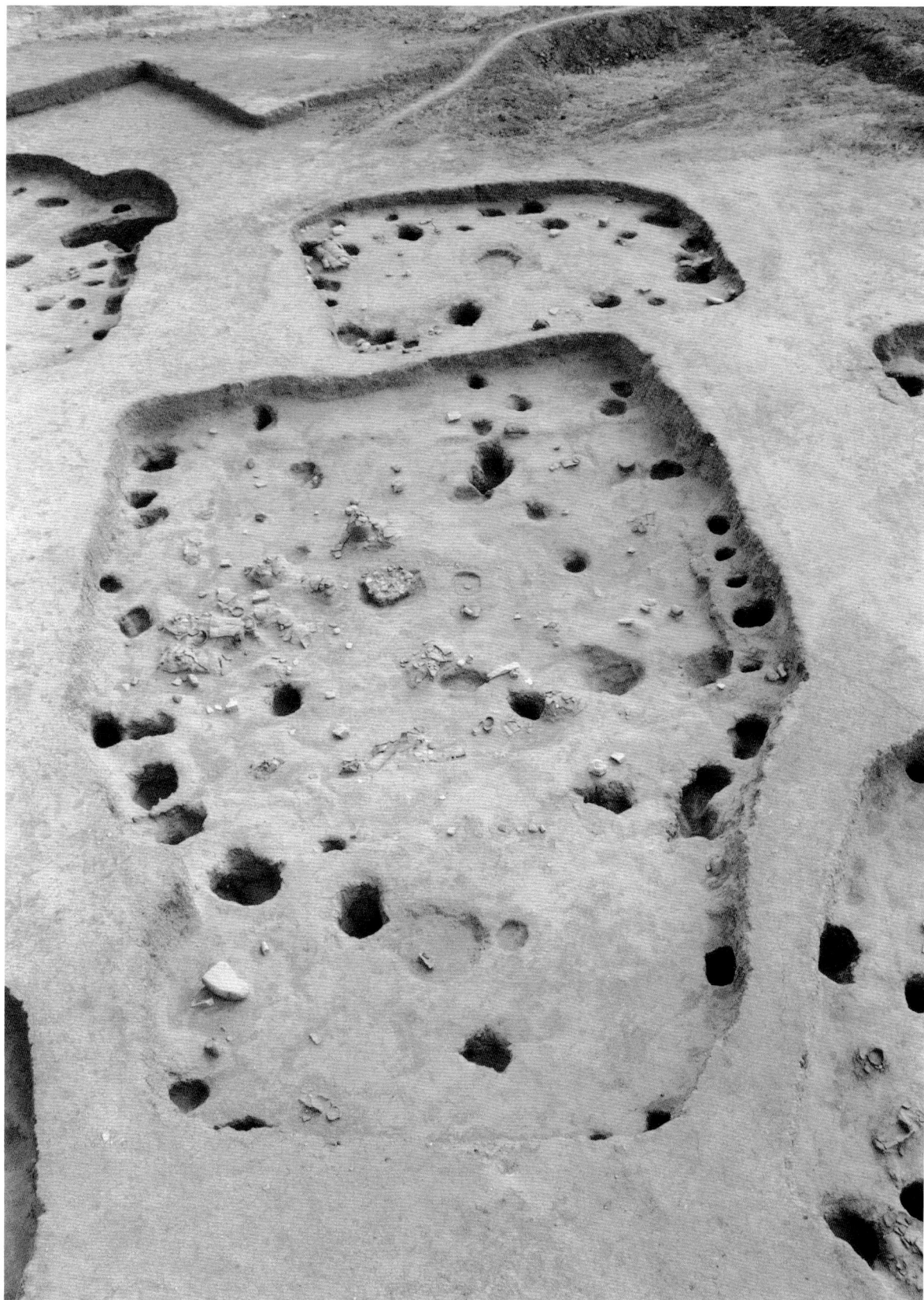

F30打破F24

查海遗址房址

1．F30　（由西北向东南拍摄）

2．F30室内遗物局部

查海遗址房址

1. F30大小组合灶

2. F30灶（Z1）

查海遗址房址

F31（由北向南拍摄）

查海遗址房址

F32（由北向南拍摄）

查海遗址房址

1. F32灶（由东北向西南拍摄）

2. F32灶（由西北向东南拍摄）

查海遗址房址

1. H26打破F33

2. F33

查海遗址房址

1. F34（由西南向东北拍摄）

2. F34（由东向西拍摄）

查海遗址房址

F35、F34、F26南北呈列

查海遗址房址

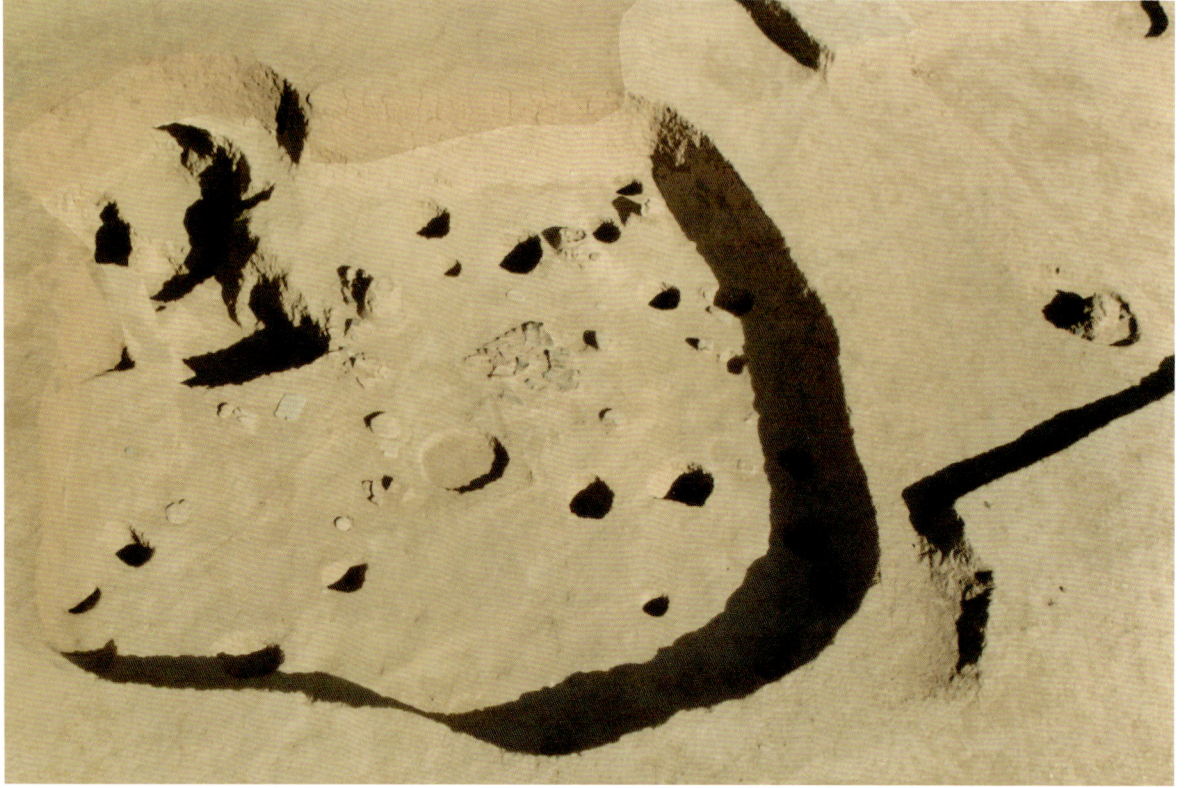

1. F35（由南向北拍摄）

2. F35J（由南向北拍摄）

查海遗址房址

F36（由北向南拍摄）

查海遗址房址

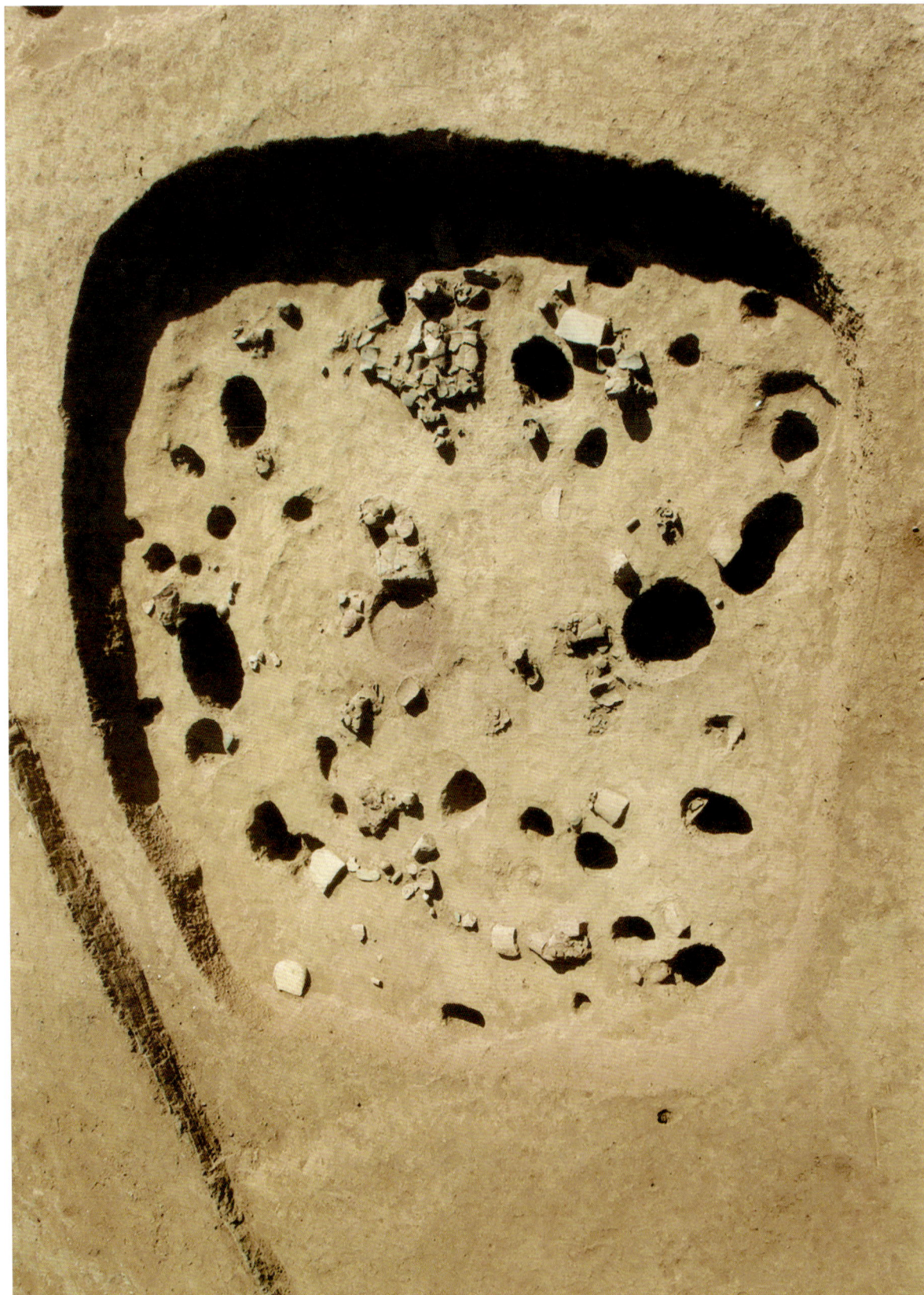

F39 （由西南向东北拍摄）

查海遗址房址

1. F39局部

2. F39：39局部

查海遗址房址

1. F42、F41、F40（由东向西拍摄）

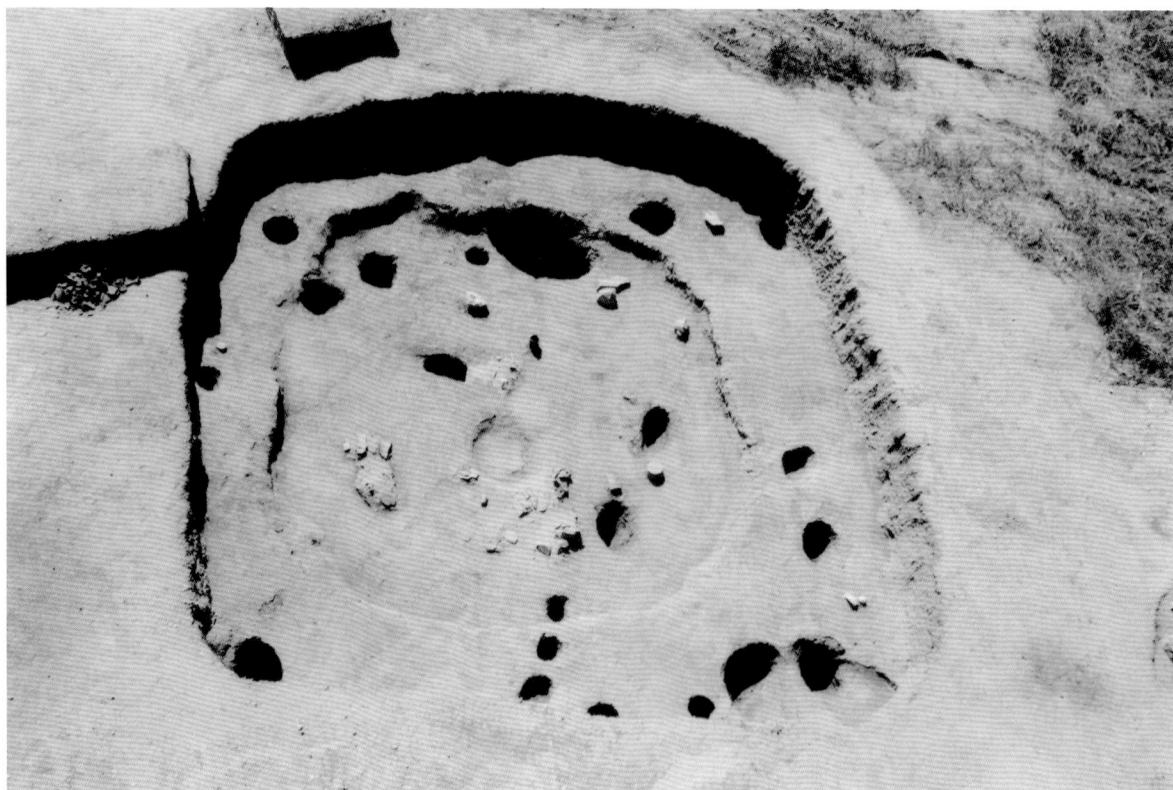

2. F40（由北向南拍摄）

查海遗址房址

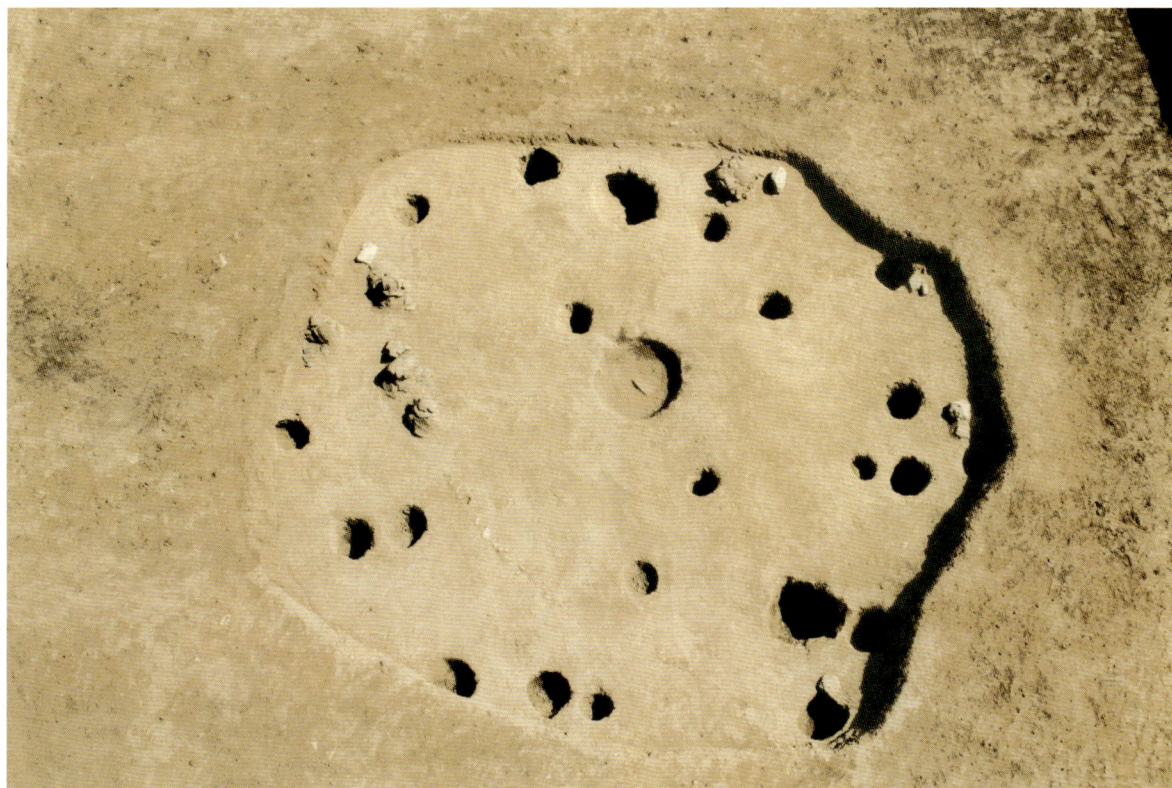

1. F41（由西向东拍摄）

2. F41（由南向北拍摄）

查海遗址房址

F42（由东向西拍摄）

查海遗址房址

F43（由东南向西北拍摄）

查海遗址房址

1. F44（由北向南拍摄）

2. F44（由东向西拍摄）

查海遗址房址

F45（由东向西拍摄）

查海遗址房址

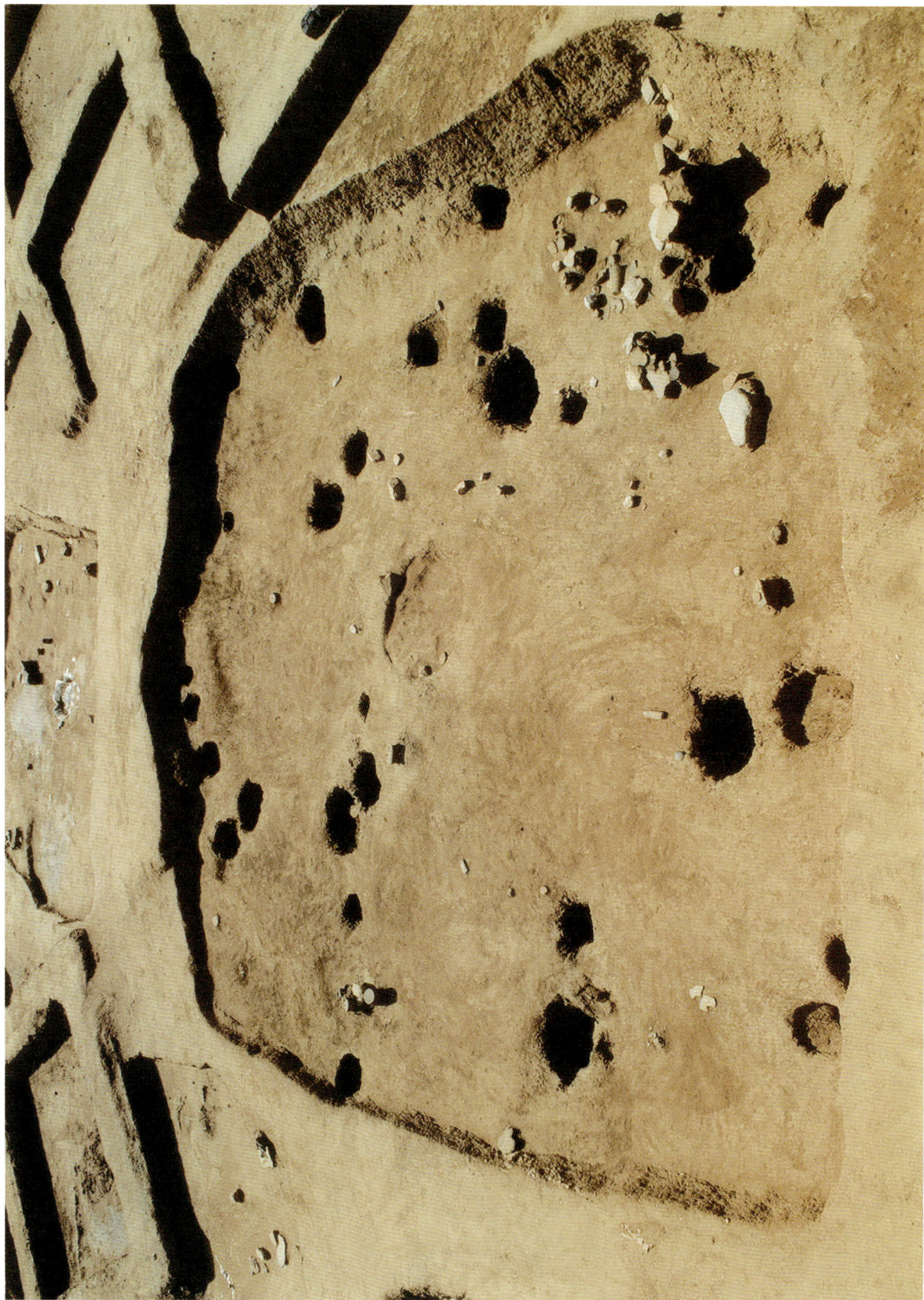

F46（由西北向东南拍摄）

查海遗址房址

1. F46西北角

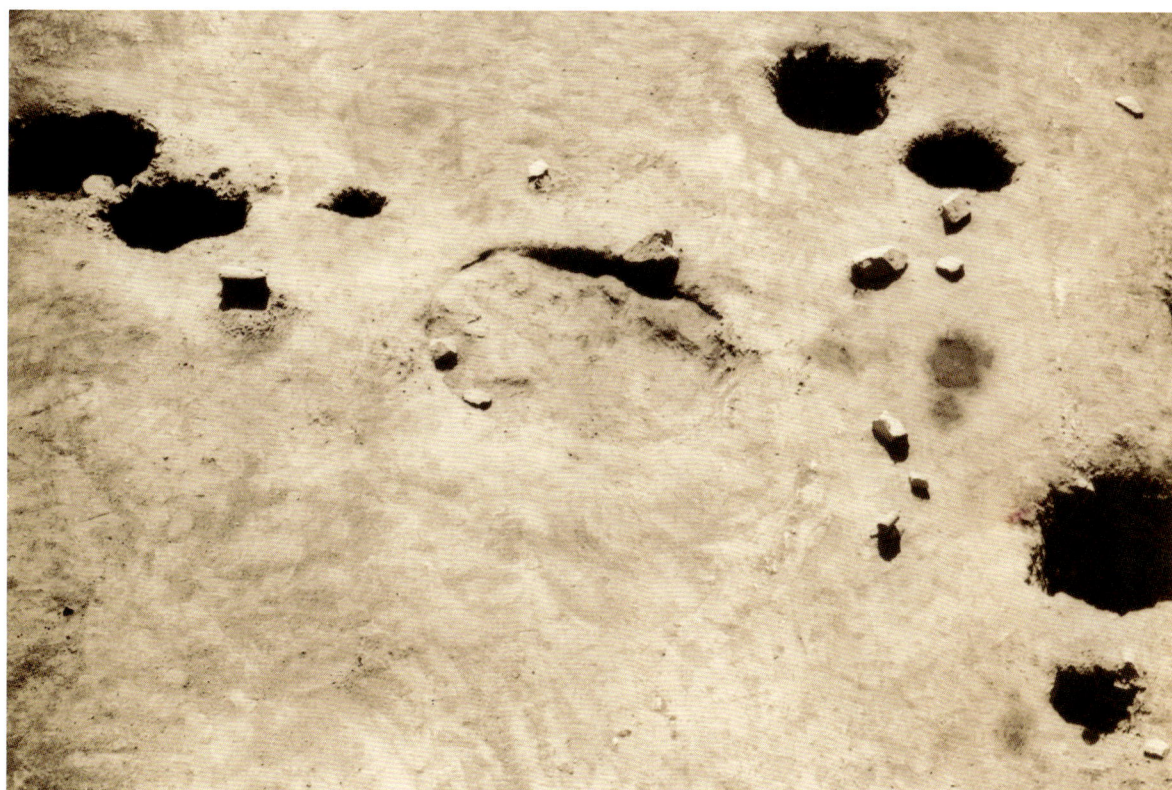

2. F46灶

查海遗址房址

1．F50（由南向北拍摄）

2．F50（由西北向东南拍摄）

查海遗址房址

1. F34灶（由东向西拍摄）

2. F50灶（由南向北拍摄）

查海遗址房址

1．F51（由东北向西南拍摄）

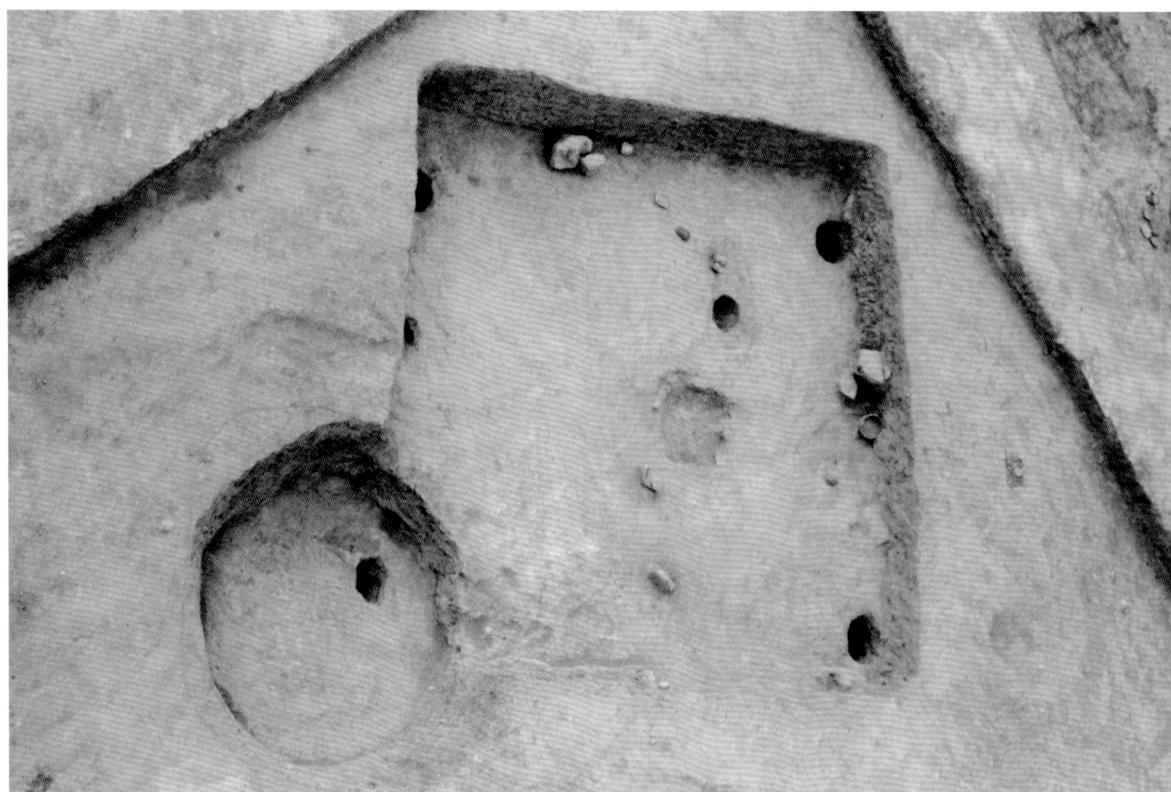

2．F51（由西南向东北拍摄）

查海遗址房址

1. 西北部成排的窖穴

2. H15（由北向南拍摄）

查海遗址窖穴与灰坑

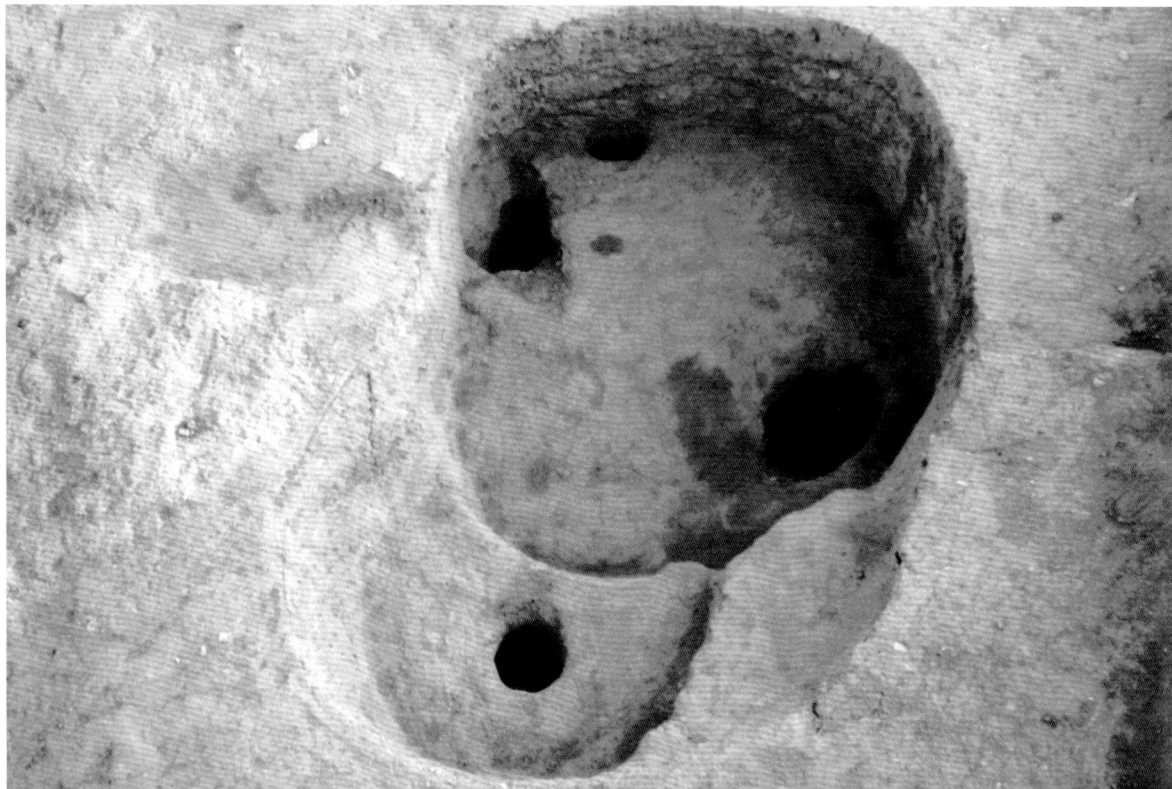

1. H19（由北向南拍摄）

2. H20（由西北向东南拍摄）

查海遗址灰坑

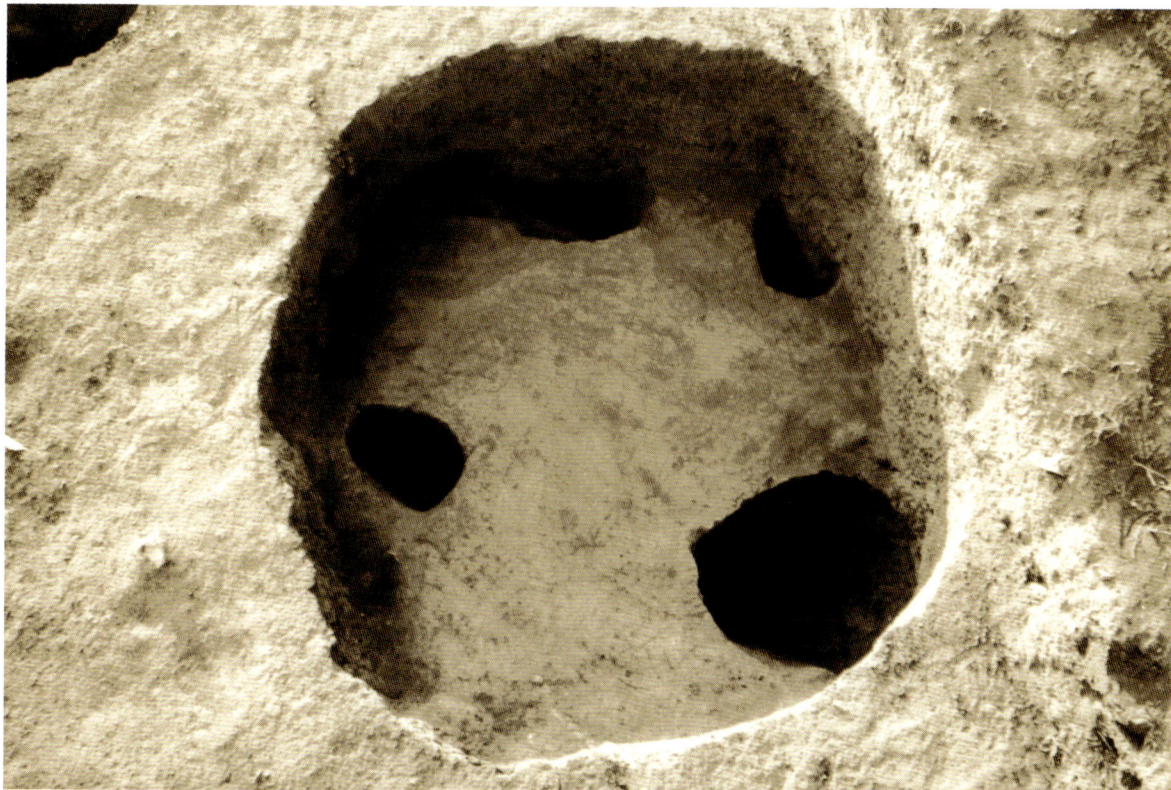

1. H23（由东向西拍摄）

2. H24（由南向北拍摄）

查海遗址灰坑

1. H27打破H16

2. H32（由西北向东南拍摄）

查海遗址灰坑

查海遗址中心墓地（由南向北拍摄）

遗址中心墓地（由
西南向东北拍摄）

1. M1、M2 （由北向南拍摄）

查海遗址墓葬

2. M1、M2（由南向北拍摄）

查海遗址墓葬

1. M3、M4（由南向北拍摄）

2. M3、M4（由东向西拍摄）

查海遗址墓葬

1．M3（由南向北拍摄）

2．M5（由北向南拍摄）

查海遗址墓葬

1. M7（由北向南拍摄）

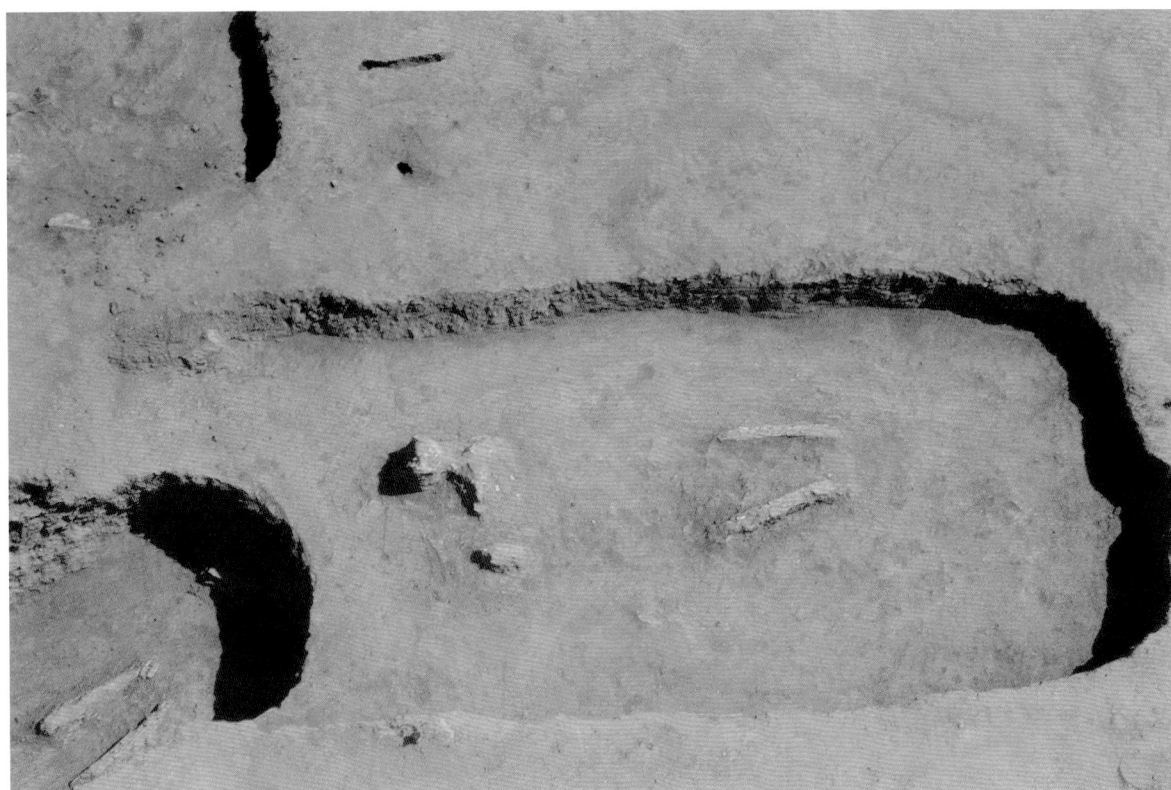

2. M9（由北向南拍摄）

查海遗址墓葬

2．M8（由南向北拍摄）

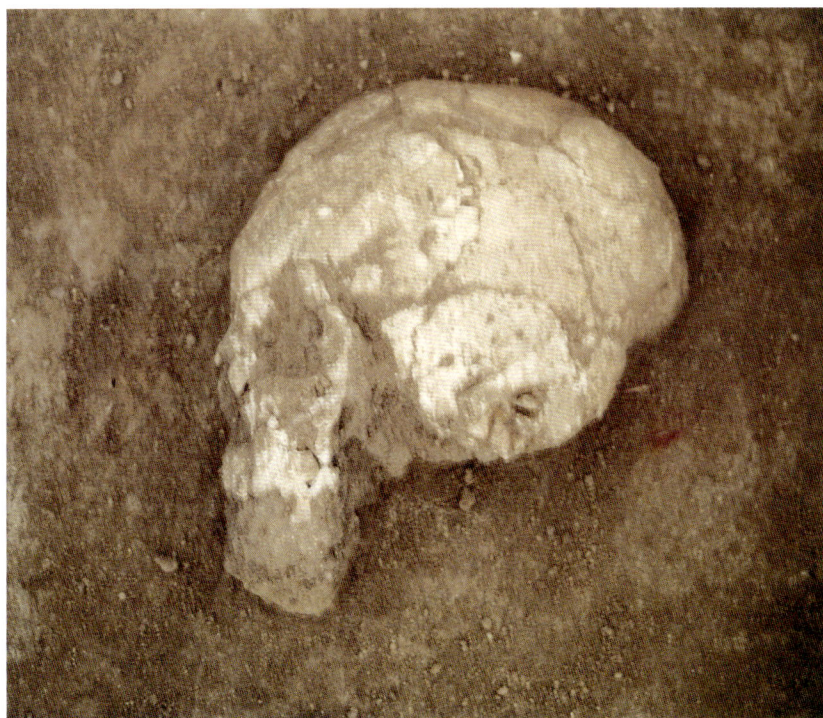

1．M8头骨（俯拍）

查海遗址墓葬

查海遗址龙形堆石
（由东南向西北拍摄）

龙形堆石遗迹局部（由东南向西北拍摄）

龙形堆石遗迹局部（由西南向东北拍摄）

G1（由南向北拍摄）

查海遗址灰沟

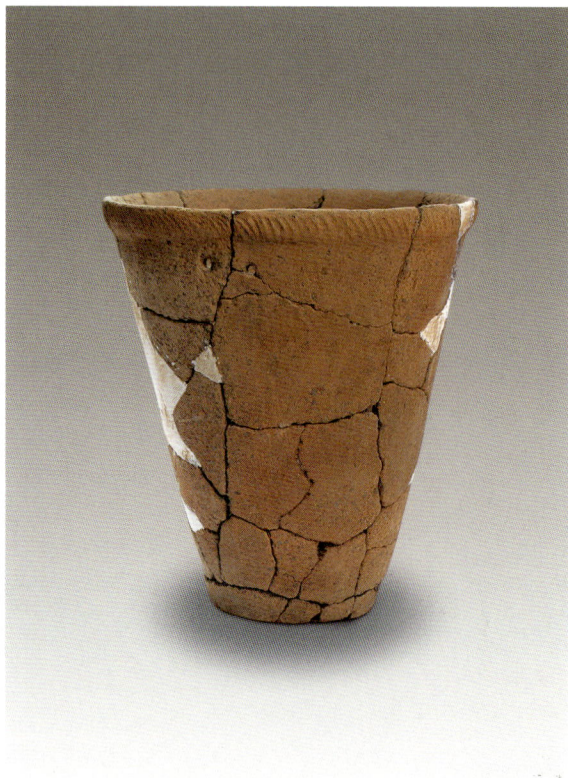

1. ＡⅠ式（F26∶33）

2. ＡⅠ式（F33∶51）

3. ＡⅠ式（F34∶43）

4. ＡⅠ式（F35∶14）

陶斜腹罐

1. A I 式（F4∶1）

2. A I 式（F1∶1）

3. A II 式（F50∶20）

4. A II 式（F35∶5）

5. A II 式（F43∶27）

陶斜腹罐

1. AⅡ式（F1：25）

3. AⅡ式（F39：39）

2. AⅡ式（F50：28）

4. AⅡ式（F39：39）局部

陶斜腹罐

1. AⅢ式（F35：8）

2. AⅢ式（G2：2）

3. AⅢ式（F26：34）

4. AⅢ式（F50：29）

陶斜腹罐

1. AⅢ式（F38：33）

2. AⅢ式（F38：19）

3. AⅣ式（F27：35）

4. AⅣ式（F43：28）

陶斜腹罐

1. T1011②：1

2. F7：5

3. F26：59

4. F43：31

5. D3：3

陶小斜腹罐

1. B I 式（F53∶59）

2. B I 式（F9∶1）

3. B I 式（F32∶35）

4. B I 式（F35∶6）

陶直腹罐

1. BⅡ式 (F54①：4)

2. BⅡ式 (F33①：49)

3. BⅡ式 (F34：48)

4. BⅡ式 (F32：48)

陶直腹罐

1. BⅢ式 (D2 : 4)

2. BⅢ式 (D1 : 3)

3. BⅢ式 (D2 : 5)

4. BⅢ式 (D2 : 1)

5. BⅢ式 (D1 : 1)

陶直腹罐

1. BⅢ式 (D4:1)

2. BⅢ式 (D4:2)

3. BⅢ式 (D4:3)

4. BⅢ式 (D3:1)

陶直腹罐

1. BⅢ式 (F2∶10)

2. BⅢ式 (F3∶3)

3. BⅢ式 (F3∶9)

4. BⅢ式 (F1∶7)

陶直腹罐

1. BⅢ式（F3：12）

2. BⅢ式（F20：5）

3. BⅢ式（F19：1）

4. BⅢ式（F9：3）

陶直腹罐

1. BⅢ式 (F25：31)

2. BⅢ式 (F25：27)

3. BⅢ式 (F25：25)

4. BⅢ式 (F25：28)

5. BⅢ式 (F25：19)

陶直腹罐

1. BⅢ式（F28：28）

2. BⅢ式（F29①：4）

3. BⅢ式（F28：17）

4. BⅢ式（F28：16）

5. BⅢ式（F28：20）

陶直腹罐

1. BⅢ式 (F38：31)

2. BⅢ式 (F30：95)

3. BⅢ式 (F38：13)

4. BⅢ式 (F31：52)

陶直腹罐

1. BⅢ式（F40∶57）

2. BⅢ式（F40∶39）

3. BⅢ式（F40∶42）

4. BⅢ式（F40∶37）

陶直腹罐

1. BⅢ式（F46：37）

2. BⅢ式（F43M：6）

3. BⅢ式（H11：1）

4. BⅢ式（H11：2）

陶直腹罐

1. BⅢ式（F43∶29）

2. BⅢ式（F44∶14）

3. BⅢ式（T0208②∶2）

4. BⅢ式（T0502②∶9）

陶直腹罐

1. BIII式（T0210②∶1）

2. BIII式（T0209②∶2）

3. BIV式（F1∶3）

4. BIV式（F1∶5）

陶直腹罐

1. BIV式（F1：6）

2. BIV式（D1：2）

3. BIV式（F1：9）

4. BIV式（F1：11）

陶直腹罐

1. BⅣ式（F1：24）

2. BⅣ式（F1：16）

3. BⅣ式（F1：12）

4. BⅣ式（F1：33）

陶直腹罐

1. BⅣ式（F1∶30）

2. BⅣ式（F3∶8）

3. BⅣ式（F3∶5）

4. BⅣ式（F3∶14）

陶直腹罐

1. BIV式（F3：6）

2. BIV式（F3：24）

3. BIV式（F4：12）

4. BIV式（F4：4）

陶直腹罐

1. BⅣ式 (F4：6)

2. BⅣ式 (F4：8)

3. BⅣ式 (F5：14)

4. BⅣ式 (F5：1)

陶直腹罐

1. BIV式（F5：3）

2. BIV式（F5：4）

3. BIV式（F5：5）

4. BIV式（F8：4）

陶直腹罐

1. BⅣ式（F7∶1）

2. BⅣ式（F7∶10）

3. BⅣ式（F7∶9）

4. BⅣ式（F11∶2）

陶直腹罐

1. BIV式 (F10:7)

2. BIV式 (F10:3)

3. BIV式 (F8:5)

4. BIV式 (F10:1)

陶直腹罐

1. BIV式（F16：2）

2. BIV式（F17：6）

3. BIV式（F16：11）

4. BIV式（F20：11）

5. BIV式（F20：3）

陶直腹罐

1. BIV式 (F20：4)

2. BIV式 (F21：7)

3. BIV式 (F21：23)

4. BIV式 (F21：6)

陶直腹罐

1. BIV式 (F21∶4)

2. BIV式 (F21∶2)

3. BIV式 (F27∶32)

4. BIV式 (F27∶33)

陶直腹罐

1. BIV式（F31：45）

2. BIV式（F31：56）

3. BIV式（F30：97）

4. BIV式（F36：79）

陶直腹罐

1. BIV式（F36：78）

2. BIV式（F36：74）

3. BIV式（F36：75）

4. BIV式（F36：73）

陶直腹罐

1. BIV式 (F41：32)

2. BIV式 (F40 II ①：26)

3. BIV式 (F41：31)

4. BIV式 (F39：22)

陶直腹罐

1. BIV式 (F44∶28)

2. BIV式 (F47∶12)

3. BIV式 (F45∶24)

4. BIV式 (F45∶20)

陶直腹罐

1. BⅣ式（F46∶38）

2. BⅣ式（F48∶19）

3. BⅣ式（F48∶22）

4. BⅣ式（F48∶13）

陶直腹罐

1. BⅣ式（F48：30）

2. BⅣ式（F48：17）

3. BⅣ式（F48：15）

4. BⅣ式（F53：79）

陶直腹罐

1. BIV式（F52：12）

2. BIV式（F53：78）

3. BIV式（F53：72）

4. BIV式（F54：33）

陶直腹罐

1. BⅣ式（F54：19）

2. BⅣ式（F54：28）

3. BⅣ式（F53①：30）

4. BⅣ式（F55：35）

陶直腹罐

1. BIV式 (F55：32)

2. BIV式 (F55：23)

3. BIV式 (F55：38)

4. BIV式 (H25：1)

陶直腹罐

1. BIV式（H14：4）

3. BIV式（T0208②：1）

4. BIV式（T0407②：3）

2. BIV式（H5：1）

5. BIV式（T0707②：1）

陶直腹罐

1. BIV式（T1009② : 15）

2. BIV式（T1009② : 11）

3. BIV式（T1009② : 14）

4. BIV式（T1009② : 2）

陶直腹罐

1. BV式 (G1：6)

2. BV式 (F1：10)

3. BV式 (F1：8)

4. BV式 (F1：13)

陶直腹罐

1. BV式 (F1:4)

2. BV式 (F1:15)

3. BV式 (F1:18)

4. BV式 (F1:17)

陶直腹罐

1. BⅤ式 (F1：19)

2. BⅤ式 (F2：6)

3. BⅤ式 (F1：29)

4. BⅤ式 (F2：4)

陶直腹罐

1. BV式（F4：7）

2. BV式（F4：5）

3. BV式（F3：1）

4. BV式（F4：9）

陶直腹罐

1. BV式 (F4：14)

2. BV式 (F4：13)

3. BV式 (F4：11)

4. BV式 (F4：10)

陶直腹罐

1. BⅤ式 (F4∶20)

2. BⅤ式 (F4∶16)

3. BⅤ式 (F4∶18)

4. BⅤ式 (F4∶19)

陶直腹罐

1. BⅤ式 (F6：8)

3. BⅤ式 (F5：13)

4. BⅤ式 (F5：9)

2. BⅤ式 (F5：12)

5. BⅤ式 (F5：7)

陶直腹罐

1. BⅤ式 (F6:22)

2. BⅤ式 (F8:7)

3. BⅤ式 (F7:11)

4. BⅤ式 (F7:8)

陶直腹罐

1. BV式（F7：2）

2. BV式（F10：6）

3. BV式（F10：2）

4. BV式（F10：5）

陶直腹罐

1. BV式（F10：4）

2. BV式（F10：9）

3. BV式（F10：10）

4. BV式（F10：8）

陶直腹罐

1. BV式 (F11：3)

2. BV式 (F11：4)

3. BV式 (F11：5)

4. BV式 (F11：6)

陶直腹罐

1. BV式（F18：2）

2. BV式（F16：1）

3. BV式（F14：2）

4. BV式（F17：8）

陶直腹罐

1. BⅤ式（F17：7）

2. BⅤ式（F17：4）

3. BⅤ式（F17：3）

4. BⅤ式（F21M：1）

陶直腹罐

1. BV式（F21：8）　　　　2. BV式（F21：5）　　　　3. BV式（F21：10）

4. BV式（F21：11）　　　　　　　5. BV式（F21：3）

陶直腹罐

1. BV式（F31∶46）

3. BV式（F30∶103）

3. BV式（F37∶20）

4. BV式（F36∶80）

陶直腹罐

1. BV式 (F36：69)

2. BV式 (F39：21)

3. BV式 (F45：30)

4. BV式 (F39：23)

陶直腹罐

1. BⅤ式（F45：23）

2. BⅤ式（F48：16）

3. BⅤ式（F52：15）

4. BⅤ式（F54：34）

陶直腹罐

1. B V 式（F54：27）

2. B V 式（F48：26）

3. B V 式（F53：67）

4. B V 式（F55：25）

陶直腹罐

1. BV式 (F55：31)

2. BV式 (F55：30)

3. BV式 (T1011②：2)

4. BV式 (F55：33)

陶直腹罐

1. BVI式（F4：40）

2. BVI式（F3：7）

3. BVI式（F4：15）

4. BVI式（F3：4）

陶直腹罐

1. BⅥ式 (F1∶14)

2. BⅥ式 (F4∶17)

3. BⅥ式 (F5∶11)

4. BⅥ式 (F5∶6)

陶直腹罐

1. BⅥ式（F5∶15）

2. BⅥ式（F6∶9）

3. BⅥ式（F6∶7）

4. BⅥ式（F8∶3）

陶直腹罐

1. BⅥ式（F11：1）

2. BⅥ式（F7：12）

3. BⅥ式（F17：1）

4. BⅥ式（F23：1）

陶直腹罐

1. BVI式（F21：1）

2. BVI式（F36：70）

3. BVI式（F18：1）

4. BVI式（F30：102）

陶直腹罐

1. BⅥ式（F39：24）

2. BⅥ式（F37：22）

3. BⅥ式（F48：14）

4. BⅥ式（F45：27）

陶直腹罐

1. BⅥ式（F49①：27）

2. BⅥ式（F53：99）

3. BⅥ式（F48：21）

4. BⅥ式（F53：75）

陶直腹罐

1. BⅥ式（F55：24）

4. BⅥ式（F55：27）

2. BⅥ式（F54：26）

3. BⅥ式（F54：21）

5. BⅥ式（F54：20）

陶直腹罐

1. F7：43

2. F7：6

3. F2：2

4. F7：4

5. F2：5

小陶直腹罐

1. F6：6

2. F18：3

3. F16：13

4. F21：12

5. F21：13

小陶直腹罐

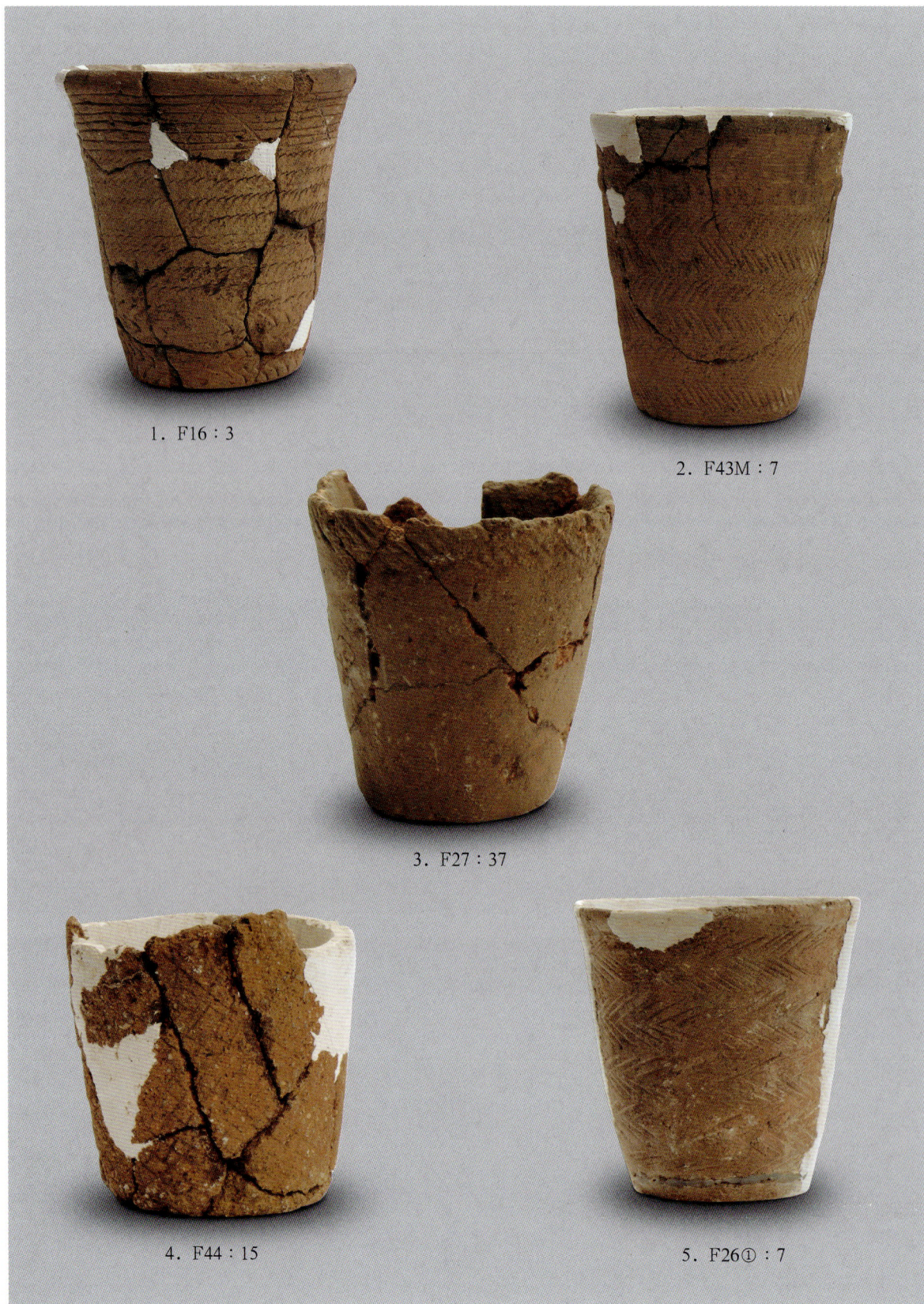

1. F16：3

2. F43M：7

3. F27：37

4. F44：15

5. F26①：7

小陶直腹罐

1. F21M：2

2. F21M：3

3. M2：1

5. F46：39

4. F53：98

小陶直腹罐

1. T0607②：2

4. T0507②：5

2. F52：11

3. F49①：7

5. H13：1

小陶直腹罐

1. C I 式 (F24：11)

2. C II 式 (F21：14)

3. C II 式 (F5：10)

4. C II 式 (F1：21)

陶鼓腹罐

1. CⅡ式（F31：49）

2. CⅡ式（F16：4）

3. CⅡ式（F36：76）

4. CⅡ式（F1：22）

陶鼓腹罐

1. CⅡ式（F43M：4）

2. CⅡ式（F46①：19）

3. CⅡ式（F52：10）

4. CⅡ式（G1：2）

陶鼓腹罐

1. CⅡ式 (F48：18)

2. CⅢ式 (F4：21)

3. CⅢ式 (F4：41)

4. CⅢ式 (D3：2)

陶鼓腹罐

1. CⅢ式 (F5：8)

2. CⅢ式 (F27：34)

3. CⅢ式 (F5：31)

4. CⅢ式 (F5：2)

陶鼓腹罐

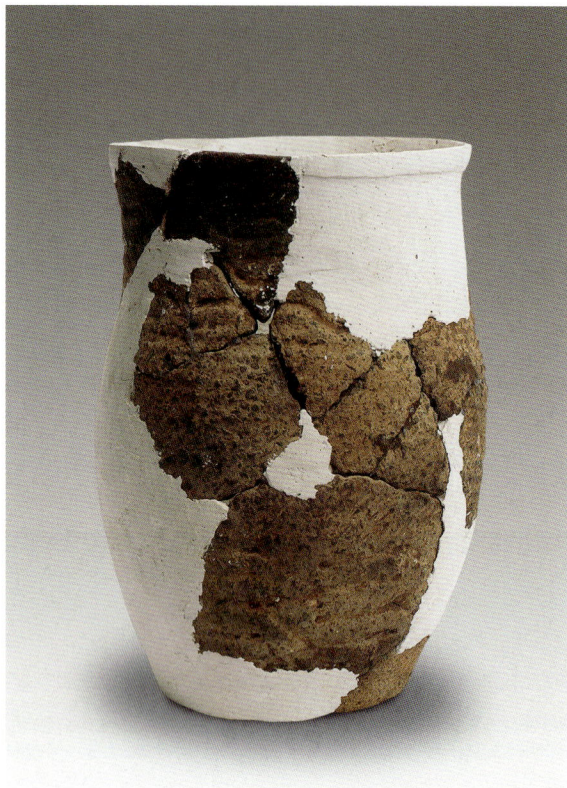

1. CⅢ式 (F16 : 99)

2. CⅢ式 (F31 : 60)

3. CⅢ式 (F54 : 29)

4. CⅢ式 (F30 : 116)

陶鼓腹罐

1. CⅢ式（H5：2）

2. CⅢ式（H14：5）

3. CⅢ式（H25：2）

4. CⅣ式（F23：3）

陶鼓腹罐

1. CⅣ式 (F1：23)

2. CⅣ式 (F21：15)

3. CⅣ式 (F21：16)

4. CⅣ式 (F1：20)

陶鼓腹罐

1. CIV式（H13：2）

2. CIV式（H14：2）

3. CIV式（F31：50）

4. CIV式（F48：33）

陶鼓腹罐

1. CⅤ式（F1：2）

2. CⅤ式（T0105②：1）

3. CⅤ式（F20：1）

4. CⅤ式（F2：3）

5. CⅤ式（F20：2）

陶鼓腹罐

1. CV式 (F55 : 26)

2. CV式 (F53 : 65)

3. CV式 (F54 : 32)

4. CV式 (F53① : 14)

5. CV式 (F47 : 14)

陶鼓腹罐

1. D3 : 4

2. F21 : 17

3. F45 : 28

4. F7 : 7

小陶鼓腹罐

1. Aa2型（F7：3）

2. Aa1型（F22：2）

3. Ab1型（F43：78）

4. Ab2型（F53①：12）

陶　钵

1. Ba型（F53①：13）

2. Ba型（F4：2）

3. Ba型（T0208②：4）

4. Ba型（F43①：15）

5. Bb1型（F14：1）

6. Bb2型（G1：9）

陶　钵

1. Ca1型（F51：8）

2. Ca2型（F43M：11）

3. Cb1型（F22：1）

4. Cb型（F21：18）

5. Ca1型（F33①：26）

6. Ca2型（F33①：19）

陶　钵

1. D1型 (F47∶13)

2. D2型 (F3∶10)

3. D3型 (F16∶44)

4. D1型 (F18∶7)

陶 钵

1. Aa2型（F49∶43）

2. Aa2型（T0311②∶1）

3. Aa1型（F43∶32）

4. Aa1型（F51∶16）

5. Aa2型（F33①∶20）

6. Ab型（F54①∶1）

陶　杯

1. AdF型（F12：1）

2. Ac型（F14：4）

3. Aa型（F27①：5）

4. Ba3型（H30：1）

5. Bb2型（T0504②：2）

6. Ba1型（F51：9）

陶　杯

1. Ba2型（F49①：25）

2. Bb2型（F21：20）

3. Bb1型（F4：3）

4. Ca型（F21：21）

陶　杯

1. Cb型（F8：2）

2. Cb型（T0903②：1）

3. Cb型（F32：49）

4. Cb型（T0910②：8）

5. Cb型（F18：8）

6. Cb型（F45：25）

陶　杯

1. A型（F34①：7）

2. A型（T0411①：2）

3. A型（F35J：1）

4. A型（采：4）

5. A型（F34①：8）

6. A型（F50：60）

7. A型（F20：18）

8. A型（G1：7）

9. A型（F26①：3）

10. A型（T0707②：2）

11. A型（F40①：10）

12. A型（T0509②：9）

陶纺轮

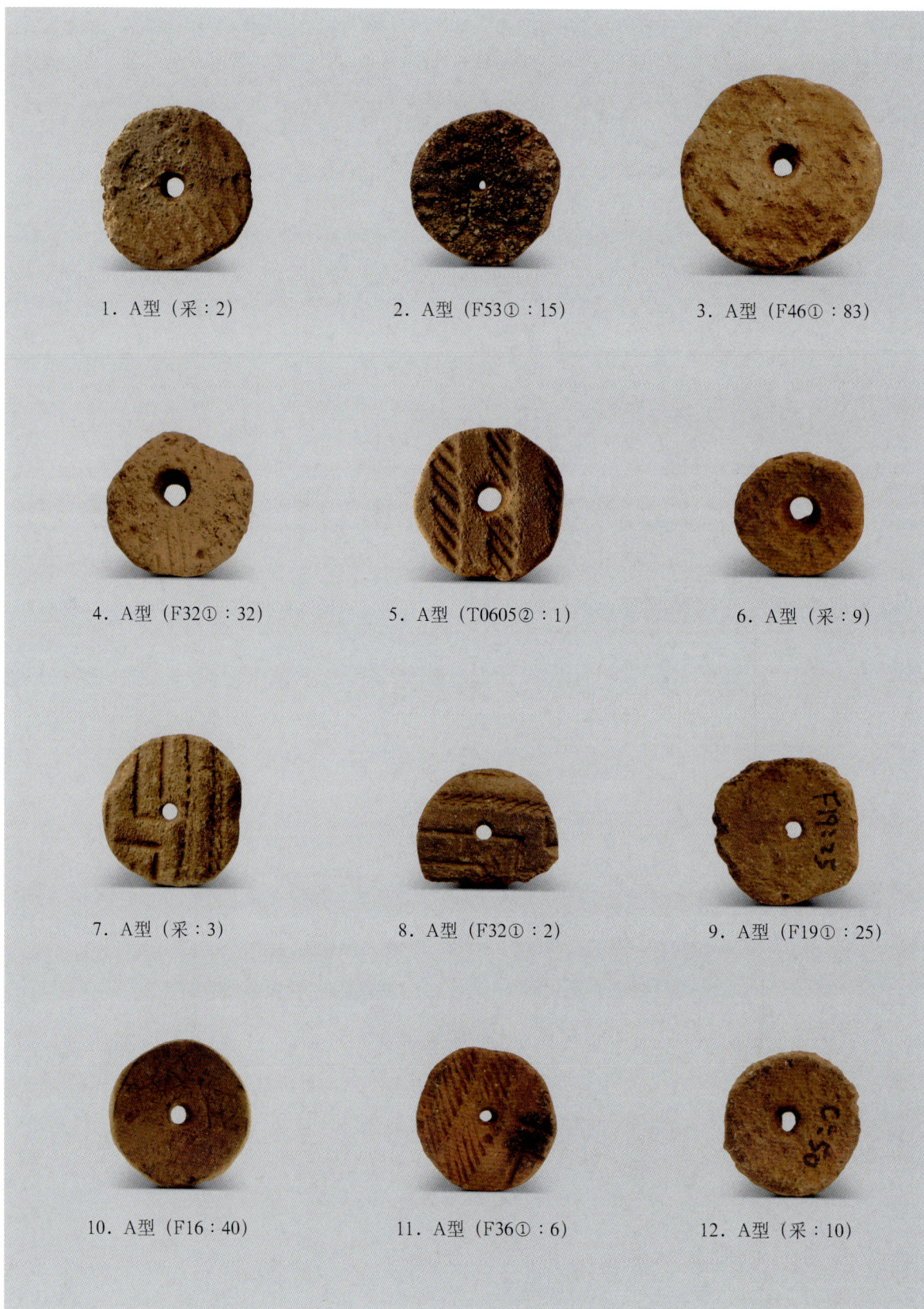

1. A型（采：2）

2. A型（F53①：15）

3. A型（F46①：83）

4. A型（F32①：32）

5. A型（T0605②：1）

6. A型（采：9）

7. A型（采：3）

8. A型（F32①：2）

9. A型（F19①：25）

10. A型（F16：40）

11. A型（F36①：6）

12. A型（采：10）

陶纺轮

1．A型（F19①：24）

2．A型（F15：38）

3．B型（T0407②：4）

4．B型（F16：41）

5．B型（F14：30）

6．B型（采：1）

陶纺轮

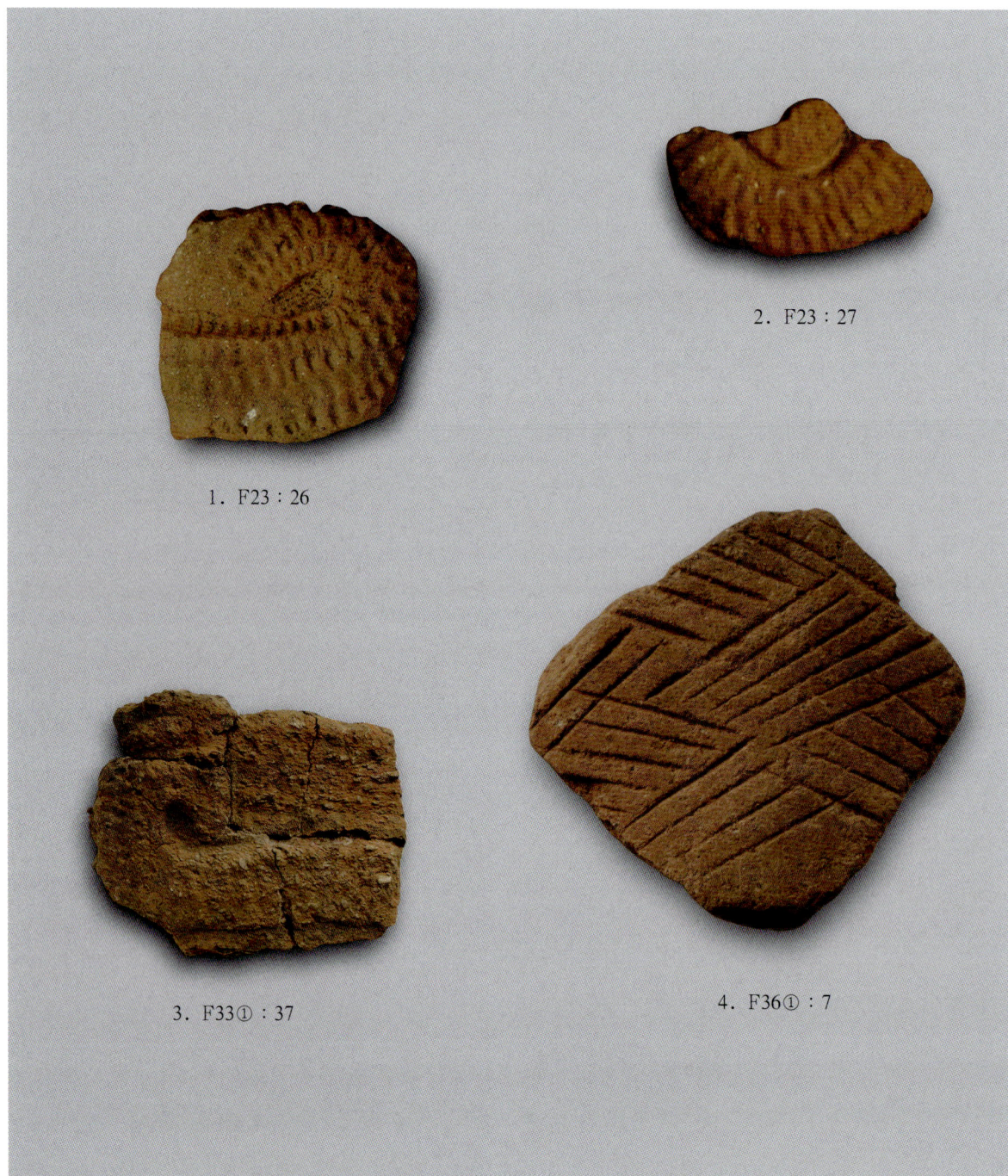

1. F23：26

2. F23：27

3. F33①：37

4. F36①：7

类龙纹及席纹陶片

1. F32：100

2. F33①：38

3. F33①：44

4. F33①：39

贴塑饰陶片

1．A型（F1：61）

2．A型（F6：11）

3．A型（F6：25）

4．B型（F17：37）

5．A型（F2：33）

6．A型（F9：22）

石　斧

1．A型（F16：42）

2．A型（F20：19）

3．A型（F20：35）

4．A型（F22：9）

5．A型（F54：36）

6．A型（T0702②：3）

石　斧

1. A型（F22：10）

2. A型（F27①：7）

3. A型（F26：32）

4. A型（F27：48）

5. A型（F31：63）

6. A型（F33①：7）

石　斧

1. A型（F40：60）

2. A型（F46①：7）

3. A型（F44：21）

4. B型（F45①：7）

5. A型（F46：33）

6. A型（F53：97）

石　斧

1. A型（M8：1）

2. A型（M8：7）

3. A型（M8：18）

4. B型（T0111②：7）

5. A型（M8：19）

6. A型（T0104①：2）

7. A型（T0614②：2）

石　斧

1．B型（F1：60）

2．B型（T0708②：8）

3．B型（F16：8）

4．B型（F21：27）

5．C型（F21：33）

6．B型（F46：34）

7．B型（F46：35）

石　斧

1．A型（F26①：9）　　　　2．A型（T0211②：1）　　　　3．B型（F47：17）

4．B型（F47：27）　　　　　　　5．B型（F48：38）

6．A型（F47①：7）　　　　7．B型（T0303②：1）　　　　8．C型（F6：31）

石　斧

1. B型（F30∶49）

2. B型（T0704②∶1）

3. C型（F6∶30）

4. C型（T0609②∶2）

5. A型（F7∶15）

6. B型（T0901②∶2）

7. B型（G1∶3）

石　斧

1. B型 (F1：62)

2. C型 (F30：47)

3. C型 (F14：37)

4. C型 (F14：39)

5. C型 (F20：36)

6. C型 (F18：33)

石　斧

1. C型（F27∶51）

2. C型（F36∶99）

3. C型（F31∶38）

4. B型（F40①∶45）

5. C型（F47①∶9）

6. C型（F52∶18）

石　斧

1. C型（F6：12）

2. C型（M8：14）

3. C型（M8：8）

4. A型（T0702②：2）

5. C型（F46：36）

6. C型（F25：39）

石　斧

1. Aa型（F4：26）

2. Aa型（F36：97）

3. Ac型（F25：35）

4. Ab型（F46：102）

5. Aa型（F30：101）

6. Aa型（F4：35）

石铲形器

1. Ab型（F3∶25）

2. Ab型（F21∶60）

3. Cb型（F23∶24）

石铲形器

1. Ab型（F35：36）

2. Ab型（F33：44）

3. Ab型（F1：59）

4. Ab型（F33：42）

石铲形器

1．Ac型（F26∶60）

2．Ac型（F30∶134）

3．Ac型（F27∶95）

4．Ac型（F34①∶1）

5．Ac型（F39∶61）

6．Ac型（F35∶35）

石铲形器

1. Ac型（F35：38）

2. Ac型（F43：39）

3. Ac型（F41①：4）

4. Ac型（F41①：5）

5. Ac型（F51：6）

6. Ac型（F53：39）

石铲形器

1. Bb型（F47①：28）

2. Ac型（F6：16）

3. Ba型（F18：10）

4. Ba型（F21：62）

5. Ba型（F31：35）

6. Ba型（F18：25）

石铲形器

1．Ba型（F7∶18）   2．Ba型（F34①∶2）   3．Ba型（F2∶35）

4．Bb型（F30∶53）   5．Bb型（F46∶48）

6．Ca型（F48∶40）   7．Bb型（F35∶34）

石铲形器

1. Ba型（F36①：5）

2. Bb型（T0309②：2）

3. Ca型（F55：81）

4. Ca型（F33：38）

5. Ca型（F10：15）

6. Ca型（F33：39）

石铲形器

1. Bb型（T0104①：1）

2. Ca型（F45：36）

3. Ca型（T0401②：1）

4. Ca型（T0805②：1）

5. Ca型（T0908②：1）

石铲形器

1．Ca型（F21∶30）

2．Cb型（F1∶53）

3．Cb型（F30∶50）

4．Ca型（F1∶57）

5．Db型（F25①∶4）

6．Ca型（F21∶58）

石铲形器

1．Cb型（F50：22）

2．Cb型（F50：54）

3．Ca型（F50：25）

4．Ab型（F55：47）

5．Cb型（采：12）

6．Ca型（F34：39）

石铲形器

1. Da型（F34：41）

2. Da型（F46：46）

3. Da型（F1：36）

4. Da型（F9：7）

石铲形器

1. Da型（F46：47）

2. Da型（F46：49）

3. Da型（T0402②：1）

4. Cb型（F46：121）

石铲形器

1. Db型（F6：14）

2. Db型（F23：18）

3. Db型（F26：61）

4. Db型（F9：8）

石铲形器

1. Db型（F32①：30）

2. Db型（F48：58）

3. Da型（F39：70）

4. Db型（F36：96）

5. Db型（G1：4）

6. Db型（F48：55）

石铲形器

1. E型（F6：2）

2. E型（F21：31）

3. Db型（F54：44）

石铲形器

1. E型（F54：43）

2. F型（F6：3）

石铲形器

1. F型 （F7：16）

2. F型 （F33：55）

3. F型 （F7：17）

石铲形器

1. F型 (F30 : 51)

2. F型 (F33 : 58)

4. F型 (F43 : 70)

3. F型 (F33 : 59)

石铲形器

1. F型（T0509②：1）

2. F型（F49：42）

3. F型（T0801②：4）

石铲形器

1. A型（F32：79）

2. A型（F39：108）

3. C型（F2：1）

4. B型（F3：32）

5. D型（F8：26）

6. B型（F32：83）

石　刀

1．C型（F15：9）

2．D型（F33：64）

3．D型（F47：30）

4．D型（F55：86）

石　刀

1. D型（F26：57）

2. D型（F32：80）

3. D型（F35：37）

4. D型（M8：13）

5. C型（T1009②：4）

6. D型（T0304②：1）

石　刀

1. B型（采：25）

2. B型（采：23）

3. A型（M8：20）

4. A型（F33①：29）

5. A型（F16：43）

石　凿

1. A型石凿（F17∶32）

2. A型石凿（F50∶57）

3. B型石凿（M8∶10）

4. A型石斧（F44∶20）

石凿、石斧

1. Aa型（F16∶23）

2. Aa型（F23∶14）

3. Aa型（F41①∶3）

4. Aa型（F25∶45）

5. Aa型（采∶36）

6. Aa型（T0708②∶16）

石饼形器

1. Ab型（T0310②∶2）

2. Ac型（F26∶44）

石饼形器

1. Ba型（F45：56）

2. Ba型（F1：34）

3. Ba型（F9：12）

4. Ba型（F33：61）

5. Ba型（F19①：21）

石饼形器

1．Ba型（F42①：26）

2．Ba型（F40：33）

3．Ba型（F55：82）

4．Ba型（T0906②：1）

5．Ba型（T1009②：1）

6．Ba型（F43①：11）

石饼形器

1. Bb型（F36∶109）

2. Bb型（F35∶31）

3. Bb型（F3∶37）

4. Bb型（F53①∶17）

5. Bb型（T0502②∶1）

6. Bb型（M8∶4）

石饼形器

1. Bc型（F26：58）

2. Bc型（F46①：17）

3. Bc型（F49：38）

4. Bc型（F50：56）

5. Bc型（F53：45）

6. Bc型（采：30）

石饼形器

1. A型（F3：17）　　　　　　　　2. A型（F6：29）

3. A型（F7：25）　　　　　　　　4. A型（F7：24）

5. A型（F8：9）　　　　　　　　6. A型（F5：34）

石磨盘

1．A型（F20：9）

2．A型（F25：21）

3．A型（F24：17）

4．A型（F21：28）

5．A型（F27：43）

石磨盘

1. A型（F26：28）

2. A型（F31：39）

3. A型（F10：12）

4. A型（F9：14）

5. A型（F17：30）

6. A型（F10：13）

石磨盘

1．A型（F39：72）

2．A型（F39：74）

3．A型（F39：76）

4．A型（F42：11）

5．A型（F43：26）

石磨盘

1. A型（F39：77）

2. A型（F46：52）

3. A型（F46：55）

4. A型（F47：32）

5. A型（F47：18）

石磨盘

1. A型（F55：75）

2. A型（H33：5）

3. A型（T0402②：2）

石磨盘

1. A型（T0605②：2）

2. B型（F7：22）

3. A型（F48：53）

4. B型（F47：22）

5. A型（T0605②：3）

6. B型（F48：47）

石磨盘

1. Aa型（F1：64）

2. Aa型（F2：18）

3. Aa型（F2：19）

4. Aa型（F2：20）

5. Aa型（F3：28）

6. Aa型（F6：18）

7. Aa型（F6：19）

8. Aa型（F7：27）

石磨棒

1. Aa型（F7∶28）

2. Aa型（F7∶29）

3. Aa型（F7∶31）

4. Aa型（F11∶18）

5. Aa型（F8∶11）

6. Aa型（F7∶32）

7. Aa型（F13∶1）

8. Aa型（F14∶6）

石磨棒

1. Aa型（F22：11）

2. Aa型（F25：37）

3. Aa型（F25①：1）

4. Aa型（F26：29）

5. Aa型（F27：38）

6. Aa型（F30：68）

7. Aa型（F31：31）

8. Aa型（F27：42）

石磨棒

1. Aa型（F48∶63）

2. Aa型（F50∶31）

3. Aa型（T0405②∶1）

4. Aa型（T0608②∶6）

5. Aa型（T0608②∶4）

石磨棒

1．Ab型（F9：15）

2．Ab型（F26：39）

石磨棒

1. B型（F9：17）

2. B型（F18：31）

3. B型（F21：46）

4. B型（F27：39）

5. B型（F21：53）

6. B型（F41①：2）

7. B型（F34①：12）

石磨棒

1. B型（F36：33）

2. B型（F41：23）

3. B型（F3：2）

4. B型（F3：15）

5. B型（F3：20）

6. B型（F1：55）

石磨棒

1. C型（F1：35）

2. C型（F6：17）

3. C型（F7：30）

4. C型（F15：5）

5. C型（F20：8）

石磨棒

1．C型（F46：50）

2．C型（F18：29）

3．C型（F43：25）

4．C型（F21：51）

5．C型（F46①：86）

6．C型（F29：38）

石磨棒

1. D型（F21：45）

2. D型（F21：52）

3. D型（F21：54）

4. D型（F27：41）

5. D型（F30：118）

石磨棒

1. Ab型（F39：90）

2. D型（F47：31）

3. D型（F41①：10）

4. D型（T0209②：1）

石磨棒

1. F7：23

2. F17：14

3. F17：17

4. F17：16

5. F17：18

6. F14：5

砺　石

1. F17：23

2. F17：20

3. F19①：20

4. F19①：23

5. F21：9

6. F30：71

砺　石

1. F31：40

2. F36：43

3. F31：44

4. F31①：8

5. F32：68

6. F34：60

砺　石

1. F36：44

2. F36：45

3. F39：98

4. F39：99

5. F40：55

6. F46：63

7. F46：72

8. F47：24

砺　石

1. F51①：5

2. F52：39

3. F53：48

4. F53：58

5. F53：94

6. F54：62

砺　石

1. F54∶71

2. F54∶86

3. F55∶59

4. F55∶76

5. G1∶33

6. G1∶35

砺　石

1．A型（F8∶14）

2．A型（F9∶9）

3．A型（F30∶42）

4．A型（F31①∶10）

5．A型（F54∶60）

6．A型（M8∶9）

石研磨器

1．B型（F34∶66）

2．B型（F39∶112）

3．B型（F15∶17）

4．B型（F23∶10）

石研磨器

1. B型（F23∶12）

2. C型（F27∶64）

3. C型（F45∶53）

石研磨器

1. （ⅡT02069①：1）

2. D型（F16：25）

3. D型（F32①：31）

4. D型（T0308②：2）

5. （F51①：3）

6. （T0405②：2）

石研磨器

1. F40①：6

2. F26：41

3. F26：40

4. F50：42

5. T1214①：1

石沟槽器

1．F21：44　　　　　　　2．F54：113　　　　　　　3．M8：6

4．M8：5　　　　　　　　　　　　5．T0608②：2

6．T0502②：4　　　　　　7．T0502②：4侧面

石沟槽器

1. F3：18

2. F6：32

3. F33①：17

大石坠

1. F32：85

2. F32：69

3. F36：56

有窝石器

1. F55∶51

3. F46∶94

2. F49①∶26

有窝石器

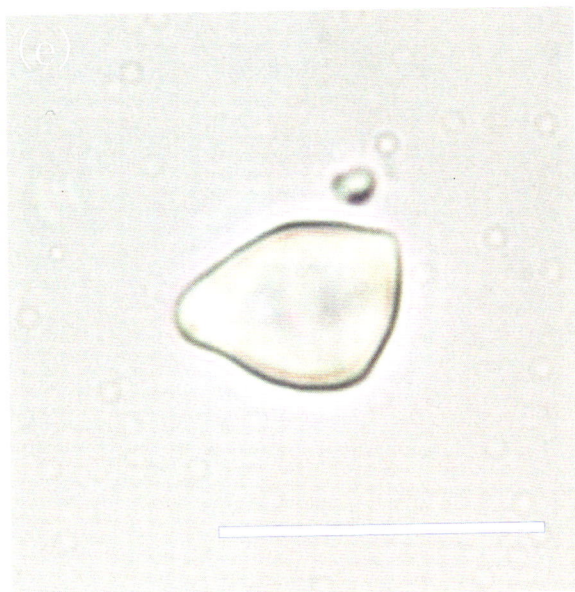

1. B类

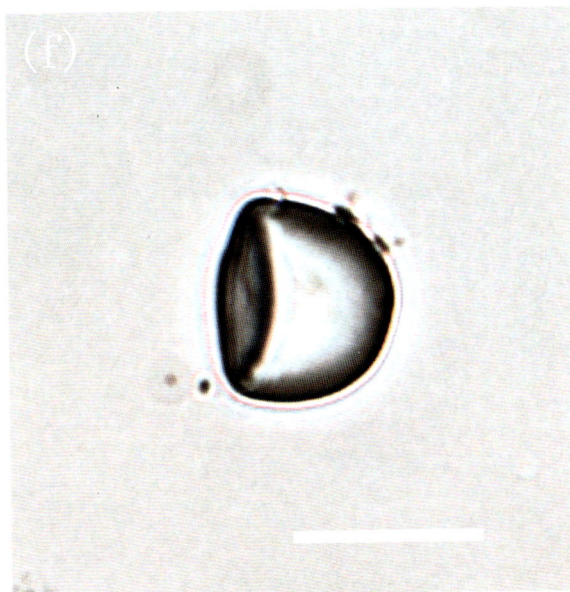

2. C类

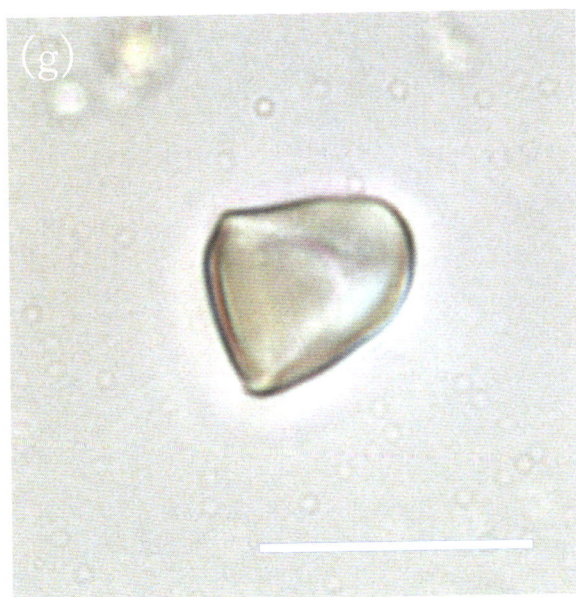

3. D类

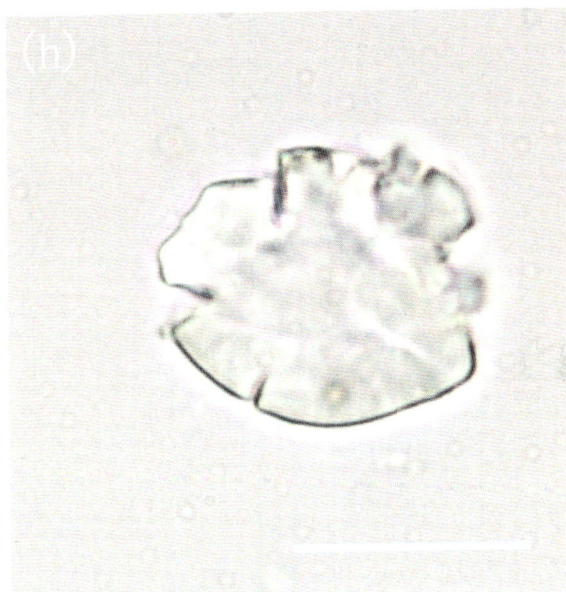

4. D类

淀粉粒二（图中比例尺为20μm）

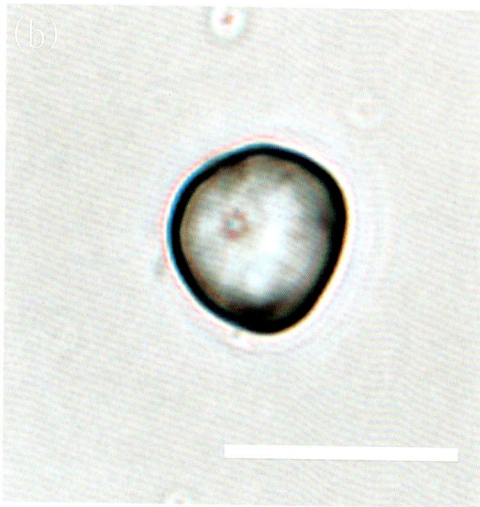

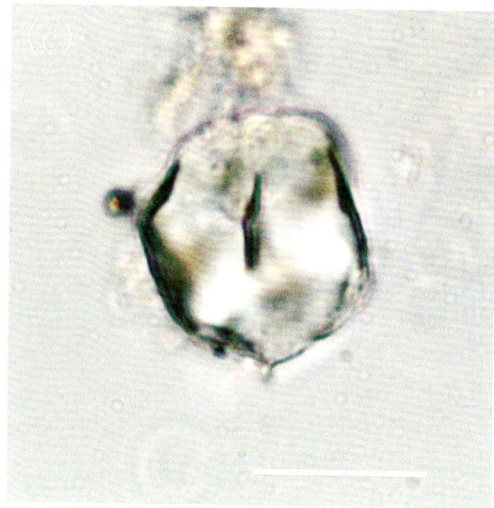

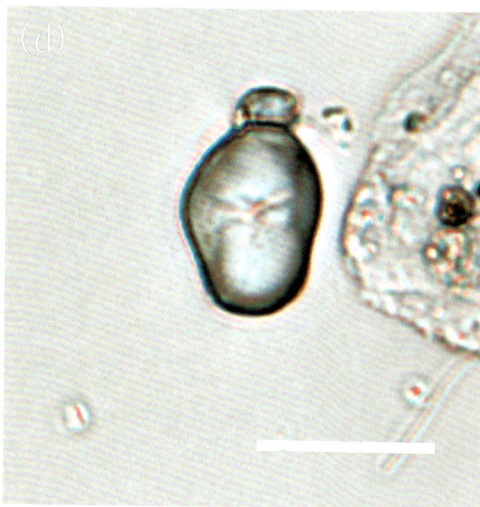

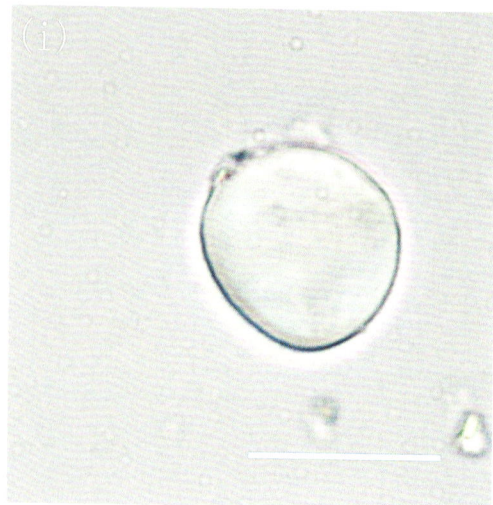

淀粉粒一（图中比例尺为20μm）

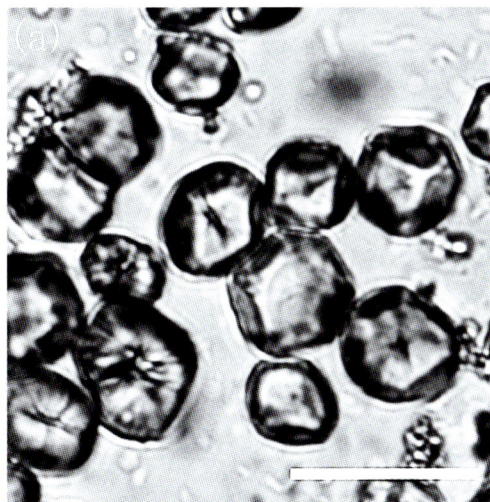

1. 栗

2. 黍

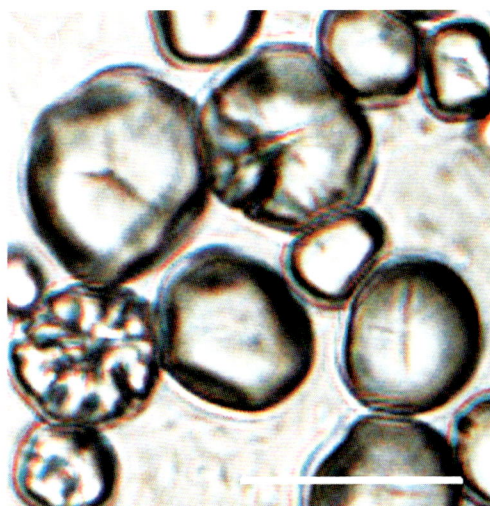

3. 薏苡

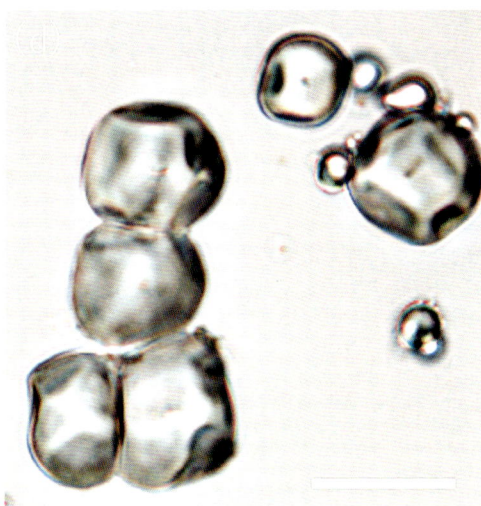

4. 高粱

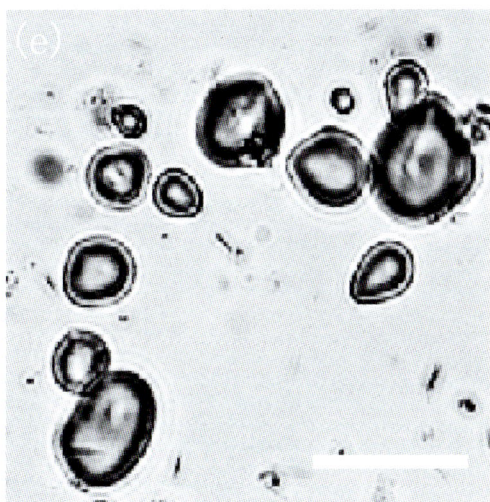

5. 麻栎

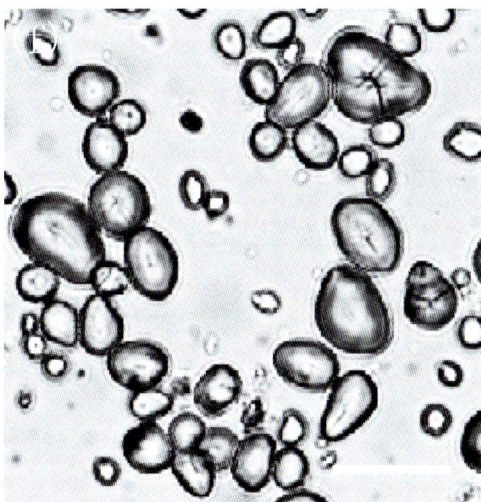

6. 皮栎

部分现代淀粉粒（图中比例尺为20μm）

1．F53 山杏核碎块2

2．F53 山杏核碎块a

3．F53 榛子壳a

4．F53 山杏核碎块b

炭化植物——榛子、山杏核碎片

5mm

F51胡桃属内果皮碎片

炭化植物——胡桃属

1．F26 山杏核a

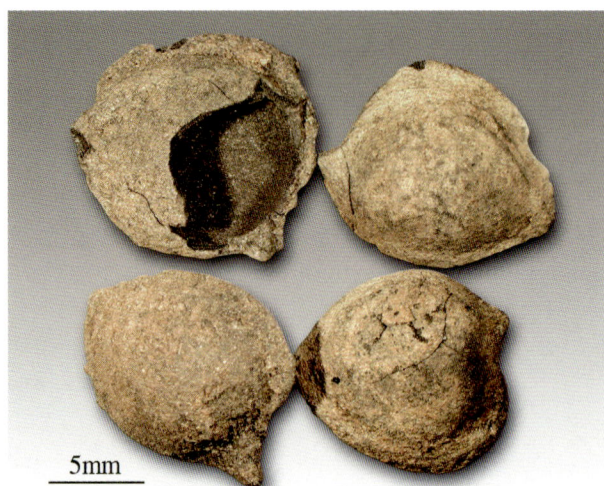

2．F26山杏核b

3．F26山杏杠碎片

4．F26山杏仁

炭化植物——山杏

1. F49未知1a

2. F49未知1b

3. F49未知2b

4. F49未知2a

炭化植物——未知种属种子

1. F49山杏仁细部

2. F49山杏核

3. F49山杏仁

4. F49山杏仁a1

5. F49山杏仁b

6. F49山杏仁及碎壳

炭化植物——山杏

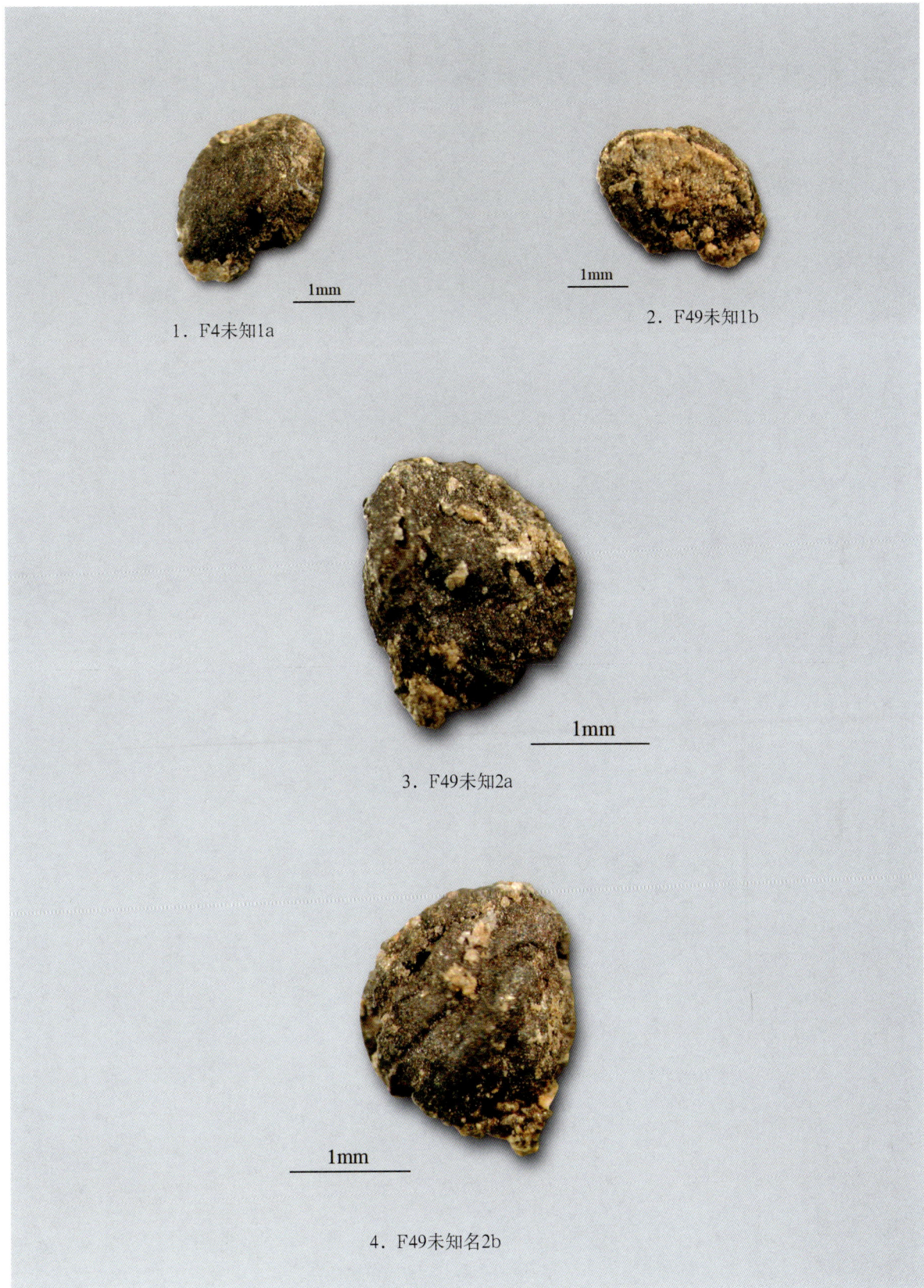

1mm

1. F4未知1a

1mm

2. F49未知1b

1mm

3. F49未知2a

1mm

4. F49未知名2b

炭化植物——未知种属种子

1．F49马唐属1

2．F49马唐属2细部

3．F49马唐属2整体

炭化植物——马唐属

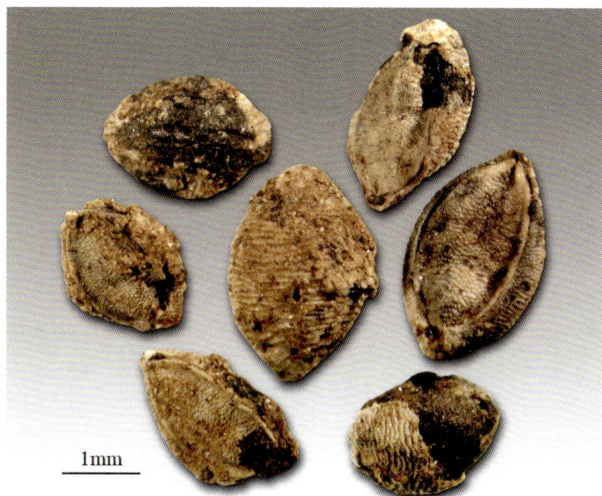

1．F49大叶狗尾草细部

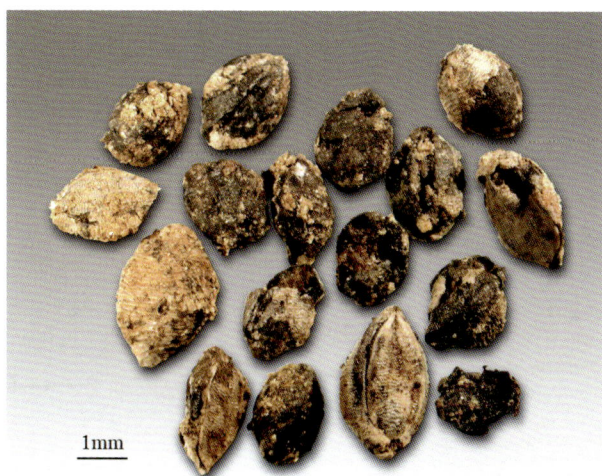

2．F49大叶狗尾草整体

3．F49狗尾草细部

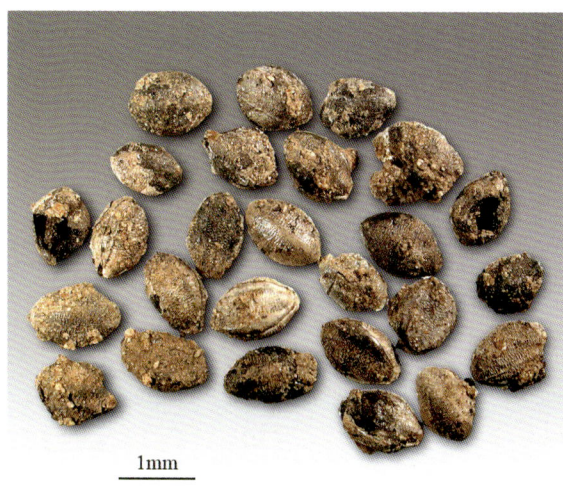

4．F49狗尾草整体

炭化植物——狗尾草属颖果

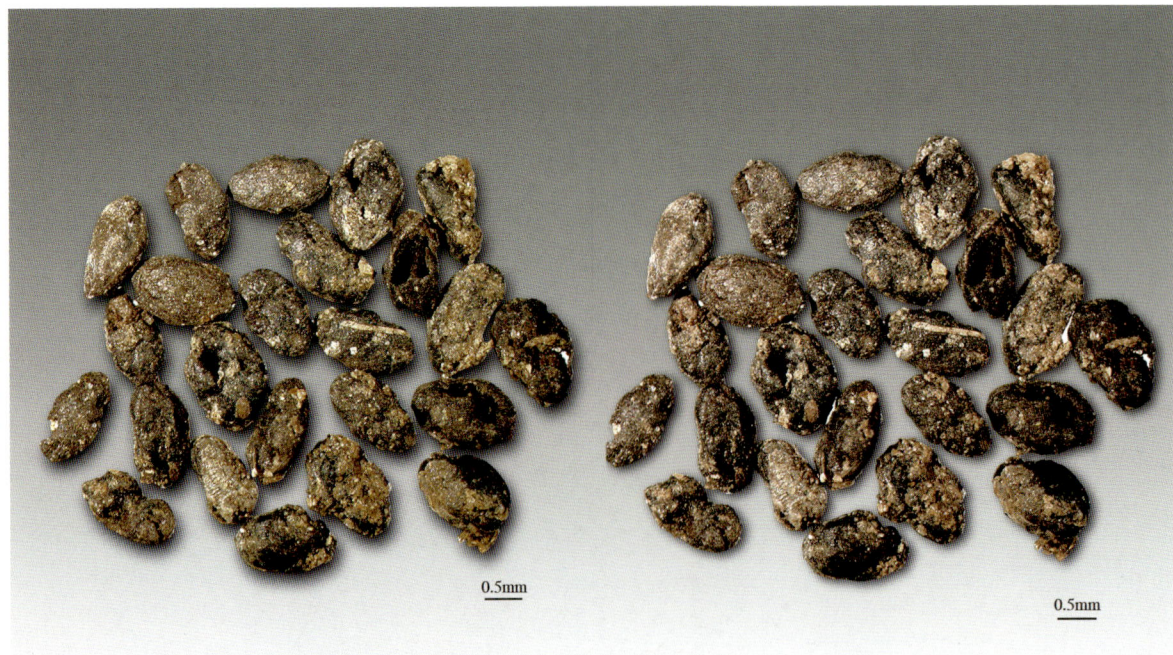

1. F49豆科1细部

2. F49豆科1整体

3. F49豆科2

炭化植物——豆科种子

5mm

1. F16未知果实整体a

5mm

2. F16未知果实整体b

2mm

3. F16未知果实种子a

2mm

4. F16未知果实种子b

炭化植物——未知果实

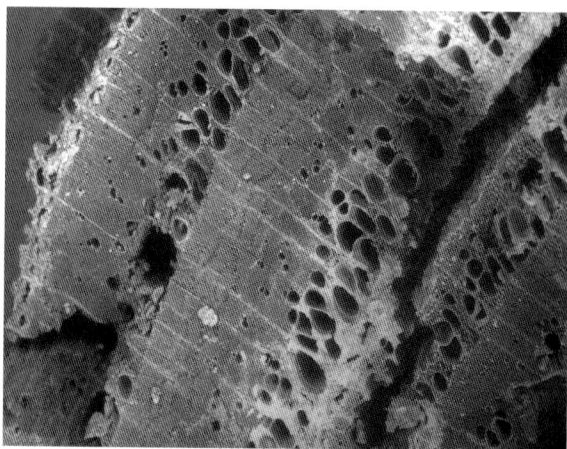

TM-1000_0223 　　　 2010-11-24 　　　 x50 　 2 mm

1．横切面

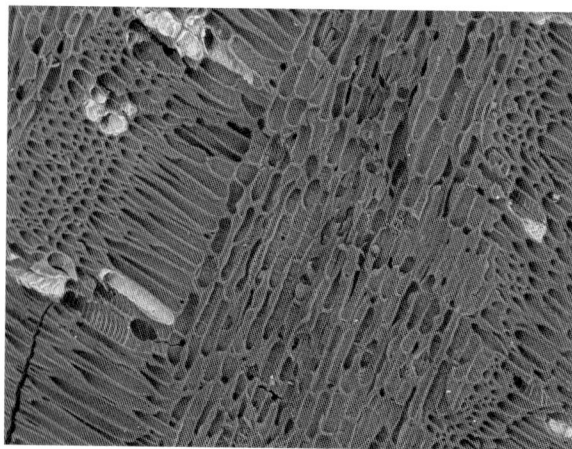

TM-1000_0226 　　　 2010-11-24 　　　 x400 　 200 um

2．径切面

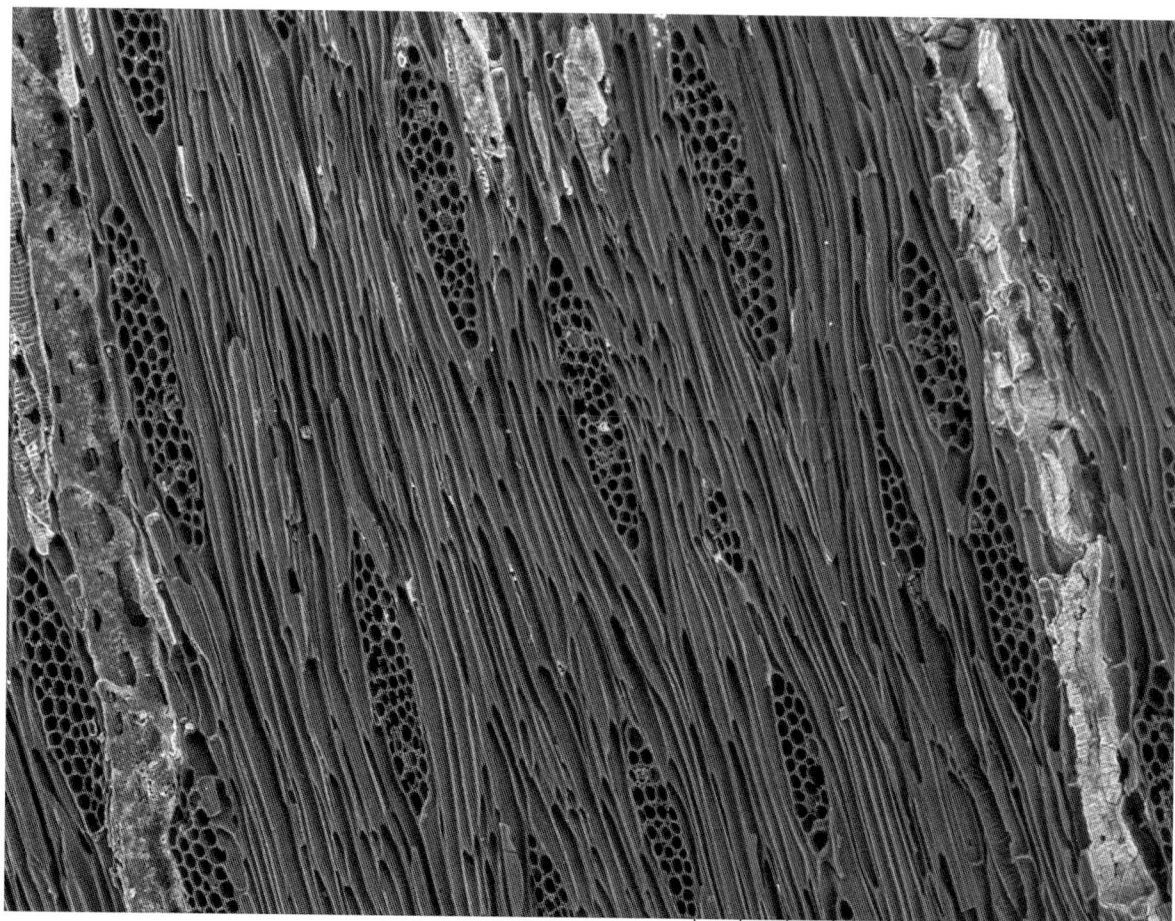

TM-1000_0229 　　　　 2010-11-24 　　　　 x250 　 300 um

3．弦切面

炭化植物——榆树属

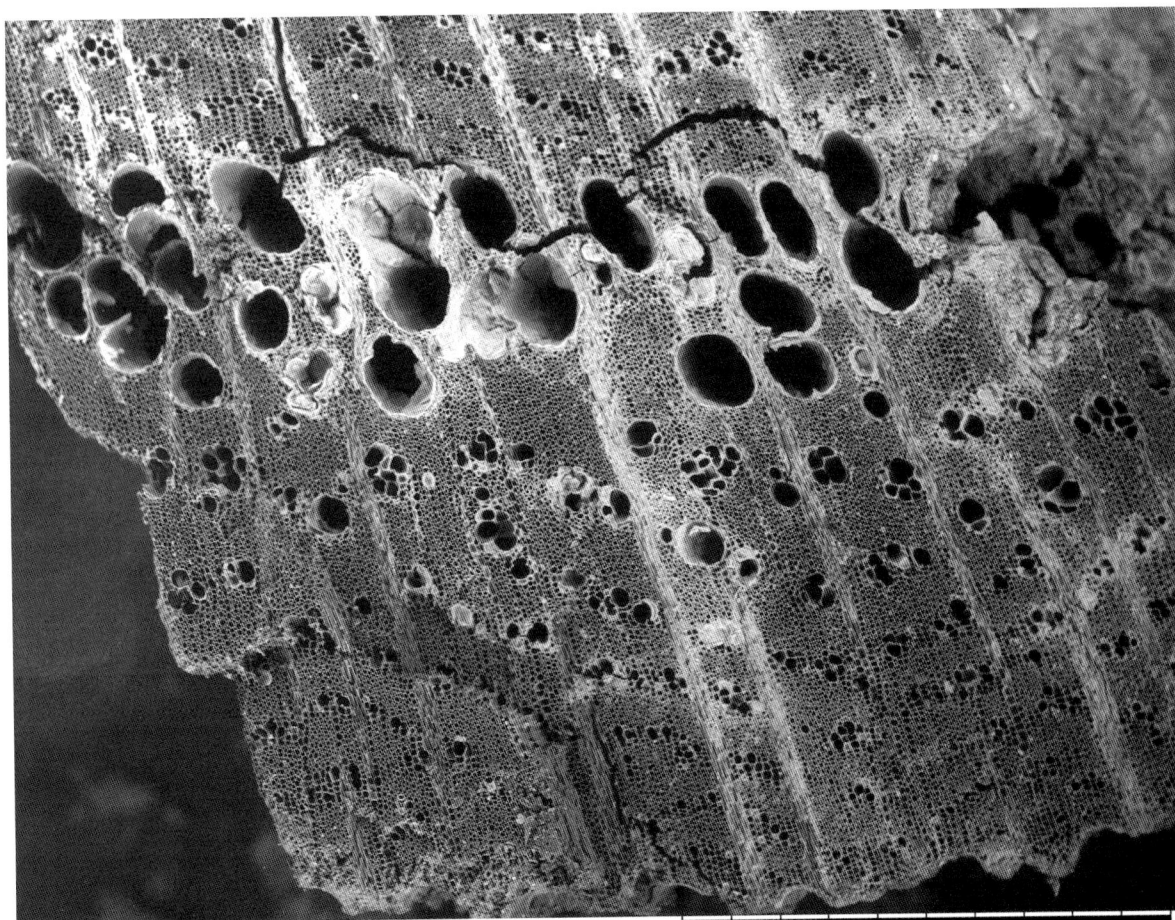

TM-1000_0242 2010-11-24 x80 1 mm

1. 横切面

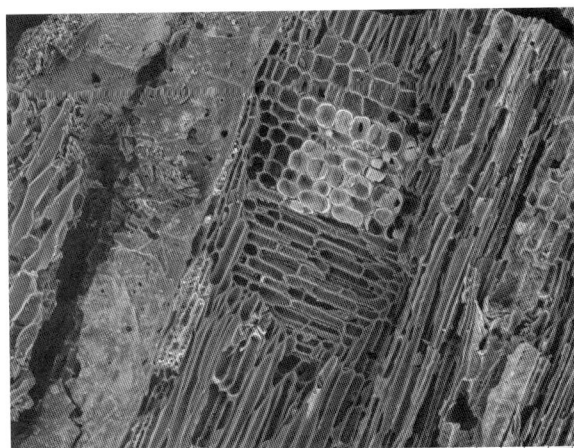

TM-1000_0232 2010-11-24 x400 200 um

2. 径切面

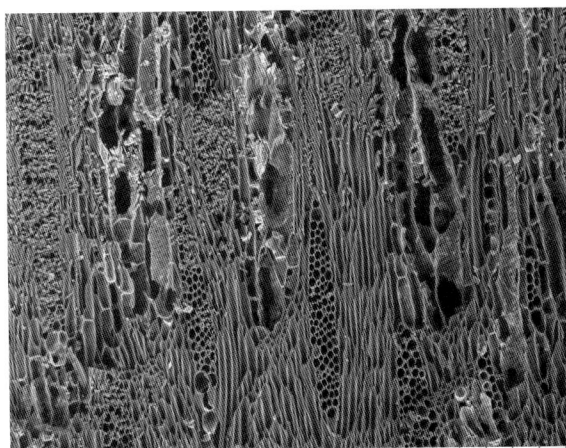

TM-1000_0252 2010-11-24 x300 300 um

3. 弦切面

炭化植物——朴树属

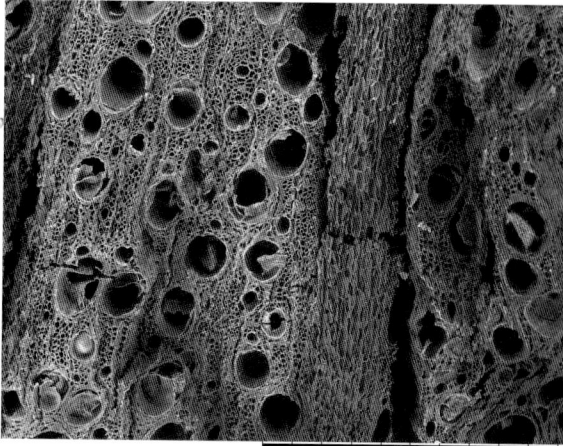

TM-1000_0236 2010-11-24 x100 1 mm

1. 横切面

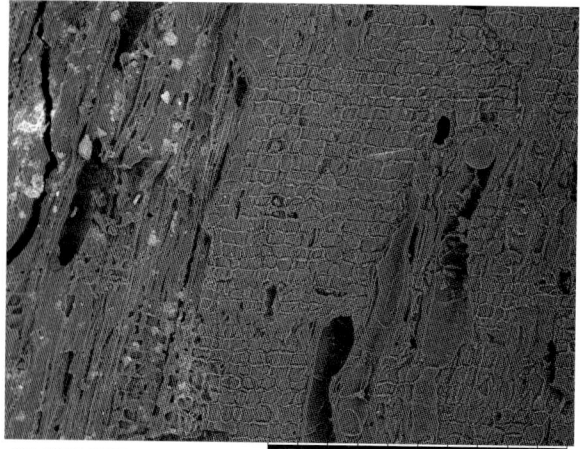

TM-1000_0237 2010-11-24 x200 500 um

2. 径切面

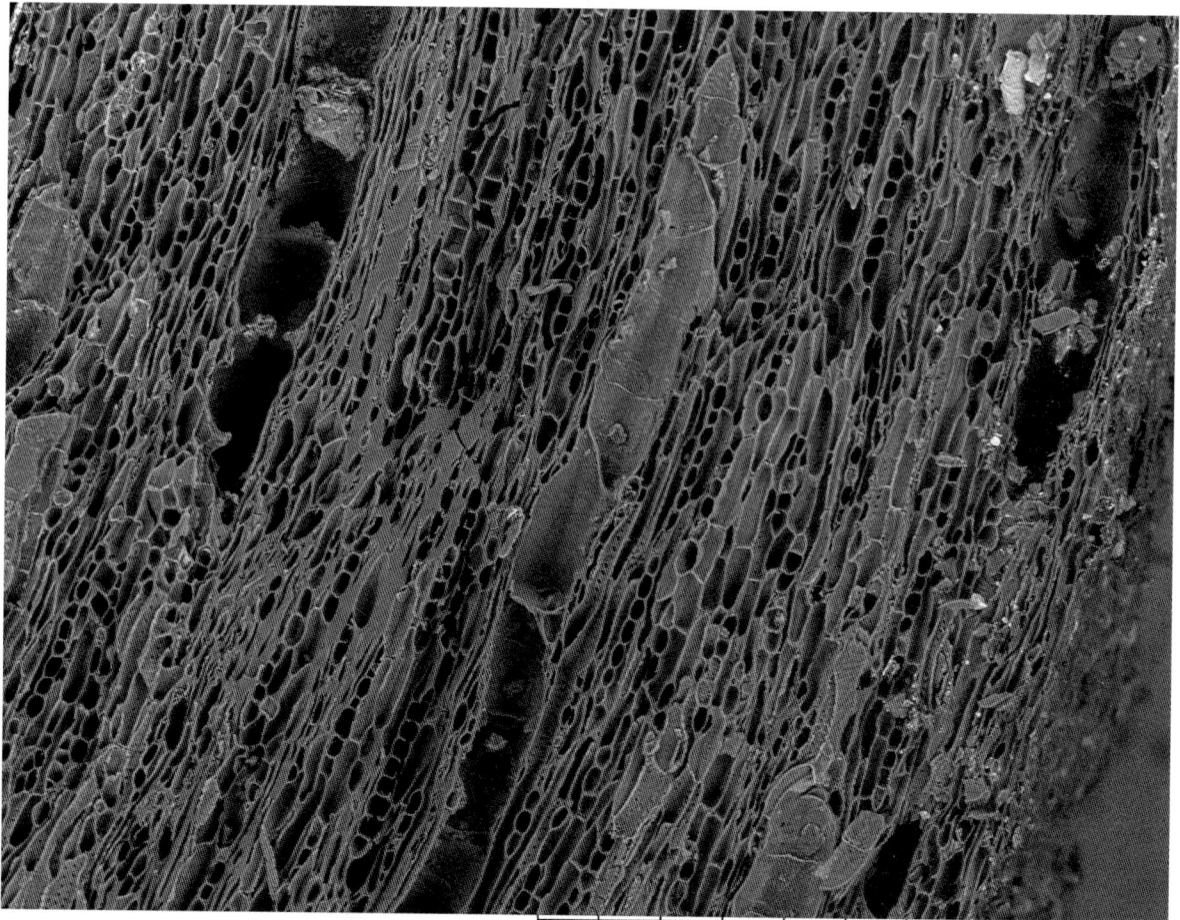

TM-1000_0238 2010-11-24 x200 500 um

3. 弦切面

炭化植物——麻栎属

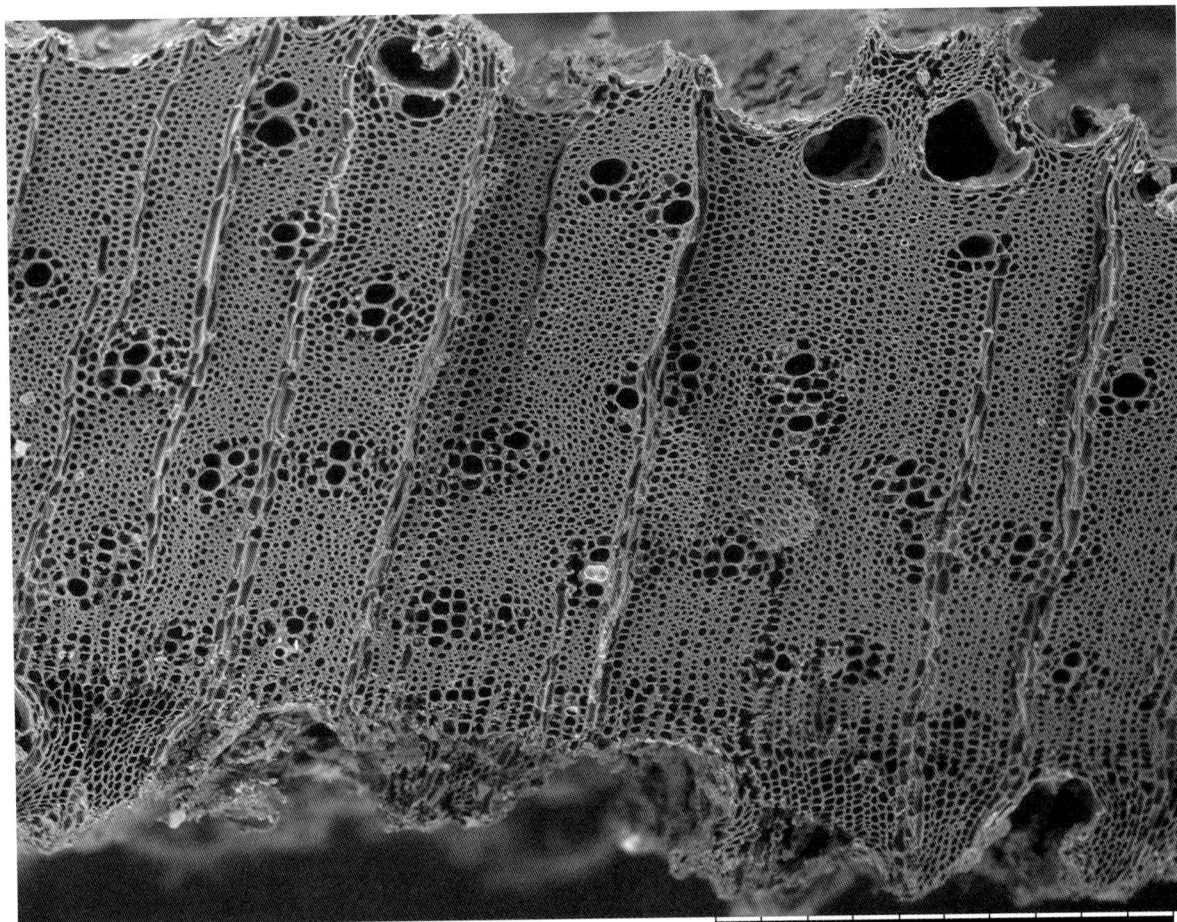

TM-1000_0320　　　2010-11-26　　　x150　500 um

1. 横切面

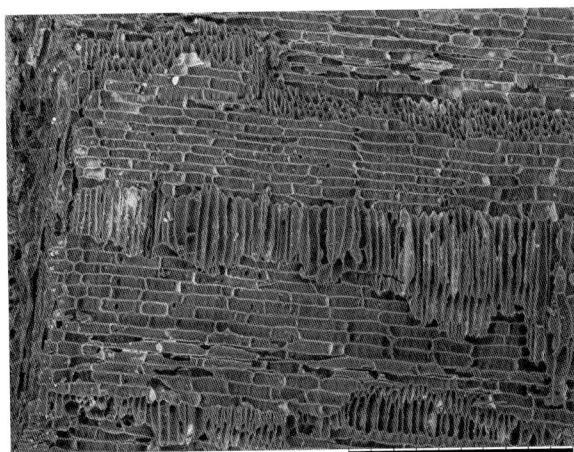

TM-1000_0323　　2010-11-26　　x250　300 um

2. 径切面

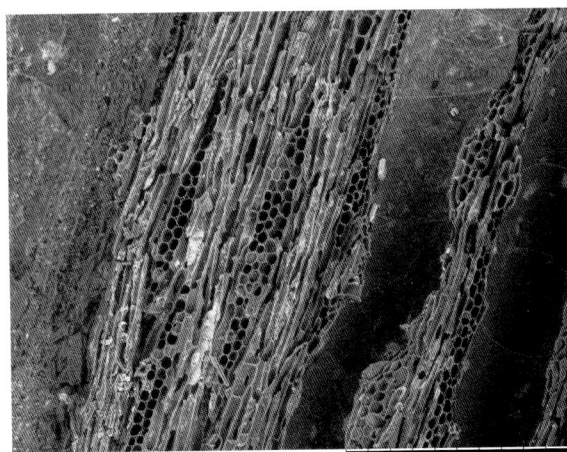

TM-1000_0325　　2010-11-26　　x250　300 um

3. 弦切面

炭化植物——未知种属三

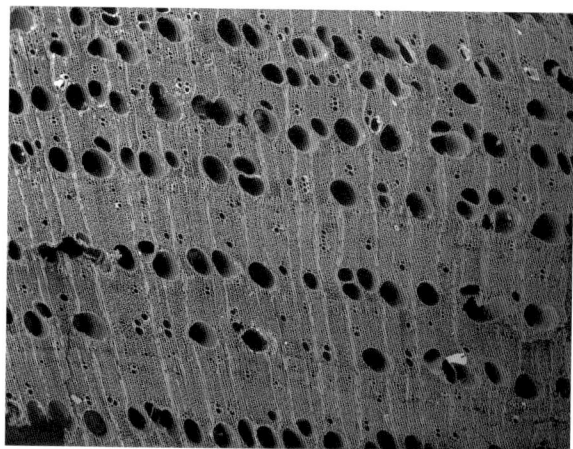

TM-1000_0309　　　2010-11-25　　　x60　1 mm

1. 横切面

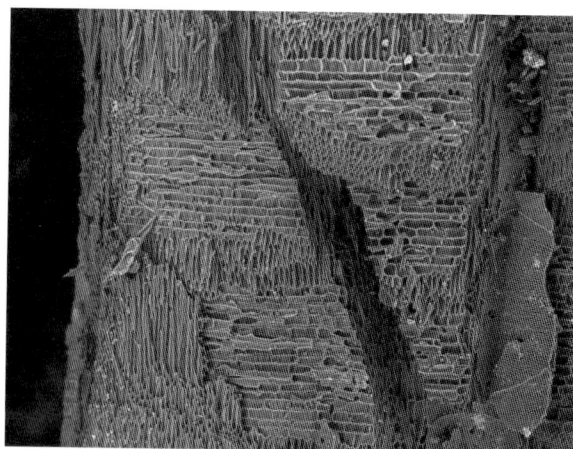

TM-1000_0315　　　2010-11-26　　　x200　500 um

2. 径切面

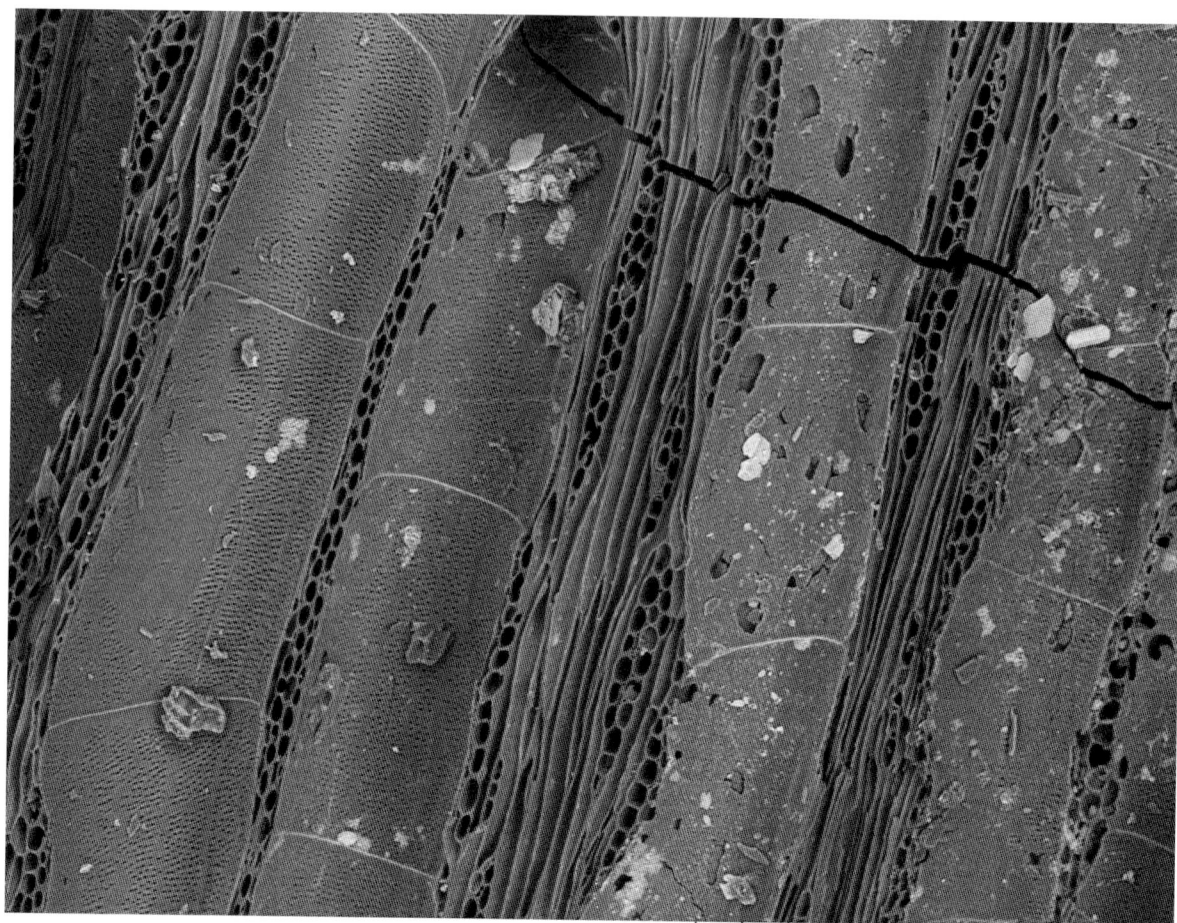

TM-1000_0317　　　　　2010-11-26　　　　　x250　300 um

3. 弦切面

炭化植物——未知种属二

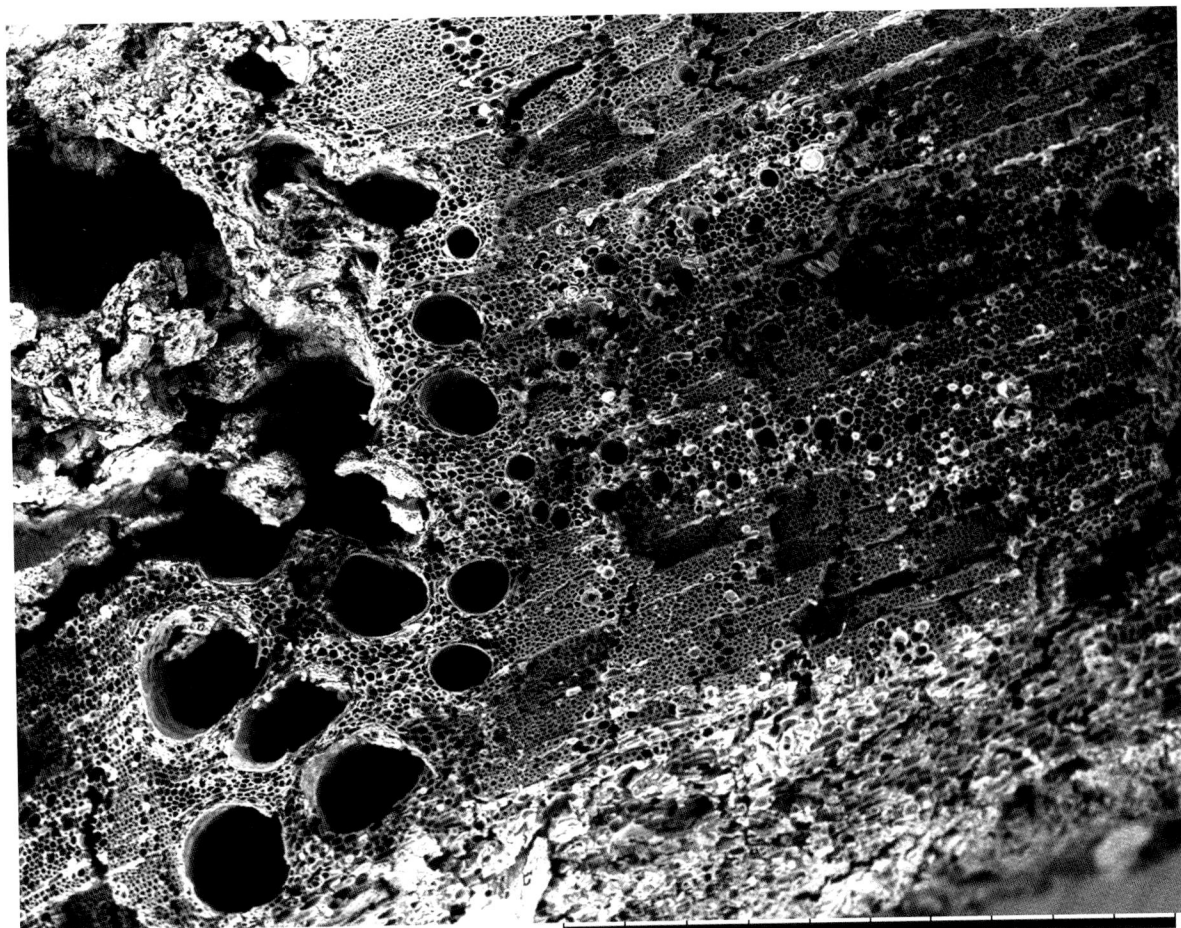

1. 横切面

2. 径切面

3. 弦切面

炭化植物——未知种属一

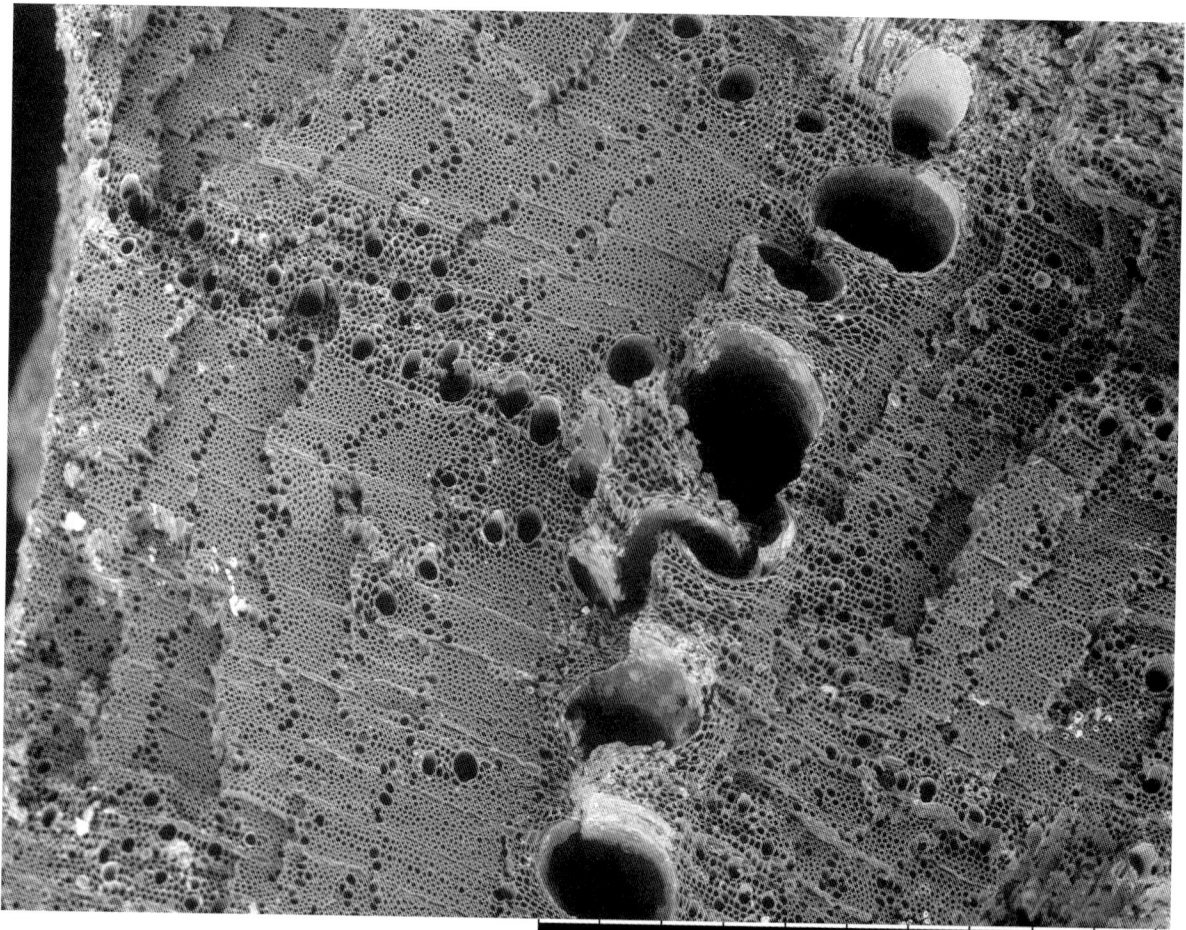

TM-1000_0197 2010-11-23 x100 1 mm

1. 横切面

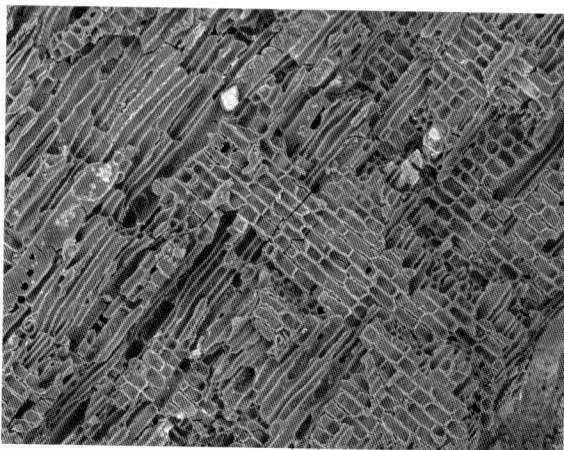

TM-1000_0188 2010-11-23 x300 300 um

2. 径切面

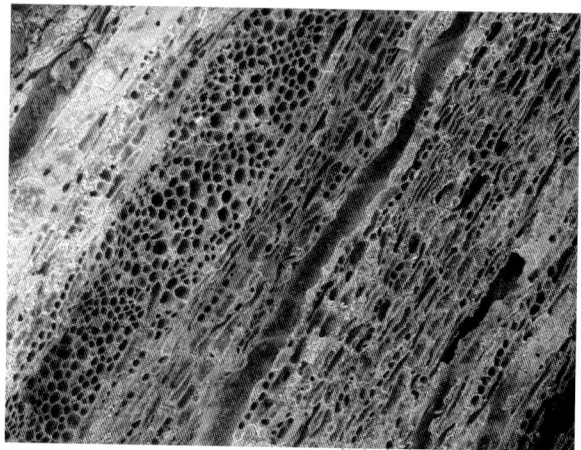

TM-1000_0198 2010-11-23 x250 300 um

3. 弦切面

炭化植物——麻栎属

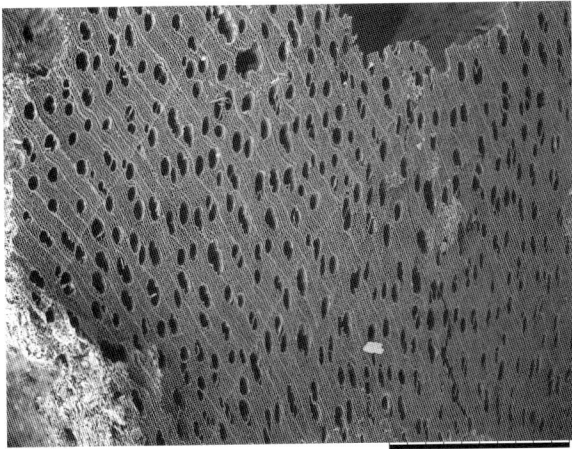

TM-1000_0278   2010-11-25   x60   1 mm

1. 横切面

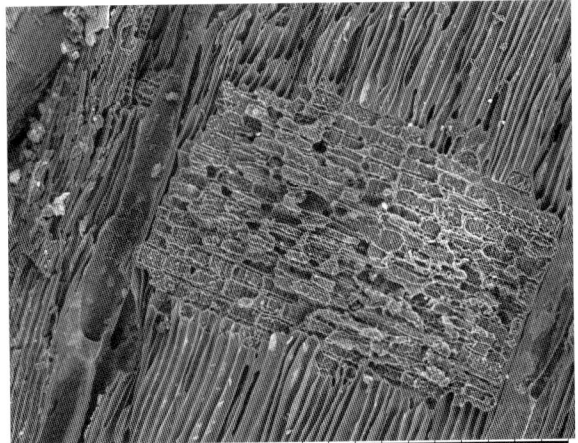

TM-1000_0288   2010-11-25   x300   300 um

2. 径切面

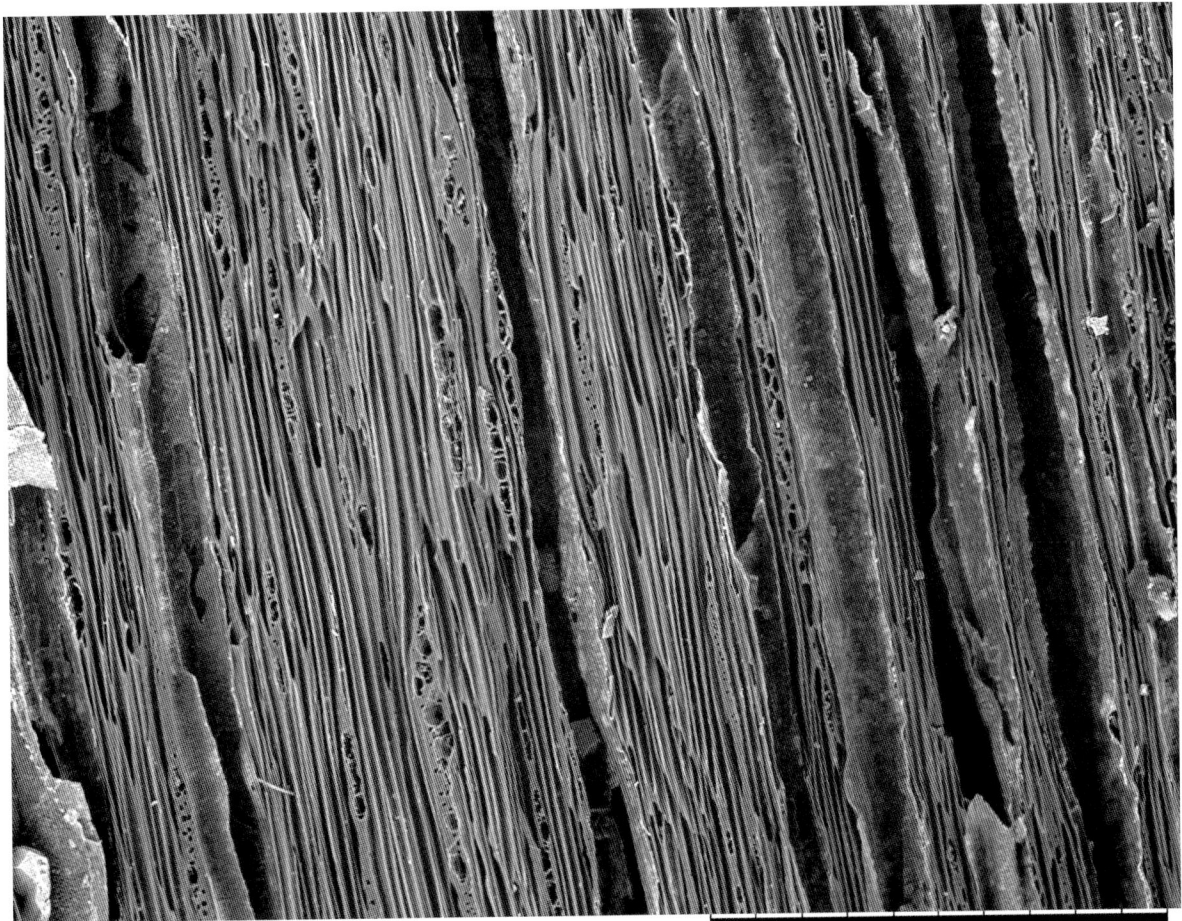

TM-1000_0284   2010-11-25   x250   300 um

3. 弦切面

炭化植物——杨属

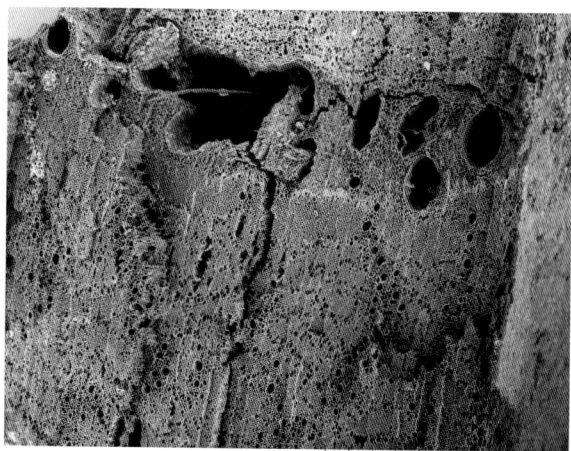

TM-1000_0261　　　2010-11-25　　　x80　1 mm

1. 横切面

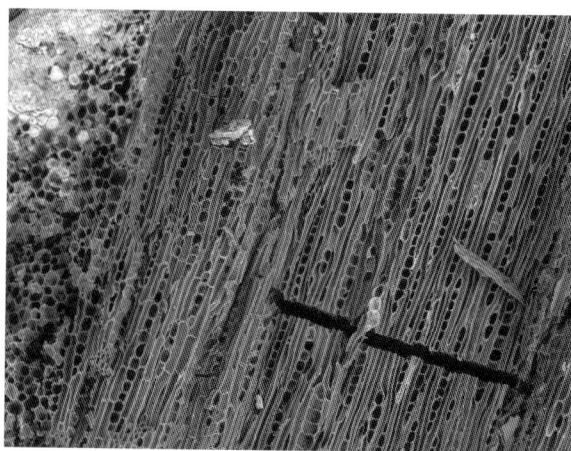

TM-1000_0263　　　2010-11-25　　　x250　300 um

2. 弦切面

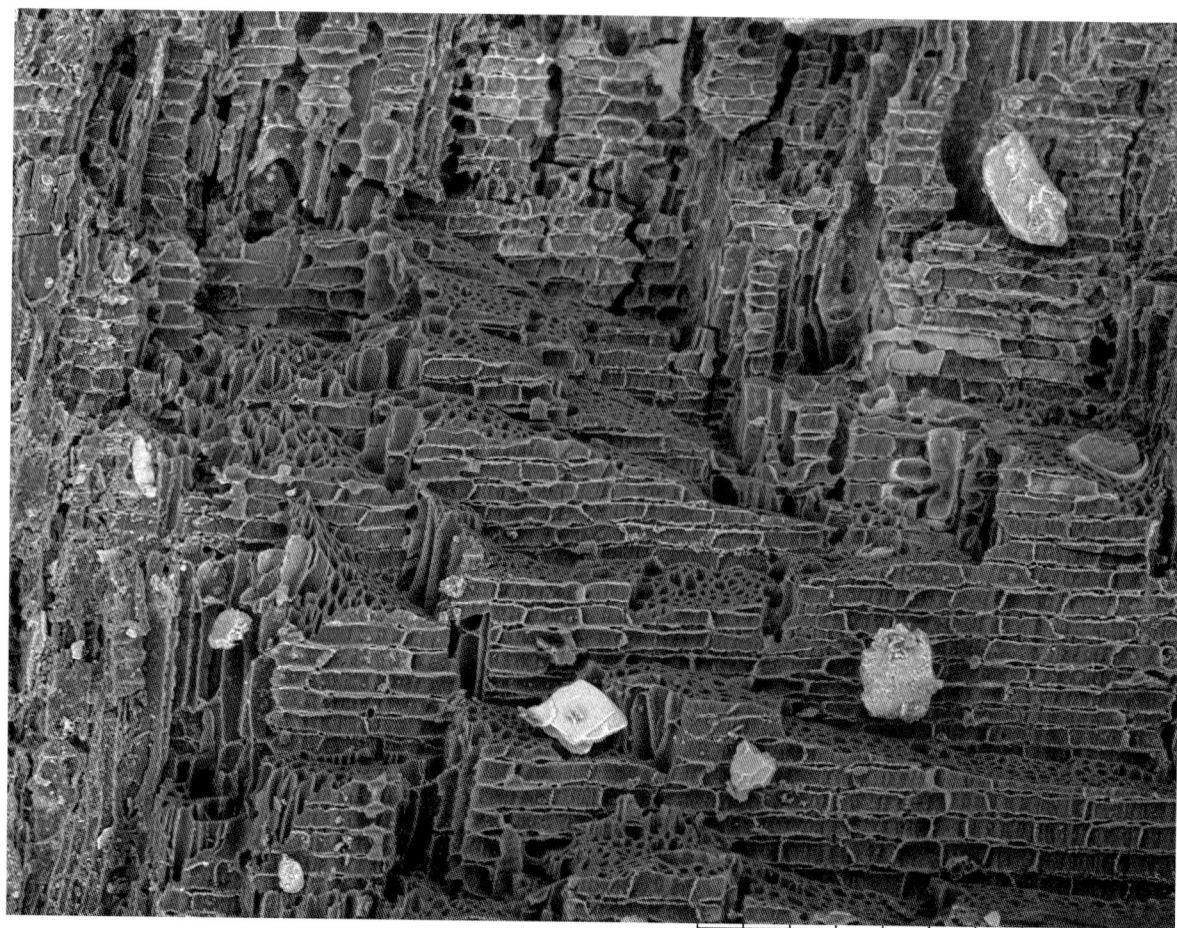

TM-1000_0267　　　2010-11-25　　　x250　300 um

3. 径切面

炭化植物——麻栎属

1．径切面

2．弦切面

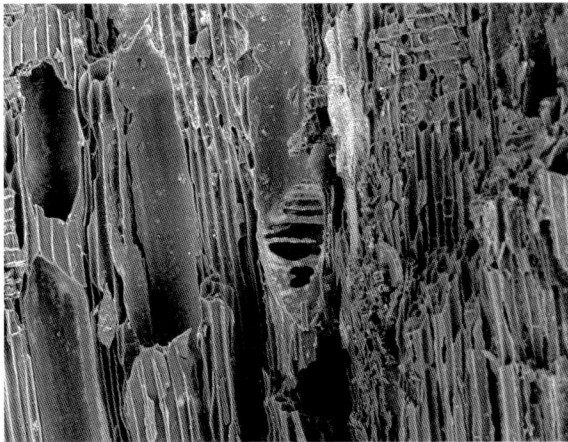

3．示梯形穿孔

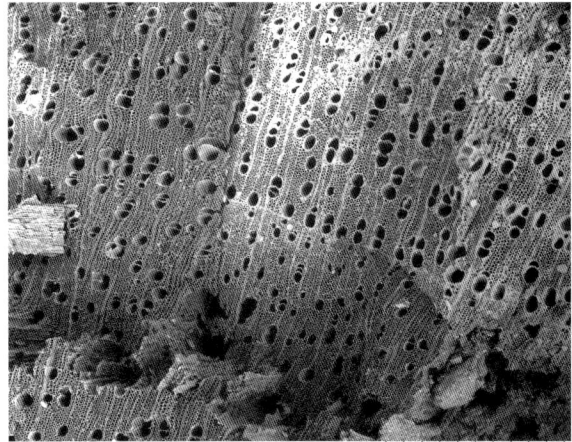

4．横切面

炭化植物——桦木属

1. F35出土木炭

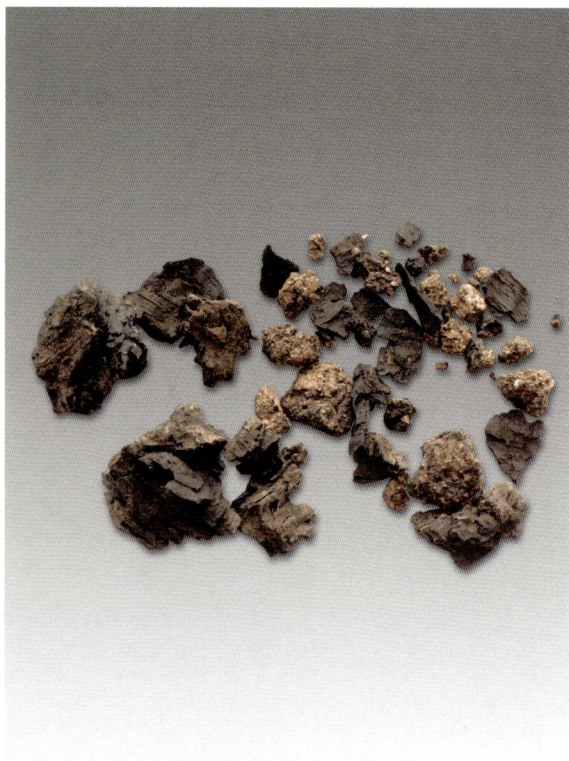

2. F6出土木炭

3. F34出土木炭

4. F32出土木炭

木　炭

1. T0605②出土木炭

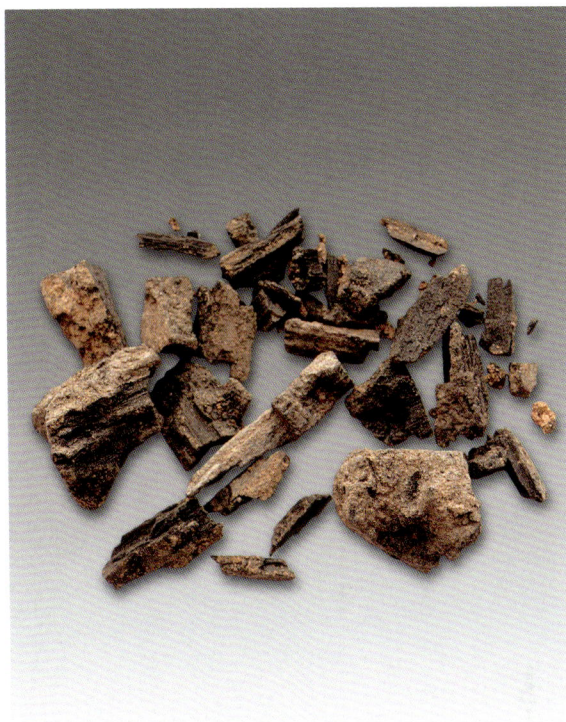

2. F46出土木炭

3. F44出土木炭

4. F33出土木炭

炭化物

1. F26出土炭化杏核

2. F26出土炭化杏核

炭化物

1．F53出土炭化杏核

2．F51出土炭化山核桃

炭化物

1. M2出土鹿科左侧跟骨

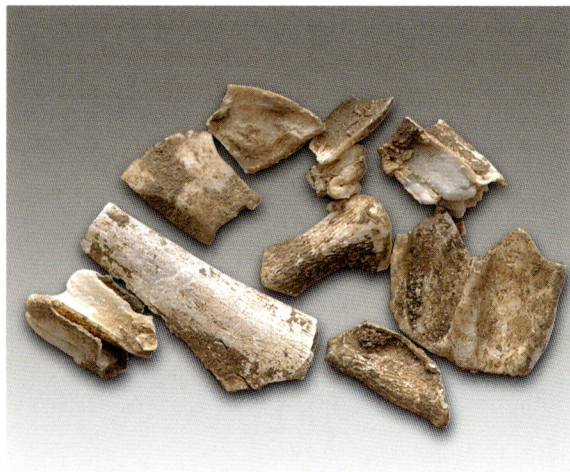

2. T05809② 鹿科左侧跟骨

3. M8出土鹿科左侧距骨

4. T0509② 鹿科左侧距骨

5. T0509② 鹿科左侧跟骨

兽　骨

1．F53出土猪属骨骼

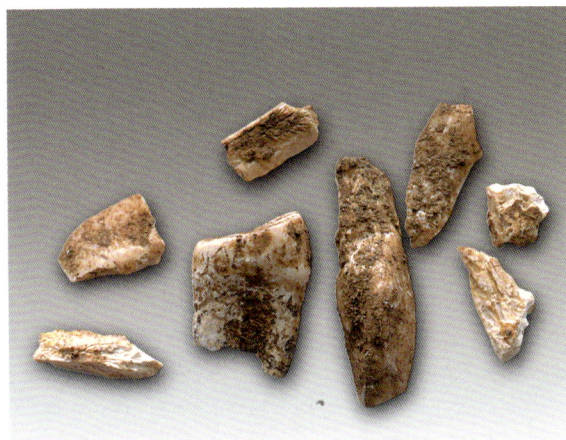

2．F52猪属臼齿与不明种属骨骼

3．F53出土猪属骨骼

4．F53出土猪属牙齿

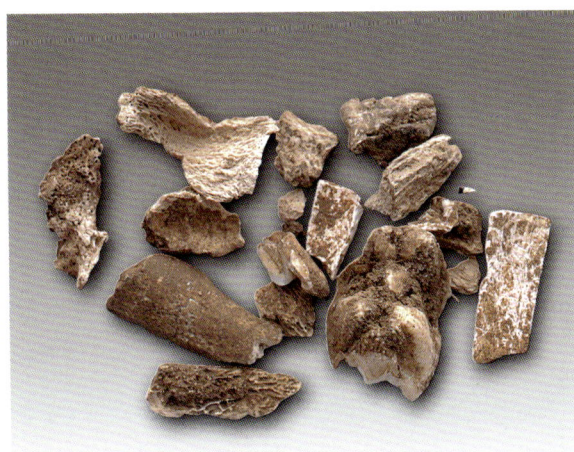

5．H36出土不明种属骨骼与猪属牙齿

6．F53出土猪属牙齿

兽骨与牙齿

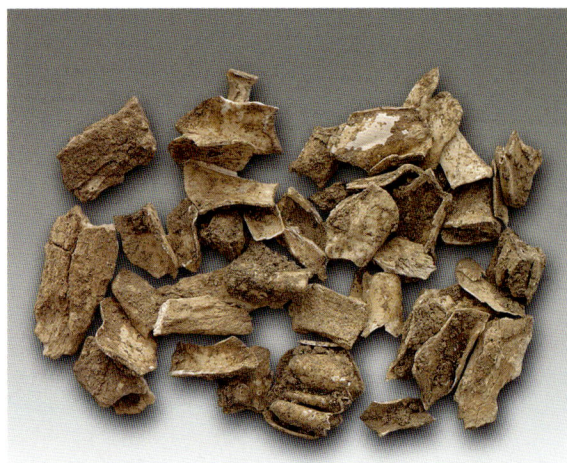

1. F46出土鹿科臼齿

2. F46不明种属骨骼

3. F46出土鹿科臼

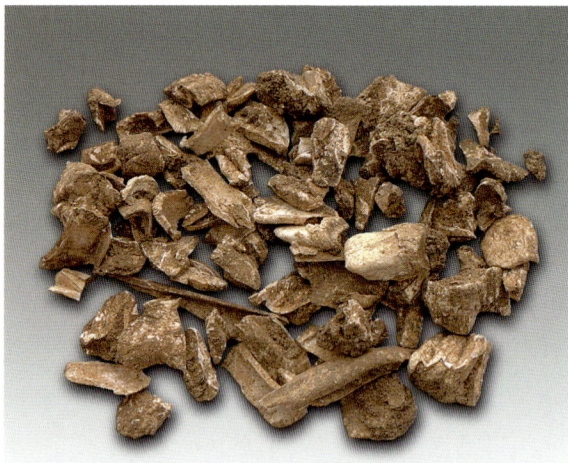

4. F43出土猪属牙齿与鹿科臼齿

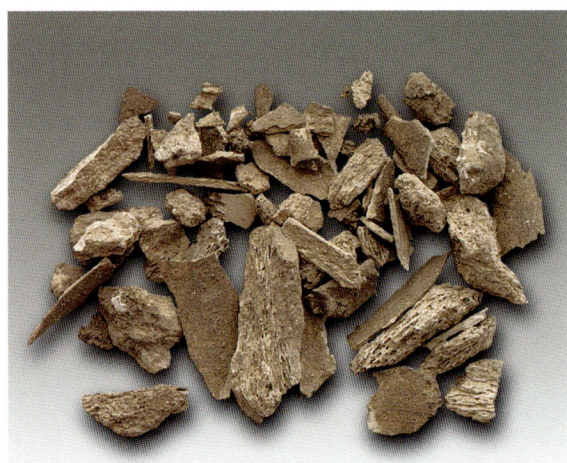

5. F46出土不明种属骨骼

6. F46出土不明种属骨骼

兽骨与牙齿

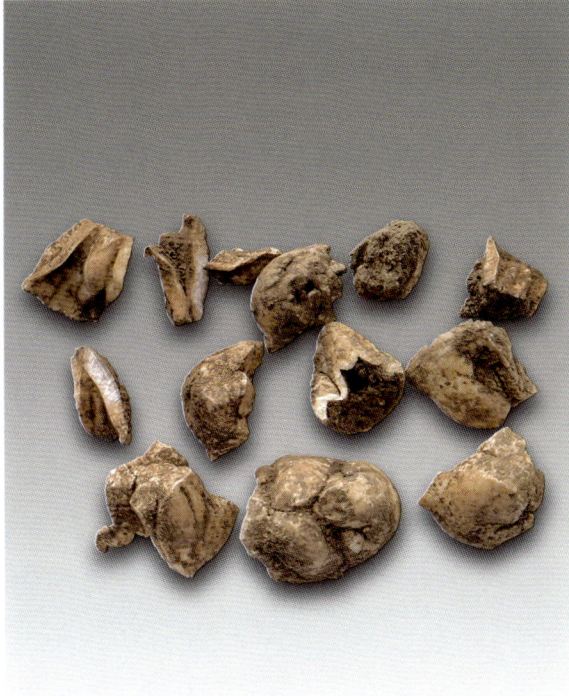

1. F33出土鹿科臼齿与猪属牙齿

2. F33出土动物牙齿

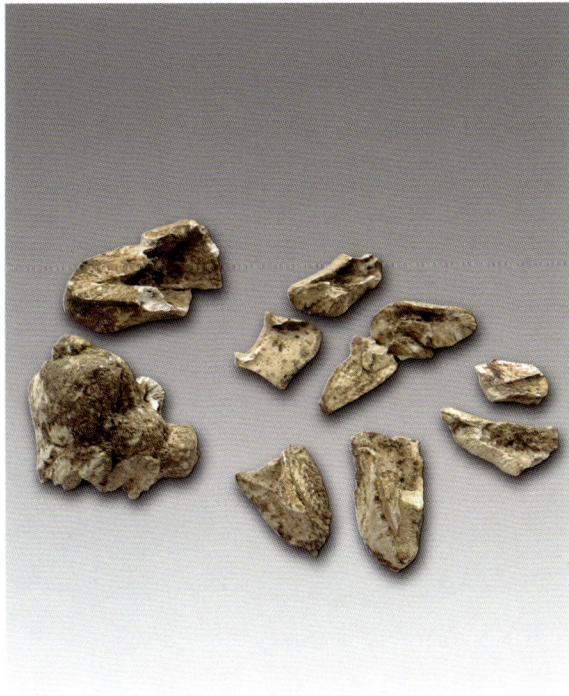

3. F39出土鹿科臼齿

4. F46猪属牙齿

兽骨与牙齿

1. F36出土猪属牙齿

2. F34出土动物牙齿

3. F32出土不明种属骨骼

4. F32出土鹿科臼齿

5. F33出土鹿科臼齿

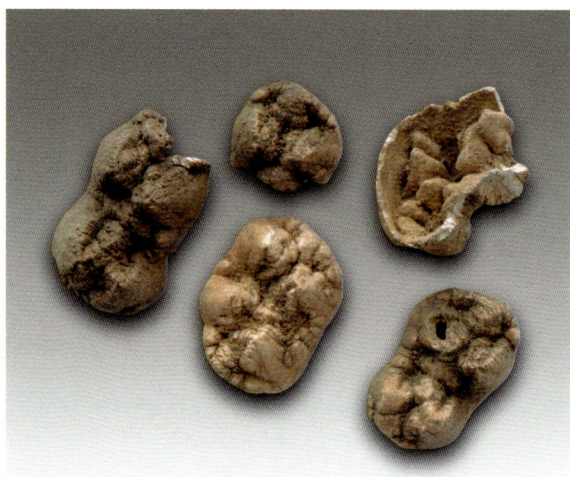

6. F36出土猪属牙齿

兽骨与牙齿

1. F20灶内出土猪属头骨里侧

2. F20灶内出土属头骨外侧

兽　骨

1. F6出土鹿科白齿

2. F6出土猪属牙齿

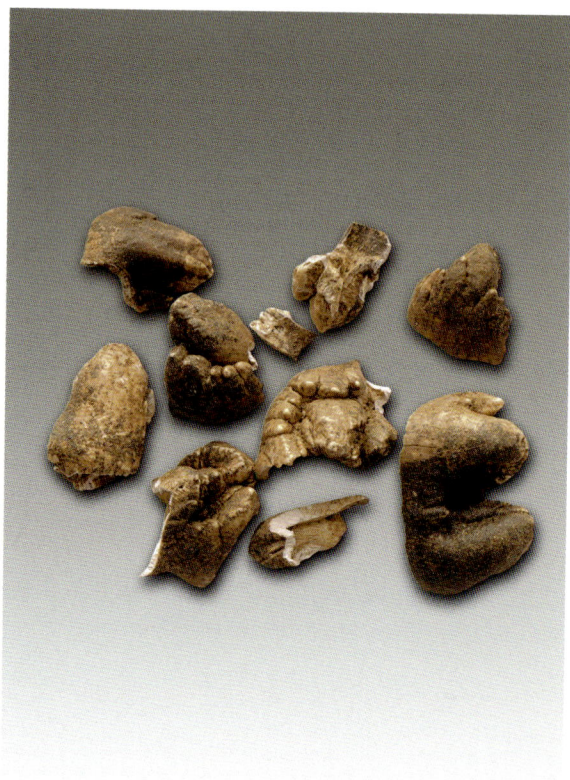

3. F6出土猪属白齿

4. F6出土牛科下颌白齿

动物牙齿

2. F54：108

3. F43：36

4. F16：16

1. F46：123

5. T0709②：1

6. F54：109

玉　匕

1. F7M∶3

2. F7M∶2

3. F7M∶1

4. F7M∶4

5. F7M∶6

6. F7M∶5

玉　匕

1. T0508②：11

2. T1110②：10

3. F36：110

4. F43：38

5. F41：38

6. F41：39

玉管与玉环

1. A型（T0407②：6）

2. A型（T0407②：1）

3. B型（T0505②：1）

玉　玦

1. A型（F43M：2）

2. A型（F43M：1）

3. A型（T0608②：1）

4. A型（F43：35）

玉　玦

1. B型（F14：3）

2. B型（F46：124）

3. C型（F20：10）

玉　凿

1. A型（采：20）

2.（T0411①：1）

3. A型（H34：2）

4. A型（采：33）

玉　凿

1. B型（T0609②：1）

2. B型（F38：34）

3. B型（F18：32）

4. B型（F27①：6）

玉 斧

1. A型 (F36：106)

2. A型 (F17：33)

3. A型 (采：34)

玉 斧

1. F46① : 47

2. F30 : 133

3. F33① : 24

4. F46① : 37

5. F46① : 62

6. F46① : 60

7. F46① : 39

石小尖状器

1. T0113②：11 2. T0113②：12 3. T0213②：27 4. T0113②：14

5. T0113②：15 6. T0213②：26 7. T0213②：23 8. T0212②：6 9. T0212②：7

10. T0212②：5 11. T0213②：24 12. T0213②：25 13. T0213②：21

石刮削器

1. F46① : 49

2. T0112② : 2

3. T0111② : 2

4. T0113② : 13

5. T0113② : 6

6. T0113② : 10

7. T0111② : 6

8. T0113② : 8

9. T0113② : 7

10. T0113② : 9

石刮削器

1. F30① : 6

2. F46① : 55

3. T0113② : 3

4. F29① : 8

5. T0113② : 3

6. F46① : 50

7. F46① : 44

8. T0111② : 4

9. T0111② : 5

10. F46① : 59

石刮削器

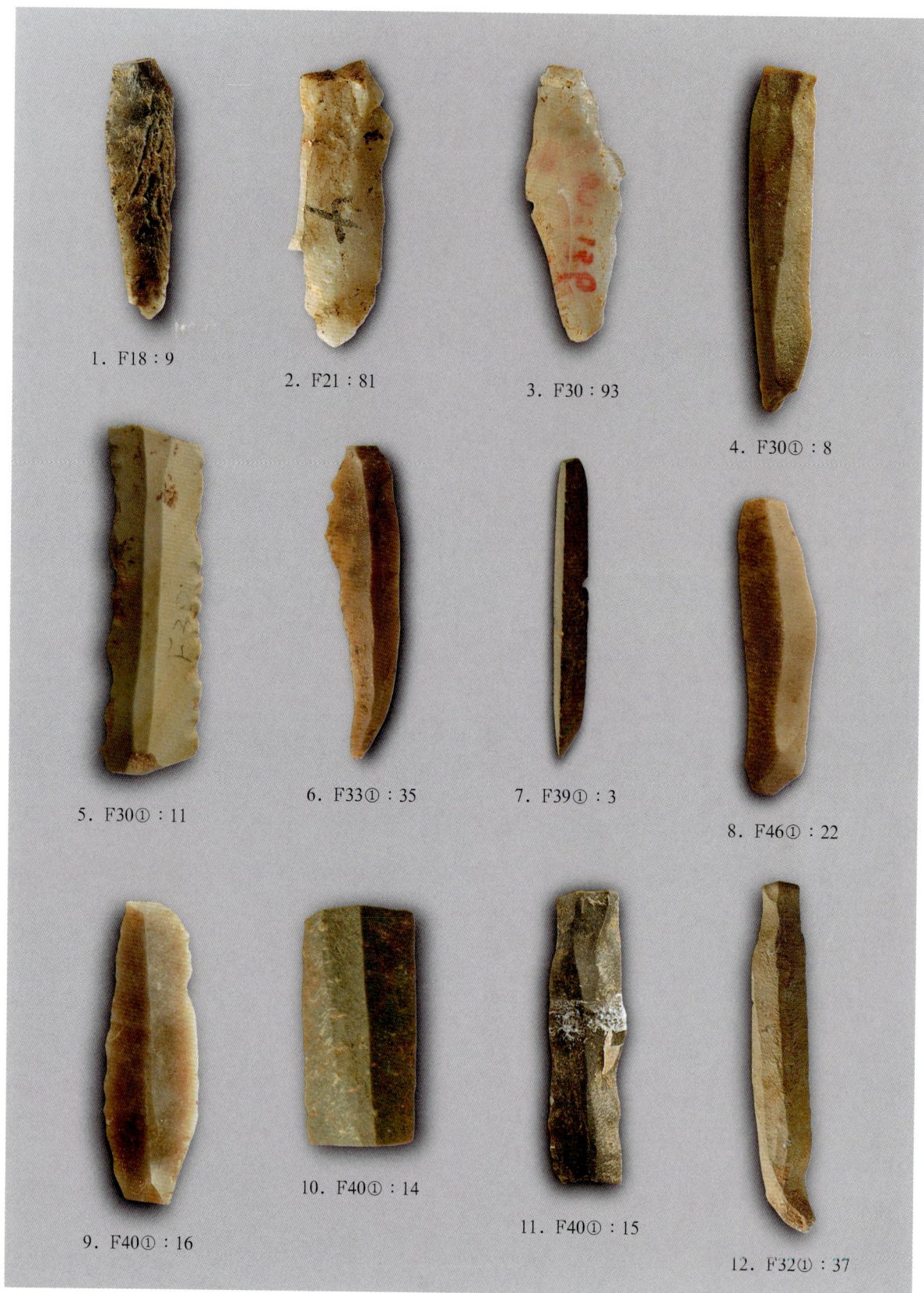

1. F18：9

2. F21：81

3. F30：93

4. F30①：8

5. F30①：11

6. F33①：35

7. F39①：3

8. F46①：22

9. F40①：16

10. F40①：14

11. F40①：15

12. F32①：37

石刮削器

1. F39① : 2

2. F36① : 1

3. F33① : 28

4. F36① : 2

5. F33① : 27

6. F32① : 43

7. F9 : 24

8. F16 : 14

9. F21 : 80

10. F29① : 9

11. F27① : 4

12. F39① : 1

石刮削器

1. T0110②：5

2. T0112②：1

3. T0212②：1

4. T0211②：3

5. T0212②：2

6. T0212②：3

7. T0109②：7

8. T0308②：3

9. T0113②：2

石　叶

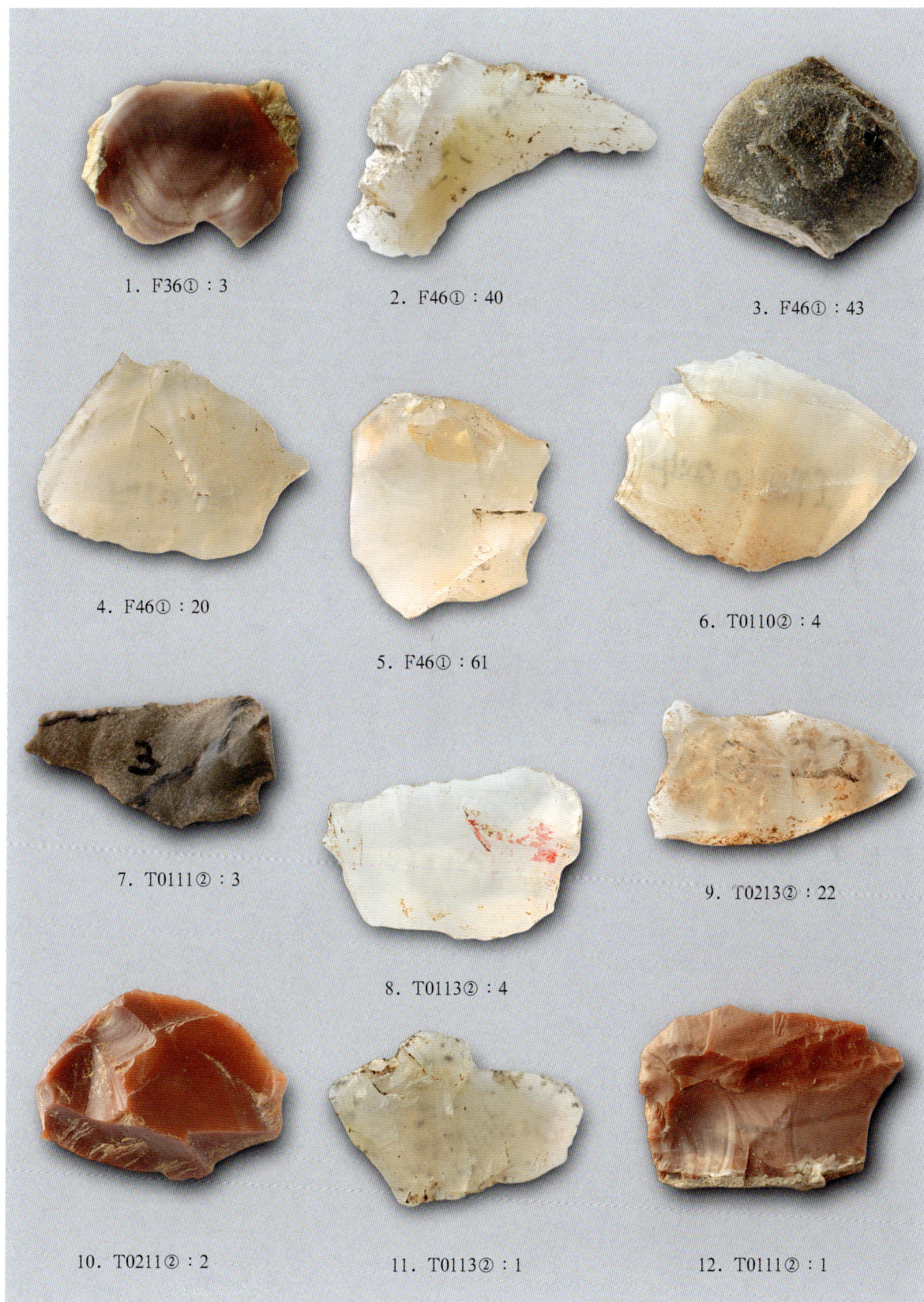

1. F36①：3

2. F46①：40

3. F46①：43

4. F46①：20

5. F46①：61

6. T0110②：4

7. T0111②：3

8. T0113②：4

9. T0213②：22

10. T0211②：2

11. T0113②：1

12. T0111②：1

石 叶

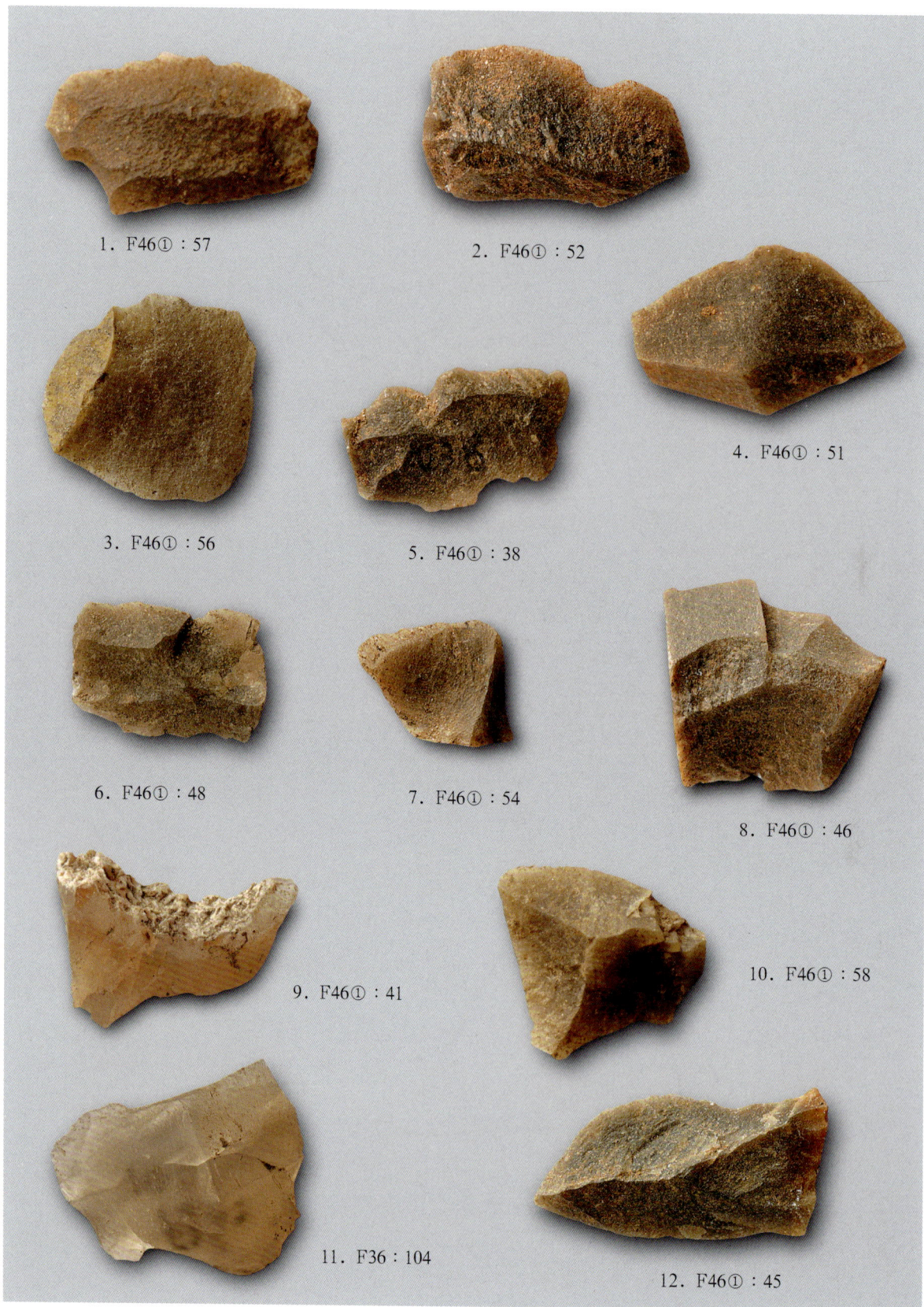

1. F46① : 57

2. F46① : 52

3. F46① : 56

5. F46① : 38

4. F46① : 51

6. F46① : 48

7. F46① : 54

8. F46① : 46

9. F46① : 41

10. F46① : 58

11. F36 : 104

12. F46① : 45

石　叶

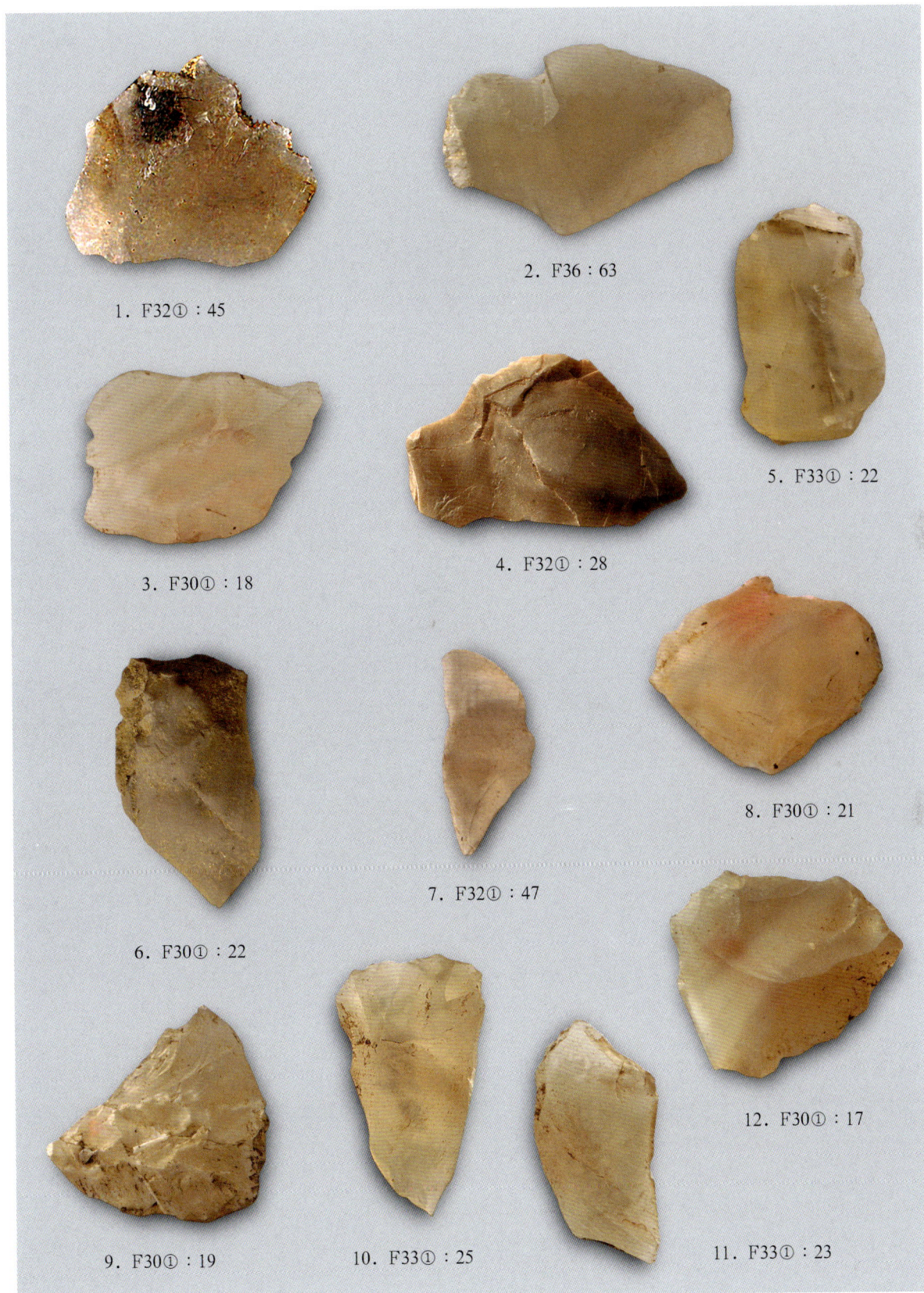

1. F32①：45

2. F36：63

5. F33①：22

3. F30①：18

4. F32①：28

8. F30①：21

6. F30①：22

7. F32①：47

12. F30①：17

9. F30①：19

10. F33①：25

11. F33①：23

石　叶

1. F27①：1

2. F21：78

3. F21：79

4. 30①：12

5. F30①：5

6. F27①：2

7. F30①：16

8. F32①：46

9. F30①：20

10. F32①：36

11. F32①：29

石　叶

1. F46① : 53

2. F14 : 42

3. F14 : 27

4. F14 : 28

5. F30① : 7

6. F30① : 3

7. F6① : 7

8. F30① : 2

9. F14 : 40

10. F30① : 10

11. F6① : 8

石　叶

1. F46①：64

2. T0113②：17

3. F46①：23

4. F46①：65

5. F26①：2

6. 采：32、采：31、采：22

石　核

1. F32①：57

2. F36①：4

3. F30①：4

4. F27：97

5. F29①：10

6. F46①：21

7. T0113②：16

8. T0801②：17

石　核

1. F6① : 6

2. F14 : 38

3. F14 : 24

4. F14 : 26

5. F9 : 23

6. F23 : 96

石　核

1. F53①：29

2. 采：21

3. F54：40

4. T0708②：5

5. 采：13

6. T0801②：2

石敲砸器

1. F50：43

2. F52：27

3. F52：40

4. F52：42

5. F52①：1

6. F53①：7

石敲砸器

1. F46①：72

2. F47：26

3. F47：33

4. F47①：8

5. F47①：30

6. F49①：13

7. F49①：14

8. F49①：18

石敲砸器

1. F30：131

2. F33：72

3. F43：68

4. F45：56

5. F46：61

6. F46：105

7. F46①：71

石敲砸器

1．F30：58

2．F34：57

3．F30：128

4．F40：50

5．F31①：6

石敲砸器

1. F25：41

2. F27：56

3. F27：57

4. F27：58

5. F27①：3

6. F30：72

石敲砸器

1. F17：12

2. F16：91

3. F16：89

4. F23：20

5. F22：3

6. F21：67

石敲砸器

1. F16 : 72

2. F16 : 78

3. F14 : 25

4. F16 : 83

5. F17 : 11

6. F17 : 40

石敲砸器

1. F10：20

2. F3：35

3. F11：15

4. F14：14

5. F16：38

6. F16：36

石敲砸器

1. F6：23

2. F6：28

3. F8：15

4. F7：39

5. F6：24

6. F7：40

石敲砸器

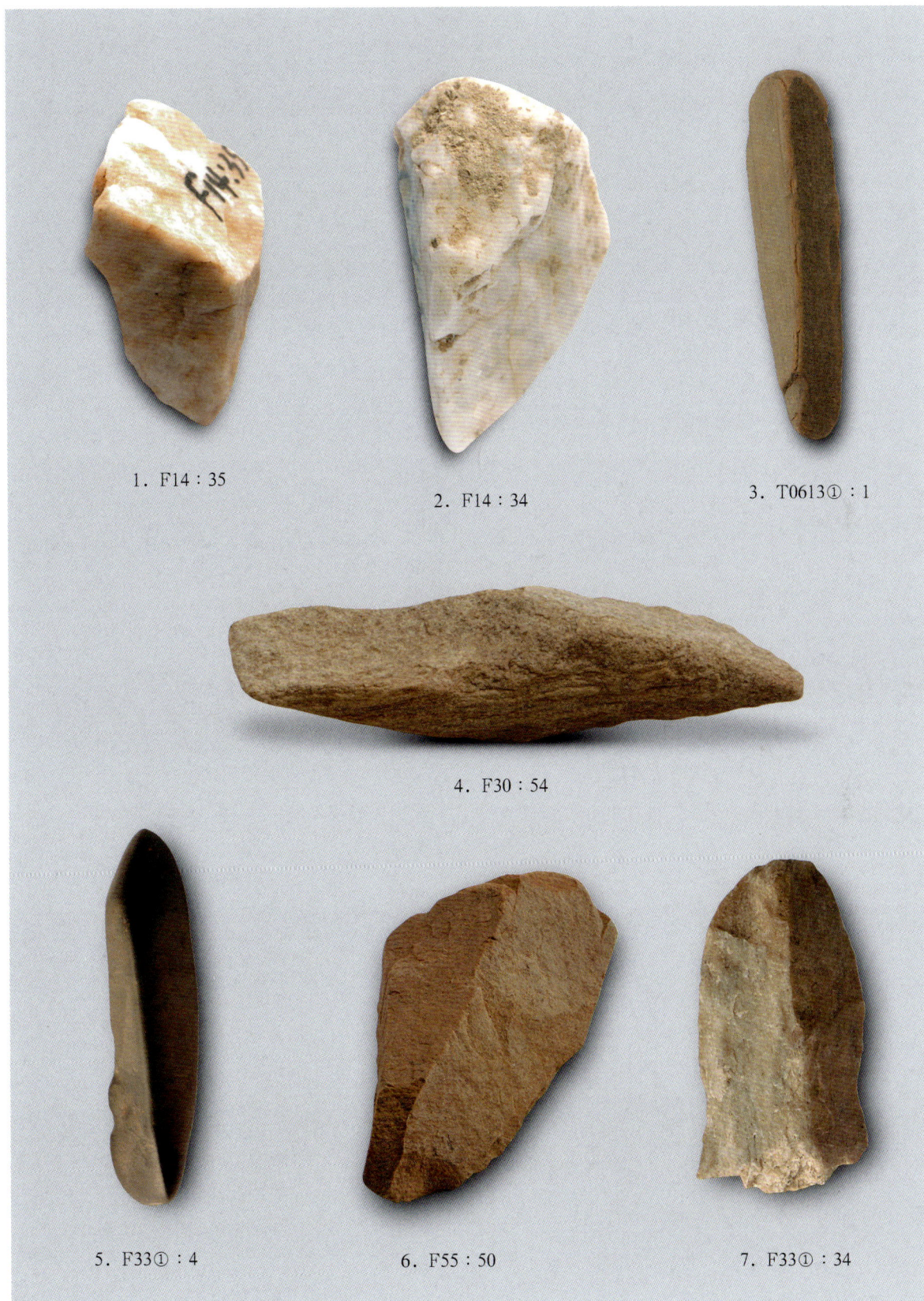

1. F14：35

2. F14：34

3. T0613①：1

4. F30：54

5. F33①：4

6. F55：50

7. F33①：34

石尖状器

1. F32①：15

2. F34：70

3. 采：26

4. F14：32

石条形器与小石环

1. 采：27

2. 采：24

3. T0502②：12

4. F14：33

5. T0408②：1

石 钻

1. F43：55　　　　　　　2. F44：19　　　　　　　3. F30：120

4. F46：104　　　　　　　　　　　　　5. F9：20

6. T0312①：1　　　　　　　　　　　　7. F33：60

石　球

1. F40：49

2. F32①：38

3. M8：3

4. T0605②：5

5. F43①：13

6. F43①：14

石　球

1. F5：29

2. T0608②：7

3. F5：30

4. T0605②：8

5. M8：2

6. F50：48

石　球

查 海

——新石器时代聚落遗址发掘报告

（中册）

辽宁省文物考古研究所　编著

编著者　辛　岩

文物出版社

北京·2012年

第四章　"中心"墓地与居室葬

第一节　"中心"墓地

墓地位于聚落的中部（图版四九，五〇、五一），占地面积约500平方米，共发掘清理出10座墓葬（编号 M1～M10），2个祭祀坑（编号 H34、H36），1处龙形堆石遗迹。

一　墓葬形制和随葬品

墓地中10座墓葬埋葬较为集中紧密，有些墓葬相互间有叠压打破关系。墓葬均开口于①层下，凿于基岩内，皆为长方形土坑竖穴墓，墓坑一般长1.6～3.0、宽0.5～0.9米，深浅不一。墓坑基本为南北向。10座墓中8座发现有人骨，2座人骨已朽无，而8座见人骨的墓中，只有 M8 人骨保存较好。除 M7 为一成年女性与二小孩合葬外，其余均为单人葬，死者头北足南，仰身直肢，大多面向西。墓主人为男性的2座，女性的4座，其余不详，年龄在25～40岁之间。仅 M2、M8 中有随葬品。各墓之间的打破关系为（箭头方向表示打破）：M2→M1；M3→M4；M9→M7（见附表25　查海遗址中心墓地墓葬一览表）。

M1　紧邻龙形堆石，在龙形堆石的东南侧，西与 M8 间隔1.25米，位于 M2 东侧，西北角被西侧偏上 M2 打破，正北向。墓穴长方形，填土为灰黑色。墓口大于墓底，北端宽于南端。墓壁、墓底均较平整。墓口长1.8、北端宽0.42、南端宽0.3，墓底长1.72、北端宽0.34、南端宽0.26，墓深0.3米。单人葬，成年男性，头北足南，仰身直肢，面向西。尸骨保存不好，腐蚀严重，仅存头骨、上肢骨及下肢骨残块。墓内无随葬品（图三七四；图版五二、五三）。

M2　紧邻龙形堆石，亦在龙形堆石的东南侧，位于 M1 西侧，打破 M1 西北角，正北向。墓穴圆角长方形，填土为灰黑色出土少量的鹿科左侧距骨碎块（图版二八三）。墓口大于墓底，北端略宽于南端，西壁稍外弧。墓壁、墓底均较平整。墓口长2.04、北端宽0.62、南端宽0.54，墓底长1.94、北端宽0.5、南端宽0.44，深0.38米。单人葬，成年女性，头北足南，仰身直肢，面向西。尸骨保存不好，腐蚀严重，仅存头骨、上肢骨、下肢骨及踝骨残块。足下随葬2件素面红褐

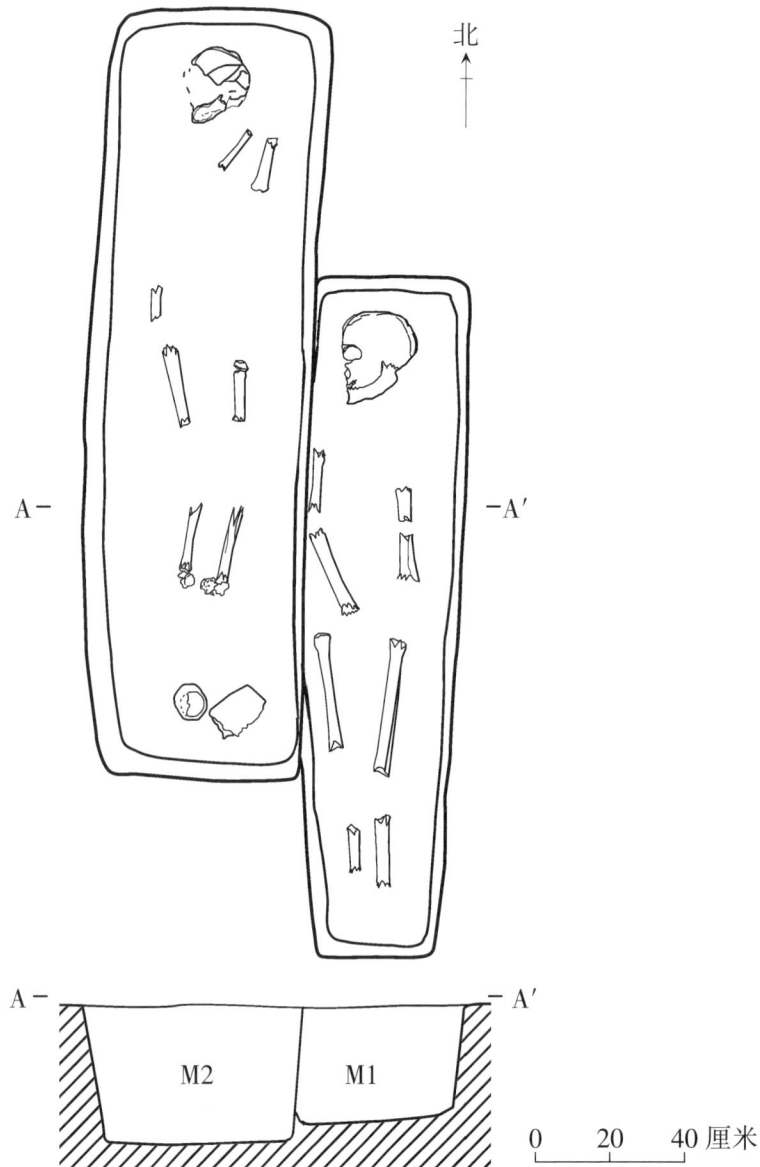

图三七四　M1 及 M2 平、剖面图

陶小罐（图三七四；图版五二、五三）。皆为直腹罐，夹砂红褐陶，上部残，素面。M2:1，底径 7.0、残高 6.7 厘米（图三七五，1；图版一三五，3）；M2:2，底径 6.0、残高 3.4 厘米（图三七五，2）。

从该墓随葬品看，这个墓至少中期就存在。

M3　位于 M1 东南，间距 3 米，西距 M7 和 M9 约 0.25～0.35 米，墓向 350°。打破西侧偏下的 M4 东北角。墓穴圆角长方形，填土为灰黑色。墓口大于墓底，北宽南窄，墓壁斜平，南北两端略外弧，墓底北高南低，斜平。墓口长 1.98、北端宽 0.8、南端宽 0.64 米，墓底长 1.76、北端宽

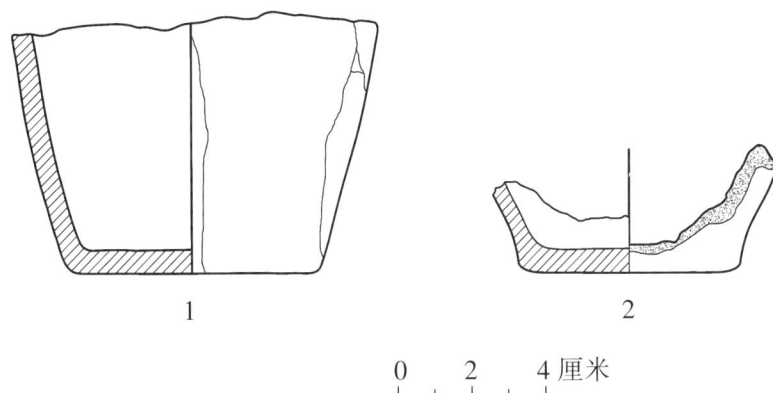

0   2   4 厘米

图三七五 M2 陶器

1、2. 小直腹罐（M2:1、M2:2）

0.6、南端宽 0.44 米，墓口至底中部垂直深度 0.88 米。单人葬，25 岁左右女性，头北足南，仰身直肢，仰面。尸骨略靠近西侧穴壁，腐蚀严重，仅存头骨、肩胛骨、肋骨、上肢骨、下肢骨等部分残块。无随葬品（图三七六；图版五四；图版五五，1）。

M4 位于 M3 西侧下方，其东北角被 M3 打破，墓向 355°。墓穴圆角长方形，填土为灰黑色。墓口大于墓底，北宽南窄，墓壁及墓底较平整。墓口长 2.22、宽 0.9，墓底长 2.14、宽 0.84，墓深 0.23 米。单人葬，成年女性，头北足南，仰身直肢，仰面。尸骨腐蚀严重，仅存不完整的头骨、上肢骨及下肢骨残块。无随葬品（图三七七；图版五四）。

M5 位于 M4 的东南，间距 0.1 米，墓向正北。墓穴圆角长方形，填土为黄灰黑杂花色。墓圹不甚规整，东壁略外凸，墓口大于墓底，北侧有二层台，墓底北高南低。墓口长 2.76、北宽 0.8～0.6、南宽 0.7，墓深 0.4，二层台高 0.15 米。尸骨仅存 1 小块胫骨，为成年人骨骼。无随葬品（图三七八；图版五五，2）。

M6 位于 M8 南侧，间距 5.1 米，打破东侧 M10 西壁，墓向 16°。墓穴圆角长方形，填土为灰黑色。墓口略大于墓底，墓壁、墓底较平整。墓口长 1.84、两端宽 0.6、中部宽 0.64 米，墓底长 1.72、北端宽 0.44、南端宽 0.5 米，墓深 0.52 米。尸骨朽无。无随葬品（图三七九，1）。

M7 位于 M1 南侧，间距 2.5 米，东距 M4 约 0.25 米，南端被 M9 打破，墓向 339°。墓穴窄长，圆角长方形，填土为黄灰黑杂花土。墓口略大于墓底，西壁内凹，东壁外凸。墓口长 3.0、北端宽 0.56、南端宽 0.6 米，墓底长 2.86、北端宽 0.46、南端宽 0.46 米，墓深 0.5 米。合葬墓，墓内南部为一成年女性尸骨，头北足南，仰身直肢。尸骨腐蚀严重，仅存头骨、上肢骨及下肢骨残块。墓内北部残存 2 具未成年人头骨残片。推测为母子合葬墓。无随葬品（图三八〇；图版五六，1）。

M8 位于墓区北端，北侧紧邻龙形堆石，间距 3.4 米，东与 M1、M2 间距 1.25 米。方向 345°。墓口北端被祭祀坑 H36 叠压打破。墓穴圆角长方形，直壁，平底，长 2.24、宽 0.65、深 0.56 米。墓内填土呈黑灰色，土质松软，发现少量残碎陶片及 1 件残石斧、1 块鹿科左侧距骨

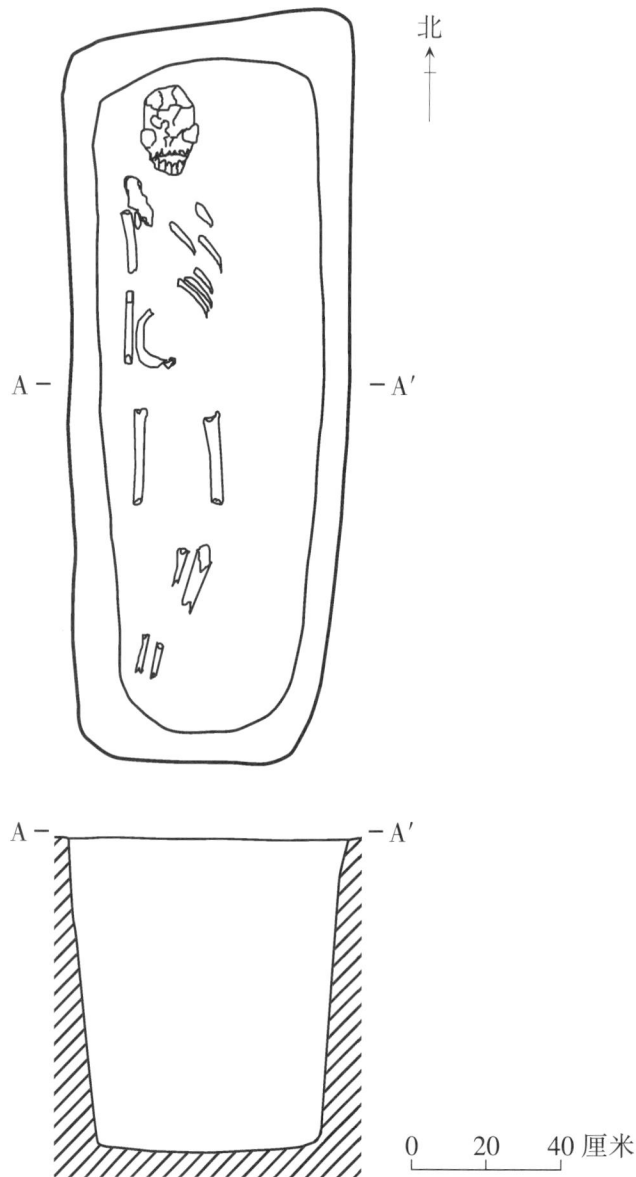

图三七六　M3 平、剖面图

（图版二八三，3）。单人葬，40 岁左右男性，头北足南，仰身直肢，面向西。尸骨腐蚀较严重，头骨、盆骨及下肢骨部分保存较好，尸骨上部仅残留 1 小段肱骨。足部堆放 23 件石器。A 型石斧 5 件，C 型石斧 3 件，石斧残块 1 件，Bb 型饼形器 1 件，D 型石刀 1 件，A 型石凿 2 件，B 型石凿 1 件，沟槽器 2 件，A 型研磨器 1 件，B 型研磨器 1 件，D 型研磨器 1 件，砺石 1 件，石球 3 件（图三八一；图版五七）。

A 型石斧 5 件。M8∶7，褐色页岩，磨制而成，弧顶，弧刃，正锋，侧棱明显，顶部有打击痕迹，面刃部有打制崩疤，残长 15.1、顶宽 6.4、刃部 9.1、厚 3.0 厘米（图三八二，1；图版一六

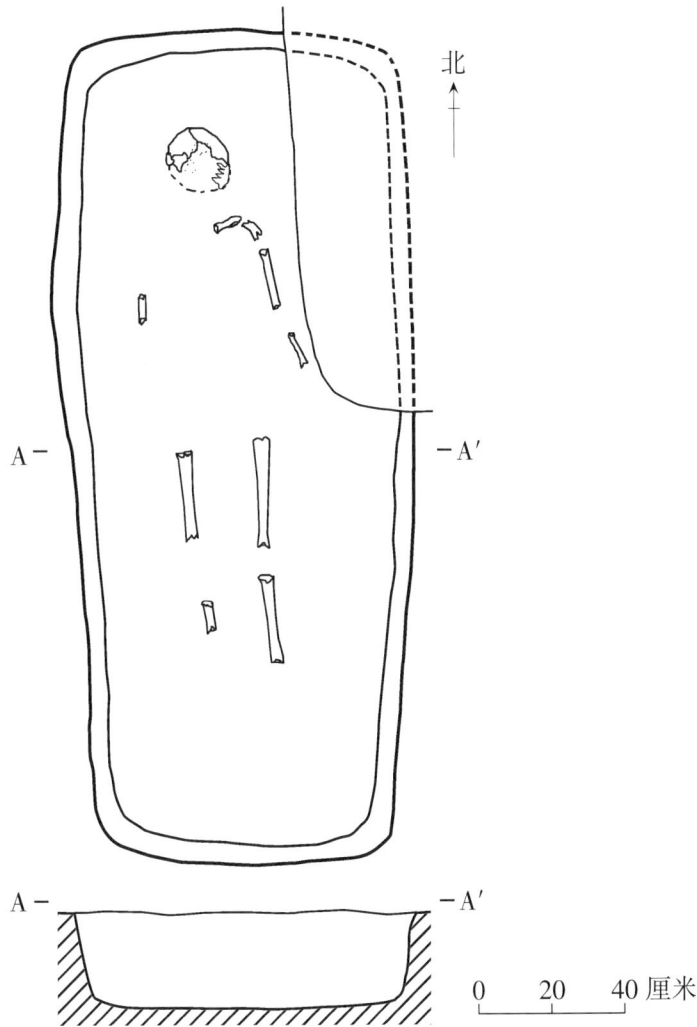

图三七七 M4 平、剖面图

六，2）；M8：18，淡青色页岩，磨制而成，弧顶，弧刃，正锋，侧棱明显，顶部有打击痕迹，面刃部有打制崩疤，残长 7.9、顶宽 4.2、刃部 5.6、厚 1.3 厘米（图三八二，2；图版一六六，3）；M8：19，淡青色页岩，磨制而成，弧顶，弧刃，正锋，侧棱圆滑，近刃侧棱角明显，顶端有打制崩疤，长 6.3、顶宽 3.0、刃部 3.9、厚 1.3 厘米（图三八二，3；图版一六六，5）；M8：1，灰色页岩，磨制而成，弧顶，弧刃，正锋，侧棱圆滑，棱角不显，顶部及一侧棱面有打制崩疤，刃部有破茬，斧身局部有细密琢点，长 10.3、顶宽 4.2、刃部 5.9、厚 2.5 厘米（图三八二，4；图版一六六，1）；M8：11，褐色页岩，磨制，弧顶，弧刃，正锋，侧棱圆滑，不显棱角，长 9.0、刃宽 4.8、厚 1.2 厘米（图三八二，11）；

C 型石斧 3 件。M8：8，白色石灰岩，打制，粉蚀较严重，弧顶，尖刃，正锋，侧棱锋利，长 7.3、宽 3.1、厚 0.9 厘米（图三八二，6；图版一七二，3）；M8：14，深灰色页岩打制，扁平体，

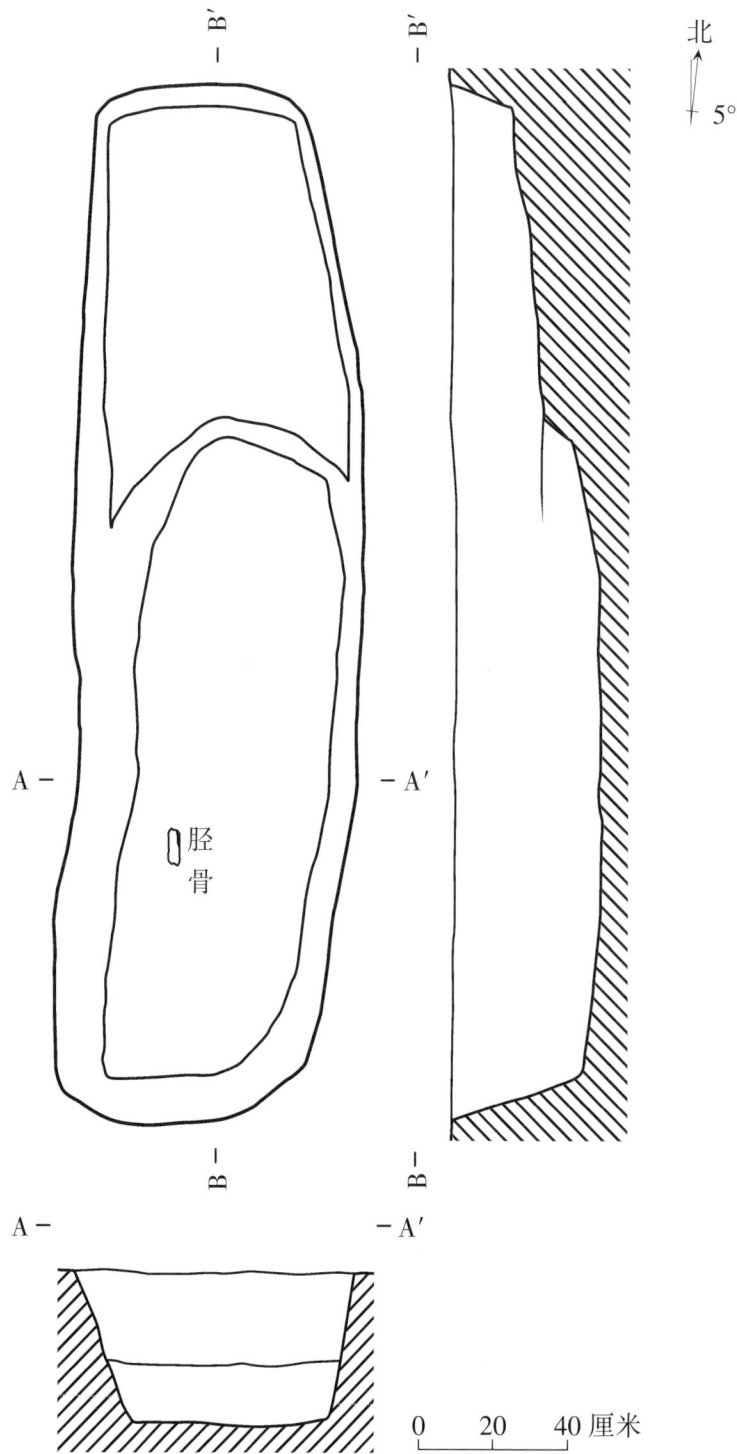

图三七八　M5 平、剖面图

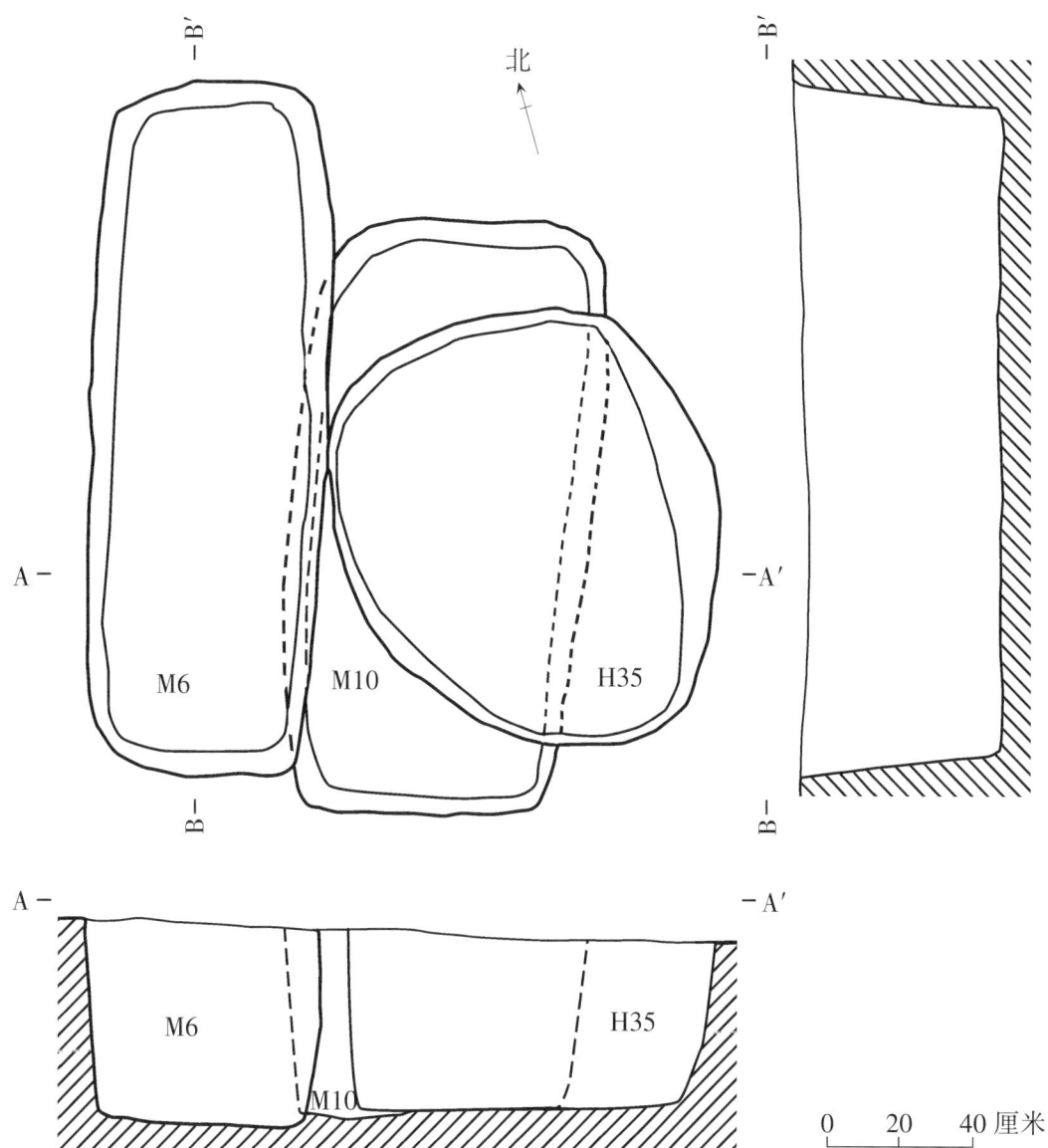

图三七九　M6 – M10 – M35 平、剖面图

小弧刃，一侧打成斜面，使用崩痕明显，体长 12.4、刃宽 6.2、厚 1.6 厘米（图三八二，5；图版一七二，2）；M8：17，灰色石灰岩，腐蚀严重，打制，周边锋利，长 6.1、宽 5.8、厚 1.9 厘米。

石斧残块 1 件，M8：23，灰色页岩，已粉蚀。

Bb 型饼形器 1 件，M8：4，红褐色砾石，圆角四边形，器表光滑，长 5.6、宽 5.2、厚 1.7 厘米（图三八二，8；图版二〇二，6）。

D 型石刀 1 件，M8：13，青色页岩，打制，形状不规则，弧刃，正锋，有破碴，长 8.2、刃宽 11.0、厚 0.9 厘米（图三八二，9；图版一九五，4）。

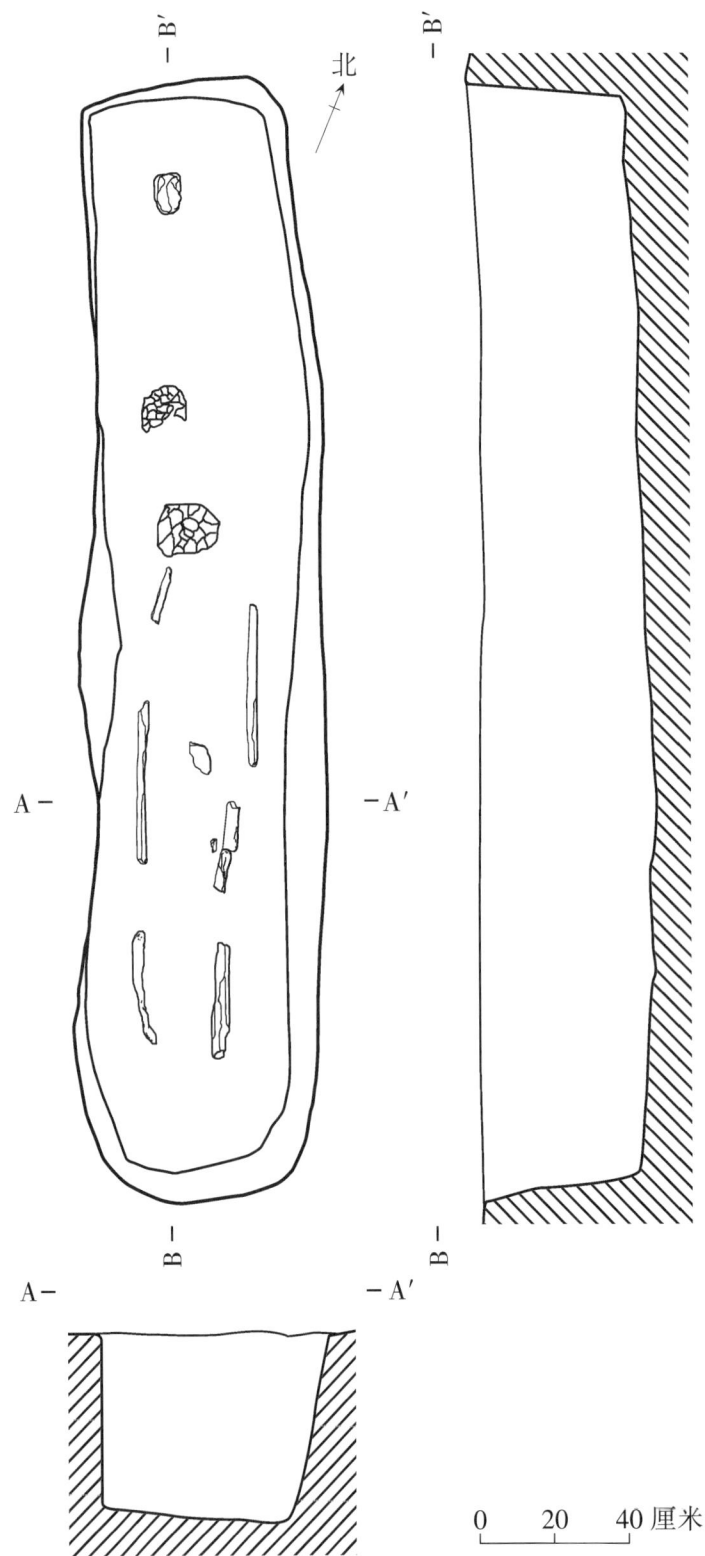

图三八〇　M7 平、剖面图

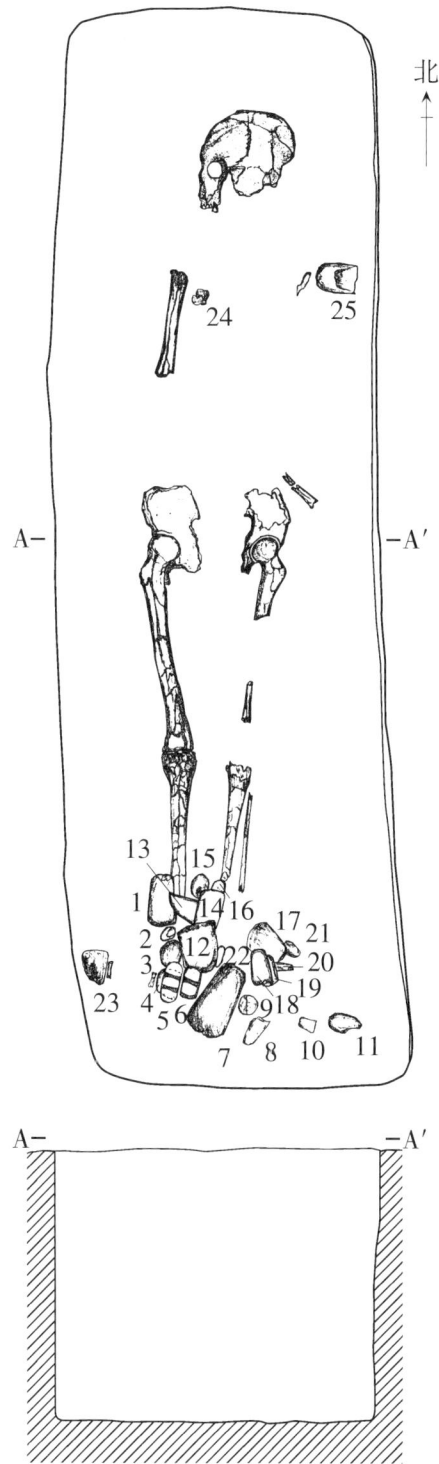

图三八一　M8 平、剖面图

1、7、8、11、14、18、19、23、25. 石斧　2、3. 小石球　4. 饼形器　5、6. 沟槽器

9、15～17、21. 研磨器　12. 砺石　13. 石刀　10、20、22. 石凿　24. 鹿科距骨　25. 石斧（填土内）

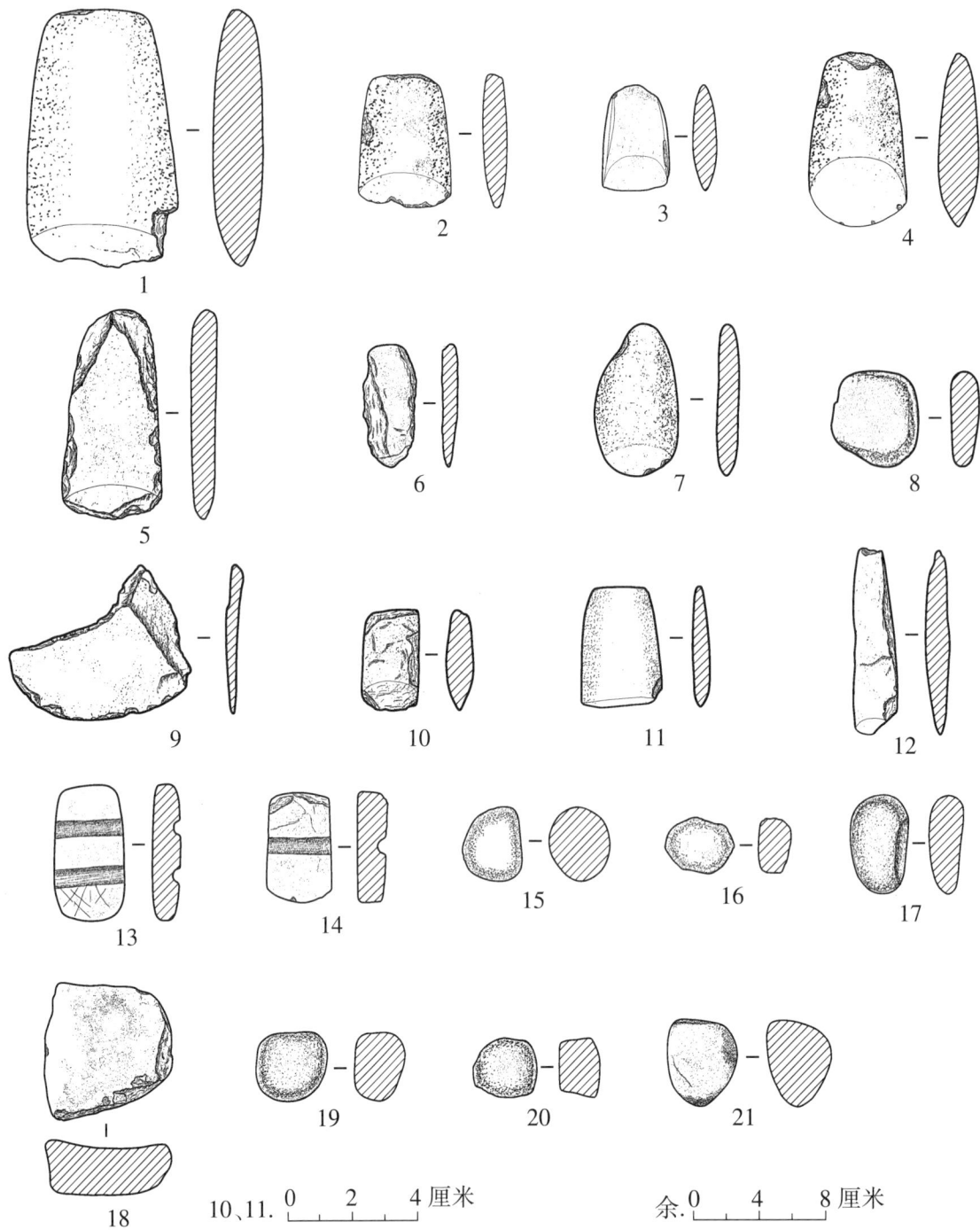

图三八二　M8 石器

1～4、7. A 型石斧（M8：7、M8：18、M8：19、M8：1、M8：11）　5、6. C 型石斧（M8：14、M8：8）　8. Bb 型饼形器（M8：4）　9. D 型石刀（M8：13）　10、11. B 型石凿（M8：22、M8：10）　12. A 型石凿（M8：20）　13、14. 沟槽器（M8：5、M8：6）　15. A 型研磨器（M8：9）　16. D 型研磨器（M8：16）　17. B 型研磨器（M8：21）　18. 砺石（M8：12）　19～21. 石球（M8：3、M8：2、M8：15）

A 型石凿 1 件。M8:20，深灰色页岩磨制而成，长条形扁平体，弧刃，侧锋，锋利，顶端及刃侧一角残断，残长 11.0、刃宽 2.6、厚 1.5 厘米（图三八二，12；图版一九六，3）。

B 型石凿 2 件，M8:10，青色细壁角斑质页岩磨制，梯形扁平体，两侧平磨，近平刃，刃侧一角破碴，体长 3.6、刃宽 2.4、厚 0.4 厘米（图三八二，11；图版一九六，4）；M8:22，浅灰色页岩磨制，长方扁平体，刃锋利，长 2.9、刃宽 1.7 厘米（图三八二，10）。

沟槽器 2 件。M8:5，褐色页岩磨制成，椭圆形，器身光滑，棱角不显，一面有两道沟槽，槽底有使用痕迹，宽端与近宽端沟槽间隙刻画网格纹，长 7.8、宽 4.2、厚 1.6、槽宽 1.0、深 0.4 厘米（图三八二，13；图版二三三，4）；M8:6，浅灰色云母变质岩磨制成，形体扁平，两端外弧，棱角分明，器身一面有一道沟槽，长 6.5、宽 3.9、厚 1.7、槽宽 1.2、深 0.6 厘米（图三八二，14；图版二三三，3）。

A 型研磨器 1 件，M8:9，青灰色河光石，形状不规则，一个光平研磨面，尖角处有敲击点，高 3.6、长 4.2、宽 3.7 厘米（图三八二，15；图版二二八，6）。

B 型研磨器 1 件，M8:21，黄白色花岗岩，椭圆形，长直径 5.7、短直径 3.6、厚 2.0 厘米（图三八二，17）。

D 型研磨器 1 件，M8:16，黄白色花岗岩，椭圆形，打制，两个光平研磨面，长直径 4.1、短直径 3.3、厚 1.7 厘米（图三八二，16）。

砺石 1 件，M8:12，黄色花岗岩石块，使用磨面下凹，边长 8.4、宽 6.6、厚 3.6 厘米（图三八二，18）。

石球 3 件，皆红褐色河光石。M8:2，两端残断，残长 3.4、宽 3.9、厚 2.5 厘米（图三八二，20；图版二三七，5）；M8:3，近球形，长 4.3、宽 4.8、厚 3.3 厘米（图三八二，19；图版二三八，3）；M8:15，一个光平研磨面，尖角处有敲击点，高 4.6、长 4.3、宽 4.2 厘米（图三八二，21）。

M9 位于 M7 南侧，打破 M7 南壁，西南为 M10，间距 0.5 米，东为 M4，间距 0.35 米，墓向 13°。墓穴长方形，填土为黄灰黑杂花土。墓口略大于墓底，北端稍宽于南端，四壁略外弧，墓底北高南低，斜平。墓口长 2.48、北端宽 1.0、南端宽 0.92 米，墓底长 2.4、北端宽 0.9、南端宽 0.84 米，墓深 0.12－0.2 米。单人葬，成年人，头北足南，推测为仰身直肢。尸骨腐蚀严重，仅存小部分头骨、肱骨及胫骨残块。无随葬品（图三八三；图版五六，2）。

M10 位于 M8 南侧，间距 5.1 米，西壁被 M6 打破，中部被 H35 打破，墓向 16°。墓穴圆角长方形，填土为黑灰色。墓口略大于墓底，北端稍宽于南端，斜壁平底。墓口长 1.6、北端宽 0.8、南端宽 0.66 米，墓底长 1.46、北端宽 0.66、南端宽 0.6 米，墓深 0.44 米。尸骨腐蚀严重，仅存 1 小块股骨。葬式不清。无随葬品（图三七九;）。

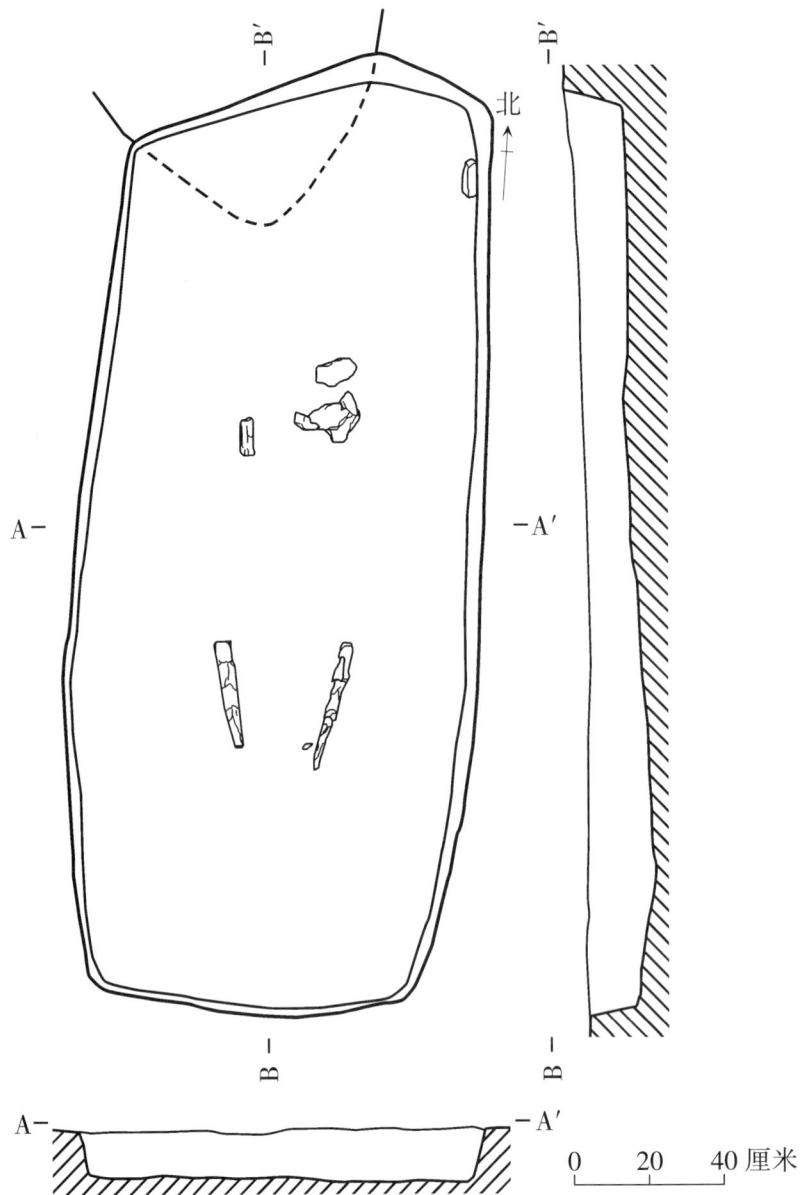

图三八三　M9 平、剖面图

二　祭　祀　坑

位于墓区内，共发现 2 个，编号为 H34、H36（详见附表 24　查海遗址室外窖穴一览表）。

H34　位于墓区最南端，开口于 1 层下，凿于基岩内。圆形，坑口大于坑底，斜直壁，平底，底中部偏北有一椭圆形寰底小坑。坑内黑灰色土，土质松软，内含灰烬成分较大，并出有火烧过的猪骨小碎块。坑口直径 1.9、底径 1.4、深 0.9 米，底部小坑南北 0.6、东西 0.5、深 0.24 米（图三八四）。

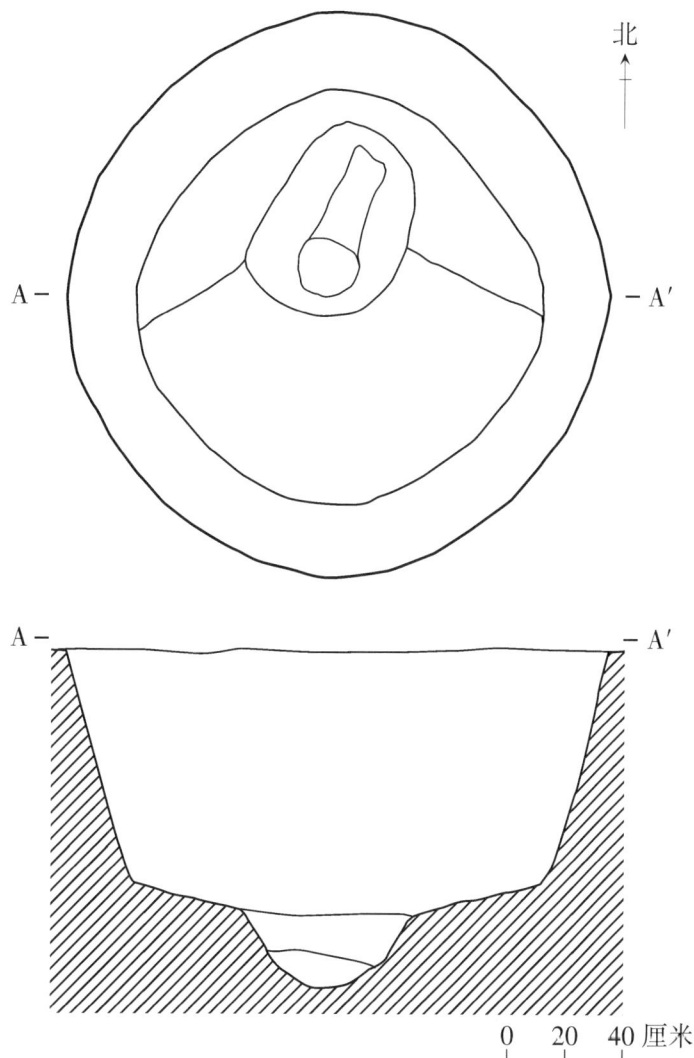

图三八四　H34 平、剖面图

（1）陶器 5 件。BⅠ式直腹罐 1 件，BⅣ式直腹罐 1 件，BⅤ式直腹罐 1 件，鼓腹罐口沿 1 件，A 型陶纺轮 1 件（参见附表 9　查海遗址窖穴及祭祀坑出土陶器型式统计表）。

BⅠ式直腹罐 1 件，H34∶10，夹砂红褐陶，口部残片，外叠宽带沿饰右斜线纹，口径 20、残高 6 厘米（图三八五，1）

BⅣ式直腹罐 1 件，H34∶9，口部残片，夹砂红褐陶，圆唇，近口饰左斜线纹 2 周，下饰 Aa1 型单体曲尺形几何纹带，腹饰左斜线纹，口径 11、残高 8.9 厘米（图三八五，2）

BⅤ式直腹罐 1 件，H34∶11，夹砂红褐陶，口部残片，圆唇，颈饰弦纹，附压 Da3 型锯齿形几何纹，附加堆纹带饰宽平、饰左斜线纹，腹饰竖压横排之字纹，口径 30、残高 11.2 厘米（图三八五，4）。

鼓腹罐口沿 1 件，H34∶8，夹砂灰褐陶，尖圆唇，束颈，近口饰弦纹，下饰网格纹，腹饰左斜

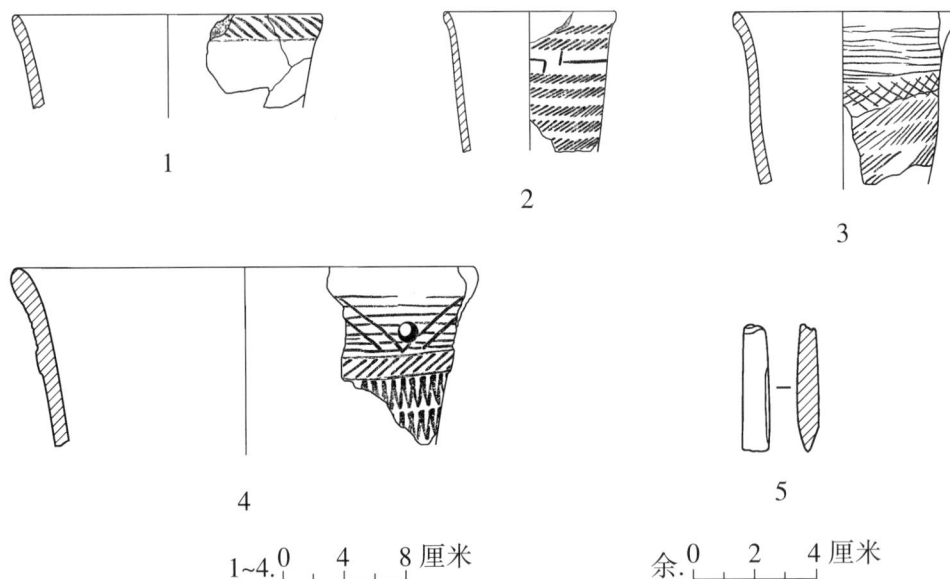

图三八五　H34 陶器、玉器

1. BⅠ式直腹罐（H34:10）　2. BⅣ式直腹罐（H34:9）　3. 鼓腹罐口沿（H34:8）

4. BⅤ式直腹罐（H34:11）　5. A 型玉凿（H34:2）

线纹、口径 14、残高 11 厘米（图三八五，3）。

A 型陶纺轮 1 件，H34:6，半成品，罐腹残片加工而成，夹砂红褐陶，直径 4.3～4.6、厚 0.8 厘米。

（2）石器 5 件。A 型石斧 1 件，铲形石器残片 1 件，敲砸器 3 件（参见附表 17　查海遗址窖穴及祭祀坑出土石器型式统计一览表）。

A 型石斧 1 件，H34:7，残段，灰色页岩。

铲形石器残片 1 件，H34:5，黑色页岩，残长 4.3、残宽 3.8、厚 0.5 厘米。

敲砸器 3 件。H34:1，红色玄武岩，半球状，周边敲砸痕迹明显，敲击点密集，长 13.6、宽 9.5、厚 7.9 厘米；H34:3，白色石英岩，多棱角，棱角处敲砸痕迹明显，敲击点密集，长 7.3、宽 5.0、厚 2.5 厘米；H34:4，白色石英岩，多棱角，一端敲砸痕迹明显，敲击点密集。长 4.0、宽 3.4、厚 3.1 厘米。

（3）玉器 1 件。

A 型玉凿 1 件，H34:2，通体磨制光滑，呈浅绿色夹杂深绿斑，平面窄长方形，截面长方形，顶端崩疤严重，侧平棱角分明，直刃有崩疤，略侧利锋，残长 4、上端宽 0.7、刃宽 0.8、厚 0.6 厘米（图三八五，5；图版二七〇，3）。

H36　位于墓区北端，开口于①层下，叠压 M8 北缘。圆角方形坑，直壁，平底。坑内黑灰色土，土质松软，内含灰烬及火烧过的猪骨碎块。坑南北 1.7、东西 1.5、深 0.23 米。

三　龙形堆石遗迹

龙形堆石位于聚落"中心"墓区的北部，腹下约3.4~3.5米为10座竖穴土坑墓，背部4.0~6.1米为南北排列的F31、F36（大型）、F54号房址，头部约1.5~7.8米为东西排列的F23、F22、F20号房址，尾部为F43、F46（最大号房址）号房址。龙形堆石是人工在一条横穿过遗址中部宽0.15~0.25米的较狭长基岩脉线上，采用红褐色玄武岩自然石块堆摆而成，石块的大小尺寸多为8~12厘米。其造型酷似一条巨大的龙，头朝西南；尾向东北，方向为215度。龙头龙身堆摆石块厚密，而尾部堆摆石块较松散。头部堆石保存不甚良好，局部有缺失。其整体造型呈昂首、张嘴、屈身、弓背、尾部若隐若现状，给人一种巨龙腾飞神龙见首尾难见之感。龙形堆石全长19.7米，头部宽约3.8、厚约0.12米，颈部宽约2.85、厚0.38米，龙身宽约2.2、厚约0.16米，尾部石块散乱（图三八六；图版五八、五九、六〇、六一、六二）。

龙形堆石遗迹巨大，构建于基岩脉上，又处在聚落中部，十分显著。推测它可能是查海聚落中重要的宗教信仰崇拜祭祀性神祇。

第二节　居室墓概述

查海聚落遗址共发现6座居室墓，在本章第二节房址形制中F7、F16、F18、F19、F21、F43内分别有所叙述（见附表26　查海遗址居室墓葬一览表）。因考虑到这一古老的埋葬方式，对查海遗址葬俗方面研究有着特殊重要意义，我们将其单独提出，立节综述。

F7M　位于室内西侧中部，墓葬西侧紧靠房穴西壁，墓向5°。墓穴开口于室内活动面垫踏土层下，墓穴挖凿于基岩层内，为圆角长方形土坑竖穴墓。墓圹东西两侧直边，南北两端略外弧。壁面平直，墓底平整。唯西北角底部稍向外斜凿呈直角。墓长1.2、宽0.5、深0.45米。墓内填土为灰泥沙土。在墓底北部清理出一枚儿童臼齿，齿骨腐蚀严重。随葬品从北至南相距出土三对大、中、小型6件玉匕。依据墓中出土的牙齿及玉匕相对位置，推测该墓为儿童单人葬，头北足南；3对玉匕分别在儿童的颈、腰、脚三个部位（图三八七）。

玉匕6件。F7M：1，乳白色，局部以浅绿色为主，扁长条形，通体磨光。一面内凹，另一面外凸呈弧形，上端平直圆角，近顶端处有一单面钻孔，近刃部呈弧形，有细微损伤，内凹面有裂纹一道，长10、宽1.38-1.64、厚0.45厘米（图三八八，1；图版二七五，3）；F7M：2，乳白色，扁长条形，一面内凹，另一面外凸呈弧形，上端平直圆角，近顶端处有一钻孔，下端呈圆弧形，有细微损伤，通体磨光，长9.59、宽1.68~1.93、厚0.58厘米（图三八八，2；图版二七五，2）；F7M：3，浅绿色，扁长条形，通体磨光，一面内凹，另一面外凸呈弧形，上端平直圆角，近

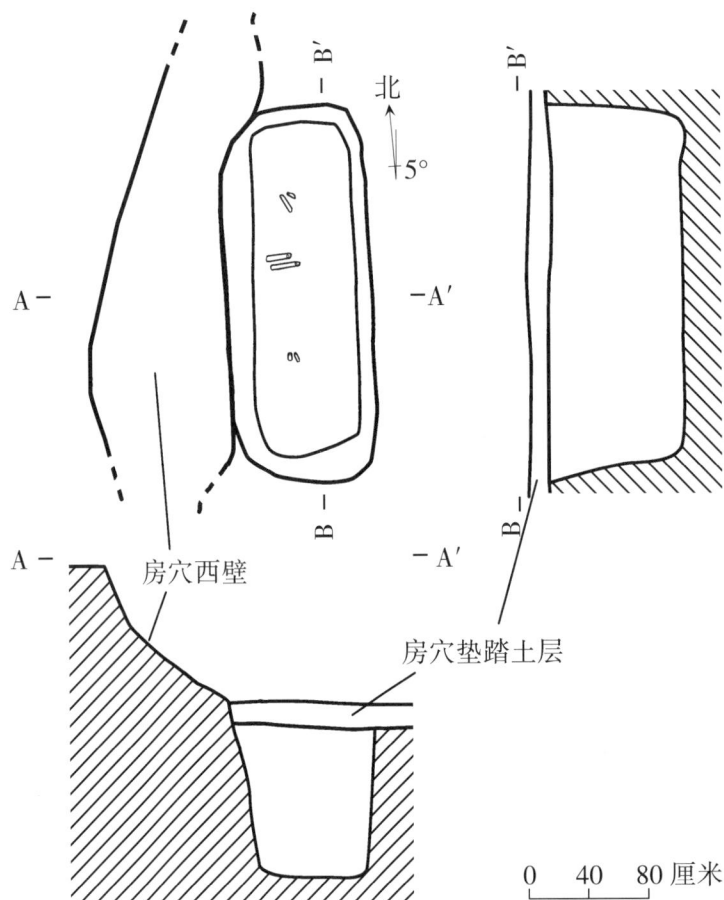

图三八七　F7M 平、剖面图

顶端处有钻孔，下端呈圆弧形，上、下端有磕伤，钻孔附近有黄褐色锈斑，长 6.48、宽 1.11～1.28、厚 0.43 厘米（图三八八，3；图版二七五，1）；F7M：4，乳白色浅绿斑，扁长条形，通体磨光，一面内凹，另一面外凸呈弧形，上端平直，近顶端处有钻孔，下端呈圆弧形，长 3.96、孔径 0.23、厚 0.1 厘米（图三八八，4；图版二七五，4）；F7M：5，乳白色，扁长条形，通体磨光。一面内凹，另一面外凸呈弧形，上端有豁口，近顶端处有钻孔，下端呈圆弧形，顶部内凹面一侧有裂纹，长 2.6、宽 1.3、孔径 0.1～0.15 厘米（图三八八，5；图版二七五，6）；F7M：6，乳白色，扁长条形，浅绿斑，通体磨光，一面内凹，另一面外凸呈弧形，上端平直，近顶端处有钻孔，下端呈圆弧形，有磕伤，长 3.45、厚 0.1、孔径 0.2 厘米（图三八八，6；图版二七五，5）。

F16M　位于室内靠近西壁偏北的二层台下，墓向 9°。墓穴开口于室内活动面的垫踏土层下，墓穴挖凿于基岩层内，为圆角长方形土坑竖穴墓。墓圹不甚规整，西壁略凹，东壁略凸，壁面斜平，墓底较平整。墓口大于墓底，南端略宽于北端。墓口长 1.43、北端宽 0.25、南端宽 0.37 米；墓底长 1.2、北端宽 0.22、南端宽 0.25 米，墓深 0.47 米。在墓底北部清理出几枚腐蚀十分严重的儿童牙齿。墓内无随葬品。依据墓中出土的牙齿位置，推测该墓为儿童单人葬，头北足南（图三八九）。

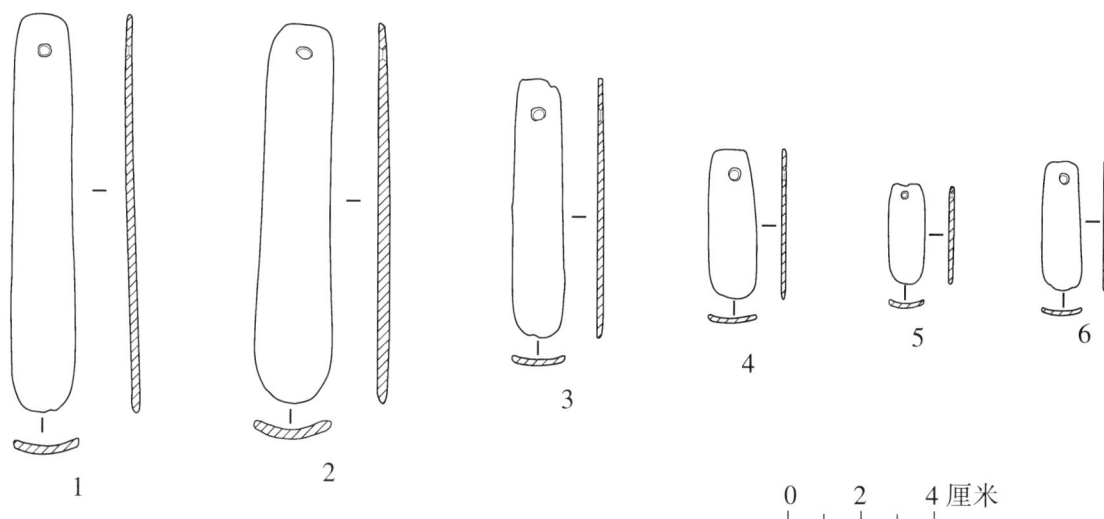

图三八八 F7M 玉匕

1~6. 玉匕（F7M:1、F7M:2、F7M:3、F7M:4、F7M:5、F7M:6）

F18M 位于室内西北角，墓西侧紧靠近房穴西壁，墓穴北端距房穴北壁 0.7 米，墓向 32°。墓穴开口于室内活动面的垫踏土层下，墓穴挖凿于基岩层内，为圆角长方形土坑竖穴墓。墓圹规整，墓壁、墓底均较平整。墓长 1.18、北端宽 0.56、南端宽 0.50 米，墓深 0.55 米。墓内填土为灰黄色泥沙土。在墓底北部清理出一枚儿童牙齿，腐蚀十分严重。无随葬品。依据墓中出土的牙齿位置，推测该墓为儿童单人葬，头北足南（图三九〇）。

F19M 位于室内西北角，墓西北角距房穴西北角 1.0 米，东北角凿入房穴北壁内，西南角距中心灶 0.2 米，墓向 339°。墓穴开口于室内活动面的垫踏土层下，墓穴挖凿于基岩层内，为圆角长方形土坑竖穴墓。墓南端略宽于北端，墓口大于墓底。墓壁斜平，墓底平整。墓口长 2.3、北端宽 0.9、南端宽 0.95 米，墓底长 2.1、北端宽 0.75、南端宽 0.9 米，墓深 0.25~0.3 米。墓内填土为灰泥沙土。在墓底北部清理出一些腐蚀十分严重的儿童牙齿碎渣。无随葬品。依据墓中出土的牙齿残渣位置，推测该墓为儿童单人葬，头北足南（图三九一）。

F21M 位于室内西侧中部，与西壁间距 0.2 米，墓向 17°。墓穴开口于室内活动面的垫踏土层下，墓穴挖凿于基岩层内，为圆角长方形土坑竖穴墓。墓穴较规整，墓口大于墓底，墓壁斜平，墓底平整。墓口长 2.0、宽 0.7，墓底长 1.7、宽 0.46，墓深 0.43 米。墓内填土为灰黄色细沙土。墓内尸骨朽无，葬式不清。在墓底中部偏北随葬 1 大 2 小共 3 件直腹罐，其中大的为 BV 式直腹罐，残碎；2 件小的为小直腹罐，完整套放在一起（图三九二）。

小直腹罐 2 件，皆夹砂红褐陶。F21M:2，敞口，厚圆唇，直腹，平底，饰横压竖排细长之字纹，不到底，口径 12.0、底径 7.8、高 14 厘米（图三九三，2；图版一三五，1）；F21M:3，敞口，尖圆唇，直腹，平底，近口饰左斜线 1 周，下饰 Ab1、Ab3 型扣合曲尺形几何纹各 1 周、左斜线纹

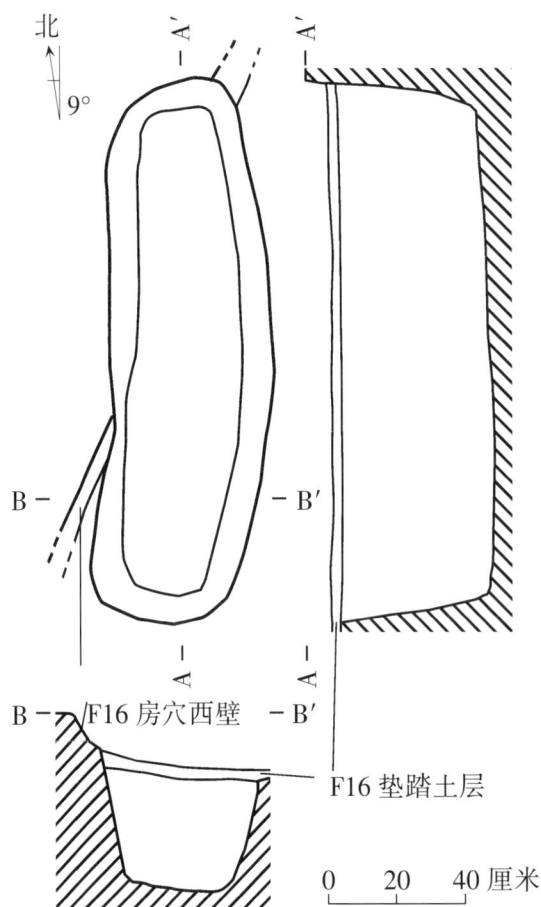

图三八九　F16M 平、剖面图

4 周，施纹不到底，口径 12.0、底径 7.2、高 12.0 厘米（图三九三，3；图版一三五，2）。

　　B V 式直腹罐 1 件，F21M：1，夹砂灰褐陶，小喇叭口，厚尖圆唇，直腹，平底，颈饰弦纹数周，宽平附加堆纹带饰网格纹，腹饰竖压横排之字纹，口径 21.8、底径 13.8、高 26.7、壁厚 1 厘米（图三九三，1；图版一一七，4）。

　　F43M　位于室内西北角，与房穴西壁间距 1.4 米，与房穴北壁间距 0.6 米。南端边缘被室内中心灶址叠压。墓向 340°。墓穴开口于室内活动面的垫踏土层下，挖凿于基岩层内，为圆角长方形土坑竖穴墓。墓圹不甚规整，墓北端略宽于南端，墓口大于墓底，墓壁斜平，墓底南高北低。墓口长 2.1、北端宽 0.7、南端宽 0.64 米，墓底长 1.9、北端宽 0.5、南端宽 0.46 米，墓深 0.72 米。墓内填土为黑灰色细沙土。墓内尸骨朽无。在墓底北端出土 2 件白色玉玦，两块间距很近；南端出土 7 件小型陶器，2 件石料。其中有些陶器保存不好，粉碎严重。依据随葬品出土位置，推测该墓为单人葬，头北足南（图三九四）。

　　（1）陶器 6 件。小直腹罐 2 件，B Ⅲ 式直腹罐 1 件，C Ⅱ 式鼓腹罐 1 件，Ca1 型钵 1 件，Ca2 型钵 1 件（参见附表 10　查海遗址墓葬及居室墓出土陶器型式统计表）。

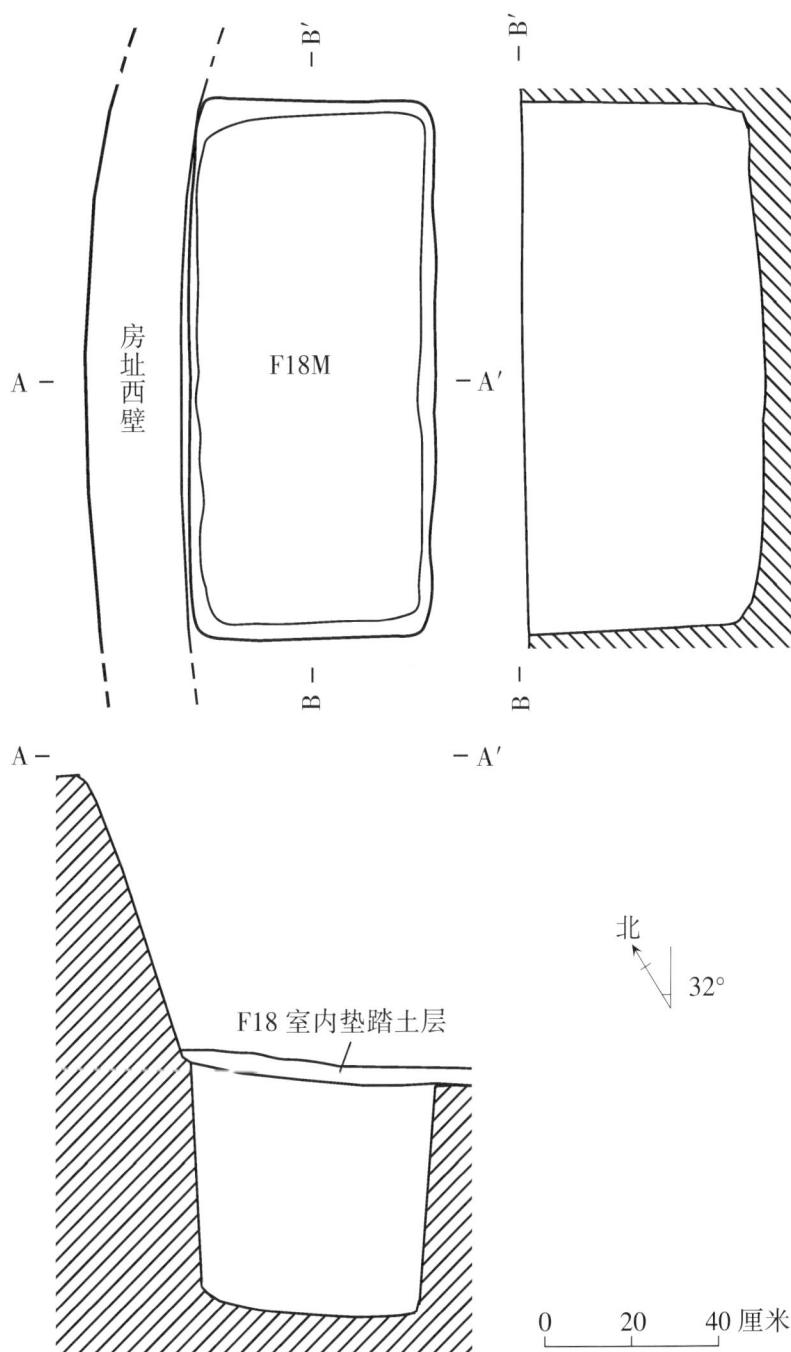

图三九〇 F18M 平、剖面图

小直腹罐 2 件，皆夹砂红褐陶。F43M：5，颈饰弦纹，附加堆纹带饰左斜线纹，腹饰规整短斜线纹，近器底饰网格纹，口径 11.6、底径 6、高 12 厘米（图三九五，2）；F43M：7，颈饰弦纹，附加堆纹带饰窝点纹，腹饰人字纹，口径 10、底径 6、高 11.5 厘米（图三九五，3；图版一三四，2）。

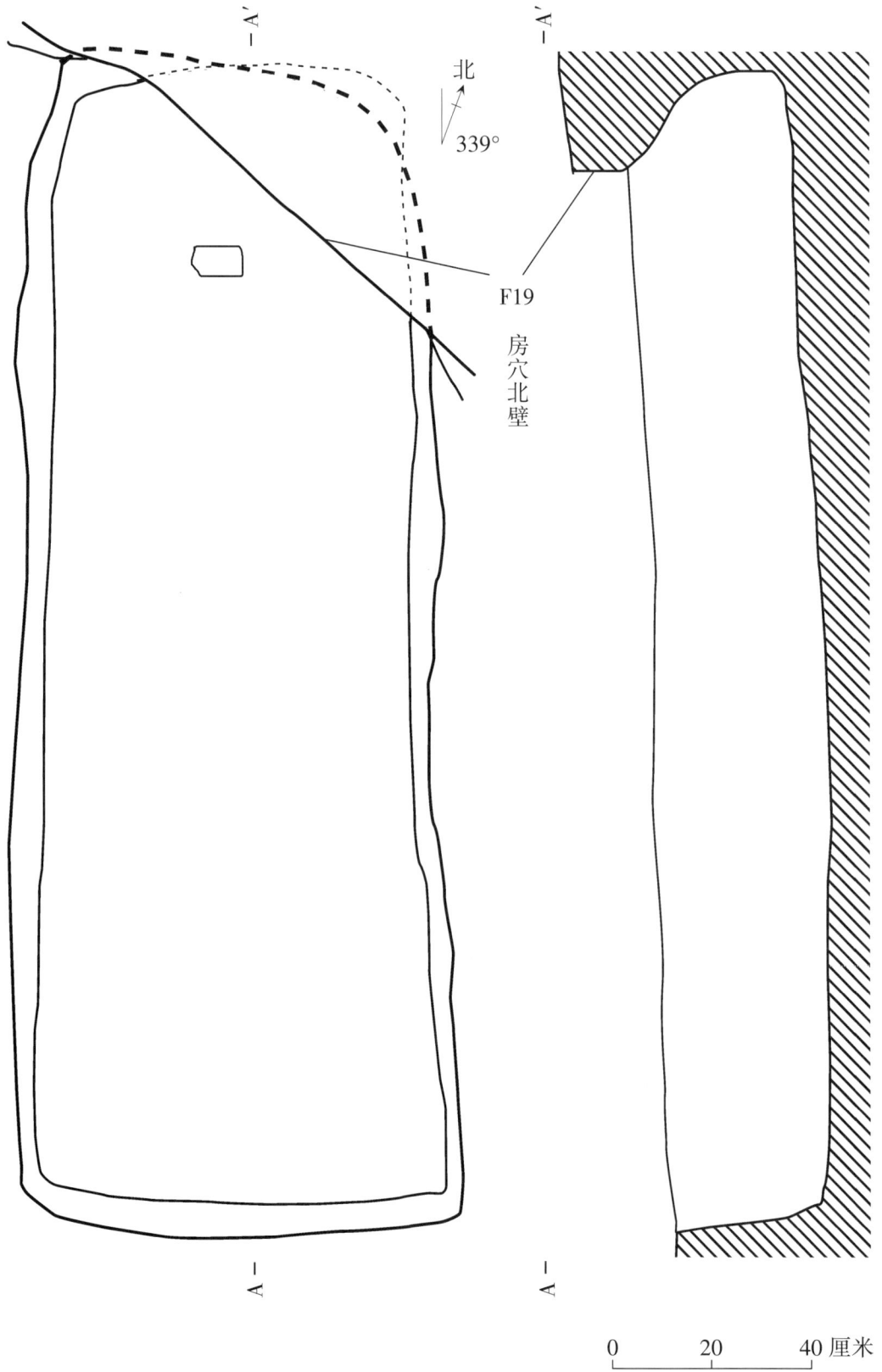

北
339°

F19

房穴北壁

0　　　20　　　40 厘米

图三九一　F19M 平、剖面图

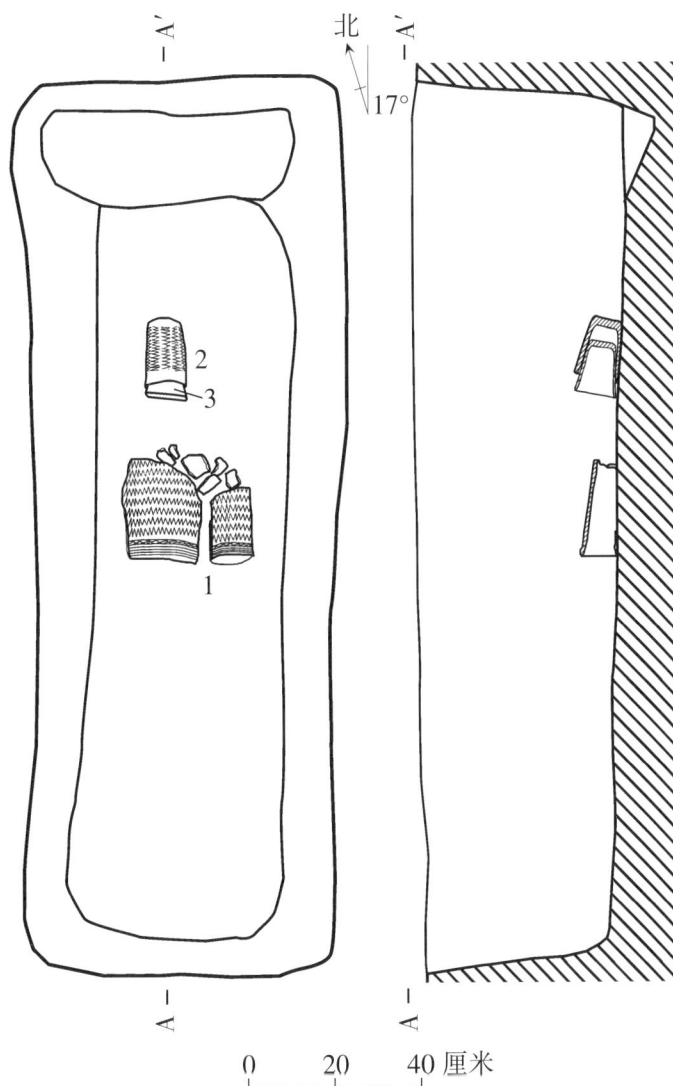

图三九二 F21M 平、剖面图

B Ⅲ 式直腹罐 1 件，F43M：6，夹砂红褐陶，颈饰弦纹，附加堆纹带饰左斜线纹，腹饰规整人字纹，口径 14.5、底径 9.5、高 20 厘米（图三九五，1；图版八〇，2）。

C Ⅱ 式鼓腹罐 1 件，夹砂红褐陶。F43M：4，套放在 F43M：5 中，夹砂红褐陶，圆唇外侈，束颈，鼓腹，平底，颈饰弦纹，肩部堆纹带饰 Da4 型锯齿形几何纹，腹饰左斜线纹不到底，口径 9、底径 6.3、高 12.2 厘米（图三九五，5；图版一三九，1）。

Ca1 型钵 1 件，F43M：3，夹砂红褐陶，口部残，薄圆唇，外侈，小束颈，鼓腹，颈饰弦纹，肩部附加堆纹带饰左斜线纹，腹饰网格纹（图三九五，6）。

Ca2 型钵 1 件，F43M：11，夹砂红褐陶，侈口，厚圆唇，斜腹，上腹略显弧折，小平底，器表饰规整横排人字纹，口径 8.0、底径 4.0、高 6.8 厘米（图三九五，4；图版一五一，2）。

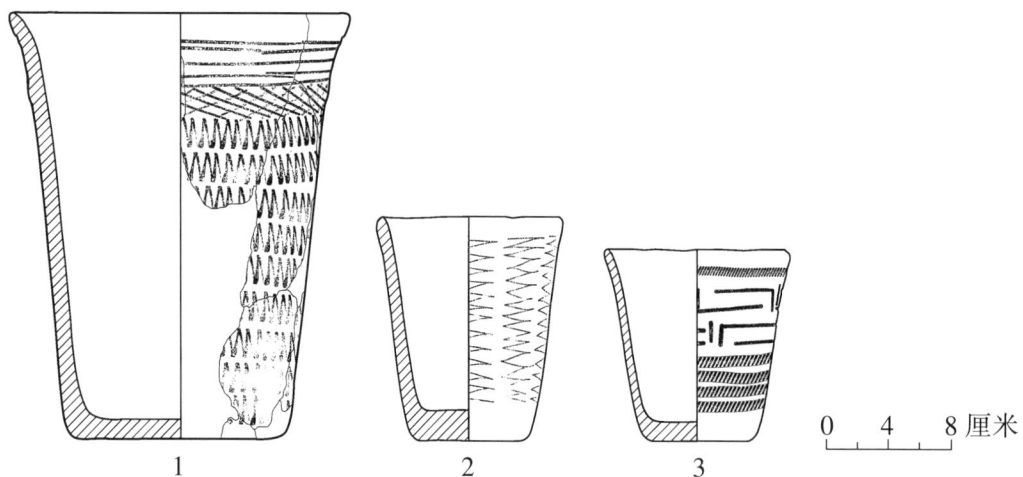

图三九三　F21M 陶器

1. B Ⅴ式直腹罐（F21M∶1）　　2、3. 小直腹罐（F21M∶2、F21M∶3）

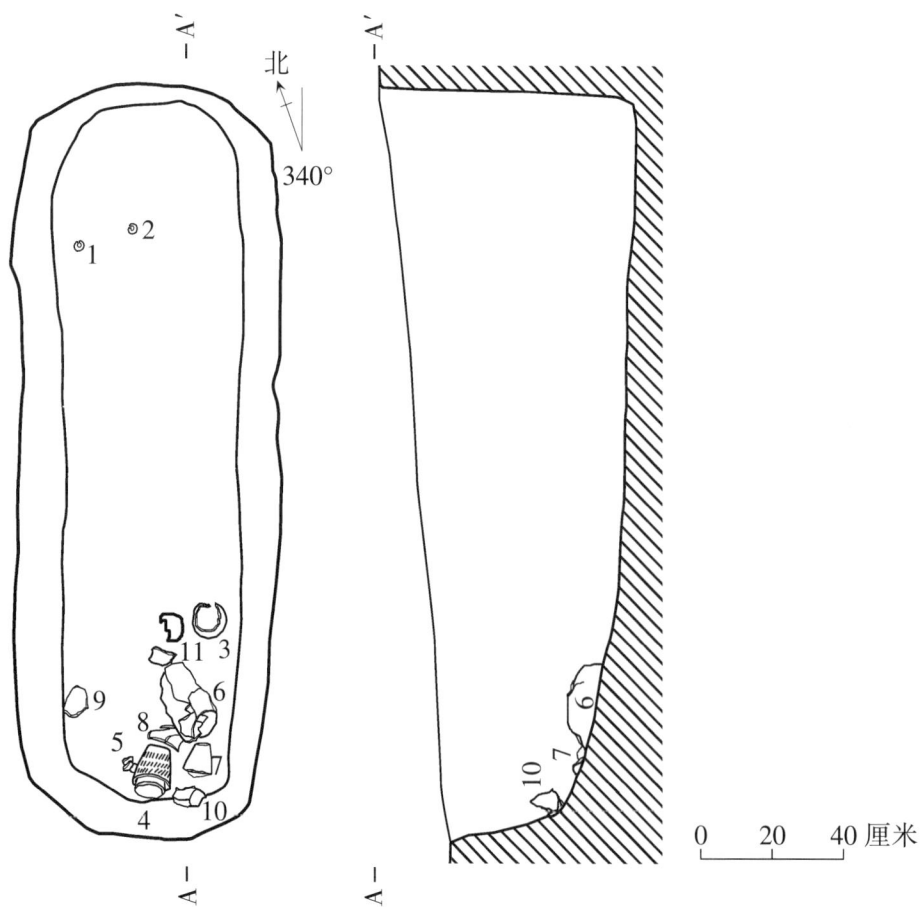

图三九四　F43M 平、剖面图

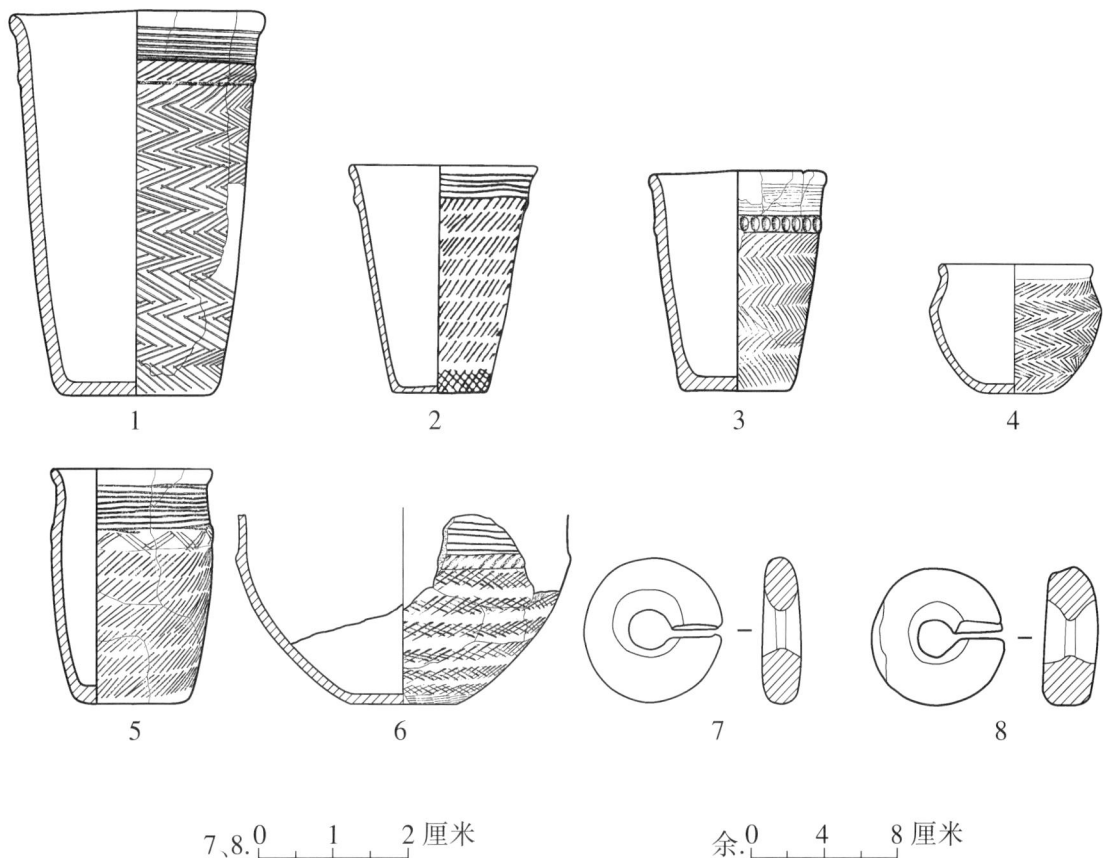

7、8. 0 ___1___ 2 厘米   余. 0 ___4___ 8 厘米

图三九五 F43M 陶器、玉器

1. BⅢ式直腹罐（F43M：6）   2、3. 小直腹罐（F43M：5、F43M：7）   4. Ca2 型钵（F43M：11）

5. CⅡ式鼓腹罐（F43M：4）   6. Ca1 型钵（F43M：3）   7、8. A 型玉玦（F43M：1、F43M：2）

（2）玉器 2 件。A 型玉玦 2 件，皆白色，通体磨光，斜切断口，对钻孔。F43M：1，棱角显著，外直径 1.7、内直径 0.6、厚 0.6~0.7、切口宽 0.2 厘米（图三九五，7；图版二七二，2）；F43M：2，棱角加工圆滑，外直径 1.7、内直径 0.6、厚 0.5、切口宽 0.15 厘米（图三九五，8；图版二七二，1）。

上述 6 座居室墓，归纳起来有如下特点：

①墓葬位于室内西北部，距房穴的西壁、北壁及西北角较近，甚至一侧紧靠房址穴壁。

②墓穴均开口于室内活动面的垫踏土层下。

③墓穴皆为圆角长方形土坑竖穴墓，墓向基本为南北向。

④可鉴定的墓中，4 座墓为儿童单人葬，均头北足南。

⑤在 6 座墓中，3 座出土随葬品，其中 F7M 仅葬有玉器，未葬陶器；F43M 既葬有玉器，又葬陶器、石器；F21M 仅葬陶器，未葬玉器。

第五章　聚落外围壕沟及其他遗迹

第一节　外围壕沟遗迹与遗物

一　外围壕沟遗迹

外围壕沟是古代聚落布局的一个重要组成部分，也是考古界定聚落址范围的重要依据。由于该聚落址尚未完全揭露，仅在聚落址东北部发现并清理出了二段外围壕沟遗迹，编号为 G1、G2。这两段外围壕沟的发现明确了查海聚落址外围挖有壕沟，同时确定了的遗址东北角界限。

G1、G2 均开口于①层下打破基岩层，G1 为南北走向，经发掘 I 区内的 T1416、T1315、T1415、T1315、T1414、T1314、T1413、T1313、T1412、T1312、T1411 等探方向南延伸，延伸部分未做发掘，清理长度 30 米。G2 为东西走向，经发掘 I 区内的 T1316、T1216 向西延伸，延伸部分未发掘。清理长度 7 米。G1 北端在 T1316 内与 G2 东端交汇，折角 110 度。

沟内横截面皆为倒梯形，上宽下窄，底部较平整。沟上口宽 1.4～2、沟底宽约 0.8、深 0.45～0.55 米。沟内堆积分为 3 层，以 G1 为例：第①层为灰褐色泥沙土，第②层为黄褐色泥沙土，第③层为黑灰色泥沙土（图三九六；图版六三）。

二　沟内遗物

沟内清理出一些陶器残片，以及完整的石斧、铲形石器、石球、砍砸器、石磨棒、石磨盘、石饼等。还有少量猪骨碎块。

（1）陶器 5 件。AⅢ式斜腹罐 1 件，BⅤ式直腹罐 1 件，CⅡ式鼓腹罐 1 件，Bb2 型钵 1 件，A 型陶纺轮 1 件（参见附表 11　查海遗址壕沟出土陶器型式统计表）。

AⅢ式斜腹罐 1 件，G2：2，夹砂红褐陶，撇口、圆唇，斜直腹，平底，口部外叠宽带沿饰右斜线纹，素身，器身有锔孔，口径 34.5、高 41.4、底径 15.4 厘米（图三九九，1；图版六

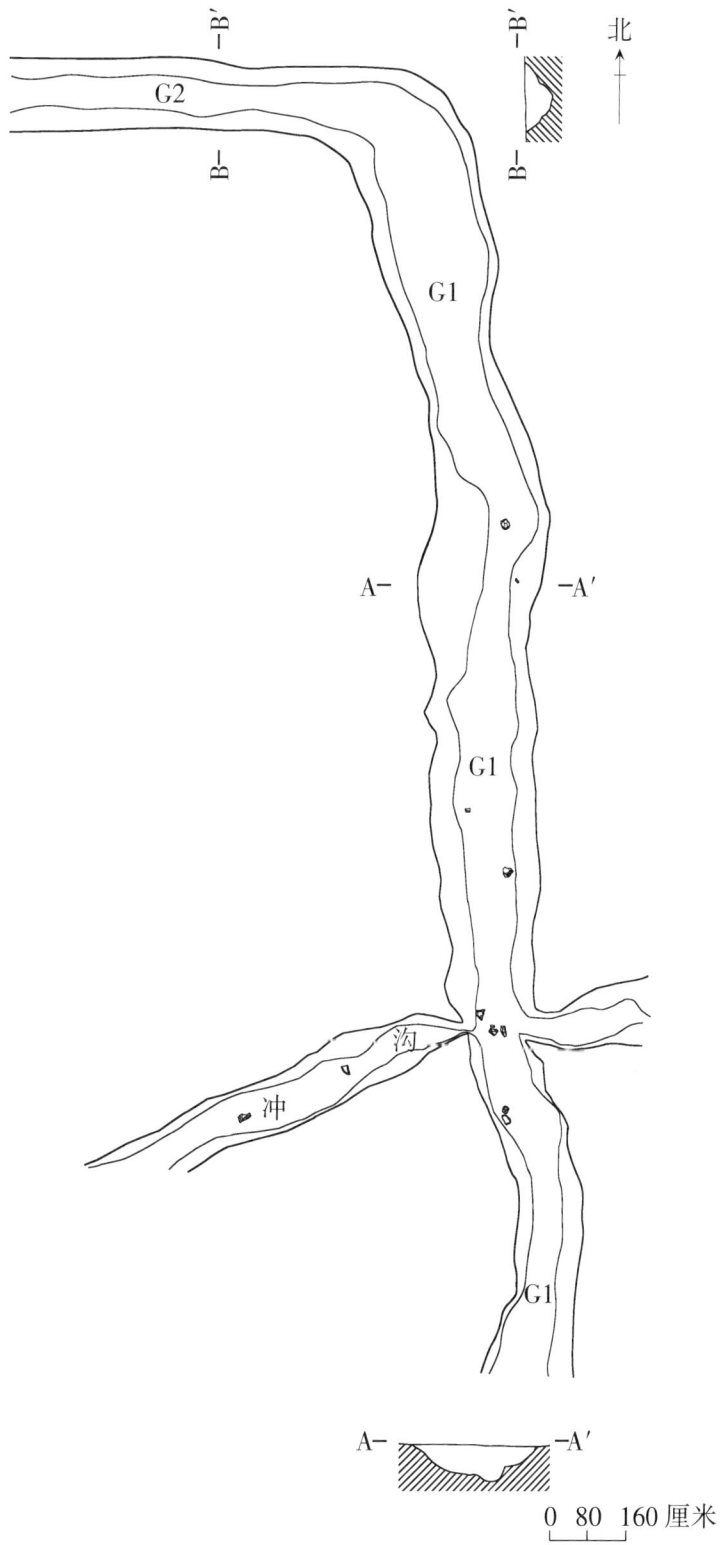

图三九六　G1 与 G2 平、剖面图

七，2）。

　　B V 式直腹罐 1 件，G1∶6，夹砂灰褐陶，喇叭形口，厚尖圆唇，直腹，平底，颈饰弦纹数周、附压 Da3 型锯齿形几何纹，附加堆纹带饰 Da4 型锯齿形几何纹，腹饰竖压横排之字纹，口径 28.1、底径 17.9、高 42.7 厘米（图三九七，1；图版一〇五，1）。

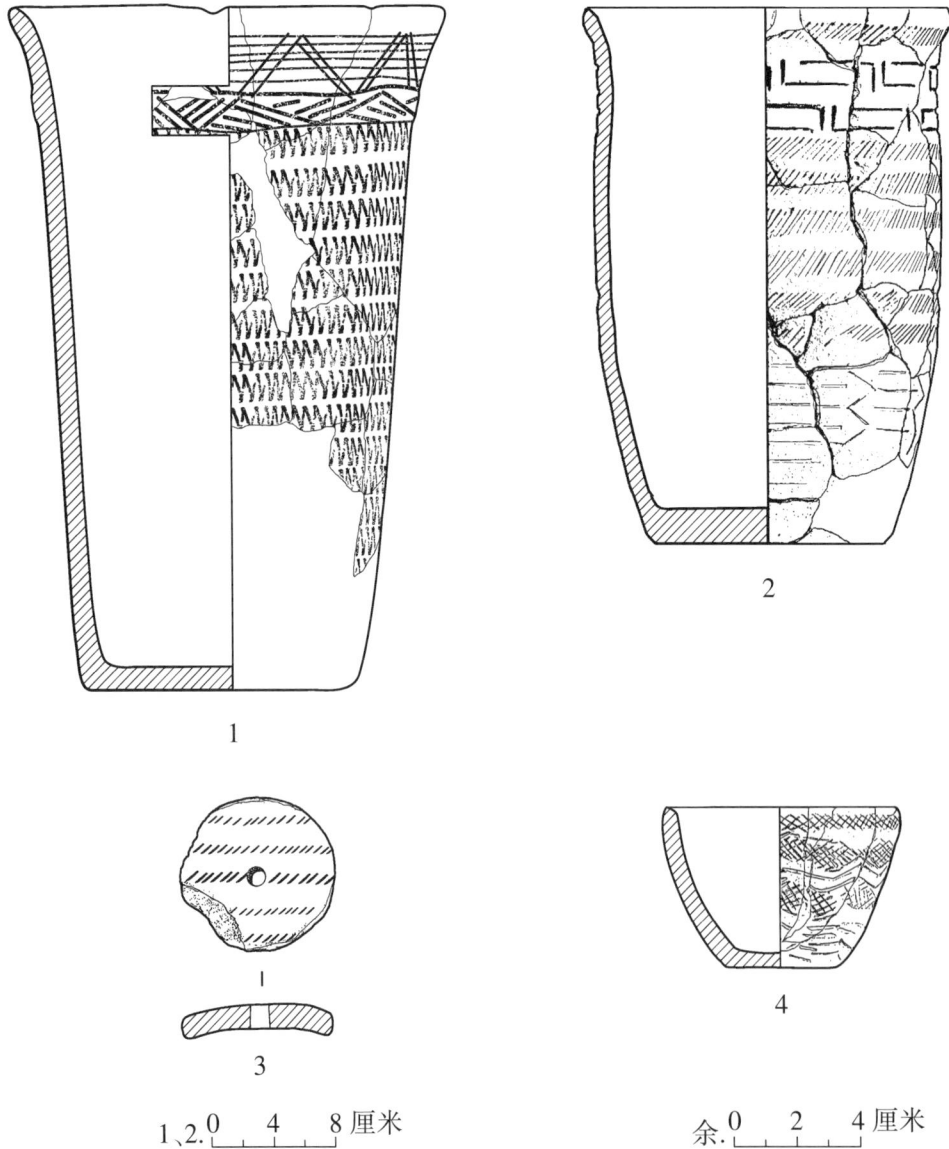

图三九七　G1 陶器

1. B V 式直腹罐（G1∶6）　　2. C Ⅱ 式鼓腹罐（G1∶2）　　3. A 型陶纺轮（G1∶7）　　4. Bb2 型钵（G1∶9）

　　C Ⅱ 式鼓腹罐 1 件，G1∶2，夹砂红褐陶，尖圆唇，束颈，深腹，略外鼓，平底，唇下饰压印左斜线纹，颈饰 Ab3 型扣合曲尺形几何纹，上腹饰左斜线纹，下腹饰 C2 型梭形几何纹，径 22.8、高 35.5、底径 15.2 厘米（图三九七，2；图版一三九，4）。

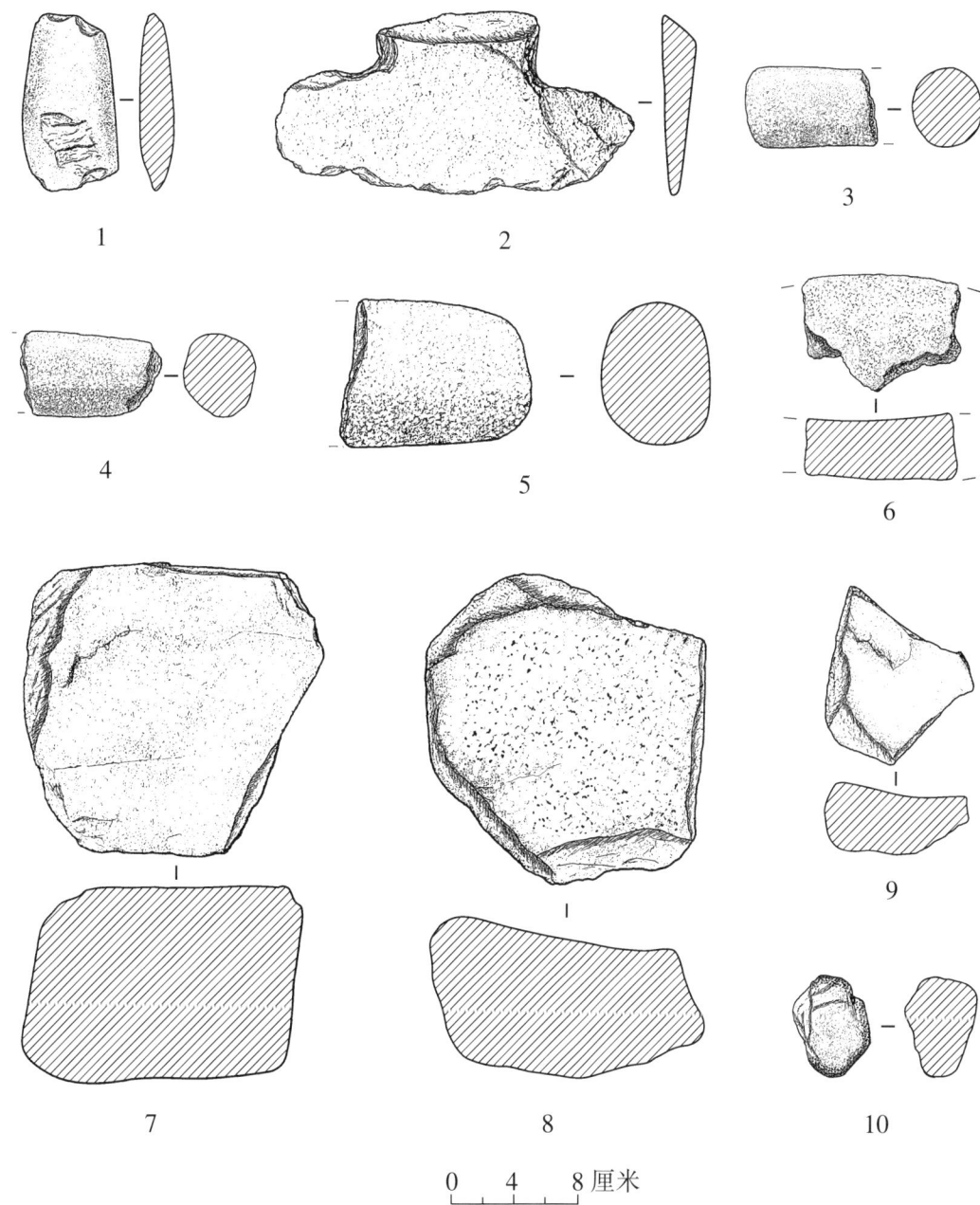

图三九八　G1 石器

1. B 型石斧（G1:3）　2. Db 型铲形石器（G1:4）　3. Aa 型磨棒（G1:31）　4. C 型磨棒（G1:29）

5. D 型磨棒（G1:38）　6. A 型磨盘（G1:5）　7~9. 砺石（G1:33、G1:35、G1:1）　10. 敲砸器（G1:30）

Bb2 型钵 1 件，G1:9，夹细砂红褐陶，薄圆唇，小敛口，斜腹稍外弧，小平底，纹饰由上至下依次为网格纹、Da2 型锯齿形几何纹、网格纹、Ba1 型 F 形几何纹，口径 7.5、底径 3.5、高 5.0 厘米（图三九七，3；图版一五〇，6）。

A 型陶纺轮 1 件，G1:7，夹砂灰褐陶陶片制作，对钻孔，直径 4.8、孔径 0.63、厚 0.7 厘米

（图三九七，4；图版一五七，8）。

（2）石器14件。B型石斧1件，Db型铲形石器1件，Aa型磨棒1件，C型磨棒1件，D型磨棒1件，A型磨盘2件，敲砸器1件，砺石4件，石料2件（参见附表18　查海遗址其他单位出土石器型式统计一览表）。

B型石斧1件，G1：3，灰色页岩，磨制，窄梯状，截面椭圆，顶部有崩疤，刃部残断，两侧有磨制棱角，斧身有琢点，残长11.0、残宽5.9、厚2.3厘米（图三九八，1；图版一六九，7）。

Db型铲形石器1件，G1：4，灰绿色页岩打制，近直柄，显腰，平斜肩，长弧刃，身长11、柄宽10、刃宽23、厚0.2厘米（图三九八，2；图版一八七，5）。

Aa型磨棒1件，G1：31，残，浅黄色花岗岩，琢制，圆柱状，直径4.5、残长7.5厘米（图三九八，3）。

C型磨棒1件，G1：29，残段，浅黄色花岗岩，琢制，圆柱状多棱体，残长8、直径5厘米（图三九八，4）。

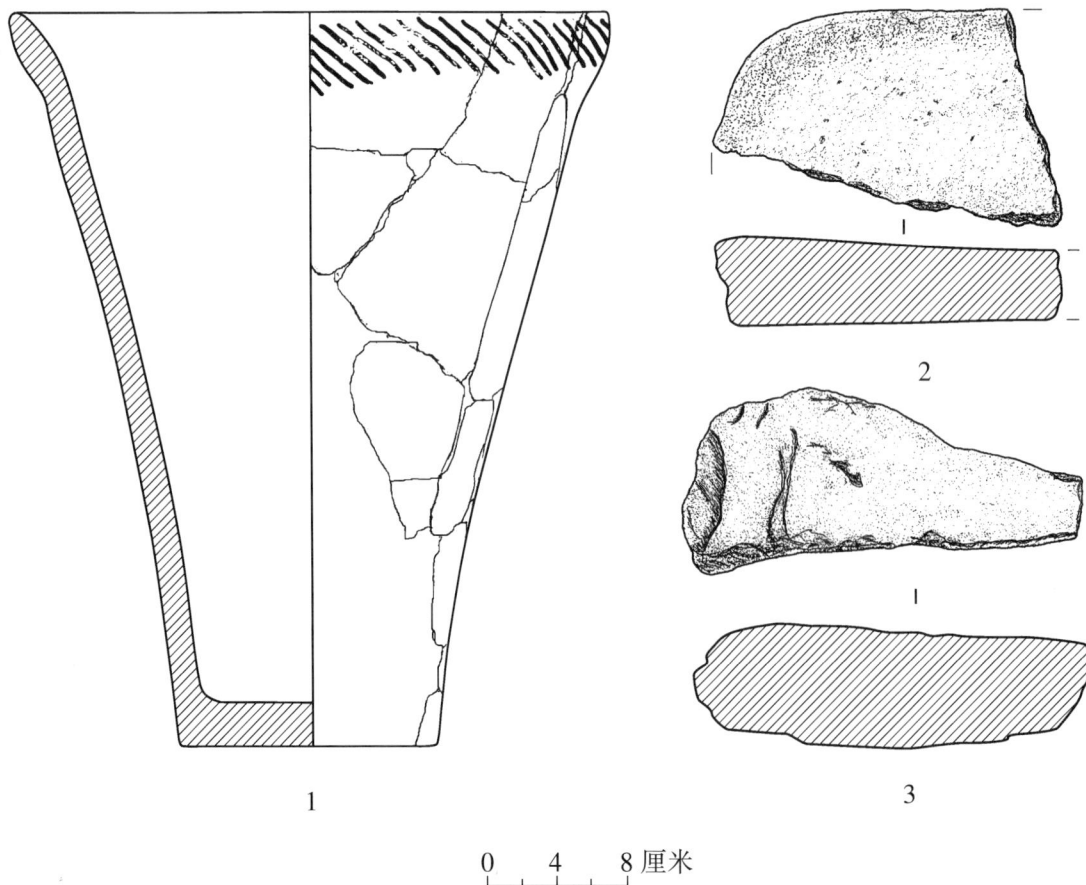

图三九九　G2陶器、石器

1. AⅢ式斜腹罐（G2：2）　　2. A型磨盘（G2：27）　　3. 砺石（G2：32）

D 型磨棒 1 件，G1：38，残段，浅黄色花岗岩，琢制，椭圆柱状，一面平磨较重，残长 11.5、径 8.5 厘米（图三九八，5）。

A 型磨盘 2 件，皆残块，花岗岩，琢制。G1：5，磨面粗糙，残长 10.3、厚 4 厘米（图三九八，6）；G2：27，凹磨面，残长 20、残宽 12、厚 4.5 厘米（图三九九，2）。

敲砸器 1 件，G1：30，石英岩自然石块，近圆形棱体，棱角处有敲砸使用痕迹，长 6、宽 4.5、厚 4.5 厘米（图三九八，10）。

砺石 4 件。G1：1，残块，滑石打制，两面均有磨痕，残长 9.35、厚 4 厘米（图三九八，9）；G1：33，棕红色花岗岩，梯形块状，一使用面光滑平整，长 16、宽 15.5、厚 11 厘米（图三九八，7；图版二二七，5）；G2：32，红褐色玄武岩，双磨面，残长 21、宽 8、厚 6 厘米（图三九九，3）；G1：35，砺石，棕红色花岗岩，残，多棱角块状，一磨面平整光滑，长 18、宽 15.5、厚 8 厘米（图三九八，8；图版二二七，6）。

石料 2 件，皆棕红色花岗岩。编号为 G1：36、G1：39。

第二节　陶器堆遗迹与遗物

一　陶器堆遗迹

查海聚落遗址中，在房址间的空地发现四处陶器堆遗迹，编号为 D1 ~ D4。其中 D1、D2、D4 位于 F22 与 F1 之间，南北排列。D4 位北，距 F22 南缘 0.5 米；D1 居中，北与 D4 间距 2 米，南与 D2 间距 1 米（图四○○）；D2 为南，与 F1 间距 4 米。D3 位于 F2 北侧，距 F2 东北角 0.7 米。每堆陶器的件数不一，分别为 3、5、4、3 件。都是在遗址活动面上成堆状出土，从每堆的陶器残碎现象看，有些器物当时是立置摆放的，也有小器置于大器之中的，这些器物多数能复原，四堆陶器陶色都是夹砂红褐色，纹饰以压划的交叉纹和之字纹为主。

二　陶器堆遗物

（1）陶器 14 件。小斜腹罐 1 件，小直腹罐 1 件，B Ⅲ 式直腹罐 8 件，B Ⅳ 式直腹罐 1 件，小鼓腹罐 1 件，C Ⅲ 式鼓腹罐 1 件，Ca1 型钵 1 件（参见附表 12　查海遗址陶器堆出土陶器型式统计表）。

小斜腹罐 1 件，D3：3，夹砂红褐陶，喇叭形口，圆唇，直腹，平底，素面，口径 10.3、底径 6、高 12.1、壁厚 0.6 厘米（图四○一，1；图版六九，5）。

图四〇〇　陶器堆（D1）平面图

1～3. 直腹罐

　　小直腹罐 1 件，D4:3，夹砂红褐陶，口沿外撇，外叠厚圆唇，直腹，平底，口沿下光素，颈部宽平附加堆纹带无纹饰，腹饰左斜线纹 1 周，右斜线纹 5 周，纹饰不到底，口径 13.6、底径 7.2、高 15.5 厘米（图四〇二，2；图版七三，3）。

　　BⅢ式直腹罐 8 件，皆夹砂红褐陶。D1:1，敞口，厚圆唇，直腹，平底，颈饰弦纹数周，附加堆纹带饰左斜线纹，其下饰断弦纹 4 周，腹饰网格纹 7 周，口径 30.6、底径 15.6、高 45.7 厘米（图四〇一，6；图版七二，5）；D1:3，敞口，厚尖圆唇，直腹，平底，颈饰弦纹 5 周，附加堆纹带饰右斜线，腹饰长左斜线纹，口径 11.7、底径 6.3、高 12.7 厘米（图四〇一，3；图版七二，2）；D2:1，口部残，直腹，平底，颈饰弦纹数周，附加堆纹带饰压印粗左斜线纹，其下饰细长横

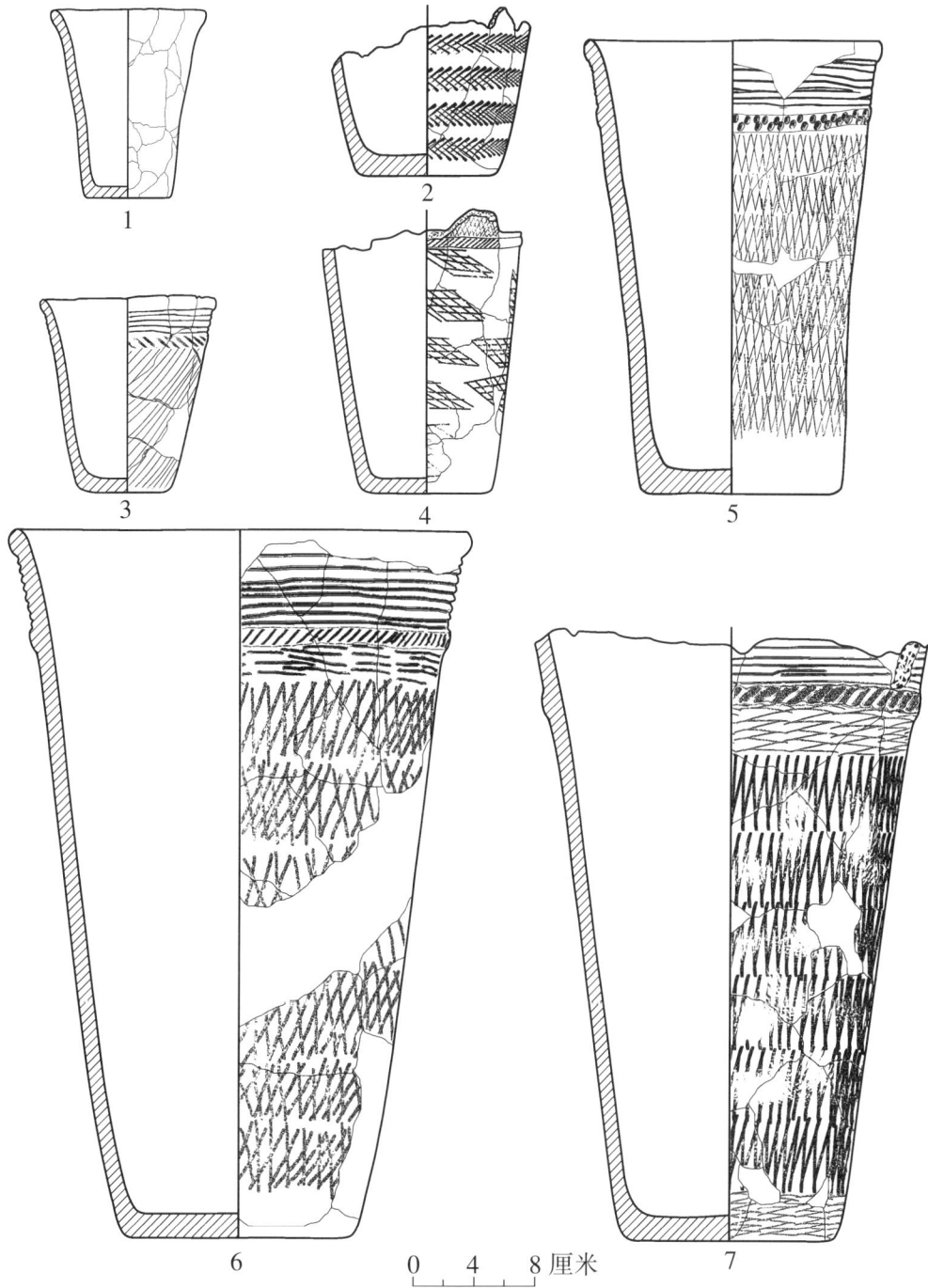

图四〇一　D1～D4 陶器

1. 小斜腹罐（D3∶3）　　2～7. BⅢ式直腹罐（D2∶5、D1∶3、D2∶4、D4∶1、D1∶1、D2∶1）

压竖排之字纹，腹饰细长竖压横排之字纹 6 周，近底饰细长横压竖排之字纹，底径 14.5、残高 39.5 厘米（图四〇一，7；图版七二，4）；D2∶4，口部残，直腹，平底，颈饰网格纹，附加堆纹 带饰左斜线纹，腹饰网状菱格纹，底径 8.5 厘米、残高 18.5、壁厚 0.8 厘米（图四〇一，4；图版

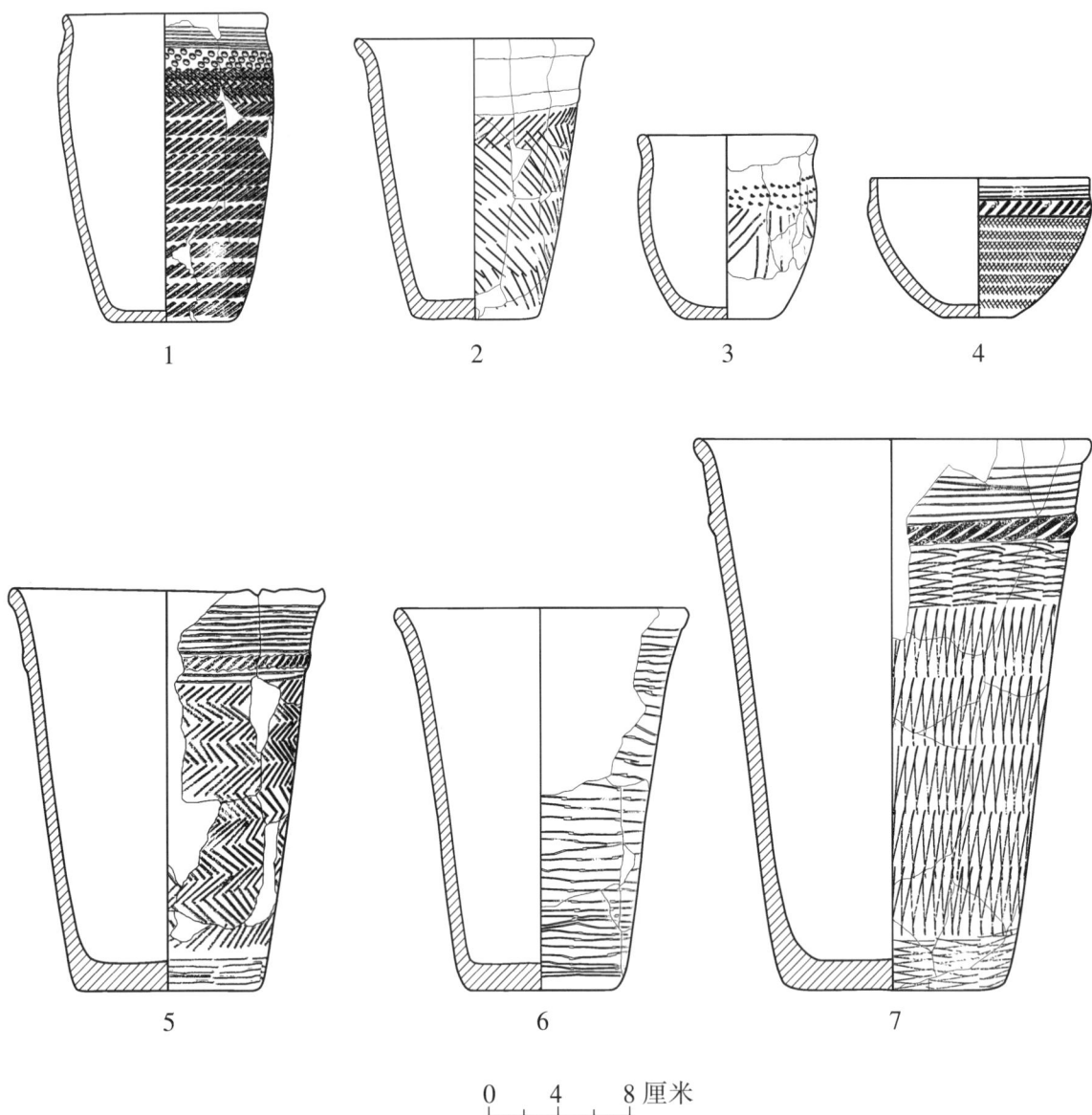

图四〇二　D1～D4 陶器

1. C Ⅲ 式鼓腹罐（D3:2）　2. 小直腹罐（D4:3）　3. 小鼓腹罐（D3:4）　4. Ca1 型钵（D2:3）

5、6. B Ⅲ 式直腹罐（D3:1、D4:2）　7. B Ⅳ 式直腹罐（D1:2）

七二，1）；D2:5，上部残，直腹，平底，腹饰规整交叉纹，底径 9.4、残高 11 厘米（图四〇一，2；图版七二，3）；D3:1，敞口，厚尖圆唇，直腹，平底，颈饰弦纹数周，附加堆纹带饰左斜线纹，腹饰人字纹，近底饰断弦纹数周，口径 18、底径 10.7、高 22.5 厘米（图四〇二，5；图版七三，4）；D4:1，近口部及内壁微泛黑，厚圆唇，直腹，平底，口沿饰弦纹数周，窄凸附加堆纹带饰窝点纹，腹饰交叉纹数周不到底，上腹部有两个镐孔，口径 19.5、底径 13.5、高 29.3 厘米（图四〇一，5；图版七三，1）；D4:2，敞口，圆唇，直腹，平底，唇部略厚，通体横压首尾相连的短横线纹数周，口径16.8、底径8.8、高21.1厘米（图四〇二，6；图版七三，2）。

BⅣ式直腹罐1件，D1:2，夹砂红褐陶，颈饰弦纹，附加堆纹带饰左斜线纹，腹饰细长横压竖排之字纹、细长竖压横排之字纹，近底饰细长横压竖排之字纹，口径22.4、底径12.7、高30.5厘米（图四〇二，7）。

小鼓腹罐1件，D3:4，夹砂红褐陶，侈口，圆唇，束颈，鼓腹，小平底，肩饰戳点纹3周，腹饰Da4型锯齿形几何纹，口径10、底径6、高10.2厘米（图四〇二，4；图版一四八，1）。

CⅢ式鼓腹罐1件，D3:2，夹砂红褐陶，微敞口，薄圆唇，腹弧鼓，微凹底，颈饰略凹，饰弦纹数周，附加堆纹带饰斜排窝点纹，腹饰规整交叉纹2周，左斜线纹13周到底，口径11.7、底径7、高17、壁厚0.5厘米（图四〇二，1；图版一四〇，4）。

Ca1型钵1件，D2:3，夹细砂红褐陶，近口饰弦纹数周，颈部附加堆纹带饰左斜线纹，腹饰规整交叉纹数周，口径12.5、底径4、高7.7厘米（图四〇二，6）。

（2）石器2件（参见附表18　查海遗址其他单位出土石器型式统计一览表）。

B型磨棒2件。D4:4，残段，浅黄色花岗岩，琢制，方柱状。径5、残长9厘米；D4:5，残段，棕红色花岗岩，方柱体，琢制，残长11、径7厘米。

第三节　石块堆积遗迹

在查海聚落遗址西北部，发现两处石块堆积遗迹，编号为S1、S2。S1距F34东南0.6米，石堆呈不规则长方形，南北长2.5、东西宽1、高0.35米；S2距F34东北角3米，距F26东南角2.5米，与西南S1间距4米。石堆呈椭圆形，南北1.7、东西1、高0.43米。两堆石块石质多为石英岩、花岗岩、玄武岩天然多棱体石块，形状多为圆形、方形，尺寸大小在10～4厘米之间。根据两堆石料的石质和形状尺寸大小分析，这些石块应该作为房内灶底铺垫所用的石料，抑或与防御有关。

第六章　遗物综述

第一节　陶器综述

据统计，查海聚落遗址出土的陶器总数 9278 件，其中完整陶器、复原陶器及残器共计 1177 件，陶片个体共计 8101 件。出土于以下遗迹单位：（1）房址内（居住面和堆积层）出土的陶器共计 965 件，占陶器总数的 82.0%；陶片个体共计 5272 件，占陶片个体总数 65.1%。（2）房址间的空地陶器堆遗迹中出土的陶器共计 14 件，占陶器总数的 1.2%；陶片个体共计 52 件，占陶片个体总数 0.7%。（3）窖坑内出土的陶器共计 26 件，占陶器总数的 2.2%；陶片个体共计 149 件，占陶片个体总数 1.8%。（4）地层内出土的陶器及陶片标本共计 149 件，占陶器总数的 12.7%；陶片个体共计 2604 片，占陶片总数 32.1%。（5）壕沟出土的陶器共计 5 件，占陶器总数的 0.4%；陶片个体共计 7 件，占陶片个体总数 0.1%。（6）墓葬（包括居室墓）出土的陶器共计 11 件，占陶器总数的 0.9%；陶片个体共计 17 件，占陶片个体总数 0.2%。（7）采集陶器共计 7 件，占陶器总数的 0.6%（参见附表 13　查海遗址陶器型式统计总表及附表 5　查海遗址出土陶片统计总表）。

通过单位数据统计，大量陶器尤其是完整器或复原器主要出土于房内遗迹中，各房址内出土的陶器多寡不一，出土位置主要在室内的内外两圈柱网之间，室内中部少见器物。多数房址中的陶器均集中放置在房内西北部，基本保留在原居住面上，这些陶器有正置、倒置，压成碎陶片堆等现象，另外还有大器套小器的现象。

一　陶质、陶色和制法

（一）陶质、陶色

查海聚落遗址大型器皆粗砂陶，少数小型器见细砂陶。陶色为红褐陶、灰褐陶两大类，陶器器表易磨损（见附表 5　查海遗址出土陶片统计总表）。

　　夹砂红褐陶器705件，陶片个体5642件，占陶器总数68.4%，器型有直腹罐、斜腹罐、鼓腹罐、钵、杯。烧制火候较低，质地疏松，器表易脱落，陶色一般较均匀，个别器表有大片斑驳，器口局部泛黑灰色。胎色有红褐胎、夹灰心胎、从外向内渐黑色胎。内壁多呈红褐色，少灰黑色。

　　夹砂灰褐陶器472件，陶片个体2459件，占陶器总数31.6%，器型有直腹罐、鼓腹罐、钵、杯。不见斜腹罐。烧制火候稍高于夹砂红褐陶器，质地稍硬，陶色不匀，器底至器口陶色从红褐色向灰褐色渐变，口部均呈灰黑色。胎色有灰褐胎、从外向内渐黑胎，内壁多呈灰黑色。

（二）制法

　　陶器均手制，多为泥条盘接及泥饼套接法，帮包底，少数为捏塑法。器底为平底或凹平底，器口多为折叠口、呈宽带沿或厚圆唇、厚尖圆唇，个别唇口稍经抹平。多数器物近口部或颈部施固附加堆纹带。纹饰采用压划、压印、戳触、附贴、贴塑、指压等方法，一般大型器比小型器制造粗糙，胎土皆掺和粗砂料，胎厚不均，形状多不甚规整；有些小型器和鼓腹罐制作较精细，一般胎土掺和细砂料，胎厚均匀，形状规整。红褐陶烧制火候较低，早期器表不注重纹饰装饰，陶器口部外叠宽带沿或近口部附加堆纹带，带面均压饰右斜线纹，器身多素身，少窝点纹，陶器钻孔锔补技术已常见。中期，仍以红褐陶为主，烧制火候较高的灰褐陶陶器出现。器表开始注重纹饰装饰，随着纹样的增多，素身、单一纹饰开始逐渐减少，附加堆纹带也逐渐下移至颈部。少数陶器上见有附贴的饼钉等装饰，开始流行一器并施多种纹饰的复合纹饰。晚期以灰褐陶之字纹、短斜线纹为主的复合纹饰几乎占据了整个陶器群。直腹罐口部逐渐外撇，呈大小喇叭口状。附加堆纹带带面变得宽平或用几何纹代替。鼓腹罐和小型器增多，附贴纹饰也有所增多，几何纹饰多样化。矮而肥胖的鼓腹罐，器型、胎质、纹饰、制作均要求较精。

二　陶器的类、型、式

　　查海聚落遗址陶器群，陶器数量多，器类少，大型器多，小型器少，小型器中的罐又多数是大型罐的缩小。器形仅有罐、钵、杯、纺轮四大类。其中罐为大宗，是查海聚落遗址最为丰富的器类，占陶器群86.2%。钵、杯器型小，数量少，其中钵占陶器群总数6.5%，杯占陶器群总数2.5%，纺轮占陶器群总数的4.8%（参见附表13　查海遗址陶器型式统计总表）。依据陶器群的器物用途不同，将陶器群分为生活用具、生产工具二类。

（一）生活用具

　　罐、钵、杯。依据房址早、晚内涵即陶器组合共存关系，器物总体形态存在的差异，以及变化特征、演变规律，从类型学、器型学角度对其器类进行型式划分。型划标准：依据器类型体的腹部特征不同。式划标准：依据器型的口部、腹部、纹带、纹饰的变化差异（见图四四〇　查海遗址陶器分期图表）。

罐类1014件。依据型划标准可分为 A、B、C 三型。A 型斜腹罐、B 型直腹罐、C 型鼓腹罐。

A 型斜腹罐118件，型式划分72件（参见附表13　查海遗址陶器型式统计总表）。特征：皆夹砂红褐陶，大口，小底，腹壁倾斜度较大。依据式划标准分四式。

Ⅰ式17件，均夹砂红褐陶，敞口，一般为外叠宽带沿，斜直腹。标本 F33∶51，底部残，圆唇，斜直壁（图四〇三，1；图版六四，2）；F26∶33，尖圆唇，外叠宽带沿饰右斜线，素身（图四〇三，2；图版六四，1）；图版标 F34∶43，尖圆唇，外叠宽带沿饰右斜线纹，素身（图四〇三，3；图版六四，3）。

Ⅱ式40件，均夹砂红褐陶，敞口，稍外折，斜直腹，平底。标本 F35∶5，底部残，圆唇，外叠宽带沿饰右斜线纹，腹饰窝点纹（图四〇三，4；图版六五，3）；F50∶20，底部残，方唇，近口部附加堆纹带、饰右斜线纹，腹饰窝点纹（图四〇四，1；图版六五，4）。

Ⅲ式12件，多夹砂红褐陶，敞口，近器口处饰右斜线附加堆纹带，斜腹微向内弧，素身，平底。标本 F35∶8，圆唇，底部残，素身，烧制火候不匀（图四〇四，2；图版六七，1）；F26∶34，圆唇，近器底处内弧明显（图四〇四，3；图版六七，3）。

Ⅳ式3件，均夹砂红褐陶，大撇敞口，唇外叠右斜线宽带沿，斜腹内弧，平底，素身。标本 F27∶35，圆唇，腹部施有对称乳状耳（图四〇四，4；图版六八，1）。

B 型直腹罐788件，型式划分563件（参见附表13　查海遗址陶器型式统计总表）。特征，直敞口，腹壁斜度略小，大平底或微凹底，依据式划标准可分六式。

Ⅰ式21件，均夹砂红褐陶，直敞口，薄圆唇，器壁较直，器口处一般施附加右斜线纹堆纹带，素身。标本 F35∶6，近口附加堆纹带饰右斜线纹，素身（图四〇五，1；图版七〇，4）；F32∶35，唇外叠右斜线宽带沿（图四〇五，2；图版七〇，3）。

Ⅱ式12件，均夹砂红褐陶，直敞口，薄圆唇微外侈，腹壁较直。标本 F34∶48，器口施左斜线纹附加堆纹带，腹饰窝点纹（图四〇五，3；图版七一，3）。

Ⅲ式198件，均夹砂红褐陶，直敞口，圆唇，微外侈，附加堆纹带在器物的肩部，饰复合纹，主体纹饰多草划交叉纹、网格纹、人字纹。标本 F25∶28，颈饰弦纹数周，附加堆纹带饰左斜线纹，腹饰草划交叉纹，（图四〇五，4；图版七六，4）；F40∶39，颈饰弦纹数周，附加堆纹带饰窝点纹，腹饰网格纹到底（图四〇五，5；图版七九，2）；F40∶42，微凹底，颈饰弦纹数周，附加堆纹带饰左斜线纹，下饰网格纹，腹饰横排规整人字纹，近底饰网格纹（图四〇五，6；图版七九，3）；F40∶57，颈饰弦纹数周，指压附加堆纹带，腹饰左斜线纹9周到底（图四〇五，7；图版六九，1）；F25∶22，颈饰弦纹数周，附加堆纹带饰窝点纹，下饰网格纹1周，腹饰规整交叉纹（图四〇五，8）。

Ⅳ式182件，多夹砂灰褐陶，直敞口或微外侈口，附加堆纹带在器物的肩部，饰复合纹，纹饰规整，主体纹饰多为之字纹。标本 F48∶30，底部残，口部泛黑灰色，敞口，厚圆唇，颈饰横压

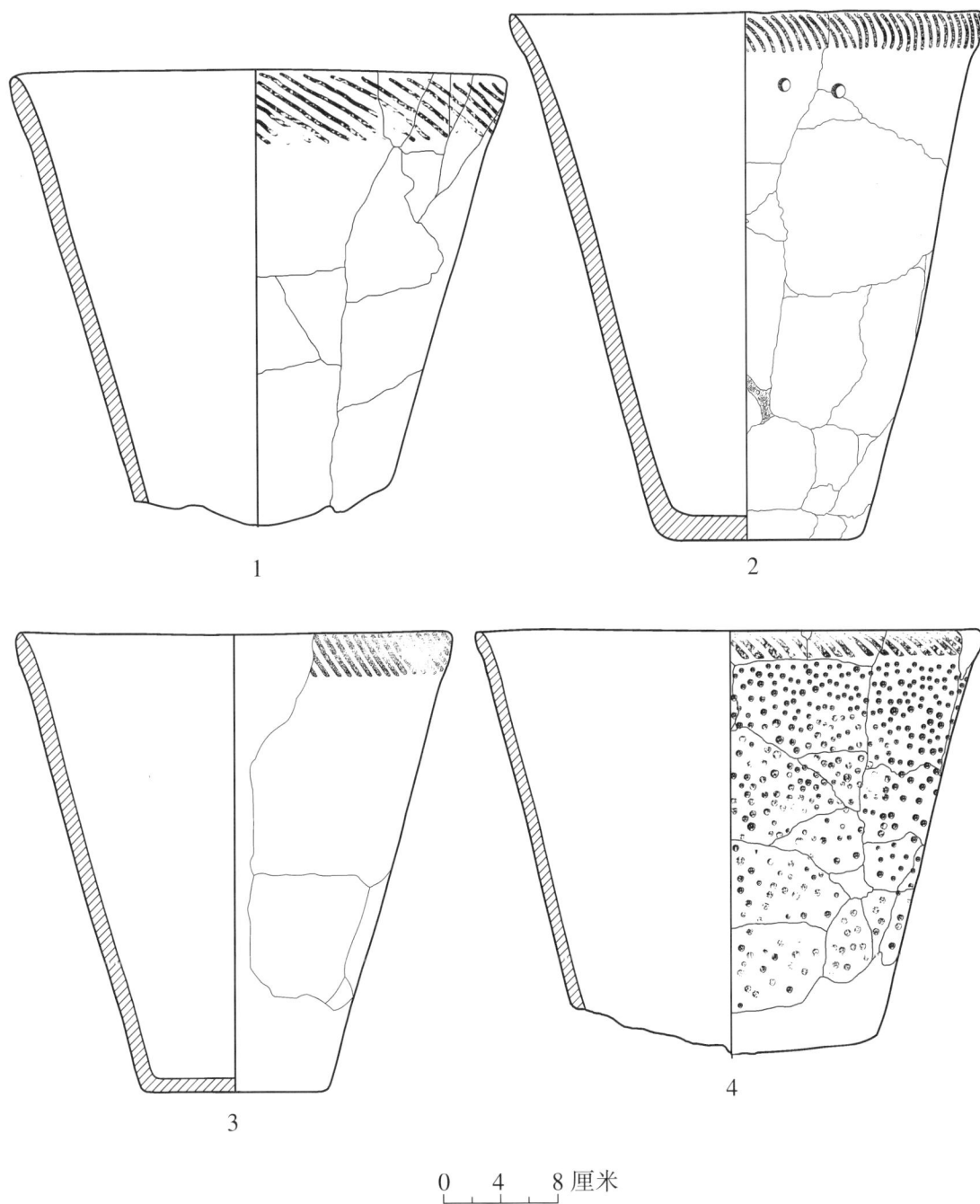

图四〇三　陶器类型（一）

1～3. A I 式斜腹罐（F33：51、F26：33、F34：43）　　4. A II 式斜腹罐（F35：5）

竖排之字纹，附加堆纹带饰 Da4 型锯齿形几何纹，腹饰竖压横排之字纹（图四〇五，9；图版九九，1）。F36：73，厚圆唇，颈饰网格纹，附加堆纹带饰 Da2 型锯齿形几何纹，腹饰竖压横排之字纹不到底（图四〇六，1；图版九五，4）；F1：12，厚尖圆唇，颈饰弦纹数周，其上附压 Da3 型锯齿形几何纹，腹饰竖压横排之字纹，颈部一对镉孔（图四〇六，2；图版八四，3）。

图四〇四　陶器类型（二）

1. AⅡ式斜腹罐（F50：20）　　2、3. AⅢ式斜腹罐（F35：8、F26：34）　　4. AⅣ式斜腹罐（F27：35）

　　Ⅴ式107件，多夹砂灰褐陶，器型较大，厚圆唇，器口外撇，呈小喇叭口状，饰复合纹。标本F1：13，圆唇，颈饰左斜线纹2周、Ba2型F形几何纹1周，腹饰左斜线纹、竖压横排之字纹（图四〇六，4；图版一〇五，4）；F30：103，薄圆唇，颈饰不规整弦纹数周，附加堆纹带饰左斜线纹，腹饰竖压横排之字纹，近底饰Da2型锯齿形几何纹（图四〇六，3；图版一一九，2）。

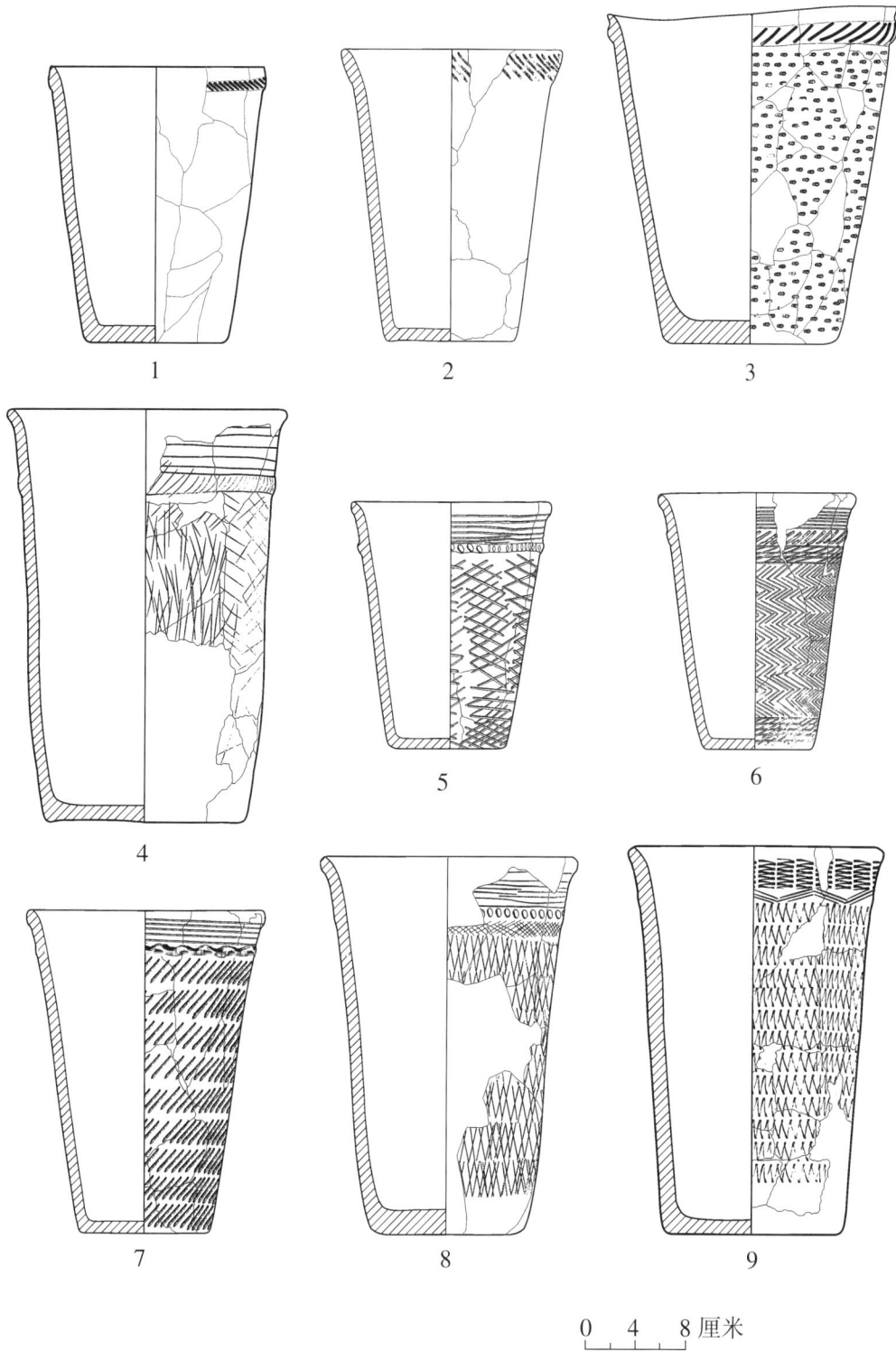

0 4 8厘米

图四〇五 陶器类型（三）

1、2. BⅠ式直腹罐（F35∶6、F32∶35） 3. BⅡ式直腹罐（F34∶48）

4~8. BⅢ式直腹罐（F25∶28、F40∶39、F40∶42、F40∶57、F25∶22） 9. BⅣ式直腹罐（F48∶30）

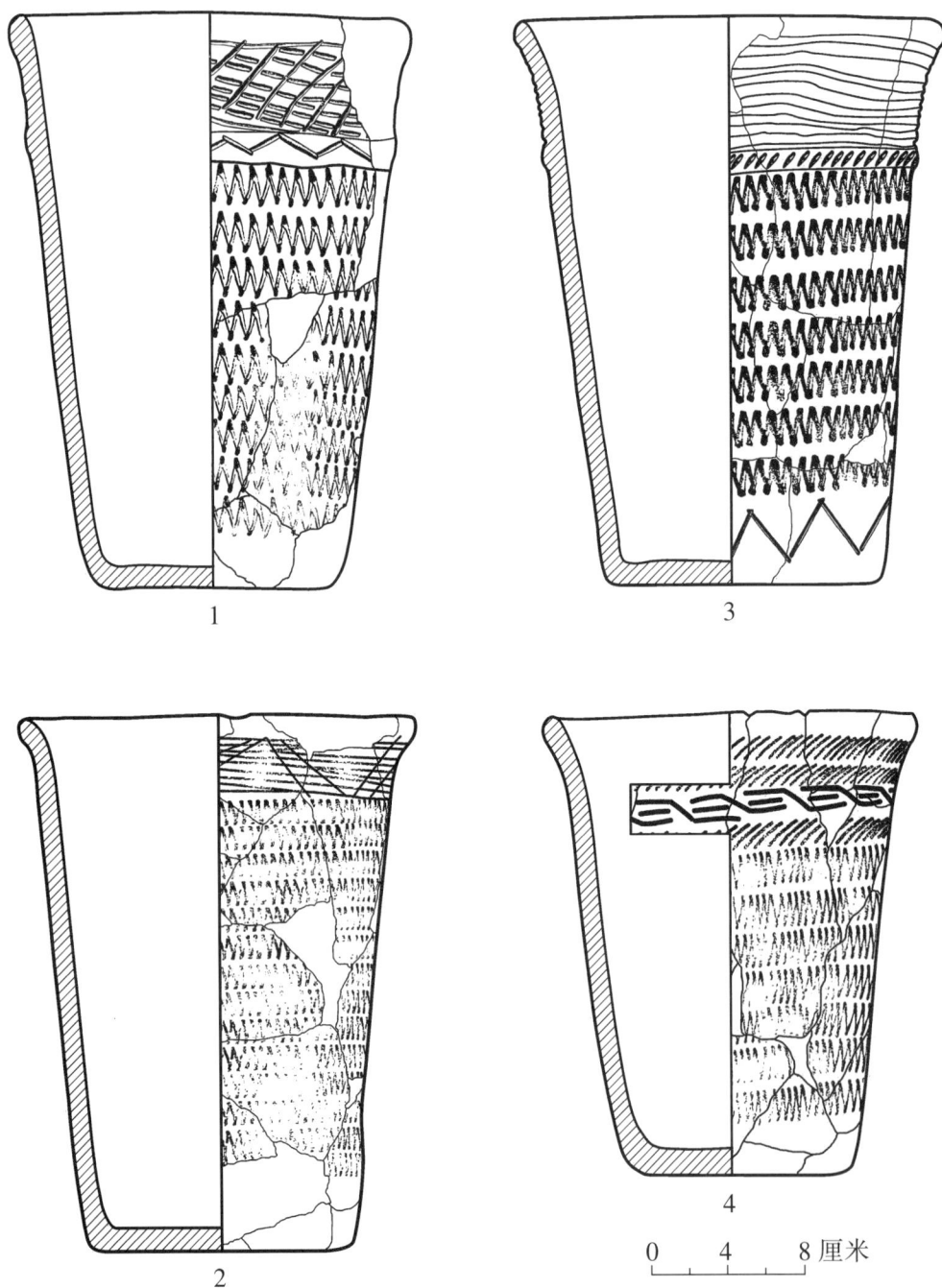

图四〇六　陶器类型（四）

1~2. BⅣ式直腹罐　（F36∶73、F1∶12）　　3、4. BⅤ式直腹罐（F30∶103、F1∶13）

Ⅵ式 43 件，多夹砂灰褐陶，器型较大，厚圆唇，器口外撇，呈大喇叭口状。标本 F36∶70，颈饰 Db型锯齿形几何纹，附加堆纹带饰窝点纹，腹饰竖压横排之字纹（图四〇七，1；图版一二八，2）；F30∶102，下腹镯孔 3 对，平底，颈饰弦纹数周、附压 Da2 型锯齿形几何纹，附加堆纹带饰 Aa2 型单体曲尺形几何纹，腹饰竖压横排之字纹不到底（图四〇七，2；图版一二八，5）；F17：1，颈饰横压竖排之字纹，附加堆纹带饰股线菱格纹，腹饰竖压横排之字纹（图四〇七，3；图版一二七，3）。

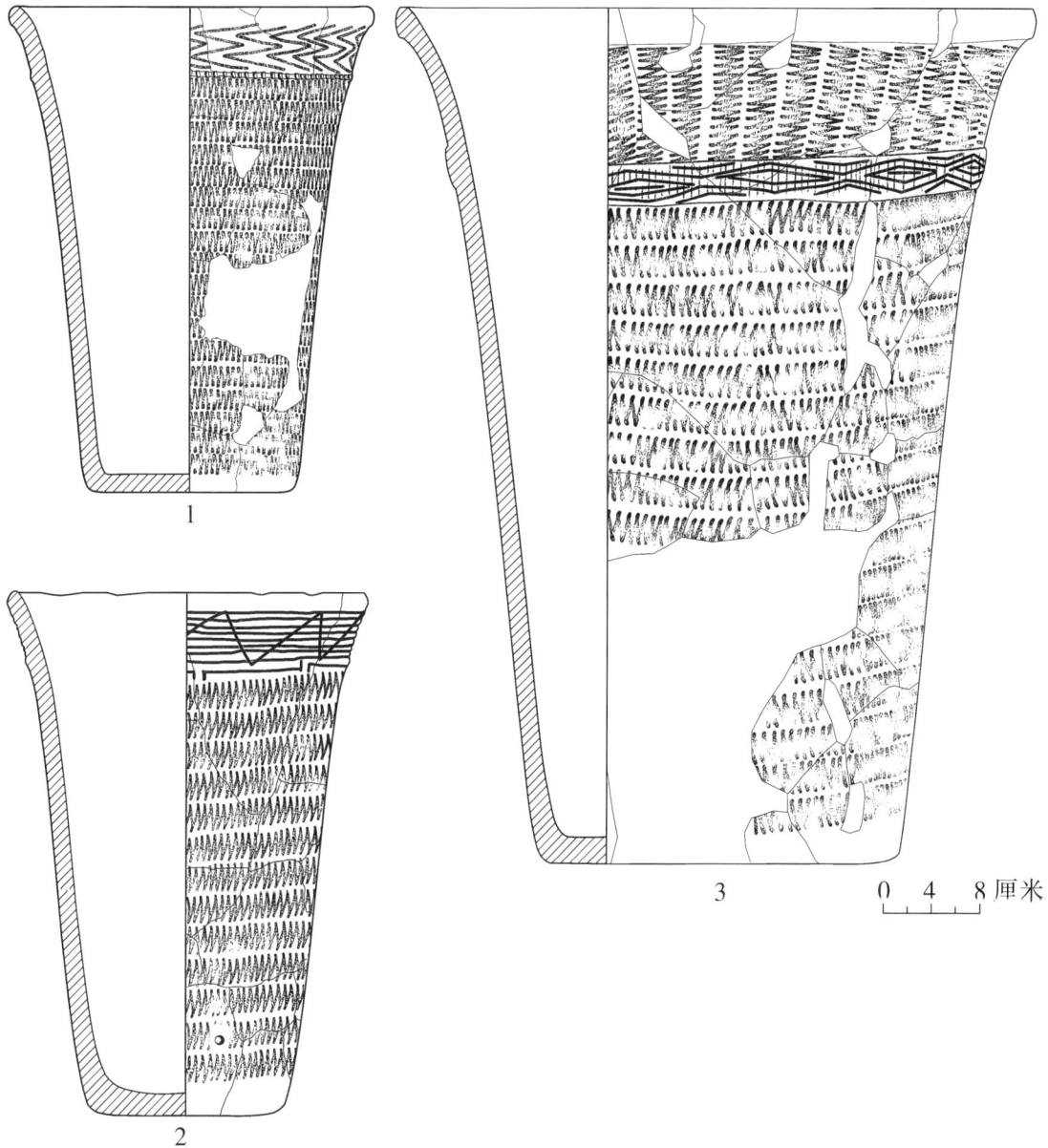

图四〇七　陶器类型（五）

1～3. BVI式直腹罐（F36：70、F30：102、F17：1）

C 型鼓腹罐 108 件，型式划分 77 件（参见附表 13　查海遗址陶器型式统计总表）。特征：外侈口，束颈，腹外弧，平底或微凹底，依据式划标准分五式：

I 式 2 件，溜肩，弧腹下垂，最大腹径近下部，腹径大于口径和底径。标本 F24：11，夹砂红褐陶，侈口，圆唇，饰草划交叉纹（图四〇八，1；图版一三七，1）。

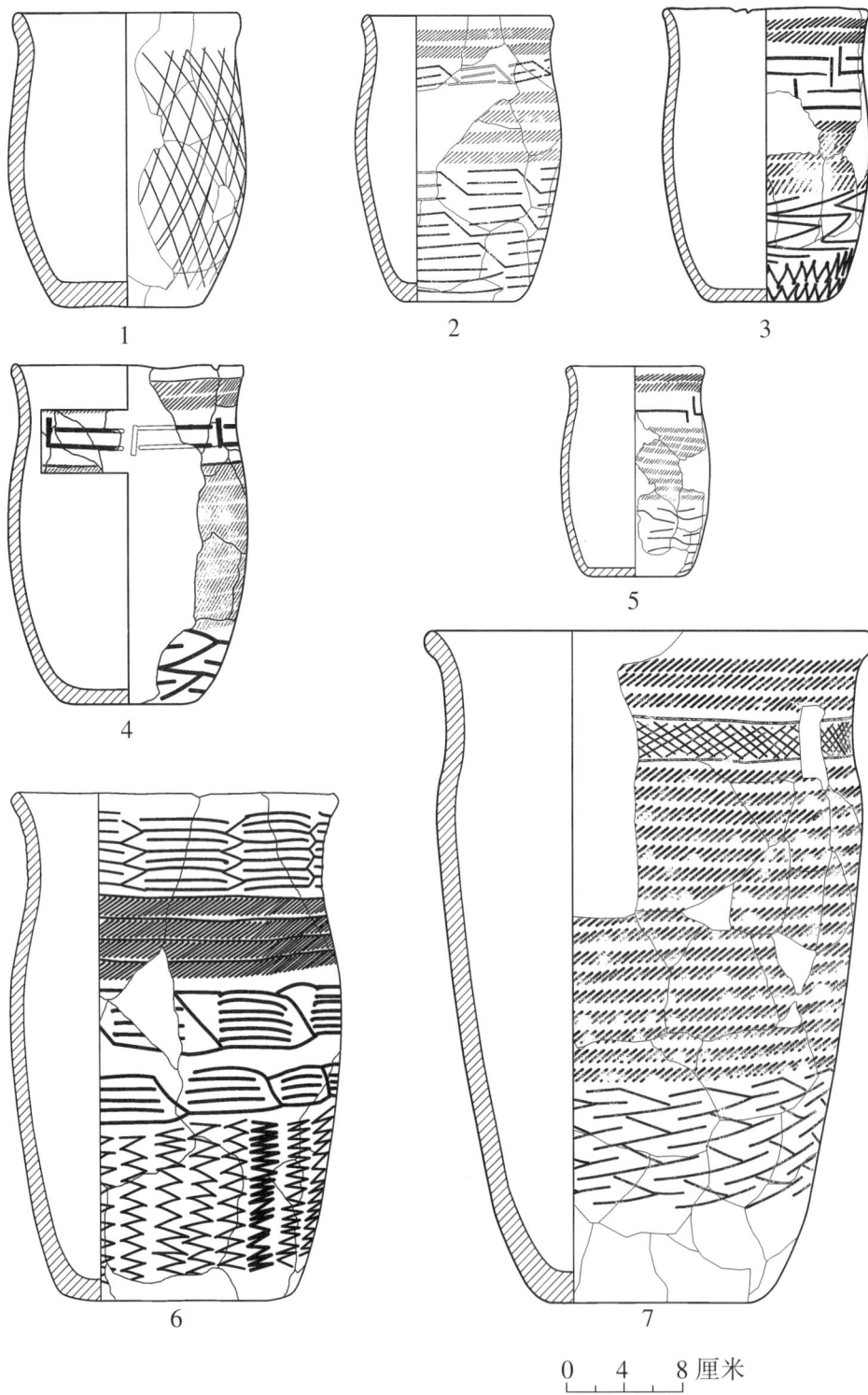

0　　4　　8厘米

图四〇八　陶器类型（六）

1. C Ⅰ 式鼓腹罐（F24∶11）　　2～5. C Ⅱ 式鼓腹罐（F21∶14、F16∶4、F1∶21、F52∶10）

6、7. C Ⅲ 式鼓腹罐（F30∶116、F5∶31）

Ⅱ式 22 件，弧腹，最大腹径上移至腹中部，微显肩。腹径大于口径和底径。标本 F1∶21，侈口，薄圆唇，微凹平底，颈饰弦纹、左斜线纹及 Ab3 型扣合曲尺形几何纹，腹饰左斜线纹，近底饰 C3 型梭形几何纹（图四〇八，4；图版一三七，4）；F16∶4，近口饰左斜线纹 2 周，颈饰 Ab4 型扣合曲尺形几何纹，腹饰左斜线纹 4 周、Db 型锯齿形几何纹、竖压横排之字纹 2 周（图四〇八，3；图版一三八，2）；F52∶10，夹砂红褐陶，侈口，薄圆唇，近口饰左斜线纹 2 周，颈饰 Aa1 型单体曲尺形几何纹 1 周，肩饰左斜线纹数周，下腹饰 Ba1 型 F 形几何纹（图四〇八，5；图版一三九，3）；F21∶14，夹砂红褐陶，侈口，尖圆唇，颈饰左斜线纹 2 周、Ba3 型 F 形几何纹且各组底线间压线连接，肩饰左斜线纹 3 周，腹饰 Ba3 型 F 形几何纹 3 周，近底压划长斜线填补（图四〇八，2；图版一三七，4）。

Ⅲ式 18 件，显肩，最大径近肩部。标本 F5∶31，敞口，束颈，颈饰左斜线纹 3 周、网格纹，腹部压划短斜线纹 16 周、C3 型梭形几何纹，施纹不到底（图四〇八，7；图版一四一，3）；F31∶60，夹砂灰褐陶，侈敞口，圆唇，颈饰左斜线纹、Ba2 型 F 形几何纹，腹饰左斜线纹、Db 型锯齿形几何纹（图四〇九，6；图版一四二，2）。F30∶116，圆唇，颈饰 C2 型梭形几何纹，肩饰左斜线纹 4 周，腹饰 Ba4 型 F 形几何纹、横压竖排之字纹（图四〇八，6；图版一四二，4）。

Ⅳ式 20 件，束颈，显肩，圆鼓腹，最大径多近肩部。标本 F1∶23，侈口，薄圆唇，颈饰左斜线纹 1 周、C2 型梭形几何纹，腹饰左斜线纹、Ba2 型 F 形几何纹、左斜线纹、近底饰 C4 形梭纹几何纹（图四〇九，3；图版一四四，1）；F31∶50，夹砂灰褐陶，侈敞口，圆唇，颈饰左斜线纹 3 周、Ba3 型 F 形几何纹，腹饰左斜线纹 6 周、Ba2 型 F 形几何纹（图四〇九，4；图版一四五，3）。

Ⅴ式 15 件，束颈，显肩，圆腹，最大径多近肩部。标本 F1∶2，夹砂灰褐陶，侈口，圆唇，颈饰左斜线纹 2 周、Ab4 型扣合曲尺形几何纹，腹饰规整左斜线纹 8 周，近底部饰 C2 型梭形几何纹（图四〇九，5）；F20∶2，侈口，圆唇，颈饰左斜线纹 2 周、Aa1 型单体曲尺形几何纹 1 周，腹饰左斜线纹 4 周、Ba1 型 F 形几何纹 3 周（图四〇九，1；图版一四六，5）；F54∶32，夹砂灰褐陶，侈口，圆唇，近口饰左斜线纹 2 周，颈饰 Ab3 型扣合曲尺纹形几何纹 1 周，腹饰左斜线纹 7 周，近底饰 C2 型梭形几何纹 1 周（图四〇九，2；图版一三三，3）。

钵 77 件，型式划分 56 件（参见附表 13　查海遗址陶器型式统计总表）。根据腹部的不同，分四型。

A 型，直腹钵 5 件。依据口、腹部差异，分 Aa1、Aa2、Ab1、Ab2 四个亚型。

Aa1 型，直口、圆唇、上腹近直，下腹微弧，大平底。标本 F22∶2，夹砂红褐陶，器身及底皆饰窝点纹（图四一〇，1；图版一四九，2）。

Aa2 型，口微外侈，尖圆唇，上腹微内弧，大平底。Aa2 型标本 F7∶3，夹砂灰褐陶，素面（图四一〇，2；图版一四九，1）。

Ab1 型，直口、外侈厚尖圆唇，上腹近直，下腹微弧，近底内收平底。标本 F43∶78，夹砂红褐陶，素面（图四一〇，3；图版一四九，3）；

图四〇九　陶器类型（七）

1、2、5. C V 式鼓腹罐（F20∶2、F54∶32、F1∶2）　3、4. C Ⅳ式鼓腹罐　（F1∶23、F31∶50）

6. C Ⅲ式鼓腹罐（F30∶60）

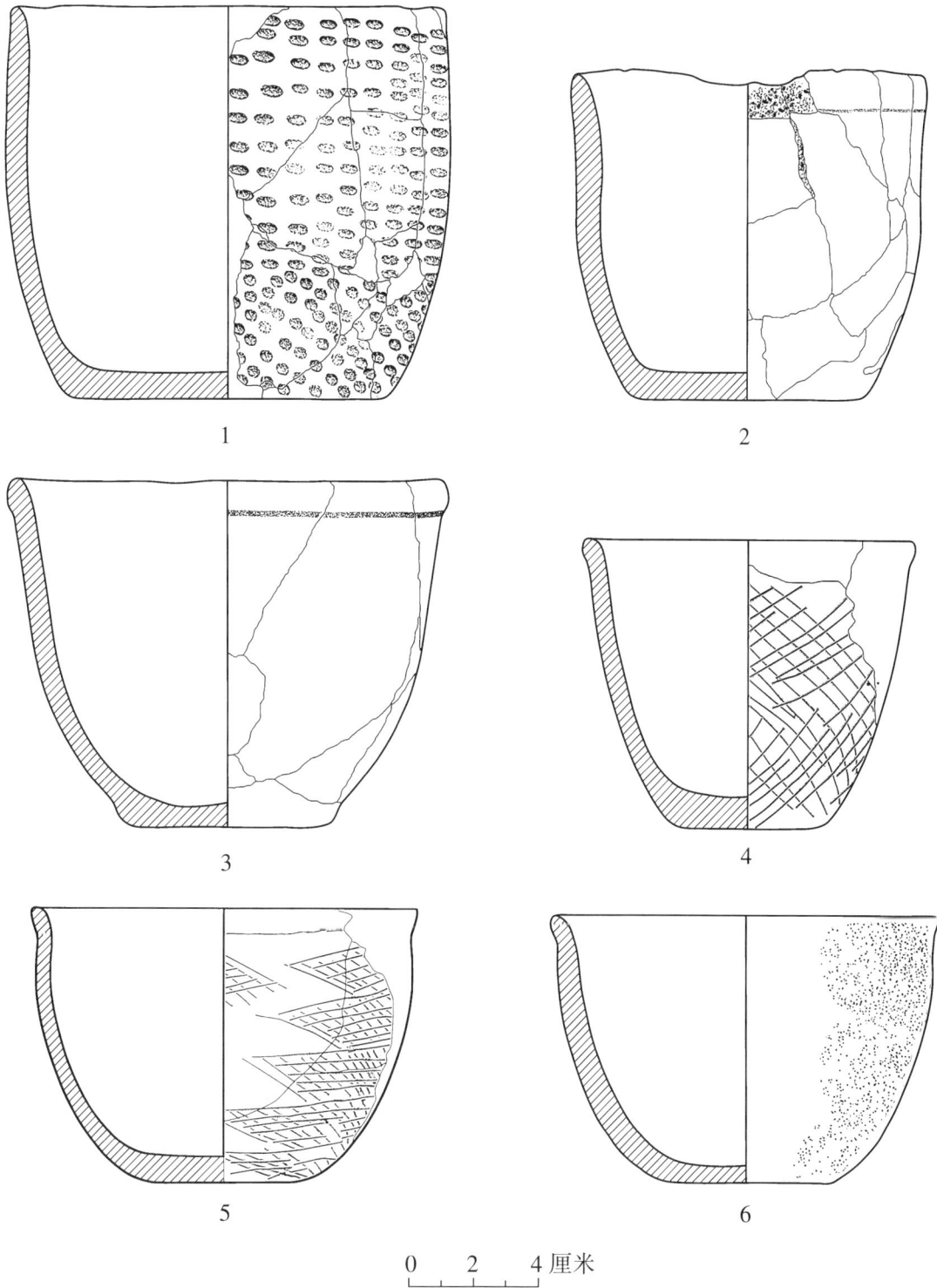

图四一〇　陶器类型（八）

1. Aa1 型钵（F22：2）　　2. Aa2 型钵（F7：3）　　3. Ab1 型钵（F43：78）

4. Ab2 型钵（F53①：12）　　5、6. Ba 型钵（F53①：13、F4：2）

Ab2 型，直口、外侈厚圆唇，上腹近直，下腹微弧，平底。标本 F53①:12，夹砂灰褐陶，器身饰草划网格纹（图四一〇，4；图版一四九，4）。

B 型，弧腹钵 20 件。依据口、腹部的差异，分 Ba、Bb1、Bb2 三个亚型。

Ba 型，直口，厚圆唇微外侈，弧腹，小平底。标本 F53①:13，夹砂灰褐陶，口部泛黑，器身饰网状菱格纹（图四一〇，5；图版一五〇，1）；F4:2，夹粗砂灰褐陶，素面（图四一〇，6；图版一五〇，2）；F43①:15，夹细砂红褐陶，腹饰网格纹（图四一一，1；图版一五〇，4）。

Bb1 型，敛口，圆唇，弧腹，小平底。标本 F14:1，夹砂灰褐陶，素面（图四一一，8；图版一五〇，5）。

Bb2 型，敛口，圆唇，斜弧腹，小平底。标本 G1:9，夹细砂红褐陶，纹饰由上至下依次为网格纹、Da2 型锯齿形几何纹、网格纹、Ba1 型 F 形几何纹（图四一一，2；图版一五〇，6）。

C 型，折腹钵 25 件。依据口、腹部的差异分 Ca1、Ca2、Cb1、Cb2 四个亚型。

Ca1 型，小侈口，圆唇，直颈，上腹略显弧折，小平底。Ca1 型标本 F51:8，夹砂红褐陶，颈饰弦纹数周，肩部纹饰模糊，腹饰左斜线纹至底（图四一一，3；图版一五一，1）；F33①:26，夹砂红褐陶，颈饰弦纹数周、折肩处饰左斜线纹 1 周，腹饰网格纹（图四一一，6；图版一五一，5）。

Ca2 型，大侈口，厚圆唇，斜腹，上腹略显弧折，小平底。标本 F33①:19，夹砂灰褐陶，颈饰弦纹数周，折肩处饰左斜线纹 1 周，腹饰网格纹（图四一一，5；图版一五一，6）；

Cb1 型，小侈口，厚圆唇，直颈，上腹显折，下腹微弧，平底。标本 F22:1，夹砂红褐陶，颈饰弦纹 5 周，肩饰窝点纹 1 周，腹饰网格纹、横排人字纹（图四一一，4；图版一五一，3）。

Cb2 型，小侈口，厚圆唇，直颈，上腹显折，下腹斜弧，平底。标本 F21:18，夹砂红褐陶，颈饰弦纹数周，腹饰网格纹不到底（图四一一，9；图版一五一，4）。

D 型，鼓腹钵 6 件。依据口、腹部差异分 D1、D2、D3 三个亚型。

D1 型，微敛口，圆唇，鼓腹，平底。标本 F47:13，夹砂红褐陶，颈饰 C4 型梭形几何纹，上腹饰左斜线纹 5 周，下腹饰 C2 型梭形几何纹（图四一一，7；图版一五二，1）；F18:7，夹细砂灰褐陶，上腹饰左斜线纹 3 周，下腹饰 Ba1 型 F 形几何纹（图四一二，1；图版一五二，4）。

D2 型，微敛口，圆唇，颈微内凹，鼓腹，平底。标本 F3:10，夹细砂灰褐陶，唇至上腹饰锥刺短线纹，下腹饰 Ba3 型 F 形几何纹（图四一二，2；图版一五二，2）。

D3 型，敛口，圆唇，圆腹，平底。标本 F16:44，夹砂红褐陶，口饰左斜线纹 2 周，肩饰 Ba1 型 F 形几何纹 1 周，腹饰左斜线纹 4 周，近底饰 C2 型梭形几何纹（图四一二，3；图版一五二，3）。

杯 30 件，型式划分 26 件（参见附表13 查海遗址陶器型式统计总表）。依据腹部的不同，分 A、B、C 三型。

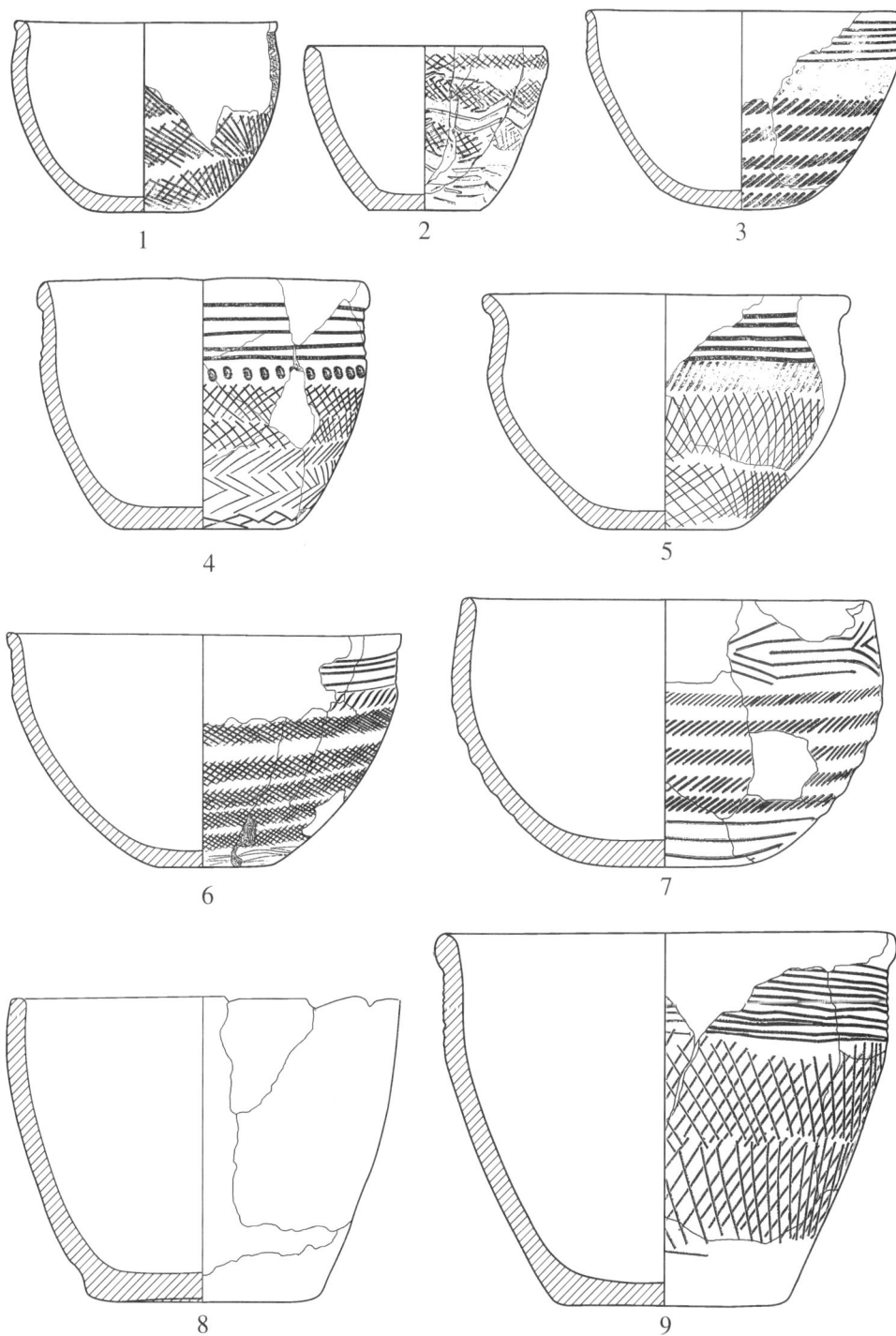

图四一一　陶器类型（九）

1. Ba 型钵（F43①：15）　　2. Bb2 型钵（G1：9）　　3、6. Ca1 型钵（F51：8、F33①：26）

4. Cb1 型钵（F22：1）　　5. Ca2 型钵（F33①：19）　　7. D1 型钵（F47：13）

8. Bb1 型钵（F14：1）　　9. Cb2 型钵（F21：18）

图四一二　陶器类型（十）

1. D1 型钵（F18：7）　　2. D2 型钵（F3：10）　　3. D3 型钵（F16：44）　　4. Aa2 型杯（F49：43）

5. Ac 型杯（F14：4）　　6. Ad 型杯（F12：1）　　7. Aa1 型杯（F33①：20）　　8. Ab 型杯（F54①：1）

A 型，斜腹杯11件。依据口、腹、底部差异分Aa1、Aa2、Ab、Ac、Ad五个亚型。

Aa1型，敞口，圆唇，浅斜直腹，大平底。标本F33①：20，夹砂红褐陶，素面（图四一二，7；图版一五三，5）。

Aa2型，敞口，圆唇，浅斜直腹，小平底。标本F49：43，夹砂红褐陶，腹饰草划网格纹（图四一二，4；图版一五三，1）。

Ab型，敞口，圆唇，深斜直腹微外弧，近底内收，小平底。标本F54①：1，夹砂红褐陶，素面（图四一二，8；图版一五三，6）。

Ac型，敞口，尖圆唇，深斜直腹，假圈足。标本F14：4，夹砂红褐陶，器表饰竖排人字纹（图四一二，5；图版一五四，2）。

Ad型，外撇口，呈大喇叭状，圆唇，斜直腹，假圈足，底缘外展。标本F12：1，夹粗砂红褐陶，素面（图四一二，6）；F27①：5，夹砂灰褐陶，饰交叉划纹、戳点纹（图四一三，1；图版一五四，3）。

B型，直腹杯8件。依据口、腹部的差异，分Ba1、Ba2、Ba3、Bb1、Bb2五个亚型。

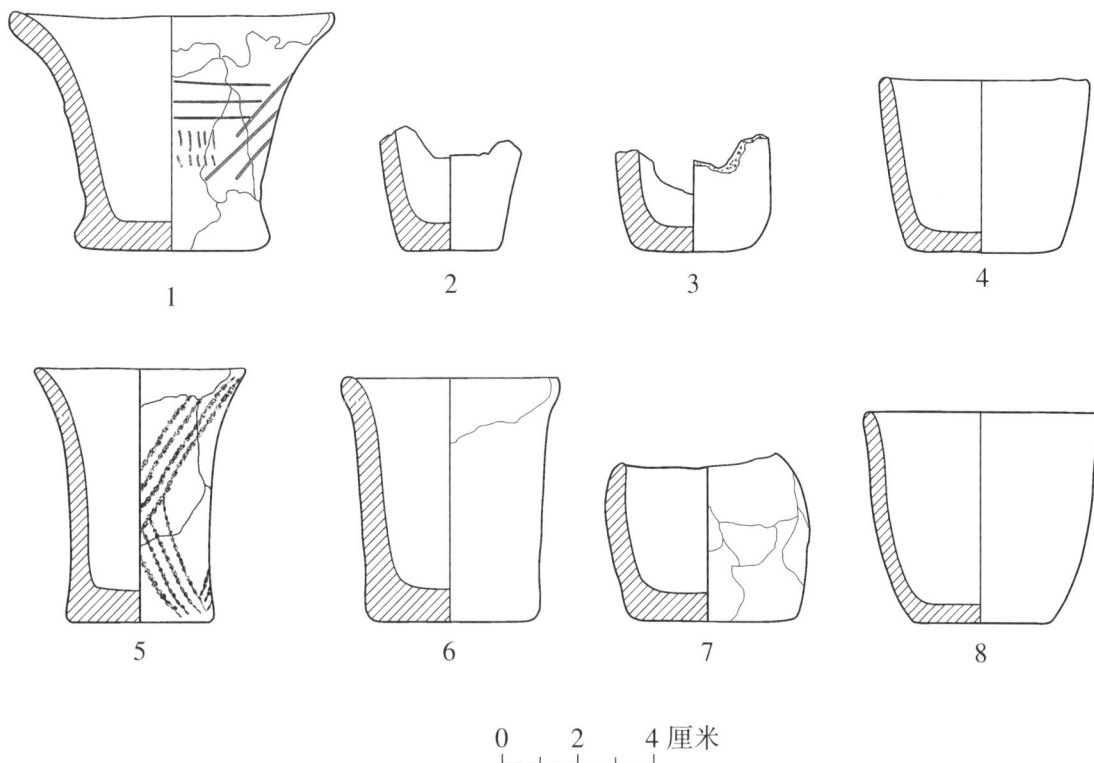

图四一三　陶器类型（十一）

1. Ad型杯（F27①：5）　2. Ba1型杯（F51：9）　3. Ba2型杯（F49①：25）　4. Ba3型杯（H30：1）

5. Bb1型杯（F4：3）　6. Bb2型杯（F21：20）　7. Ca型杯　（F21：21）　8. Cb型杯（F18：8）

Ba1 型，斜直壁，微内弧，瘦身，平底。标本 F51：9，夹砂红褐陶，素面（图四一三，2；图版一五四，6）。

Ba2 型，直腹，平底。标本 F49①：25，夹砂红褐陶，素面（图四一三，3；图版一五五，1）。

Ba3 型，斜直壁，微外弧，胖身，平底。标本 H30：1，夹砂灰褐陶，素面（图四一三，4；图版一五四，4）。

Bb1 型，大喇叭状，直腹，近底外侈，平底。标本 F4：3，夹细砂红褐陶，器表戳点菱格纹（图四一三，5；图版一五五，3）。

Bb2 型，小喇叭状，直腹，平底。标本 F21：20，夹砂红褐陶，素面（图四一三，6；图版一五五，2）。

C 型，弧腹杯 7 件。依据口、腹部的差异分 Ca、Cb 二亚型。

Ca 型，敛口、圆唇，弧腹，大平底。标本 F21：21，夹砂红褐陶，素面（图四一三，7；图版一五五，4）。

Cb 型，微敛口，圆唇稍外撇，腹略弧，大平底。标本 F18：8，夹砂红褐陶，素面（图四一三，8；图版一五六，5）。

（二）生产工具

纺轮共计 56 件（参见附表 13　查海遗址陶器型式统计总表）。依据形体及制作差异，可分为二型。

A 型圆片状，共计 52 件，皆利用陶器残片加工而成，比较简陋，中孔，但有的系半成品，未穿孔、或中间穿孔尚未穿透。标本 T0411①：3，夹砂灰褐陶之字纹陶片制作（图四一四，1）；F25①：6，夹砂灰褐陶之字纹陶片制作（图四一四，2）；T0509②：9 穿孔未透（图四一四，3；图版一五七，12）；T0707②：2，之字纹陶片制作，中间穿孔（图四一四，4；图版一五七，10）；F20：18，夹砂红褐陶斜线纹陶片制作，中孔（图四一四，5；图版一五七，7）；F16：40，夹砂红褐陶陶片制作，中孔（图四一四，6；图版一五八，10）；F32①：2，夹砂红褐陶片制作，上饰斜线纹、几何纹（图四一四，7；图版一五八，8）；F14：44，夹砂灰褐陶之字纹陶片，中孔（图四一四，8）；F15：38，夹砂灰褐陶陶片制作，中孔未钻透（图四一四，9；图版一五九，2）。

B 型圆珠状，共计 4 件，均特意加工烧制而成，夹砂红褐陶，截面椭圆形，透孔。标本 T0407②：4（图四一四，10；图版一五九，3）；采：1，轮面有沟痕（图四一四，11；图版一五九，6）；F14：30（图四一四，12；图版一五九，5）。

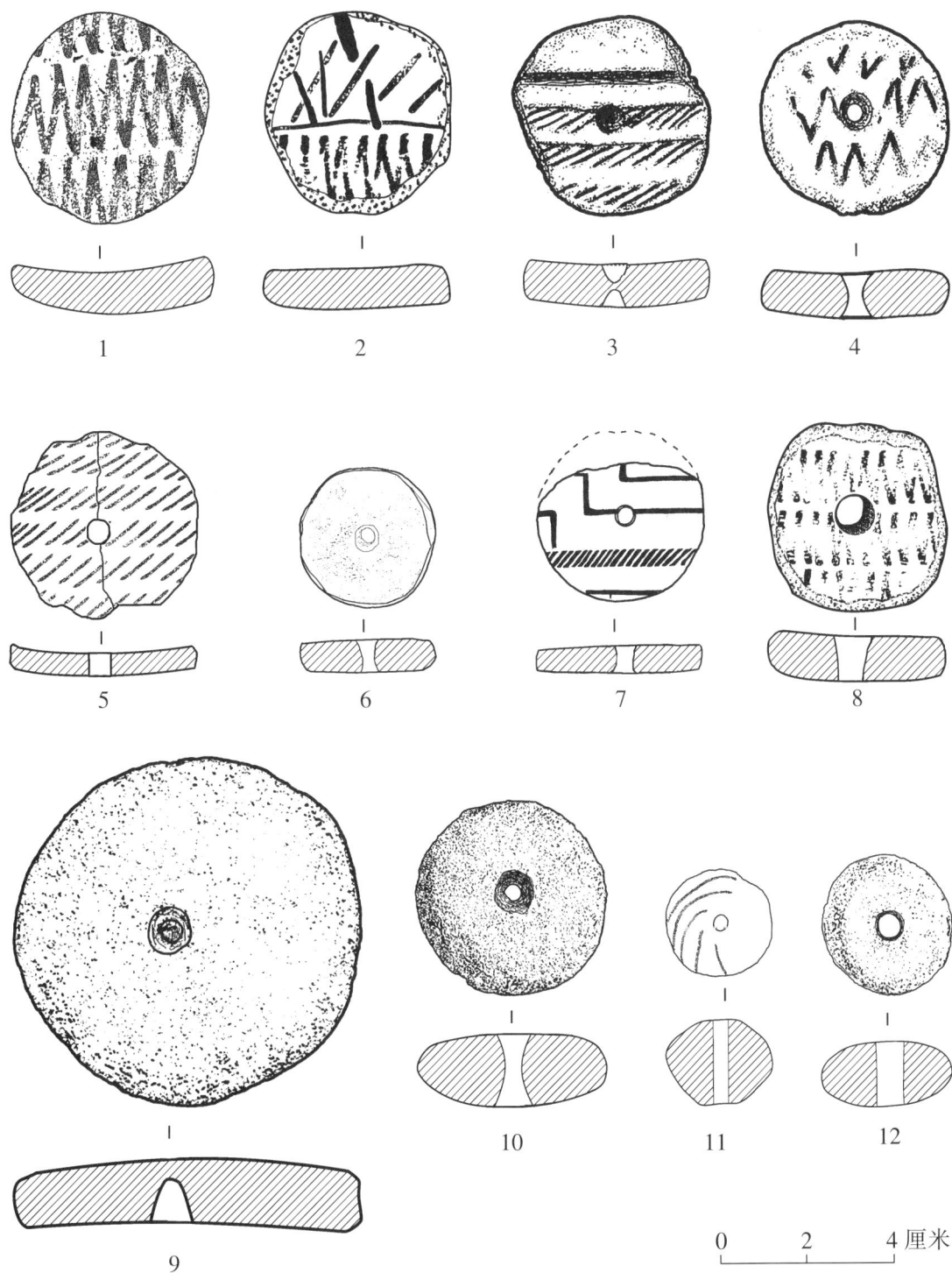

图四一四　陶纺轮

1～9. A 型陶纺轮（T0411①：3、F25①：6、T0509②：9、T0707②：2、F20：18、F16：40、F32①：2、F14：44、F15：38）

10～12. B 型陶纺轮（T0407②：4、采：1、F14：30）

三　陶器纹饰

（一）施纹方法及纹饰种类

查海陶器的施纹可分为压印、压划、草划、戳压、指压、附贴、贴塑等几种方法。

纹饰种类有短线纹、弦纹、斜线纹、窝点纹、交叉纹、网格纹、人字纹、菱格纹、贴塑纹、针枝叶纹、席纹、附加堆纹带、之字纹、指压纹、几何纹，包括素面共计16种。其中附加堆纹带、之字纹、几何纹饰是查海遗址的典型纹饰，单列小节予以叙述。

1. 短线纹，可分为短横线纹、短竖线纹、短弧线纹三种表现形式，拓片标本见图四一五　查海遗址短线纹拓片。

2. 弦纹，可分为弦纹、断弦纹两种表现形式，拓片标本见图四一六　查海遗址弦纹拓片。

3. 斜线纹，可分为左斜线纹、右斜线纹两种表现形式，拓片标本见图四一七　查海遗址斜线纹拓片。

4. 窝点纹，可分为压印窝点纹、戳刺窝点纹两种表现形式，拓片标本见图四一八、四一九查海遗址窝点纹拓片。

5. 交叉纹，可分为草划交叉纹、规整交叉纹两种表现形式，拓片标本见图四二〇　查海遗址交叉纹拓片。

6. 网格纹，可分为草划网格纹、规整网格纹两种表现形式，拓片标本见图四二一　查海遗址网格纹拓片。

7. 人字纹，可分为横排人字纹、竖排人字纹、横竖混排人字纹三种表现形式，拓片标本见图四二二　查海遗址人字纹拓片。

8. 菱格纹，可分为网状菱格纹、长线菱格纹、股线菱格三种表现形式，拓片标本见图四二三　查海遗址菱格纹拓片。

9. 贴塑纹，附贴种类有饼钉、乳钉、泥条、鋬耳，塑有动物形等，拓片标本见图四二四　查海遗址其他纹饰拓片，图四二五　查海遗址类龙纹、动物形拓片，图四二六　F39：39 蛇衔蛙纹拓片。

10. 针枝叶纹、席纹、指压纹，拓片标本见图四二四　查海遗址其他纹饰拓片。

（二）典型纹饰

1. 附加堆纹带是查海遗址从早到晚陶器器表装饰的典型特征之一。约占陶器群的38.8%。它不仅起到了对器物的加固作用，而且这种带面上施有纹饰的附加堆纹带，也增加了器物的美感效果。我们依据陶器上的附加堆纹带位置的变化和纹饰的变化，发现堆纹带有较明显的早晚演变规

短横线纹		短竖线纹	短弧线纹
F53①:36	F9:26	F4:43	F53①:35
F25:26	F20:26		F49①:9
F32:45	F54①:17		T0910①:12

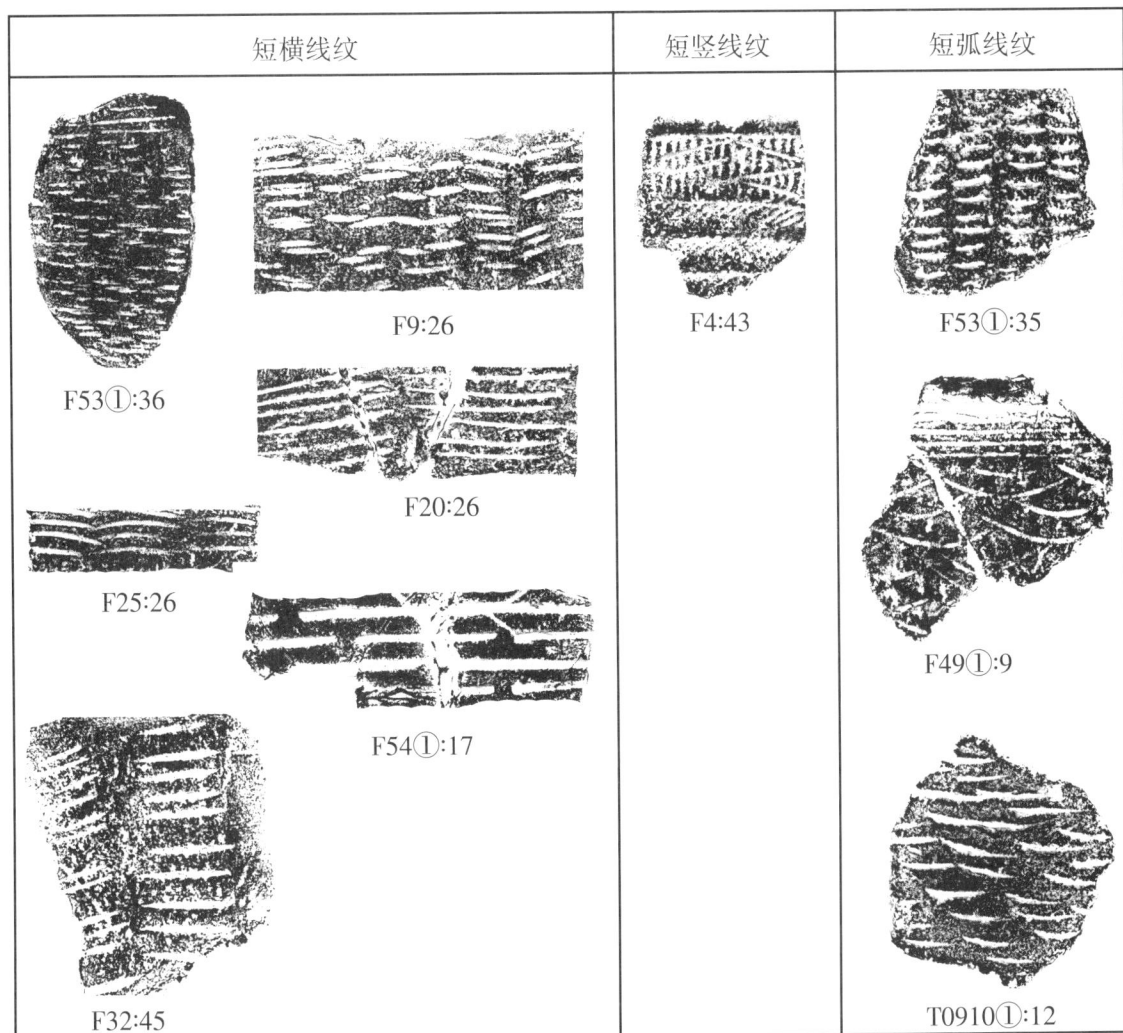

图四一五　查海遗址短线纹拓片

律，它是陶器分期的一个重要特征。其变化特征是：早期一般为外叠宽带沿或近器口处施附加堆纹带，带面一般较宽，外凸明显，带面施右斜线纹，偏晚少见左斜线纹，不见其他纹样；中期纹带下移到了陶器的颈肩部，器表施纹基本以纹带为格界，开始流行一件器物并施多种纹饰的复合纹饰，一般带面较窄、圆弧，已少见施右斜线纹，多施左斜线纹、窝点纹、指压纹、网格纹；晚期堆纹带仍施于器物的颈肩部，带面逐渐扁平，微圆弧，有些器物纹带外凸不明显，带面纹样增多，多出现几何纹带面。另外，还出现用几何纹代替堆纹带复合纹。

2. 之字形纹饰是查海聚落遗址中期偏晚至晚期陶器上较为主要的纹饰之一。这种纹饰主要施于直腹罐。纹饰均系用宽、窄、薄厚不同的直刃、弧刃工具在器表连续折曲压印而成。纹饰压印主要特点为：中期偏晚不甚规整，晚期十分规整。压印纹饰可用不同工具调整线端支压点，压线间距、压力大小随意横竖施压，就会形成压线有重有轻、有深有浅、有长有短、有粗有细。一般

断弦纹	弦纹
F4:10	T0810②:4
T40:44	T40:36

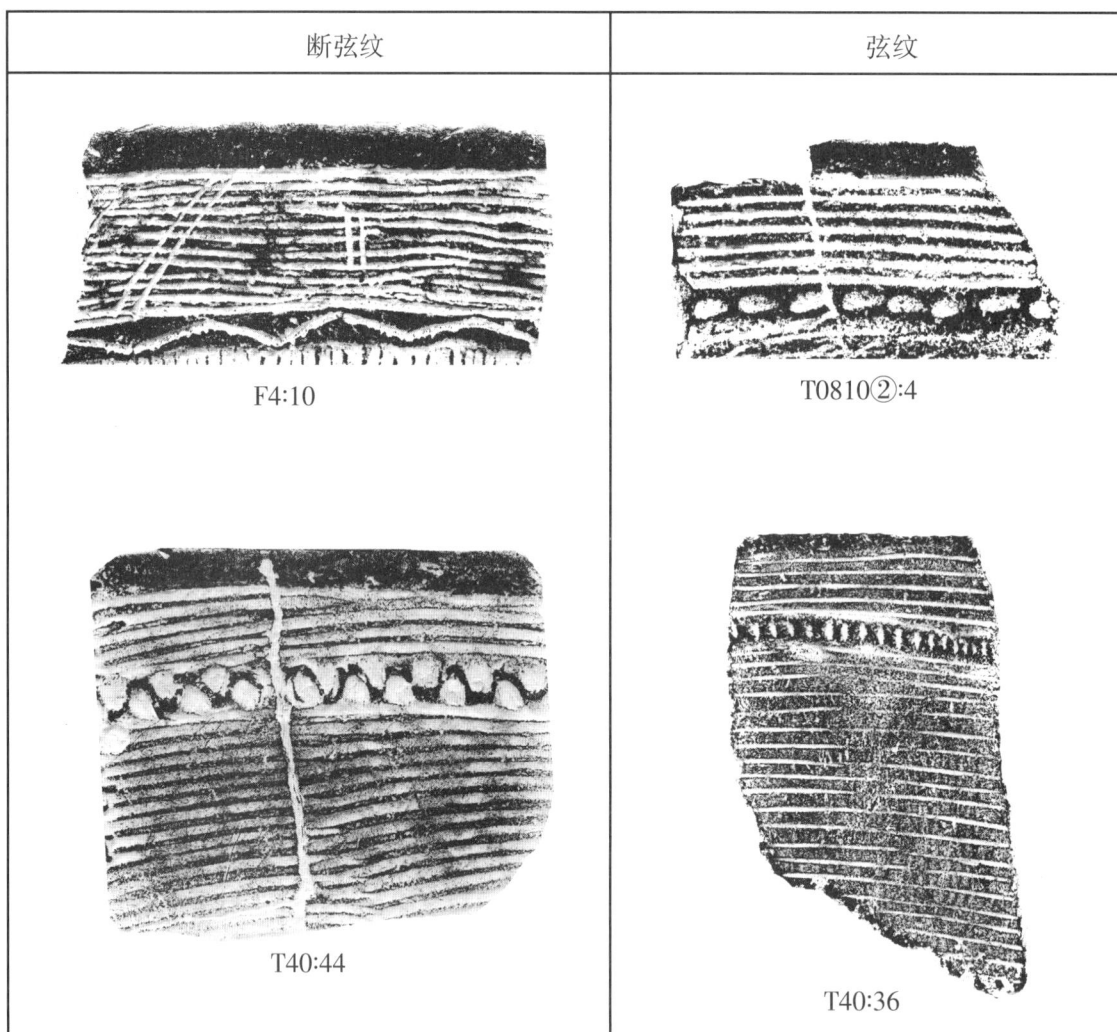

图四一六　查海遗址弦纹拓片

横压竖排之字纹，右侧支点压力偏重，压窝较深。竖压横排之字纹上支点压力比下支点压力偏重，压窝稍深。依据纹饰压印形制的差异，可将之字纹分为两种类型：A 型，直线式之字纹；B 型，弧线式之字纹。

A 型，直线式之字纹，数量较多，约占之字纹总数 87.5%（附表 31－1　查海遗址各遗迹单位之字纹陶器统计表）。可分为 Aa、Ab 二亚型（附表 31－2　查海遗址之字纹分期统计表）。

Aa 型，见于中期偏晚红褐陶器上，数量少，早期不甚规整，晚期较规整。约占 A 型总数的 7.2%。纹饰特点，压线较细长，间线密集，压力轻，印痕浅，线端压力偏重，多显一侧支点压窝。标本 T0707②：1、F43：29、F28：16、F3：9、F46：117、F36：69、F47：16（图四二七　查海遗址之字纹拓片）。

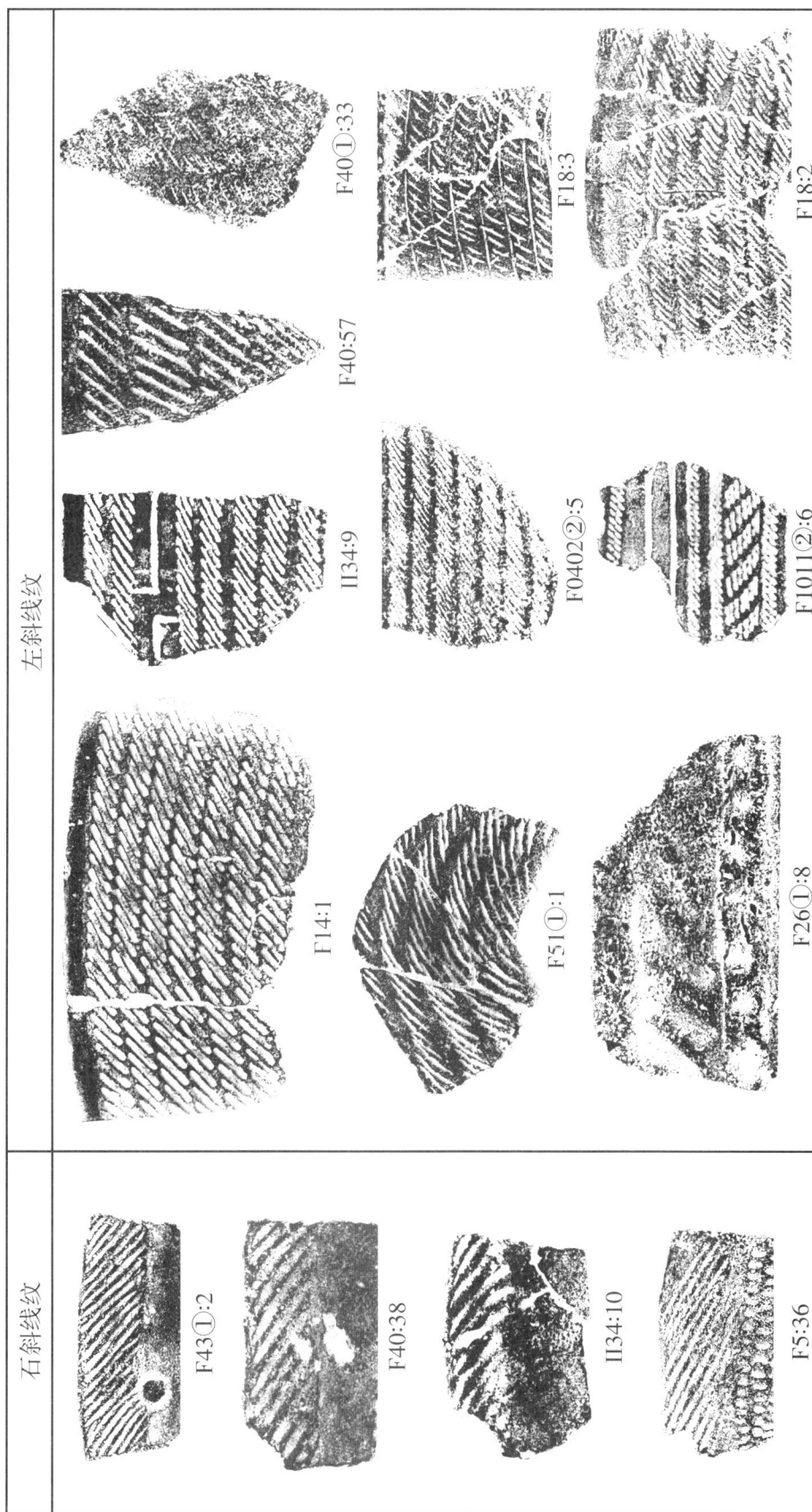

图四一七　查海遗址斜线纹拓片

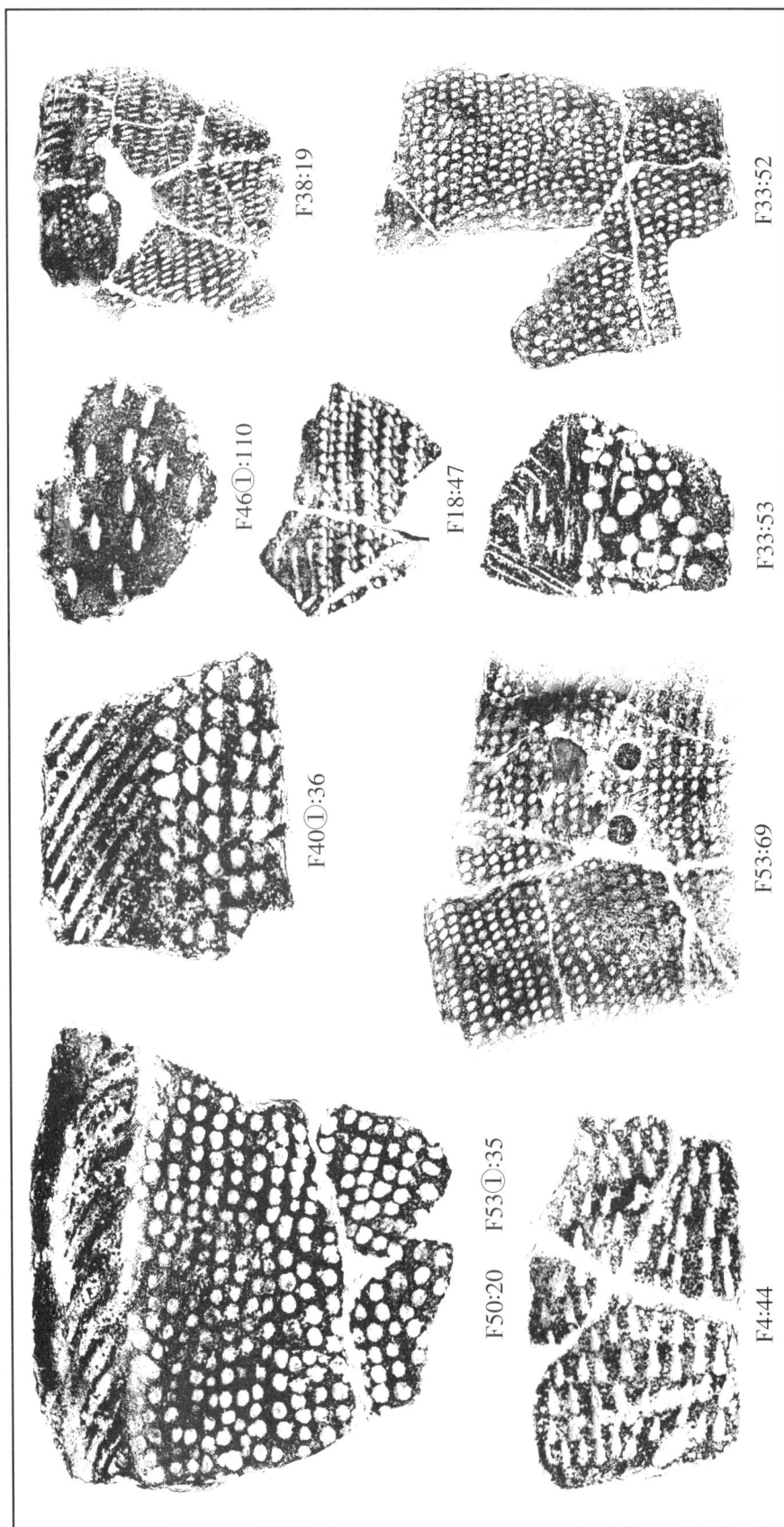

图四一八　查海遗址窝点纹拓片一

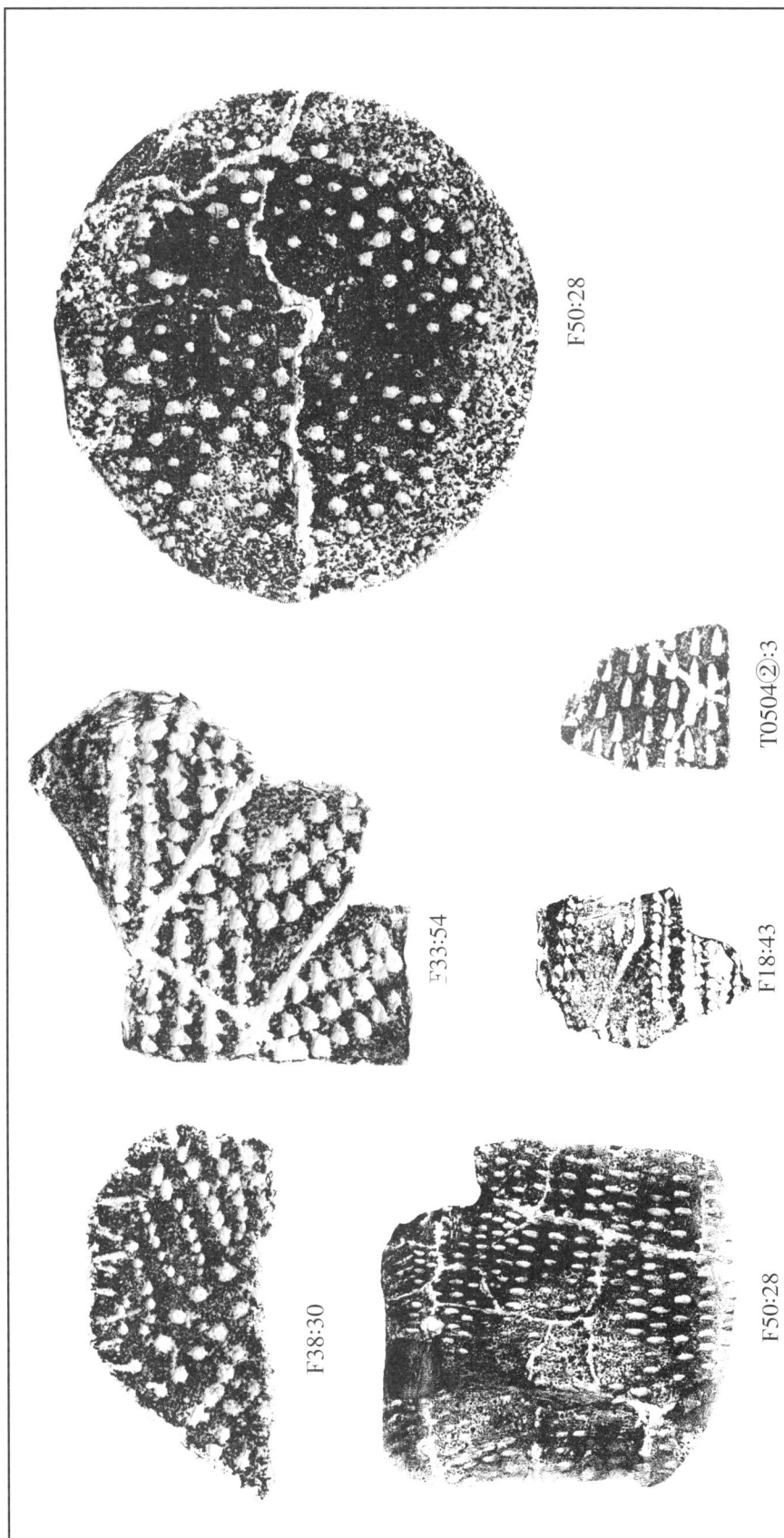

F50:28

F33:54

T0504②:3

F18:43

F38:30

F50:28

图四一九　查海遗址窝点纹拓片二

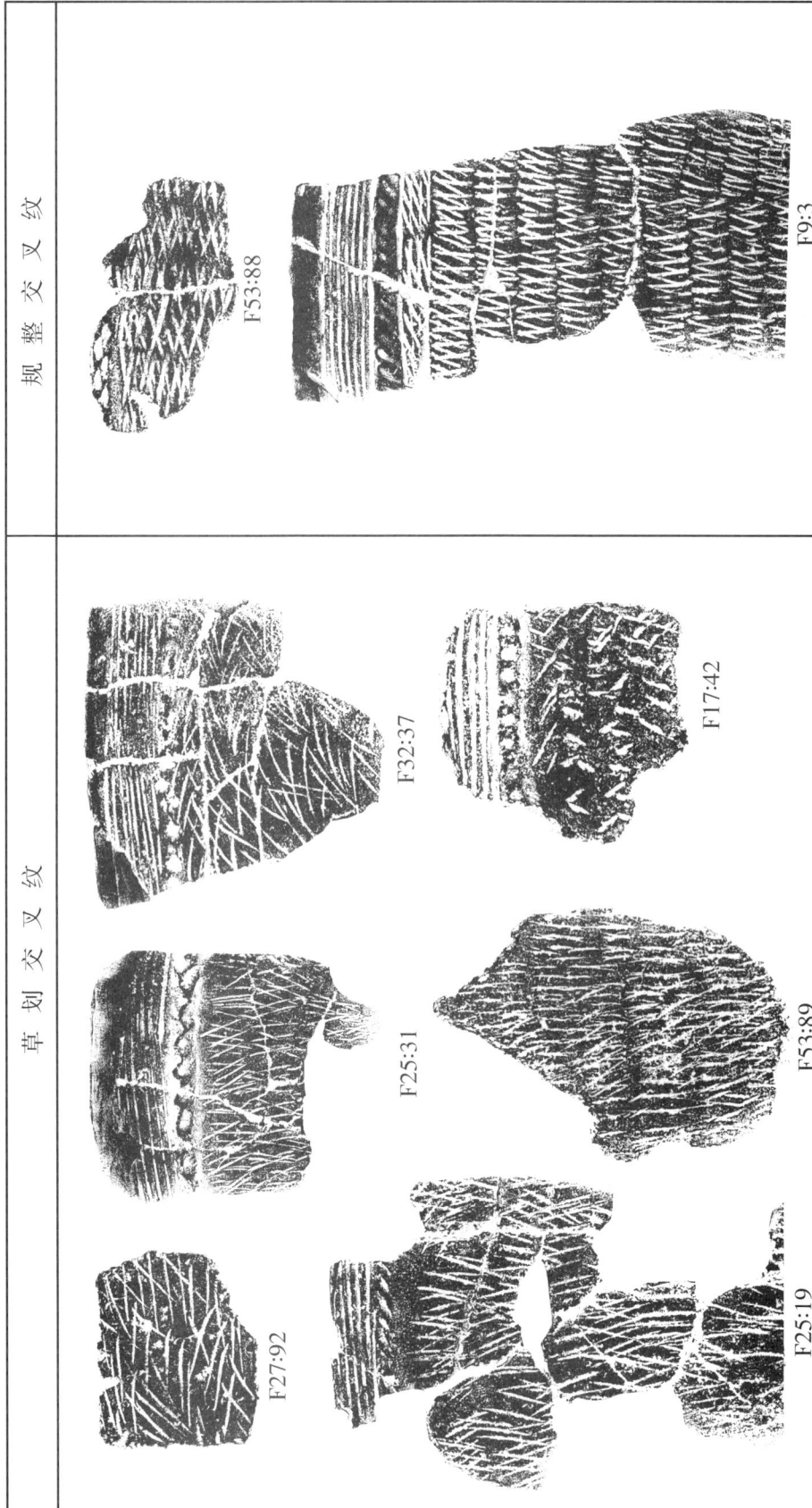

图四二〇　查海遗址交叉纹拓片

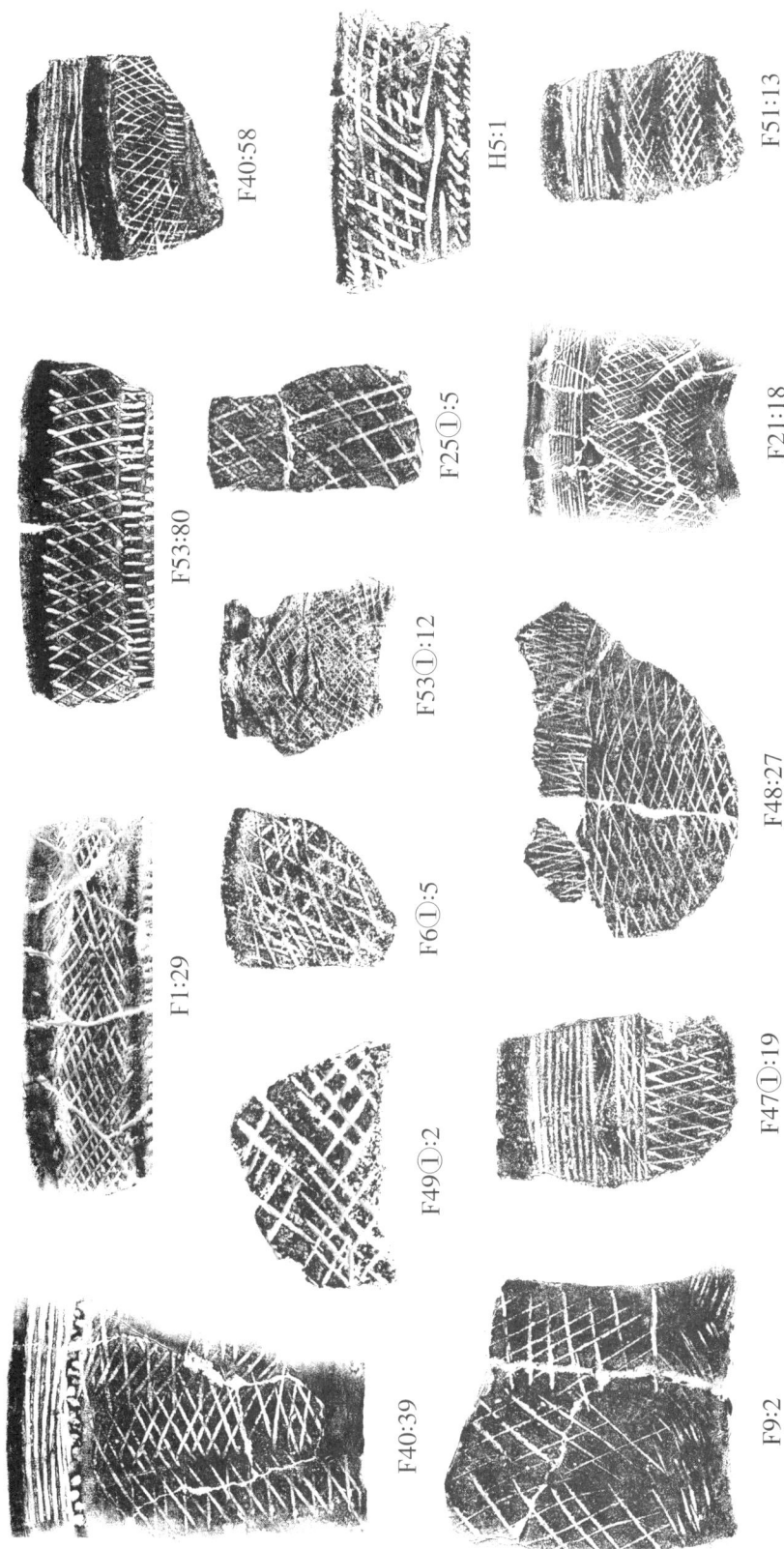

草 划 凌 乱 及 规 整 网 格 纹

F40:58

H5:1

F51:13

F53:80

F25①:5

F21:18

F53①:12

F48:27

F1:29

F6①:5

F49①:2

F47①:19

F40:39

F9:2

图四二一 查海遗址网格纹拓片

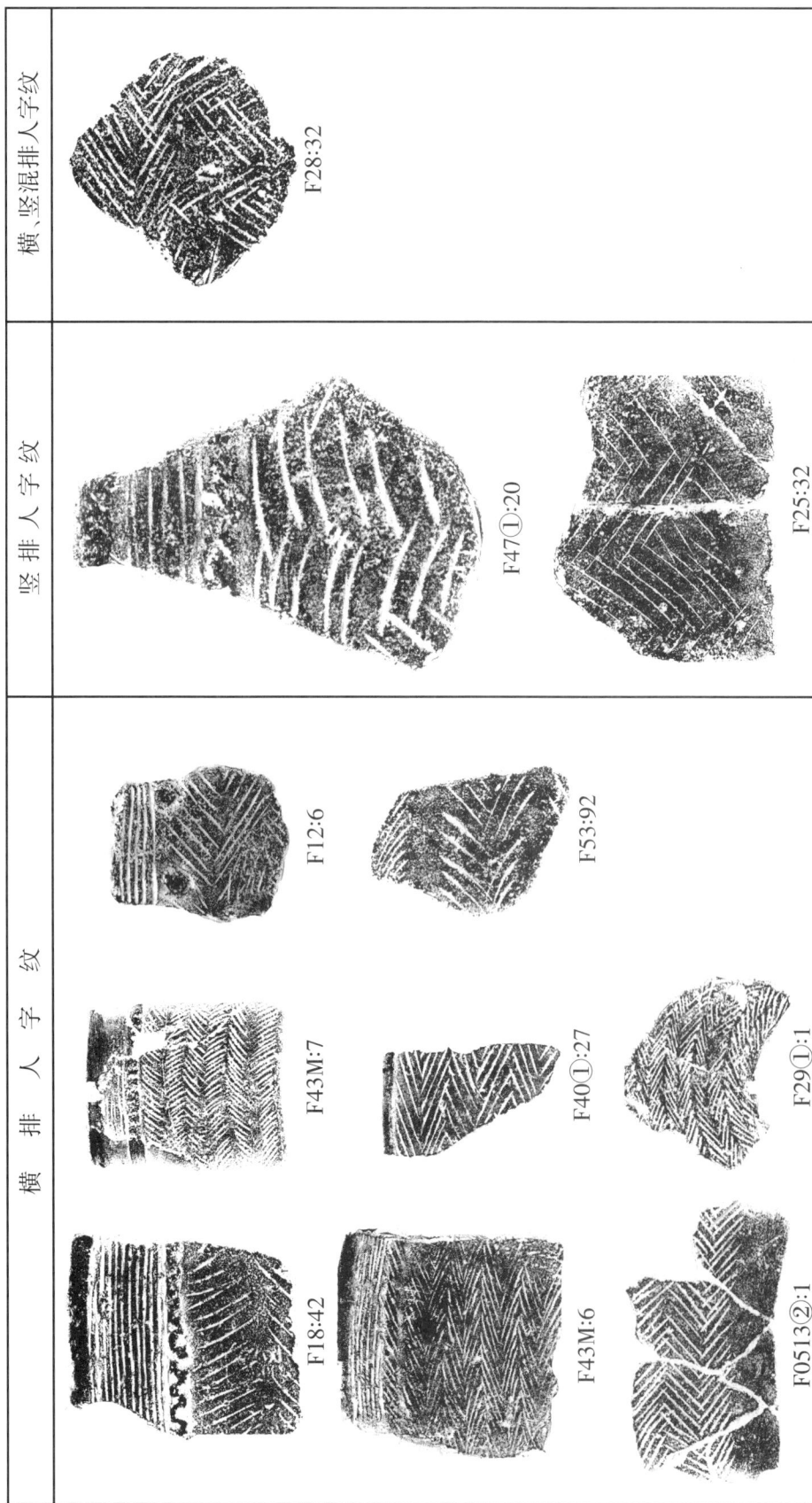

图四二二　査海遗址人字纹拓片

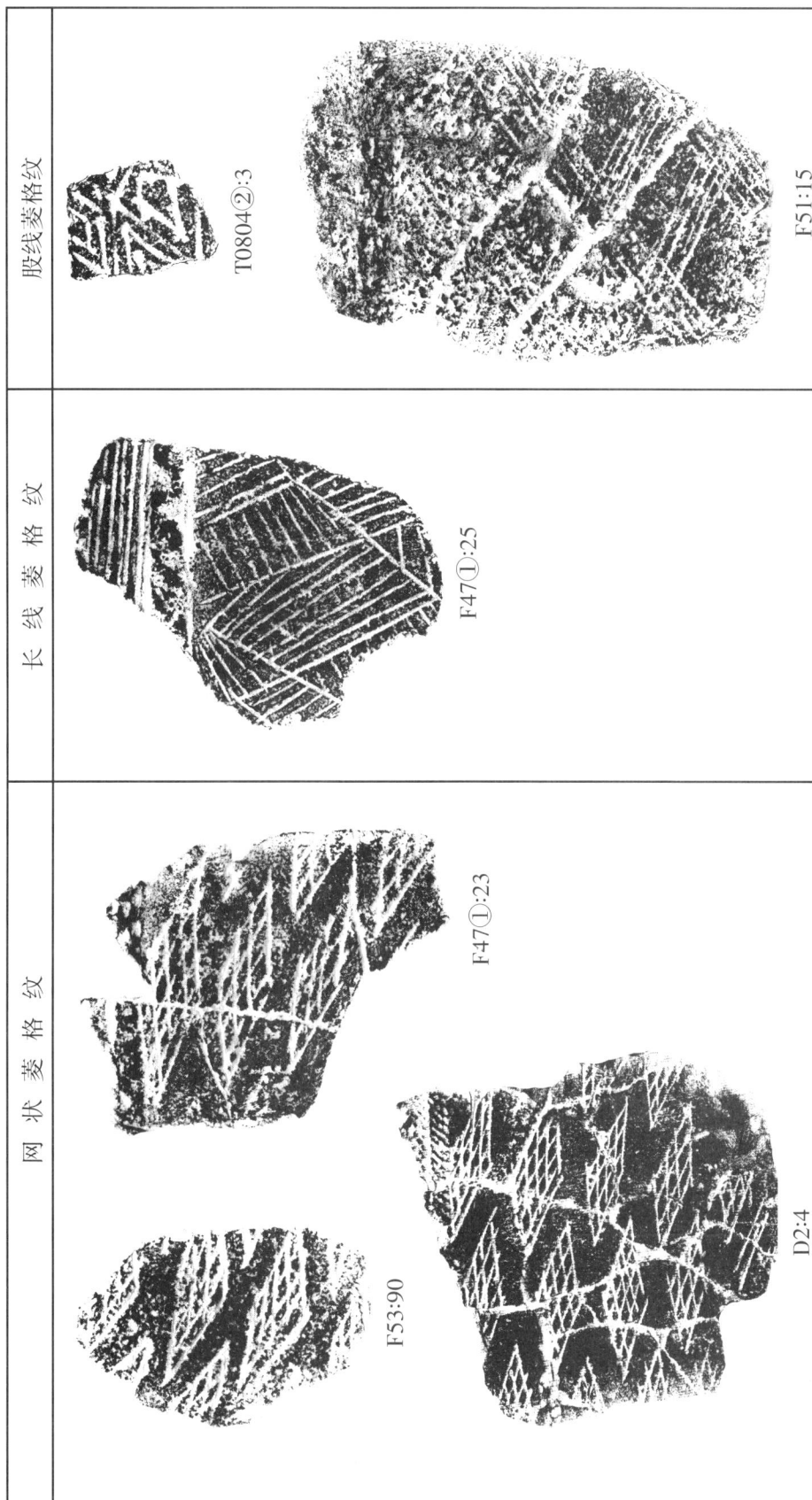

图四二三　查海遗址菱格纹拓片

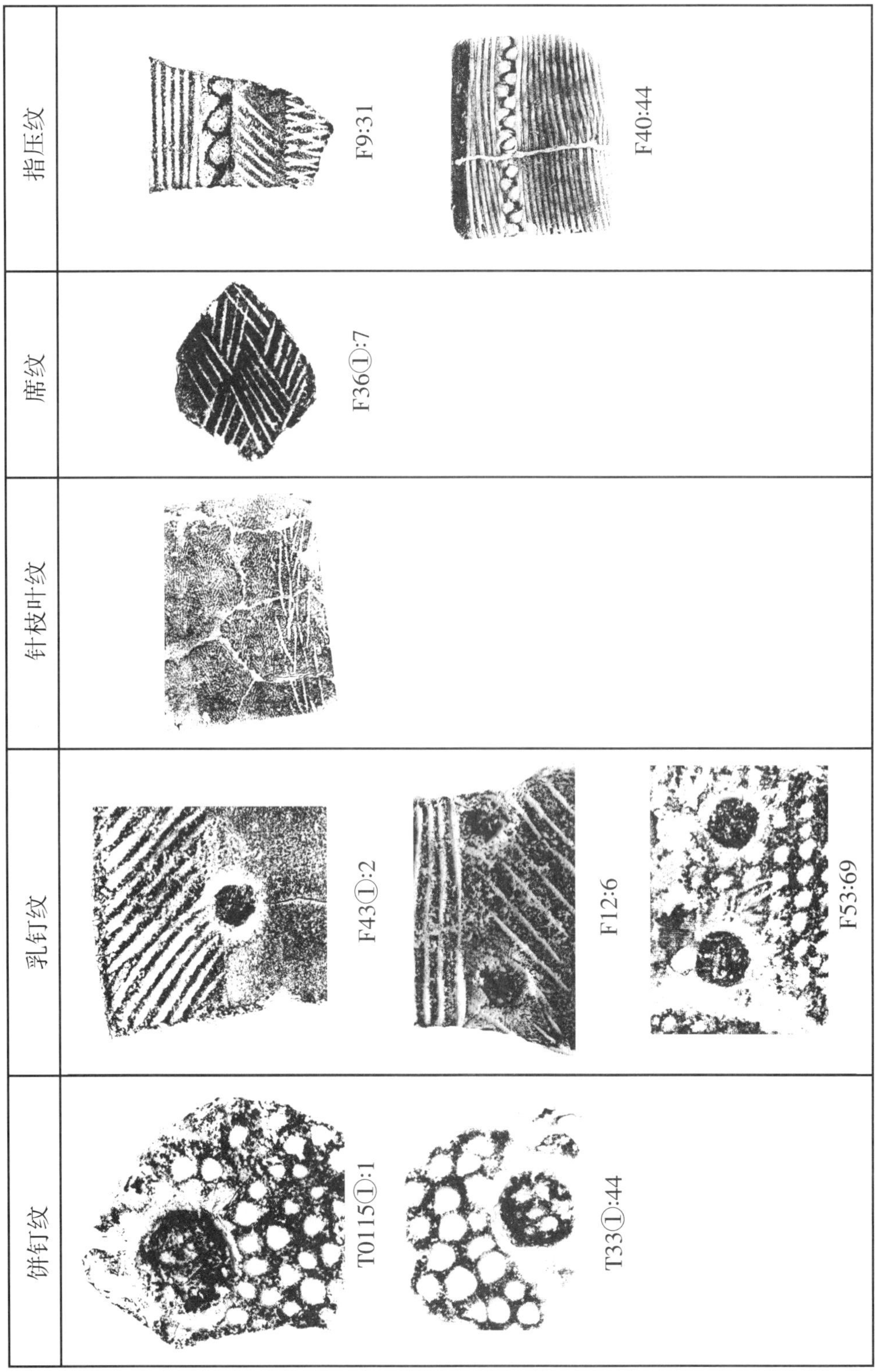

指压纹	席纹	针枝叶纹	乳钉纹	饼钉纹

F9:31　F40:44　F36①:7　　F43①:2　F12:6　F53:69　T0115①:1　T33①:44

图四二四　查海遗址其他纹拓片

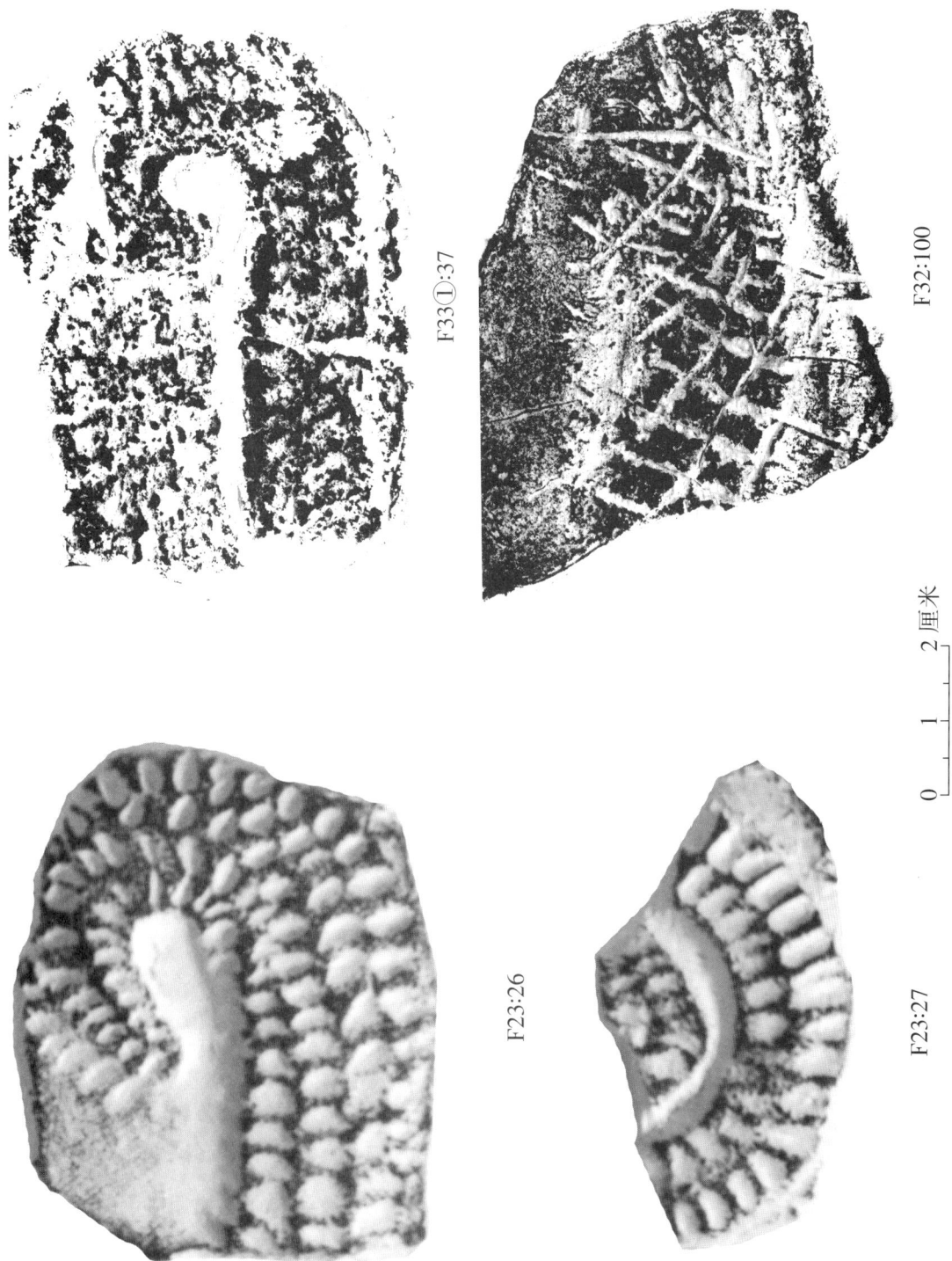

F33①:37

F32:100

F23:26

F23:27

0　　1　　2 厘米

图四二五　查海遗址类龙纹、动物造像拓片

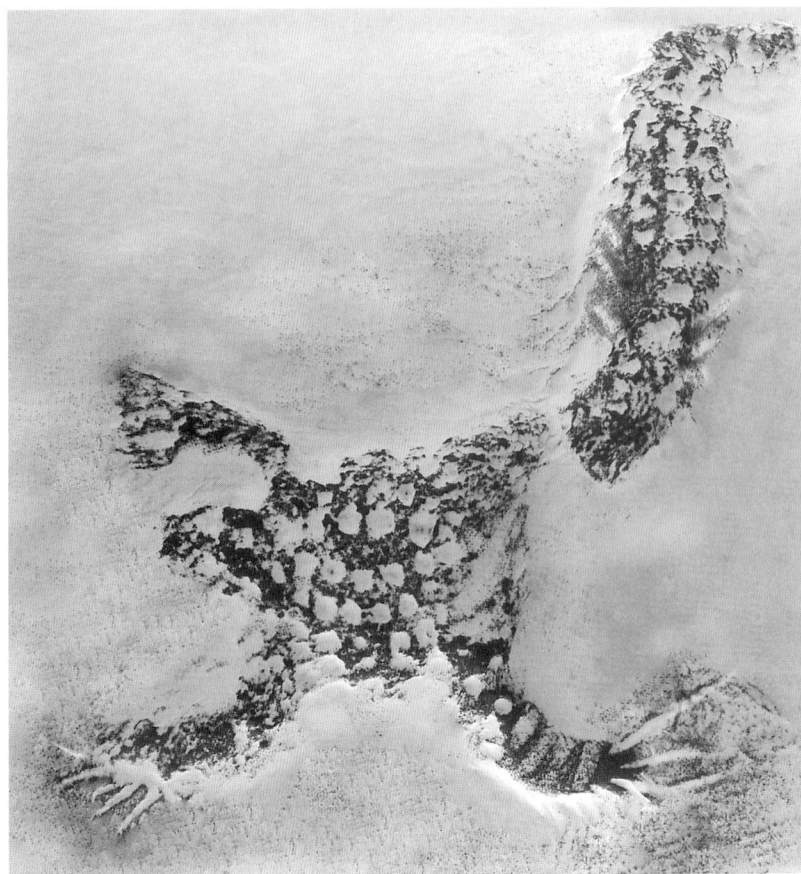

图四二六　F39:39 蛇衔蛙纹拓片

Ab 型主要施于晚期灰褐陶器上，数量多，约占 A 型总数的 92.8%。纹饰特点：纹饰规整，多压力重，线端支压点压窝深，间压线短、粗、深，压线间距疏整。标本 F55：39、F20：32、F37：19、T0403②：2、F16：102、F37：20、F16：118（图四二七　查海遗址之字纹拓片）。

B 型，弧线式之字纹，较少，约占之字纹总数 12.5%（附表 31 - 1　查海遗址各遗迹单位之字纹陶器统计表）。主要见于晚期，一般施纹细小、规整，可分为 Ba、Bb 二亚型（附表 31 - 2查海遗址之字纹分期统计表）。

Ba 型，约占 B 型总数的 13.5%。纹饰特点，压线弧度大、疏整、呈鱼鳞状，线两端支压点不显压窝。标本 F55：25、F32①：50、F46：111、F18：44、T0215①：1、F36：75、F55：35、F46：39、F20：30、F47①：16（图四二七　查海遗址之字纹拓片）。

Bb 型，约占 B 型总数的 86.5%。纹饰特点，压线弧度小、规整、密集、压力重，线端支压点压窝深，近似 Ab 型。标本 T0805②：2、F45：28、F54①：2（图四二七　查海遗址之字纹拓片）。

3. 几何纹饰皆饰在复合纹陶器上，以鼓腹罐居多。中期出现，晚期盛行。施纹方式均为压印压划。纹线特点系直线与斜线、斜线与斜线、横线与竖线相互逆向措施或间隔连线方式构成的各式各样的几何形图案，施纹根据陶器各部位直径尺寸，确定压印基点和纹样，选择压印压划工具，基本采用等分、间隔压施，施纹中既有一定的规律性，又有它的随意性。其纹饰表现出的特点：质朴简洁，随意自然，线中有形，形中有律，于简洁中见美感。

以下我们依据陶器上的各种几何纹样的差异，将其归纳为五大类予以叙述，同时通过对各类纹样中纹线之间存在的相互先后交叉印痕，进行图案施纹方法分析。为了叙述方便，按其近似某种几何形予以命名。

A 类，曲尺形几何纹。纹饰以压印长横线和端部压竖短线构成的几何纹。分 Aa、Ab、Ac 三型（见图四二八　查海遗址几何纹拓片）。

Aa 型，单体曲尺纹。每组纹饰以单长横线两端上下短竖线等分，间隔压印一周构成的几何纹。可分 Aa1、Aa2 二亚型。Aa1 亚型，每组纹饰先施长横线一周，再施左端上竖短线，右端下竖短线。标本 F21：10，夹砂红褐陶直腹罐颈部；Aa2 亚型，每组长横线，左端下短竖线，右端上竖短线。标本 F21：11，夹砂灰褐陶直腹罐颈部。

Ab 型，扣合曲尺形几何纹。每组纹饰有两个曲尺形组合，等分，间隔压印构成的几何纹饰。可分 Ab1、Ab2、Ab3、Ab4、Ab5 五亚型。Ab1 亚型，单周施纹。每两道长横线为一组，下横线后措，基本等分、间隔压印一周，再将各组的上横线左端和下横线右端相对压印短竖线，构成的几何纹。标本 F53①：14，夹砂灰褐陶鼓腹罐颈部。Ab2 亚型，双周施纹。将 Ab1 亚型几何纹施压两周。下周纹组在上周纹组二分之一处措施构成的几何纹样。标本 T0804②：2，夹砂灰褐陶鼓腹罐颈部。Ab3 亚型，单周施纹。每两道长横线为一组，下横线前措，基本等分、间隔压印一周，再将各组的上横线右端下压竖短线和下横线左端上压短竖线构成的几何纹。标本 F54：32，夹砂灰

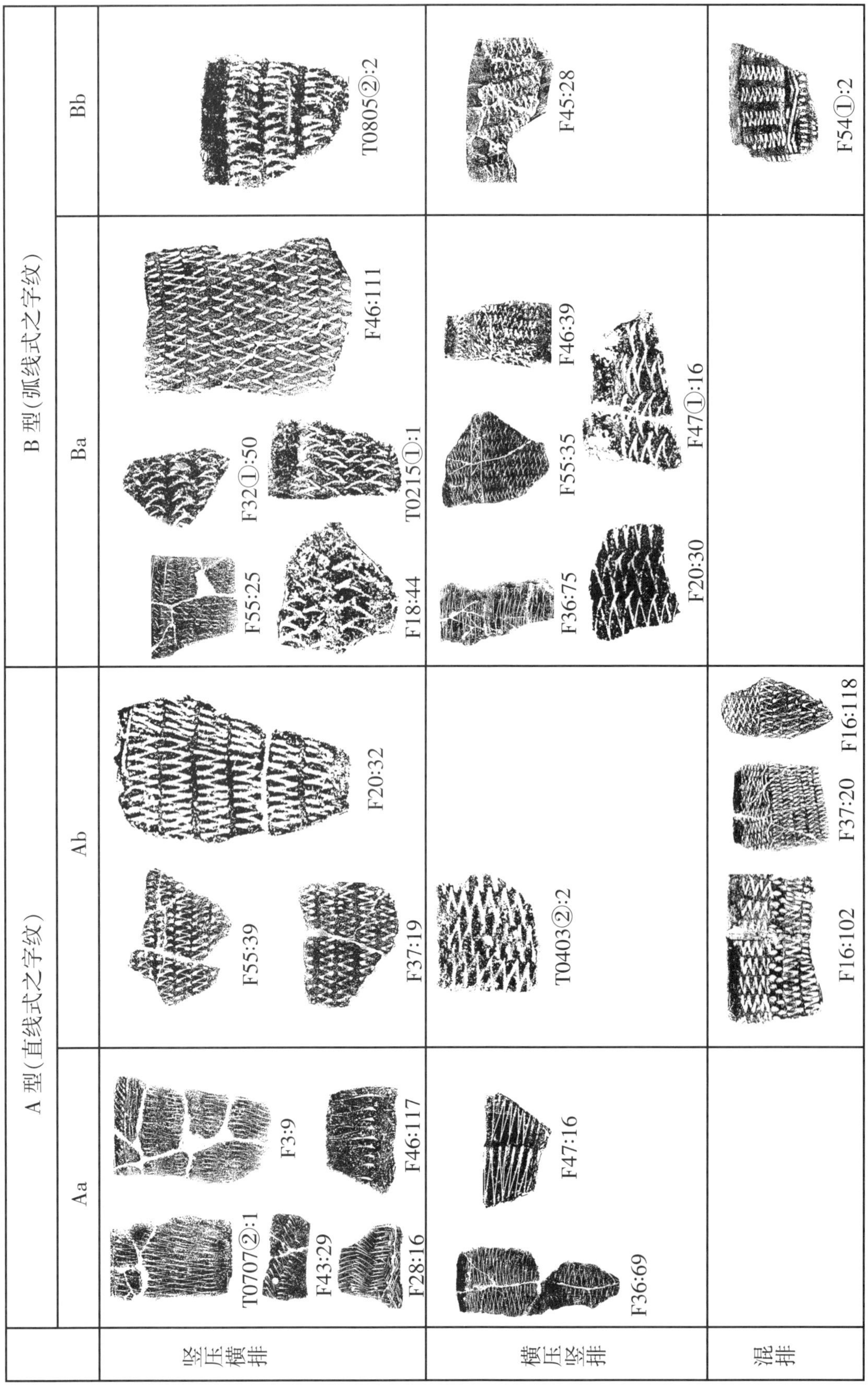

图四二七　查海遗址之字纹拓片

褐陶鼓腹罐颈部。Ab4 亚型，双周施纹。将 Ab3 亚型几何纹施压两周。下周纹组在上周纹组二分之一处措施构成的几何纹样。标本 F30：94，夹砂灰褐陶鼓腹罐颈部。Ab5 亚型，Aa1 扣合纹，每两道长横线为一组，下横线二分之一后措，等分间隔压印一周，再将各组的左端压短竖线、右端下压短竖线，构成的几何纹样。标本 T0806②：1。

Ac 型，连体曲尺纹。纹饰以曲尺相连构成的几何纹。可分 Ac1、Ac2 二亚型。

Ac1 亚型，以等长三道横线竖排为一组，各组二、三道横线依次相对后措，施压一周，再将各组左端施下竖线连接构成的几何纹饰。标本 F54：29，夹砂灰褐陶鼓腹罐颈部。Ac2 亚型，以两道等长横线竖排为一组，间隔施压二周，下周每组右端与上周每组左端对齐措施，再将上周每组右端、下周每组左端及上周第二道线左端与下周第一道线右端压竖短线连接，构成几何纹。标本 F48：33，夹砂红褐陶鼓腹罐颈部。Ac3 亚型，以两道等长横线竖排为一组，左端短竖线连接，右端上线上短竖线，下线下短竖线构成的几何纹饰。标本 F27：34，夹砂灰褐陶鼓腹罐颈部。

B 类，F 型几何纹。分 Ba、Bb 二型（见图四二八　查海遗址几何纹拓片）。

Ba 型，首尾单线连接式。每组纹饰基本等分、间隔压印，由竖排斜线组合，组与组之间首尾以单线连接构成几何纹。分 Ba1、Ba2、Ba3、Ba4 四亚型。

Ba1 亚型，每组竖排两条斜线压印一周或数周，再将每组第一条线与下组第二条线之间压线连接构成几何纹。标本 H5：2，夹砂灰褐陶鼓腹罐肩部。Ba2 亚型，每组竖排 3 条斜线压印一周，再将每组第一条线与下组第三条线之间压线连接构成几何纹。标本 F23：3，夹砂红褐陶鼓腹罐颈部。Ba3 亚型，每组竖排 4 条斜线压印一周，再将每组第一条线与下组第四条线之间压线连接构成几何纹。标本 F31：50，夹砂红褐陶鼓腹罐颈部。Ba4 亚型，每组竖排 5 至 7 条横直线压印一周或数周，再将每组第一条线与下组最后一条线以及首线与首线、尾线与尾线之间压线连接构成几何纹。标本 F30：116，夹砂红褐陶鼓腹罐腹部。

Bb 型，首尾多线连接式。每组纹饰基本等分、间隔压印，由竖排横直线组合，组与组之间首尾以多线连接构成几何纹。分 Bb1、Bb2 二亚型。

Bb1 亚型，每组竖排 5 条直线，七等分间隔压印一周，再将每组前四条线与下组后四条线之间压线连接构成几何纹。标本 F2：4，夹砂灰褐陶直腹罐腹部。Bb2 亚型，每组竖排 8～9 条横直线，三等分间隔压印一周，再将每组前五条线与下组后五条线之间压线连接，空角补接压划横线，构成几何纹。标本 F1：18，夹砂红褐陶鼓腹罐颈部。

C 类，梭形几何纹，纹饰以每组竖排横直线或斜直线数条，等分、间隔压印一周，再将组与组之间相互隔线压线连接构成几何纹，分 C1、C2、C3、C4 四型（见图四二八　查海遗址几何纹拓片）。

C1 单体梭型，每组 3 条竖排横直线，等分、间隔压印一周，再将组与组之间相互隔线压线连接构成几何纹。标本 F53：83，夹砂灰褐陶鼓腹罐颈部纹饰。

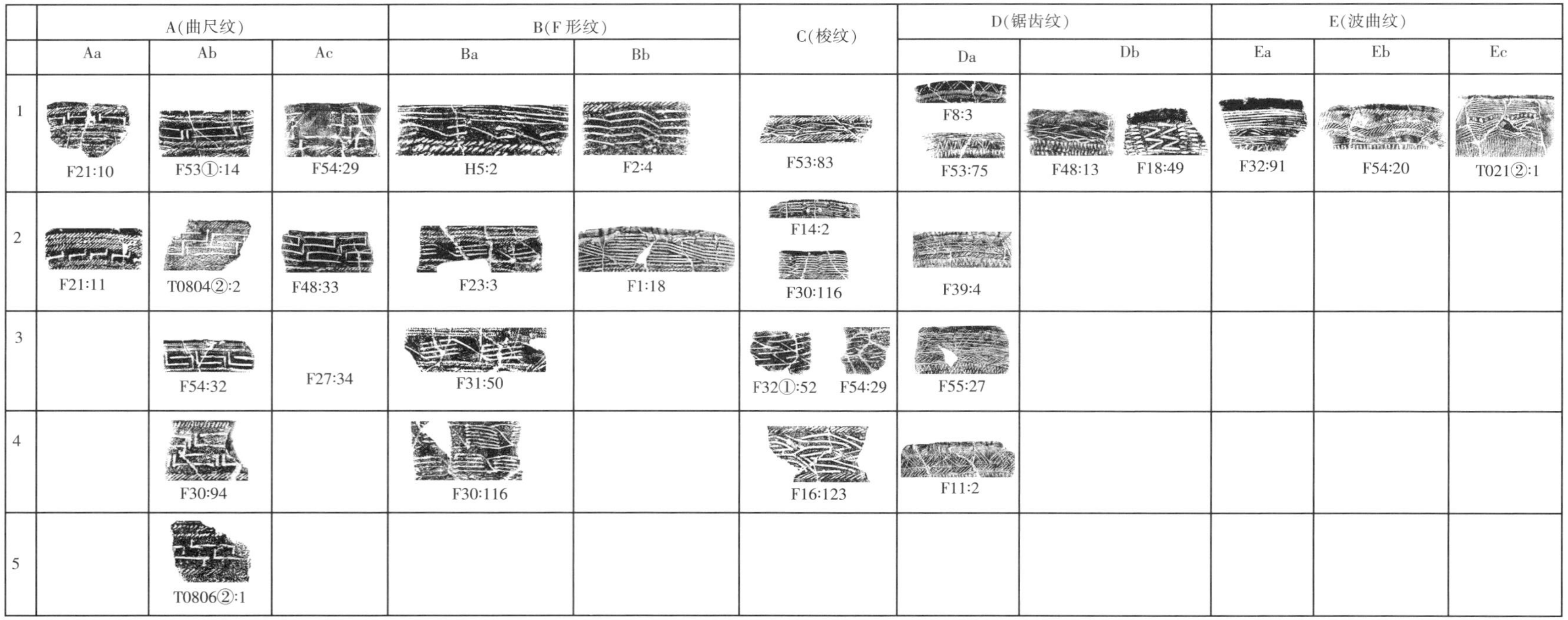

图四二八　查海遗址几何纹拓片

C2 连体梭型，每组 4 条以上竖排横直线，等分、间隔压印一周，再将组与组之间横直线间隔压线连接构成几何纹。标本 F14：2，夹砂灰褐陶直腹罐颈部，各组 4 条竖排横直线间相互隔线压线连接构成几何纹。标本 F30：116，夹砂灰褐陶鼓腹罐颈部纹饰，每组 7 条竖排横直线间相互隔线压线连接构成几何纹。

C3 斜线连体型，先每组竖排斜线间隔压印一周，再将每组的压线相互隔线压线连接构成的几何纹。标本 F32①：52，夹砂灰褐陶鼓腹罐腹部纹饰；F54：29，下腹部。

C4 异型。标本 F16：123。

D 类，锯齿形几何纹。分 Da、Db 二型（见图四二八　查海遗址几何纹拓片）。

Da 型，横向锯齿，一般施于器物唇带和颈部弦纹上的一种复施纹饰。分 Da1、Da2、Da3、Da4 四亚型。

Da1 亚型，由锥刺复线点与单线点构成或实线构成的锯齿形几何纹。标本 F8：3，夹砂灰褐陶直腹罐唇带纹；标本 F53：75，夹砂灰褐陶直腹罐纹带面。Da2 亚型，由单实线构成的锯齿形几何纹。标本 F39：24，夹砂灰褐陶直腹罐颈部纹样（见图四二八　查海遗址几何纹拓片）。Da3 亚型，由双实线构成的锯齿形几何纹。先等距离间隔施左斜平行线一周，再施右斜平行线。标本 F55：27，夹砂灰褐陶直腹罐颈部纹样。Da4 亚型，由多条实线构成的锯齿形几何纹。标本 F11：2，夹砂灰褐陶直腹罐颈部纹样。

Db 型，竖向锯齿几何纹。一般施于陶器的颈部与下腹部。标本 F48：13，夹砂灰褐陶直腹罐颈部纹样；标本 F18：49，夹砂红褐陶直腹罐颈部纹样。

E 类，波曲型几何纹。多施于陶器颈部附加堆纹带面。分 Ea、Eb、Ec 三型（见图四二八　查海遗址几何纹拓片）。

Ea 型，实线波曲纹。标本 F32：91，夹砂红褐陶直腹罐颈部纹样。

Eb 型，短斜线波曲纹。标本 F54：20，夹砂灰褐陶直腹罐颈部纹样。

Ec 型，窝点波曲纹。标本 T0210②：1，夹砂红褐陶直腹罐颈部纹样。

（三）施纹形式

通过对完整陶器及部分标本残片纹样的分析，有素面、单一、复合三种形式（见附表32　查海遗址施纹形式统计一览表）：

1. 素面陶器，约占陶器总数的 13.2%。多见早期红褐色陶器，有两种形式，一种纯素面陶器，器表从口至底无纹饰，一种素身陶器口部外叠右斜线宽带沿或近口部附加右斜线堆纹带，器身无纹饰。

2. 单一施纹的陶器，约占陶器总数的 8.6%。多见于早、中期红褐色陶器，晚期较少，早期主要纹样窝点纹；中期主要纹样左斜线纹、交叉纹、网格纹、人字纹、弦纹；晚期主要纹样之字纹。

3. 复合施纹（施纹大多数以纹带形式分隔，形成颈、带、腹三部分纹饰，少数无纹带分隔）的陶器，约占陶器总数78.2%。早期不见，中期开始流行，晚期几乎占据了主导地位。就纹饰构成而言，其变化多样，表现形式也有一定差异，依据其纹样构成方式的不同，归纳复合纹有下列纹样相互构成形式。

（1）复合施纹的直腹罐，总计735件，占复合施纹陶器83.7%。施纹多以纹带形式分隔，形成颈、带、腹三部分纹饰，可分Ba、Bb、Bc、Bd四类：Ba类施纹以附加堆纹带分隔；Bb类施纹无分隔纹带；Bc类施纹以几何纹带分隔；Bd类施纹以斜线纹带或网格纹带分隔。为便于叙述和研究，我们采用符号表示各种纹饰，示例如下：

纹饰名称	表示符号	纹饰名称	表示符号	纹饰名称	表示符号
弦纹	=	左斜线纹	///	网格纹	#
上弦纹		右斜线纹	\\\	几何纹	⌣
下弦纹	_	人字纹	< < <	斜线与弦纹重叠	≠
上下弦纹	—	菱格纹	◇	几何纹与弦纹重叠	⌤
草划交叉纹	XXX	指压纹	∩	分隔带	[ ]
窝点纹	○○	竖压横排之字纹	N		
纵线纹	‖‖	横压竖排之字纹	Z		

现归纳为以下二十一组纹饰组合形式：

组合形式一：弦纹与斜线纹组合，表示符号 = ［　　］///

标本7件：

①Ba类5件。

　　= ［○○］///　红褐陶1件，BⅢ式F43①：6。

　　= ［∩］///　红褐陶2件，BⅢ式F44：14、F40：57。

　　= ［\\\］///　红褐陶1件，BⅢ式D1：3。

　　= ［#］///　红褐陶1件，BⅢ式F53①：37。

②Bb类2件。

　　=///\ \ \　红褐陶1件，F21：12。

　　=///　灰褐陶1件，BⅤ式F36：80。

组合形式二：弦纹与草划交叉纹组合，表示符号 = ［　　］XXX。

标本25件：

①Ba类24件。

　　= ［///］XXX　红褐陶8件，BⅢ式F9：3、F15：2、F25：23、F25：28、F42：16、F46：114、
　　　　　　　　　　　　T0802②：6、H11：1。

= ［////\\\\］XXX　红褐陶 1 件，BⅢ式 F40∶37。

= ［○○］XXX　　红褐陶 7 件，BⅢ式 F17∶42、F26①∶11、F28∶20、F32∶37、F32∶97、

F38∶31、D4∶1。

= ［∩］XXX　红褐陶 4 件，BⅢ式 F25∶31、F40①∶42、F46①∶104、T0502②∶11。

= ［⌣］XXX　红褐陶 1 件，BⅢ式 T0210②∶1 = ［EcEa］XXX。

= ［///］= XXX　红褐陶 2 件，BⅢ式 F29①∶5、F46①∶102。

= ［○○］= XXX　红褐陶 1 件，BⅢ式 H11∶2。

②Bd 类 1 件。

= ［#］XXX　红褐陶 1 件，BⅢ式 F3∶12。

组合形式三：弦纹与纵线纹、草划交叉纹组合，表示符号 = ［　］|||XXX。

标本 1 件：

Ba 类

= ［///］|||XXX　红褐陶 1 件，BⅢ式 F27∶87。

组合形式四：弦纹与人字纹、草划交叉纹组合，表示符号 = ［　］<<<XXX。

标本 1 件：

Ba 类

= ［///］<<<XXX　红褐陶 1 件，BⅢ式 F28∶16。

组合形式五：弦纹与网格纹组合，表示符号 = ［　］#。

标本 21 件：

Ba 类

= ［///］#　红褐陶 6 件，BⅢ式 F19·1、F40①∶4、F43①∶5、F46∶37、F51∶13、T0209②∶2。

= ［○○］#　红褐陶 6 件，BⅢ式 F25∶22、F32∶93、F28∶18、F40∶39、F40①∶39、F53①∶42。

= ［∩］#　红褐陶 2 件，BⅢ式 F30∶95、T0502②∶9。

= ［⌣<<<］#　红褐陶 1 件，BⅣ式 F48∶22 = ［Ea<<<］#。

= ［///］= #　红褐陶 3 件，BⅢ式 F28∶17、F25∶26、D1∶1。

= ［○○］= #　红褐陶 2 件，BⅢ式 F33①∶45、F33①∶51。

= ［⌣］≠#　红褐陶 1 件，BⅢ式 F47①∶19 = ［Ea］≠#。

组合形式六：弦纹与斜线纹、网格纹组合，表示符号 = ［　］///#。

标本 1 件：

Ba 类

= ［///］///#　红褐陶 1 件，BⅢ式 F25∶27。

组合形式七：弦纹与人字纹组合，表示符号 = ［　］<<<。

标本 7 件：

Ba 类

　　= ［///］＜＜＜　　红褐陶 3 件，BⅢ式 F40①:21、F41①:1、F43M:6。

　　= ［○○］＜＜＜　　红褐陶 1 件，F43M:7。

　　= ［∩］＜＜＜　　红褐陶 1 件，BⅣ式 F53:77。

　　= ［///］＜＜＜　　红褐陶 1 件，BⅢ式 F47①:20。

　　= ［///］＜＜＜=　　红褐陶 1 件，BⅢ式 D3:1。

组合形式八：弦纹与网格纹、人字纹组合，表示符号=［　　］#＜＜＜

标本 1 件：

Ba 类

　　= ［///］#＜＜＜#　红褐陶 1 件，BⅢ式 F40:42。

组合形式九：斜线纹与草划交叉纹组合，表示符号///［　　］XXX。

标本 1 件：

Ba 类

　　///［○○］XXX　　红褐陶 1 件，BⅢ式 F26①:8。

组合形式一○：弦纹与菱格纹组合，表示符号=［　　］◇

标本 2 件：

Ba 类

　　= ［∩］◇　　红褐陶 1 件，F47①:25。

　　= ［///］◇　　红褐陶 1 件，BⅢ式 F51:15。

组合形式一一：网格纹与菱格纹组合，表示符号#［　　］◇

标本 1 件：

Ba 类

　　#［///］◇　　红褐陶 1 件，BⅢ式 D2:4。

组合形式一二：弦纹与草划之字纹、网格纹组合，表示符号=［　　］Z#

标本 1 件：

Ba 类

　　= ［///］Z#　红褐陶 1 件，BⅣ式 F54①:18。

组合形式一三：弦纹与草划之字纹、人字纹组合，表示符号=［　　］Z＜＜＜

标本 1 件：

Ba 类

　　= ［///］Z＜＜＜　　红褐陶 1 件，BⅢ式 F28:27。

组合形式一四：弦纹与之字纹组合，表示符号=［　　］N。

标本 60 件

①Ba 类 42 件。

= ［///］ = N = 　红褐陶 1 件，BⅣ式 T0707②：1。

= ［///］ N　灰褐陶 8 件 $\begin{cases} BⅣ式 1 件，T0402②：6 \\ BⅤ式 4 件，F11：4、F11：6、F55：25、F55：31。 \\ BⅥ式 3 件，F6：7、F6：9、F54：21。 \end{cases}$

= ［\ \ \］ N　灰褐陶 2 件，BⅣ式 F1：32、T1009②：15。

= ［///⌣］ N　红褐陶 1 件，BⅣ式 F47：15　 = ［///Da2］ N。

= ［///］ ZNZ　红褐陶 4 件 $\begin{cases} BⅢ式 2 件，D2：1、F3： \\ BⅣ式 1 件，D1：2。 \\ BⅤ式 1 件，F53：67。 \end{cases}$

= ［///］ Z　红褐陶 1 件，BⅢ式 1 件，F2：10。

= ［○○］ Z　红褐陶 1 件，BⅢ式 1 件，F17：36。

= ［○○］ N $\begin{cases} 红褐陶 1 件，BⅣ式 1 件，F5：14。 \\ 灰褐陶 4 件 \begin{cases} BⅣ式 1 件，F46①：103。 \\ BⅤ式 3 件，F1：19、F10：5、F10：9。 \end{cases} \end{cases}$

= ［#］ N　灰褐陶 6 件 $\begin{cases} BⅣ式 3 件，F5：1、F31：45、F55：38。 \\ BⅤ式 2 件，F54：34、F55：30。 \\ BⅥ式 1 件，F37：22。 \end{cases}$

= ［∩］ Z 红褐陶 1 件，BⅣ式 F36：75。

= Z = ［///］ N　红褐陶 1 件，BⅣ式 F21：23。

= ［⌣］ N $\begin{cases} 红褐陶 1 件，BⅣ式 F53：78 = ［Ba2］ N。 \\ 灰褐陶 6 件 \begin{cases} BⅣ式 1 件，F53①：34 = ［Da4］ N。 \\ BⅤ式 3 件，F4：20 = ［Ba2］ N、F54：27 = ［Da3］ N、F45：30 = ［Ea］ N。 \\ BⅥ式 2 件，F11：1 = ［Da1］ N、F53：75 = ［Da2］ N。 \end{cases} \end{cases}$

≠ ［○○］ N　灰褐陶 1 件，BⅥ式 F4：15。

≠ ［N］ N　灰褐陶 1 件，BⅣ式 F45：20。

≠ ［⌣］ N　灰褐陶 2 件 $\begin{cases} BⅣ式 1 件，F45：21≠ ［Ba2］ N。 \\ BⅤ式 1 件，F4：10≠ ［Da2］ N。 \end{cases}$

②Bb 类 9 件

≠ NZ　红褐陶 1 件，BⅥ式 F48：21。

≠ N　灰褐陶 2 件，BⅤ式 F55：33、F4：19。

= N $\begin{cases} 红褐陶 3 件，BⅣ式 F1：6、F10：3、F51①：2。 \\ 灰褐陶 3 件 \begin{cases} BⅣ式 2 件，F27：33、F53：84。 \\ BⅥ式 1 件，F48：14。 \end{cases} \end{cases}$

③Bc 类 4 件

$= [\smile] N$ 灰褐陶 4 件 $\begin{cases} B\text{Ⅳ式 3 件，F1：9} = [Ba1] \ N、F1：16 = [Da3] \ N、 \\ \qquad\qquad\qquad F20：22 = [Aa1] \ N。 \\ B\text{Ⅴ式 1 件，F11：3} = [Ba1] \ N。 \end{cases}$

④Bd 类 5 件。

$= [///] \ N$　灰褐陶 3 件 $\begin{cases} B\text{Ⅳ式 1 件，T1009②：11。} \\ B\text{Ⅴ式 2 件，F4：14、F10：8。} \end{cases}$

$= [\#] \ N$　灰褐陶 1 件，BⅤ式 F48：16。

$\neq [///] \ N$　灰褐陶 1 件，BⅣ式 F17：35

组合形式一五：斜线纹与之字纹组合，表示符号/// [　] N

标本 11 件：

①Ba 类 2 件。

/// [///] N　灰褐陶 1 件，BⅤ式 F5：12。

/// [#_] N　灰褐陶 1 件，BⅤ式 F8：7。

②Bb 类 4 件

///N　灰褐陶 4 件 $\begin{cases} B\text{Ⅳ式 3 件，F10：7、F16：2、F47①：22} \\ B\text{Ⅵ式 1 件，F18：1。} \end{cases}$

③Bc 类 5 件。

/// [$\smile$] N $\begin{cases} 红褐陶 1 件，B\text{Ⅳ式 F48：17/// } [C2] \ N。 \\ 灰褐陶 2 件 \begin{cases} B\text{Ⅴ式 1 件，F1：8/// } [Aa2] \ N。 \\ B\text{Ⅵ式 1 件，F54：20/// } [Eb] \ N。 \end{cases} \end{cases}$

/// [$\smile$] ///N　灰褐陶 2 件 $\begin{cases} B\text{Ⅳ式 1 件，F41：31/// } [Aa2] \ ///N。 \\ B\text{Ⅴ式 1 件，F1：13/// } [Ba2] \ ///N。 \end{cases}$

组合形式一六：横压竖排之字纹与竖压横排之字纹组合，表示符号 Z [　] N

标本 10 件：

①Ba 类 1 件。

Z [$\smile$] N　灰褐陶 1 件，BⅣ式 F17：6Z [Da2] N。

②Bb 类 3 件。

ZN $\begin{cases} 红褐陶 1 件，B\text{Ⅳ式 T1009②：2。} \\ 灰褐陶 2 件 \begin{cases} B\text{Ⅳ式 1 件，F36：79。} \\ B\text{Ⅴ式 1 件，F16：1。} \end{cases} \end{cases}$

③Bc 类 4 件。

Z ［⌣］N $\begin{cases}\text{红褐陶 1 件，B IV 式 F5：3Z ［Da2］N。}\\ \text{灰褐陶 3 件}\begin{cases}\text{B IV 式 1 件，F7：10Z ［Ba1］N。}\\ \text{B V 式 2 件，F11：5、F37：20Z ［Ba1］N。}\end{cases}\end{cases}$

④Bd 类 2 件。

　　Z ［///］N　灰褐陶 1 件，B V 式 F4：18。

　　Z ［///］N　灰褐陶 1 件，B VI 式 F17：2。

组合形式一七：斜线纹与几何纹组合，表示符号/// ［　］⌣

标本 16 件：

①Ba 类 2 件。

　　///_ ［#］⌣///⌣　灰褐陶 1 件，B VI 式 F3：4///_ ［#］Ba1///Bb1Da2。

　　⌣ ［⌣］///⌣　灰褐陶 1 件，B IV 式 H25：1Db ［Da4］///Da4。

②Bb 类 5 件。

　　/// ///⌣ $\begin{cases}\text{红褐陶 1 件，B V 式 F18：2 /// ///C2。}\\ \text{灰褐陶 1 件，F52：11 /// ///C2。}\end{cases}$

　　⌣///　灰褐陶 1 件，B V 式 1 件，F17：7Ba1///。

　　⌣///⌣灰褐陶 2 件 $\begin{cases}\text{B IV 式 1 件，T0407②：3Ba1///C2。}\\ \text{F16：3 } \sout{\text{Da2}}\text{ ///Db。}\end{cases}$

③Bc 类 9 件。

　　/// ［⌣］///⌣灰褐陶 8 件 $\begin{cases}\text{B IV 式 1 件，H5：1///# ［Ba1］///Db。}\\ \text{B V 式 5 件，F1：27/// ［Db］///C1。}\\ \text{　　　　　　F2：4/// ［Ab3］///Bb1。}\\ \text{　　　　　　F7：8/// ［Ba1］///C2。}\\ \text{　　　　　　F21：10/// ［Aa1］///Ba2。}\\ \text{　　　　　　F21：11/// ［Aa2］///C2。}\\ \text{B VI 式 1 件，F53：99/// ［Ab2］///C2。}\\ \text{F16：13/// ［Ba1］///C2。}\end{cases}$

　　⌣/// ［⌣］///⌣　灰褐陶 1 件，B VI 式 F8：3Da1/// ［Aa1Aa2］///C3。

组合形式一八：弦纹与之字纹、几何纹组合，表示符号 = ［　］N⌣

标本 3 件：

Ba 类

　　= ［///］N⌣　灰褐陶 2 件 $\begin{cases}\text{B V 式 1 件，F30：103 = ［///］NDa2。}\\ \text{B VI 式 1 件，F4：17 = ［///］NC2。}\end{cases}$

　　= ［///］⌣N　灰褐陶 1 件，B IV 式 F17：34 = ［///］Aa1N。

组合形式一九：斜线纹与之字纹、几何纹组合，表示符号/// ［　　］N〰

标本 3 件：

①Ba 类 1 件。

　///〰［///］N〰　灰褐陶 1 件，BⅣ式 F7:9///Ba2 ［///］NBa2。

②Bb 类 1 件。

　///　N〰　灰褐陶 1 件，BⅤ式 F1:4　///　NBb1。

③Bd 类 1 件。

　///〰［///］N　灰褐陶 1 件，BⅤ式 F4:9///Da2 ［///］N。

组合形式二○：网格纹与之字纹组合，表示符号# ［　　］N

标本 9 件：

①Ba 类 6 件。

　# ［///］N　灰褐陶 1 件，BⅤ式 F1:10。

　# ［||||］N　灰褐陶 1 件，BⅣ式 F53:80。

　# ［〰］N　灰褐陶 2 件，BⅣ式 F36:73# ［Da2］N、H14:4# ［Da3］N。

　# ［无］N　灰褐陶 1 件，BⅤ式 F1:29。

　#N ［///||||］NZ　灰褐陶 1 件，BⅣ式 F54:33。

②Bb 类 1 件。

　#_ N　灰褐陶 1 件，BⅤ式 F4:13。

③Bc 类 1 件。

　# ［〰］N　灰褐陶 1 件，BⅤ式 F21:5# ［Da3］N。

④Bd 类 1 件。

　# ［///］N　灰褐陶 1 件，BⅤ式 F32①:50。

组合形式二一：几何纹与之字纹组合，表示符号〰 ［　　］N

标本 64 件：

①Ba 类 47 件。

〰 ［///］N　灰褐陶 9 件 { BⅣ式 6 件，F8:5、F30:97、F30:108、F52:14Db ［///］N，F30:100C2 ［///］N，F54:19Db ［///<<<］N。
BⅤ式 2 件，F7:11、F46:107Db ［///］N。
BⅥ式 1 件，F1:14Ba1 ［///］N。}

⊟ ［///］N { 红褐陶 1 件，BⅣ式 1 件，F7:1 ~~Da2~~ ［///］N。
灰褐陶 6 件 { BⅣ式 1 件，F30:104 ~~Da3~~ ［///］N。
BⅤ式 3 件，F1:17 ~~Da3~~ ［///］N、F10:10 ~~Da3~~ ［|||］N。
　　　　F41:36 ~~Da2~~ ［///］N。
BⅥ式 2 件，F3:7 ~~Da3~~ ［///］N、F39:24 ~~Da2~~ ［///］N。}}

⌣［○○］N　灰褐陶1件，BⅥ式 F36：70Db［○○］N。

⌒［○○］N　灰褐陶1件，BⅥ式 F21：1 ~~Da3~~ ［○○］N。

⌣［#］N　灰褐陶2件
- BⅣ式1件，F53①：30Db［#］N。
- BⅤ式1件，F6：22Db［#］N。

⌒［#］N
- 红褐陶1件，BⅤ式 F3：1 ~~Da3~~ ［#］N。
- 灰褐陶8件
  - BⅣ式3件，F40①：26 ~~Da3~~ ［#］N、F47：12、F55：43 ~~Da2~~ ［#］N。
  - BⅤ式3件，F2：6、F31：46、F10：4 ~~Da3~~ ［#］N。
  - BⅥ式2件，F4：40 ~~Da4~~ ［#］N、F55：27 ~~Da3~~ ［#］N。

⌣［⌣］N
- 红褐陶1件，BⅤ式 F53①：40Db［Ba1］N。
- 灰褐陶6件
  - BⅣ式2件，F3：5C1［Da3］N、F48：13Db［Da2］N。
  - BⅤ式4件，F14：2C2［Ba1］N、F3：29Db［Da3］N、F45：23Db［Da2］N、T1011②：2Db［Da4］N。

⌒［⌣］N　灰褐陶4件
- BⅣ式1件，F55：32Da2［Da2］N。
- BⅤ式1件，G1：6Da3［Da4］N。
- BⅥ式2件，F8：23Da3［Ba1］N、F30：102Da2［Aa2］N。

⌣［无］N　灰褐陶1件，BⅣ式 F1：33　Db［无］N。

⌒［无］N　灰褐陶1件，BⅣ式 F41：32 ~~Da2~~ ［无］N。

⌣［///#］N　灰褐陶1件，BⅣ式 F11：2 ~~Da4~~ ［///#］N。

⌣［///］N⌣　灰褐陶1件，BⅤ式 F52：15Db［///］NDb。

⌣［○○］N⌣　灰褐陶1件，BⅤ式 F39：23　~~Da2~~ ［○○］NDb。

Z［///］N⌣N　灰褐陶1件，BⅣ式 F21：7　Z［///］NBa1N。

N⌣［///#］N　灰褐陶1件，BⅣ式 F52：12　DbN［///#］N。

②Bb类9件。

⌣N
- 红褐陶1件，BⅣ式 F16：11C2N。
- 灰褐陶5件
  - BⅣ式4件，F21：6、F36：78Ba1N、F4：8、F39：22DbN。
  - BⅤ式1件，F47①：24C2N。

⌒N 灰褐陶3件
- BⅣ式2件，F1：12 ~~Da3~~ N、F20：4 ~~Da2~~ N。
- BⅤ式1件，F4：5 ~~Eb~~ Z。

③Bc类3件。

⌒［⌣］N　灰褐陶2件，BⅣ式2件，F46：113 ~~Da2~~ ［Aa1］N、F8：4 ~~Da2~~ ［Aa2］N。

⌣［⌣］N⌣灰褐陶1件，BⅤ式 F21：8Db［Da2］NDb。

④Bd类5件。

⌒　［///］N　灰褐陶3件 $\begin{cases} \text{B IV式1件，F4：12C2 ［///］N。} \\ \text{B V式2件，F1：18Bb2 ［///］N、F1：26C2 ［///］N。} \end{cases}$

⌒　［\ \ \ #］N　灰褐陶1件，B IV式 F1：30C2 ［\ \ \ #］N。

⌢　［///］N　灰褐陶1件，B V式 F21：3 ~~Da2~~ ［///］N。

上述选择的246件标本研究。B型直腹罐的复合施纹组合形式二十一例，组合形式一至十三，70件标本，其中夹砂红褐陶69件，夹砂灰褐陶1件，B Ⅲ式63件，B IV式3件，B V式1件，小直腹罐2件，直腹罐腹部残片1件。可见，这十三种组合形式多见于夹砂红褐陶，少见于夹砂灰褐陶；多见于B Ⅲ式，少见于B IV式、B V式。其纹饰组合规律为主体纹饰多以弦纹与斜线纹、草划交叉纹、网格纹、人字纹、菱格纹、窝点纹，少见草划细长线之字纹之间相互构成纹样。以 Ba 类附加堆纹带分隔形式为主，堆纹带面饰窝点纹、左斜线纹、网格纹、交叉纹、指压纹，少见右斜线纹、几何纹。施纹方式多以草划、戳划、压划为主，纹饰不甚规整。主要出于中期房址中，少见于晚期房址中。

组合形式一四至二一，176件标本，其中夹砂红褐陶24件，夹砂灰褐陶152件，B Ⅲ式4件，B IV式77件，B V式67件，B Ⅵ式25件，小直腹罐3件。可见，这八种组合形式多夹砂灰褐陶及B IV式、B V式、B Ⅵ式陶器。其纹饰组合规律为主体纹饰是以弦纹、斜线纹、网格纹、几何纹、交叉纹与之字纹相互构成组合纹样。其 Ba 类附加堆纹带带面饰窝点纹、网格纹、交叉纹、指压纹，左斜线纹、几何纹。其中 B Ⅲ式一般多为中期房址中出土，多为红褐陶草划细长线之字纹，B IV式、B V式、B Ⅵ式多为灰褐陶，施纹方式多以压印为主，纹饰规整。皆出于晚期房址中。

（2）复合施纹的鼓腹罐。总计101件，占复合施纹陶器的11.5％，按照几何纹之间的组合关系和无几何纹之间的组合关系，大体可分为十三种组合形式。为了便于叙述与研究，几何纹类表示字母同本章第一节，三、（二），3，其他纹饰表示符号同（三）、（1）复合施仪的直腹罐。

组合形式一：A 类曲尺形几何纹。

标本5件：

①Aa　＝Aa1///N#　红褐陶1件，C Ⅲ式 F4：21。

②Ab $\begin{cases} \text{///Ab1///　灰褐陶1件，C V式 F53①：14。} \\ \text{///Ab3///　红褐陶1件，C Ⅲ式 F4：41。} \\ \text{///Ab4///　灰褐陶2件} \begin{cases} \text{C Ⅱ式1件，F30：94。} \\ \text{C IV式1件，F20：23。} \end{cases} \end{cases}$

组合形式二：B 类 F 形几何纹。

标本7件：

Ba 类

///Ba1/// 　红褐陶 1 件，CⅣ式 H13∶2。

=Ba1///N 　灰褐陶 1 件，CⅢ式 H5∶2。

///Ba1///Ba1
{
红褐陶 1 件，CⅤ式 T0105②∶1。

灰褐陶 1 件，CⅡ式 F31∶49。
}

///Ba3///Ba3= 　红褐陶 1 件，CⅡ式 F21∶14。

///Ba3///Ba2 　灰褐陶 1 件，CⅣ式 F31∶50。

///Ba1 不清 　红褐陶 1 件，CⅡ式 F48∶18。

组合形式三：C 类梭形几何纹。

标本 5 件：

C 类

#///C2 　红褐陶 1 件，CⅣ式 F21∶16。

///C3/// 　灰褐陶 1 件，CⅢ式 F5∶2。

///#_ ///C3 　红褐陶 1 件，CⅢ式 F5∶31。

C2///C1///C2 　灰褐陶 1 件，CⅡ式 F53∶83。

=C2///◇= 　灰褐陶 1 件，CⅤ式 F2∶3。

组合形式四：D 类锯齿形几何纹。

标本 1 件：

Da 类

=Da4/// 　红褐陶 1 件，CⅡ式 F43M∶4。

组合形式五：A 类曲尺纹与 B 类 F 形几何纹组合。

标本 4 件：

①Aa、Ba
{
///Aa1///Ba1
{
灰褐陶 1 件，CⅤ式 F20∶2。

红褐陶 1 件，CⅡ式 F52∶10。
}

///Aa2///Ba2 　灰褐陶 1 件，CⅤ式 F20∶1。
}

②Ab、Ba 　Ab1///Ba2///，灰褐陶 1 件，CⅣ式 H14∶2。

组合形式六：A 类曲尺纹与 C 类梭形几何纹组合。

标本 9 件：

①Aa、C
{
///Aa1///C2 　灰褐陶 2 件，CⅤ式 F53∶65、F55∶26。

Aa2///C2 　灰褐陶 1 件，CⅤ式 F47①∶12。
}

②Ab、C
{
///Ab3///C2
{
灰褐陶 2 件
{
CⅡ式 1 件，F1∶21。

CⅤ式 1 件，F54∶32。
}

红褐陶 2 件
{
CⅢ式 1 件，F5∶8。

CⅡ式 1 件，G1∶2。
}
}

///Ab4///C2 　红褐陶 1 件，CⅤ式 F1∶2。
}

③Ac、C　Ac2///C3　红褐陶1件，CⅣ式F48：33。

组合形式七：A类曲尺纹与D类锯齿纹组合。

标本3件：

①Aa、Da　Aa2///Da2///不清　灰褐陶1件，CⅤ式F47：14。

②Ab、Da　不清Ab3///Da4　红褐陶1件，CⅤ式F16：5。

③Ab、Db///Ab4///DbN　灰褐陶1件，CⅡ式F16：4。

组合形式八：A类曲尺纹与E类波曲形几何纹组合。

标本1件：

Ac、Ea///Ac3///Ea///Ea　灰褐陶1件，CⅢ式F27：34。

组合形式九：B类F形几何纹与C类梭形几何纹组合。

标本6件：

①Ba、C
$\begin{cases}///Ba1///C2 & 灰褐陶1件，CⅢ式F16：99。\\ ///Ba2///C2 & 灰褐陶1件，CⅣ式F23：3。\\ ///Ba2///Ba2C2 & 红褐陶1件，CⅡ式F46①：19。\\ ///C2///Ba2///C4 & 灰褐陶1件，CⅣ式F1：23。\\ C2///Ba4Z & 灰褐陶1件，CⅢ式F30：116。\end{cases}$

②Bb、C　C4///Bb2　灰褐陶1件，CⅣ式F1：20。

组合形式一〇：B类F形几何纹与D类锯齿形几何纹组合。

标本1件：

Ba、Db///Ba2///Db　灰褐陶1件，CⅢ式F31：60。

组合形式一一：A类曲尺纹与C类梭形纹、D类锯齿形几何纹组合。

标本2件：

①Ac、C、Da　Ac1///Da2///C3N　灰褐陶1件，CⅡ式F54：29。

②Ab、C、Da　Da3Ab3///C2　灰褐陶1件，CⅣ式F21：15。

组合形式一二：B类F形几何纹与C类梭形纹、D类锯齿形几何纹组合。

标本1件：

①Ba、C、Db　///C2///Ba1///Db　灰褐陶1件，CⅢ式H14：5。

组合形式一三：无几何纹组合。

标本6件：

　=///＜＜＜　灰褐陶1件，CⅡ式F1：22。

　=〇〇XXX///　红褐陶1件，CⅢ式D3：2。

　=///N　红褐陶1件，CⅡ式F36：77。

　#///N　红褐陶1件，CⅡ式F5：10。

= NZN　灰褐陶 1 件，C Ⅲ 式 H25:2。

///N　红褐陶 1 件，C Ⅱ 式 F36:76。

上述 51 件标本，C 型鼓腹罐的复合施纹组合形式十三例，其中组合形式一至一二标本 45 件，夹砂红褐陶 16 件，夹砂灰褐陶 29 件，C Ⅱ 式 12 件，C Ⅲ 式 11 件，C Ⅳ 式 10 件，C Ⅴ 式 12 件。其纹饰组合规律：几何纹普遍与规整短斜线纹相互间隔饰纹，只有极少数见网格纹、之字纹、弦纹、戳点纹、菱格纹、人字纹图案。从其几何纹施纹形式看，一种见单类几何纹，一种见 2 ~ 3 类几何纹。从几何纹组合关系看，A 类几何纹与 B、C、D、E 类几何纹相互之间都发生联系，而 B 类几何纹仅与 A、C、D 类几何纹相互之间发生联系。C、D、E 类几何纹相互之间不单独发生联系，只有与 A、B 类存在才发生关系。从中不难看出 A 类几何纹是几何纹中最活跃纹饰。其次是 B 类几何纹。组合型式十三是无几何纹组合关系，标本 6 件，其中夹砂红褐陶 4 件，夹砂灰褐陶 2 件，C Ⅱ 式 4 件，C Ⅲ 式 2 件。为弦纹、斜线纹、网格纹、之字纹、窝点纹之间相互组合纹样。以上复合施纹的鼓腹罐从房址出土单位看，其中仅 F43M:5 一件 C Ⅱ 式，出于中期房址居室墓葬中，其他皆出于晚期房址中。

第二节　石器综述

在新石器时代中，石器是人们日常生产和生活不可缺少的重要用品。石器的数量多少，以及石器的种类、石料的选择，造型的使用功能，加工制作水平等方面，都明显地反映出某一文化当时的社会生产力和生产关系的发展水平程度，同时也能反映出某一考古学文化的特征。

查海聚落遗址中出土的石器数量非常多，主要出于房址内，而每座房址出土的石器数量多寡不一，但种类比较齐全。从室内出土的石器看，大多数石器皆随意零散放置在室内的四周，靠近穴壁。值得注意的是，发现有些房址的灶穴底部用石器铺垫，只有个别特殊石器有它固定放置位置（如 F26:44 饼形石器）。较完整的石磨盘、石磨棒成组在一起，这些现象表明在查海遗址时期石器不仅是当时人们生产和生活中非常重要的用品。同时也反映出石器的加工已经相当成熟和普及化了。

查海聚落遗址中出土石制品 2411 件，可分为石器和细石器两大类。其中石器居多，出土数量为 2136 件，占石制品总数的 88.6%（参见附表 19　查海遗址各单位出土石器型式统计一览表及附表 20　查海遗址各遗迹单位出土细石器统计表）。器形主要有铲形石器、双孔盘状铲形石器、斧、凿、刀、磨盘（包括臼盘）、磨棒、敲砸器、饼形器、砺石、石球、研磨器、沟槽器、大石坠等，其中铲形石器、双孔盘状铲形石器、斧、磨盘、磨棒自身文化特点明显，颇具地方特色。石器有打制、磨制、琢制、自然石块直接使用四种。铲形石器、盘状铲形石器一般皆打制，也有打磨相兼法。斧、凿、沟槽器一般为通体磨制。研磨器、磨盘、磨棒、饼形器一般为琢磨。敲砸器、石球、砺石一般为直接利用天然石块。石刀为打制或石片直接使用，以及铲形石器、石斧残片的二次加工使用。穿孔器的孔系由琢、钻两种方法相对透穿，技术很成熟。这种穿孔技术还多用于铲形石器加工成型过程中，即有些铲形石器的束腰系采用先透孔打制法，既规整又有成功率。石器的选料较严，查海遗址一般选用较坚硬的页岩、花岗岩、石灰岩、玄武岩等种类石料加工石器。人们还根据对石料的认识，以及在生产和生活中的需要、用途与使用功能有意识地选择特定的石料专门制作某种工具，查海遗址中同类器物的质料几乎无别，如铲形石器主要是灰色页岩，磨盘、磨棒主要是花岗岩、玄武岩，石斧主要是油质岩、花岗岩。敲砸器主要是石英岩。

一 大型石器

依据石器器形，以及在生产和生活中功能和用途的不同，将其分为砍挖工具、加工工具、敲砸器和其他用具。

（一）砍挖工具

有铲形石器、石斧、石凿、石刀。

铲形石器 349 件，占石器总数的 16.3%（参见附表 19 查海遗址各单位出土石器型式统计一览表），是最具特色的石器之一。数量颇多，均通体打制，扁平体，形制多样；除双孔盘状铲形石器外，皆束腰，腰分打制、钻磨、琢制三种，刃部多一侧使用磨痕清晰；采用石料主要是灰色页岩、绿色细砂岩、浅红褐色和深红褐色花岗岩、黑灰色页岩等。依据形制的不同，可分为 A、B、C、D、E、F 六型（图四二九 查海遗址石器类型图表）。

A 型 直柄，束腰不显，圆身或椭圆身。依据柄身差异分 Aa、Ab、Ac 三亚型。

Aa 型，长直柄、圆身，标本 F36:97（图版一七三，2）。

Ab 型，短直柄、圆身，标本 F35:36（图版一七五，1）。

Ac 型，短直柄、椭圆身，标本 F6:16（图版一七八，2）。

B 型，直柄，束腰不显，有肩，直身。依据柄、身差异，分 Ba、Bb 二亚型。

Ba 型，长直柄、窄长直身，标本 F6:15。

Bb 型，短直柄、宽短直身，标本 F4:23。

C 型，体大，似扇形，椭圆柄，束腰，依据器身，分 Ca、Cb 二亚型。

Ca 型，三角身，标本 T0401②:1（图版一八一，3）。

Cb 型，椭圆身，标本 F50:22（图版一八三，1）。

D 型，瘦束腰、短身、横长，分 Da、Db 二亚型。

Da 型，扇柄、翘肩，标本 T0402②∶1（图版一八五，3）。

Db 型，圆柄、平斜肩，标本 F36∶96（图版一八七，4）。

E 型　异形、圆柄、束腰、斜弧刃，标本 F6∶2（图版一八八，1）。

F 型　双孔盘状，椭圆形、弧刃，标本 F33∶58（图版一九一，2）。

石斧　146 件，占石器总数的 6.8%（参见附表19　查海遗址各单位出土石器型式统计一览表），分磨制、打制两种。器形大小不一，皆正锋刃，刃锋利，弧刃和斜刃。顶端和刃部崩痕明显；磨制的均为通体磨光，一般两侧隐现平棱，制作精美；质料主要是黑色油质岩，灰白色花岗岩，打制的质料主要是深灰色页岩。依据形制不同，可分为 A、B、C 三型（图四二九　查海遗址石器类型图表）。

A 型　扁圆，宽体，标本 T0702②∶3（图版一六三，6）。

B 型　扁圆，窄体，标本 F46∶35（图版一六九，1）。

C 型　扁平长体，多为打制，标本 M8∶14（图版一七二，2）。

石凿　22 件，占石器总数的 1.1%（参见附表19　查海遗址各单位出土石器型式统计一览表），均磨制，制作比较精美，通体磨光，器形较小，特征扁平，偏锋，近平刃，刃锋利。一般两侧面隐现平棱。顶端和刃部使用痕迹明显，质料为细壁角斑质页岩、浅灰色泥质页岩、黑灰色油质岩。依据形制可分 A、B 二型（图四二九　查海遗址石器类型图表）。

A 型　窄扁平体，标本 M8∶20（图版一九六，5）。

B 型　宽扁平体，标本 M8∶10（图版一九七，3）。

石刀　36 件，亦称砍砸器，占石器总数的 1.7%（参见附表19　查海遗址各单位出土石器型式统计一览表），分打制、二次加工利用和自然石片直接使用或略经加工。其中少数为打制，多数为铲形石器、石斧残片的二次加工使用。石质多深灰色页岩，刃部使用崩痕明显。分 A、B、C、D 四型（图四二九　砍砸器）。

A 型　长椭圆形扁薄体，弧刃，标本 F39∶108（图版一九三，3）。

B 型　弧背，直刃，标本 F32∶83（图版一九三，6）。

C 型　直背，弧刃，标本 F15∶9（图版一九四，1）。

D 型　有型自然薄石片，边缘有使用崩疤，标本 M8∶13（图版一九五，4）。

（二）加工工具

有磨盘、磨棒、研磨器、砺石、沟槽器等。

磨盘　139 件，占石器总数的 6.5%（参见附表19　查海遗址各单位出土石器型式统计一览表），一般选择花岗岩石料。一种是经琢磨兼制，扁体圆角长方形，底面及周缘圆弧，磨面下凹，两端上翘，有的带有圆臼窝，磨、臼两用。一种是直接利用近长方形或近正方形较大较平正的自然石板。皆一面经使用后磨成凹状。分 A、B 二型（图四二九　查海遗址石器类型图表）。

A 型　磨面无圆臼窝，标本 F43：26（图版二〇七，5），T0402②：2（图版二〇九，3）。

B 型　磨面有圆臼窝，标本 F48：47（图版二一〇，6），F7：22（图版二一〇，2）。

磨棒　170 件，占石器总数的 8.0%（参见附表 19　查海遗址各单位出土石器型式统计一览表），选用花岗岩石料，均琢制兼磨，皆圆柱体，经使用形成 1－6 个磨面，有的磨棒磨、杵两用。按其使用后形状分为四型（图四二九　查海遗址石器类型图表）。

A 型　圆柱体，分 Aa、Ab 二个亚型。

　Aa 型　长圆柱体，标本 F34：67。

　Ab 型　短粗圆柱体，标本 F26：39（图版二一五，2）。

B 型　方柱体，标本 F3：15（图版二一七，4）。

C 型　多棱体，标本 F20：8（图版二一八，5）。

D 型　椭圆体，标本 F47：31（图版二二一，2）。

研磨器　35 件，占石器总数的 1.6%（参见附表 19　查海遗址各单位出土石器型式统计一览表），主要选用花岗岩石料。琢磨兼制。推测功能和用途不同。器形大小不一，分为 A、B、C、D 四型（图四二九　查海遗址石器类型图表），另有 3 件未归类，纳入 D 型统计。

A 型　圆形，标本 F6：10。

B 型　椭圆形，标本 F34：66（图版二二九，1）。

C 型　圆角方形，标本 F27：64（图版二三〇，2）。

D 型　圆角长方形，标本 T0308②：2（图版二三一，4）。

砺石　194 件，占石器总数的 9.1%（参见附表 19　查海遗址各单位出土石器型式统计一览表；图四二九　查海遗址石器类型图表），选用花岗岩等自然有形平面石块，不经加工，直接使用，磨痕明显，一般磨面下凹。按其使用面的不同，可分单磨面，标本 F30：71（图版二二三，6）；双磨面，标本 F53：94；多磨面（图版二二六，5），标本 T0203②：17。

沟槽器　13 件，占石器总数的 0.6%（参见附表 19　查海遗址各单位出土石器型式统计一览表；图四二九　查海遗址石器类型图表），浅灰色云母变质岩，磨制，扁平体，圆角长方形，两侧平棱，一面有 1～3 道凹槽，有的一端有系孔。标本 M8：6（图版二三五，1）、M8：5（图版二三五，4）、F26：40（图版二三二，3）、F21：44（图版二三二，1）。

（三）敲砸工具

敲砸器　562 件，数量最多，占石器总数的 26.3%（参见附表 19　查海遗址各单位出土石器型式统计一览表；图四二九　查海遗址石器类型图表）。多选用多棱角圆形、椭圆形脉石英质料的自然石块。不经加工，直接使用，砸击点痕迹多集中在棱角处。按敲砸使用部位侧重点不同，可归纳为尖端敲击，标本 F46①：72 少量在石块本体上略做加工使用。（图版二五〇，1）；两端敲击，标本 F3：35（图版二四四，2）；周缘敲击，标本 F30：128（图版二四八，3）；棱角敲击，标本 F21：67（图版二四六，6）。

（四）其他工具

其他工具有饼形器、有窝石器、大石坠、石球、尖状器、石钻、石环、条形器。

饼形器 61 件，占石器总数的 2.9%（参见附表 19　查海遗址各单位出土石器型式统计一览表），均为黄色花岗岩琢磨而制。依据形制分 A、B 二型（图四二九　查海遗址石器类型图表）。

A 型　有孔饼形器，中孔对琢，计 12 件（包括未透孔的半成品），占石器总数的 0.6%，依据形制分 Aa、Ab、Ac 三亚型。

Aa 型，圆形，标本 T0708②：16（图版一九八，6）、F41①：3（图版一九八，3）。

Ab 型，圆角方形，标本 T0310②：2（图版一九九，1）。

Ac 型，椭圆形，标本 F26：44（图版一九九，2）。

B 型　无孔饼形器，计 49 件，占石器总数的 2.3%，依据形制分 Ba、Bb、Bc 三亚型。

Ba，圆形，标本 F35：44。

Bb，圆角方形，标本 M8：4（图版二〇二，6）。

Bc，椭圆形，标本 F46①：17（图版二〇三，2）。

有窝石器　10 件，占石器总数的 0.5%（参见附表 19　查海遗址各单位出土石器型式统计一览表；图四二九　查海遗址石器类型图表），均为黄灰色花岗岩质料。一种为琢制，平面有敲砸凹窝痕迹，一种是自然石块，平面有敲砸凹窝痕迹，推测可能是敲砸果核的砧石，标本 F32：85（图版二三五，1）。

大石坠　3 件，占石器总数的 0.1%（参见附表 19　查海遗址各单位出土石器型式统计一览表；图四二九　查海遗址石器类型图表），体较大，红色玄武岩，近圆台状，中部一周浅凹槽，标本 F3：18（图版二三四，1）。

石球　32 件，占石器总数的 1.5%（参见附表 19　查海遗址各单位出土石器型式统计一览表；图四二九　查海遗址石器类型图表），一般周身有麻面打击点，推测可能为取火工具，按材质可分石球核，标本 F43：55（图版二三九，1）；石英球，标本 F40：49（图版二三八，1）；河光石球，标本 F43①：13（图版二三八，5）。

尖状器　7 件，占石器总数的 0.3%（参见附表 19　查海遗址各单位出土石器型式统计一览表；图四二九　查海遗址石器类型图表），一般形体较大，棱锥状，使用尖部，标本 F30：54（图版二四二，3）、T0613①：1（图版二四二，4）、F55：50（图版二四二，6）。

石钻　6 件，占石器总数的 0.3%（参见附表 19　查海遗址各单位出土石器型式统计一览表）。一般体较小，尖部呈圆锥状，标本 T0408②：1（图版二四〇，5）、采：24（图版二四〇，2）、Ⅱ T0105②：5（图四二九　查海遗址石器类型图表）。

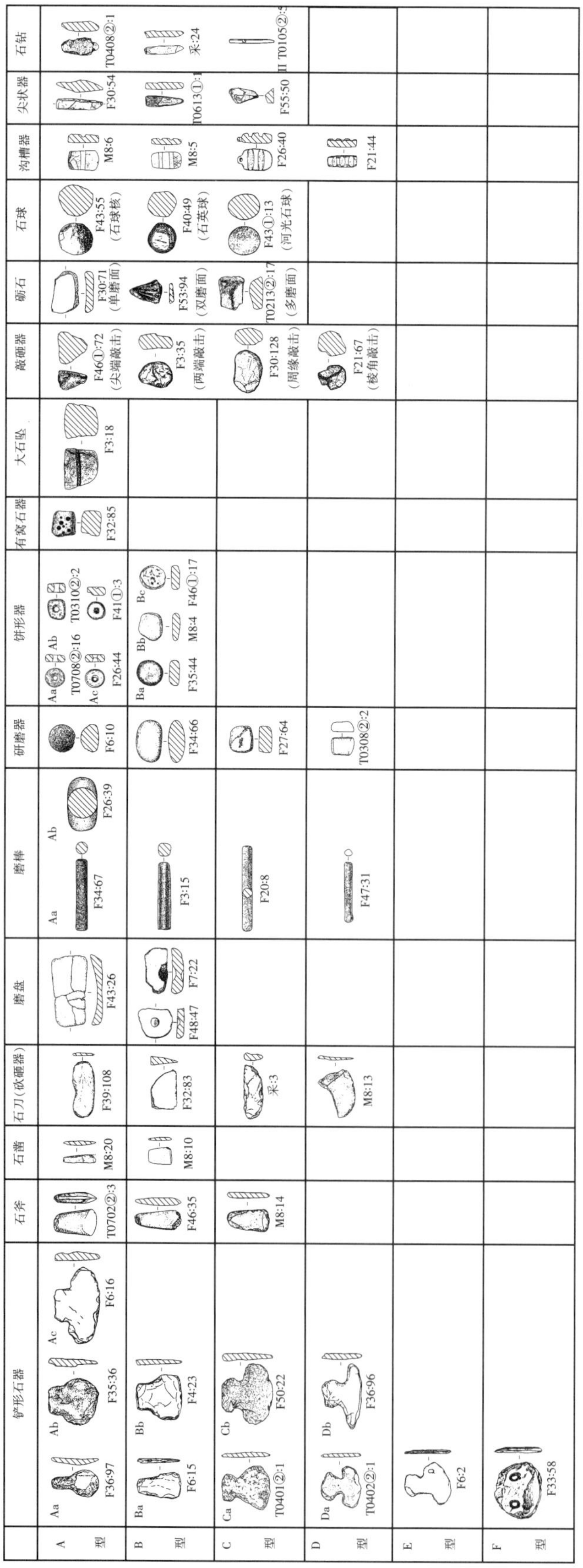

	铲形石器			石斧	石凿	石刀(砍砸器)	磨盘	磨棒		研磨器	饼形器			有窝石器	大石坠	敲砸器	砺石	石球	沟槽器	尖状器	石钻
A型	Aa F36:97	Ab F35:36	Ac F6:16	T0702②:3	M8:20	F39:108	F43:26	Aa F34:67	Ab F26:39	F6:10	Aa T0708②:16 Ac F26:44	Ab T0310②:2 F41①:3		F32:85	F3:18	F46①:72 (尖端敲击)	F30:71 (单磨面)	F43:55 (石球核)	M8:6	F30:54	T0408②:1
B型	Ba F6:15	Bb F4:23		F46:35	M8:10	F32:83	F48:47 F7:22	F3:15		F34:66	Ba F35:44	Bb M8:4	Bc F46①:17			F3:35 (两端敲击)	F53:94 (双磨面)	F40:49 (石英球)	M8:5	T0613①:1	采:24
C型	Ca T0401②:1	Cb F50:22		M8:14		采:3		F20:8		F27:64						F30:128 (周缘敲击)	T0213②:17 (多磨面)	F43①:13 (河光石球)	F26:40	F55:50	Ⅱ T0105②:5
D型	Da T0402②:1	Db F36:96				M8:13		F47:31		T0308②:2						F21:67 (棱角敲击)			F21:44		
E型	F6:2																				
F型	F33:58																				

图四二九　查海遗址石器类型图表

石环　2件，占石器总数的 0.1%（参见附表19　查海遗址各单位出土石器型式统计一览表），磨制，对钻孔，标本采:26（图版二四一，3）、F14:32（图版二四一，4）。

条形器　2件，占石器总数的 0.1%（参见附表19　查海遗址各单位出土石器型式统计一览表），石灰岩，标本 F32①:15（图版二四一，1）、F34:70（图版二四一，2）。

（五）石块和石片

每座房址内都发现许多均不见加工痕迹的石块和石片。数量347件，占石器总数的 16.2%（参见附表19　查海遗址各单位出土石器型式统计一览表），质料多为花岗岩。

二　细石器

细石器出土数量为275件，占石制品总数的 11.4%，其中包括石核和加工打击剥落下来的石叶。质料选择多为沉积岩、燧石、玛瑙，均压削、打制，台面、打击点、疤痕、波状线、放射线清晰。器形主要有石核、石叶、刮削器、小尖状器及石镞（参见附表20　查海遗址各遗迹单位出土细石器统计表）。

石核　33件，有锥状和片状两种，无使用磨痕。

锥状石核，标本 F46①:64、F46①:23、F46①:21、F26①:2、F14:38、F32①:57、F14:26、F27:96（图四三〇，1~7、9）。

片状石核，标本 F29①:10、T0804②:1、F27:97（图四三〇，8、10、11）。

石叶　95件，数量颇多，皆为打击剥落下来的石片，形状多不规整，少数规整，有锋刃，标本 F46①:61、F21:78、F32①:45、F46①:40、F46①:46、F36①:3、F33①:22、F32①:29、F32①:28、F32①:36、F32①:47、F6①:8、F46①:53、F36:63（图四三一，1–14）。

刮削器　139件，数量颇多，形体较小，形状有长条形和片状两种。推测这些细小石器，可能用于复合镶嵌于骨、木棒中使用。

条状刮削器两侧压削成锋利的直刃或锯齿状，截面呈梯形或三角形，标本 F46①:22、F46①:59、F33①:27、F32①:37、F33①:35、F32①:43、F40①:14、F40①:16、F46①:49（图四三二，7~15）。

片状刮削器多为一侧压削成弧刃，标本 F29①:8（图四三二，6）。

小尖状器　7件，一般为棱锥状，其尖部皆有使用磨痕，标本 F46①:37、F46①:39、F46①:60、F46①:62、F33①:24（图四三二，1~5）。

石镞　1件。压制呈三角形，侧刃及尖部锋利，标本 T0105②:3（图四三二，16）。

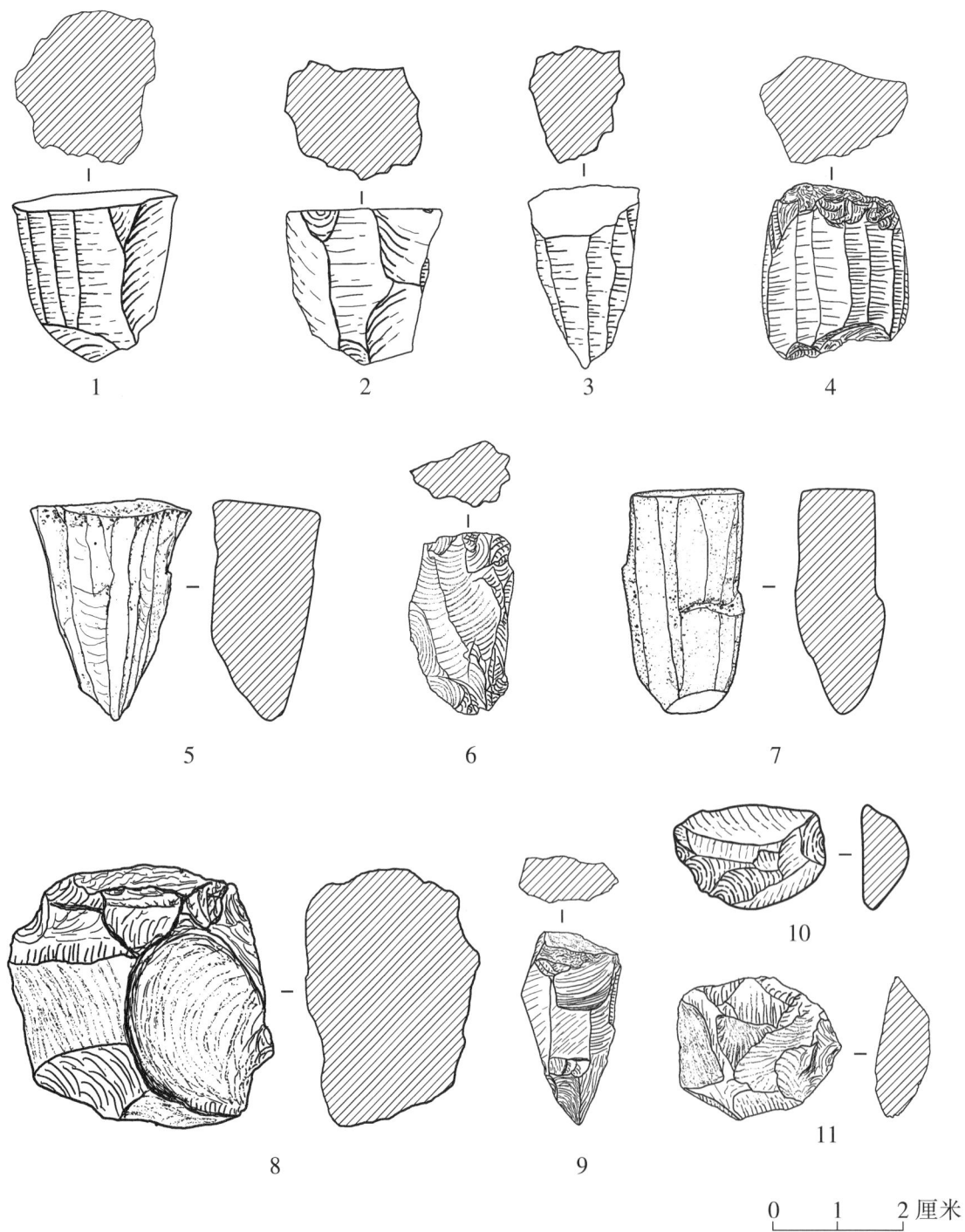

图四三〇　查海遗址石核

1~7、9. 锥状石核（F46①：64、F46①：23、F46①：21、F26①：2、F14：38、F32①：57、F14：26、F27：96）

8、10、11. 片状石核（F29①：10、T0804 ②：1、F27：97）

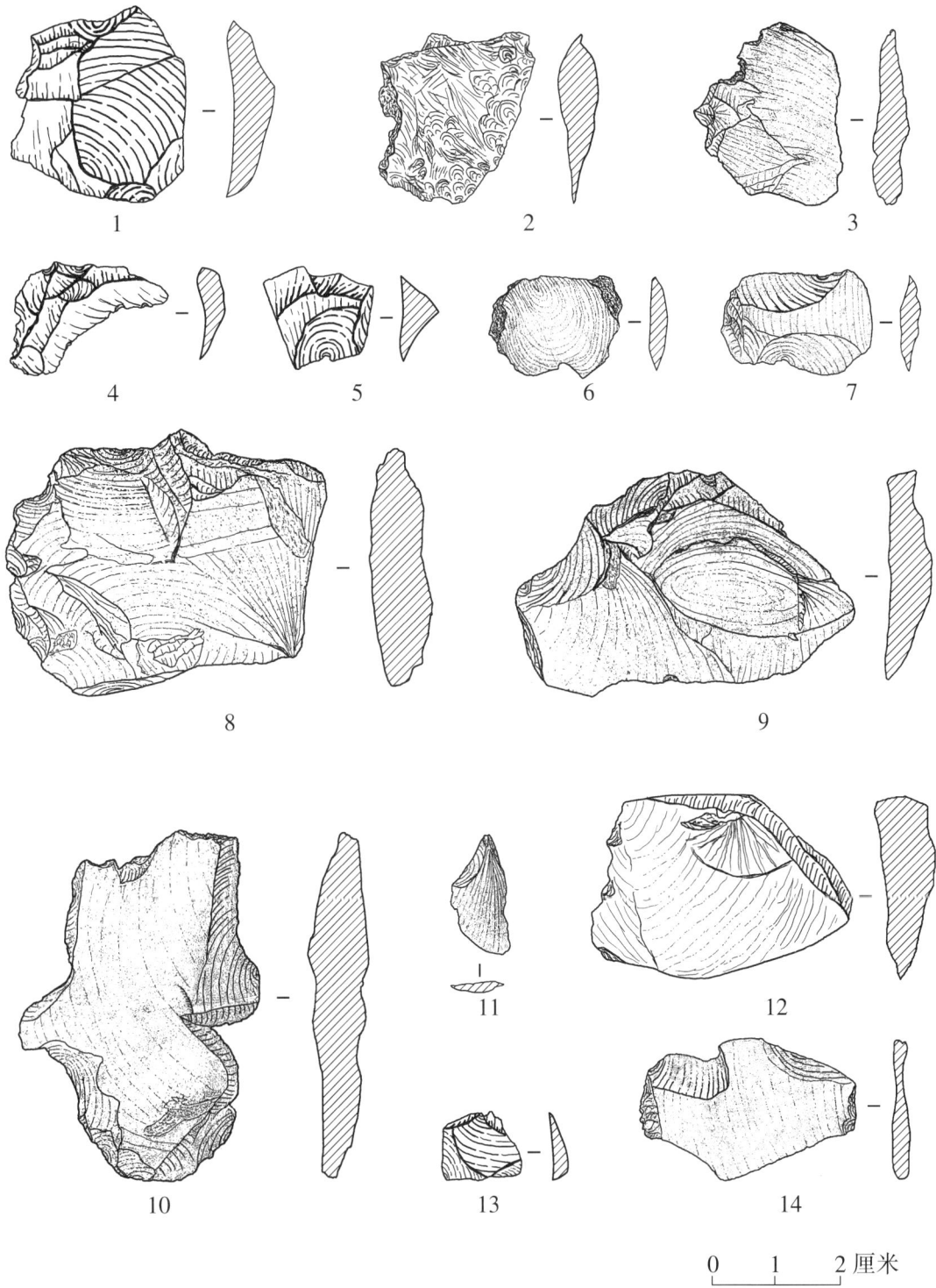

图四三一　查海遗址石叶

1~14. 石叶（F46①：61、F21：78、F32①：45、F46①：40、F46①：46、F36①：3、F33①：22、F32①：29、

F32①：28、F32①：36、F32①：47、F6①：8、F46①：53、F36：63）

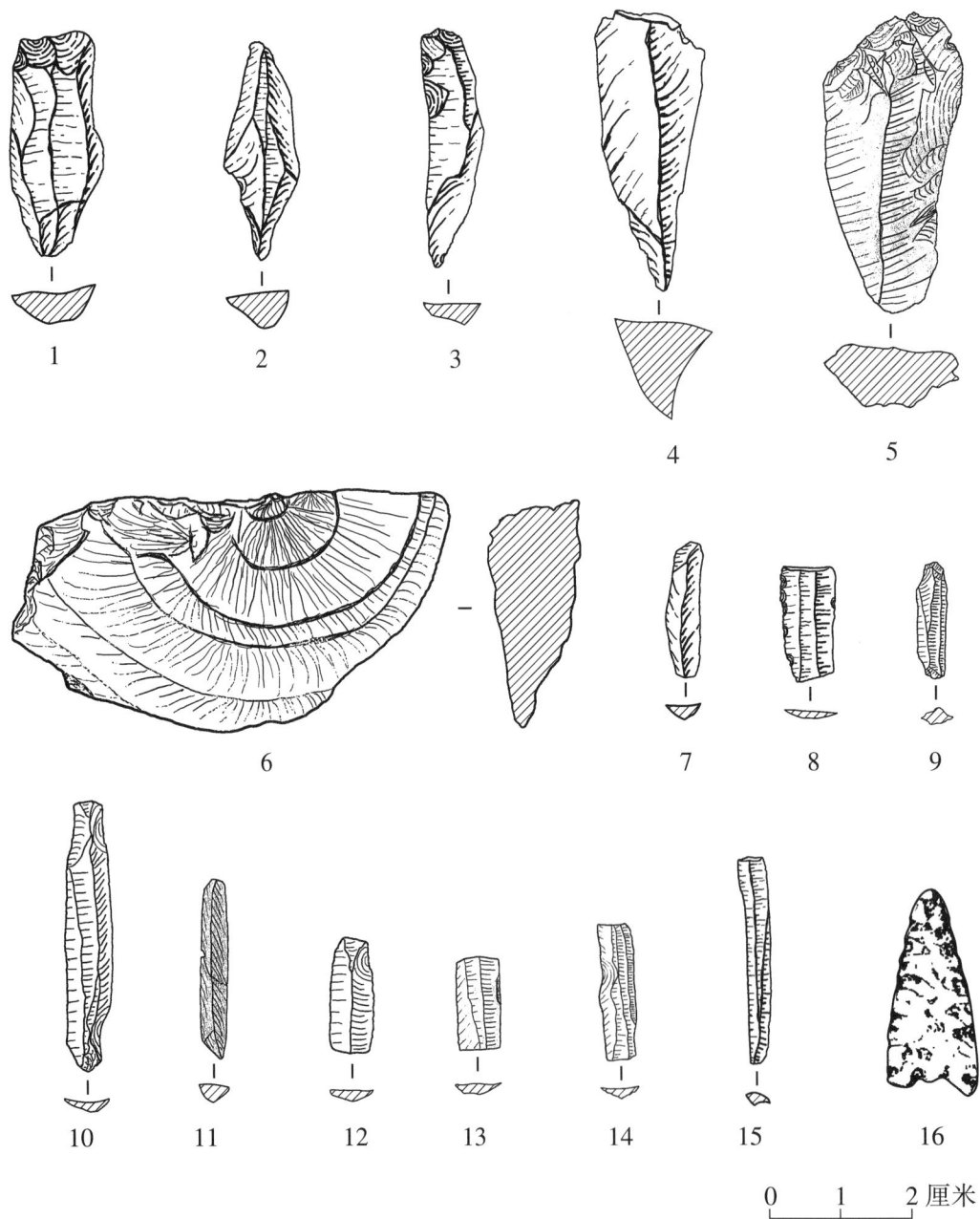

图四三二 查海遗址细石器

1～5. 小尖状器（F46①：37、F46①：39、F46①：60、F46①：62、F33①：24） 6. 片状刮削器（F29①：8）

7～15. 条形刮削器（F46①：22、F46①：59、F33①：27、F32①：37、F33①：35、F32①：43、

F40①：14、F40①：16、F46①：49） 16. 石镞（T0105②：3）

第三节　玉器综述

查海遗存中共出土了44件玉器，其中玉斧7件、玉凿7件、玉玦7件、玉匕13件、玉管6件、小玉环1件、玉料1件、玉器残片2件（见附表34　查海遗址各单位出土玉器一览表）。现将查海出土的玉器归纳整理，并就有些方面提出一些肤浅看法，可能会为东北地区新石器时代玉器的研究开拓一个新的思路。

一　玉器的出土位置、类型、玉质

（一）玉器出土位置

查海玉器具体出土位置归纳为（参见附表34　查海遗址各单位出土玉器一览表）：

1. 文化堆积层中出土11件玉器，其中玉斧1件，标本 T0609②：1；玉凿1件，标本 T0411①：1；玉玦4件，标本 T0407②：1、T0407②：6、T0505②：1、T0608②：1；玉匕2件，标本 T0307②：1、T0709②：1；玉管2件，标本 T0508②：11、T0607②：1；小玉环1件，标本 T1110②：10。

2. 房址内出土21件玉器，其中玉斧5件，标本 F17：33、F18：32、F27①：6、F36：106、F38：41；玉凿3件，标本 F14：3、F20：10、F46：124；玉玦1件，标本 F43：35；玉匕5件，标本 F16：16、F43：36、F46：123、F54：108、F54：109；玉管4件，标本 F36：110、F41：38、F41：39、F43：38；玉料1件，标本 F46①：25；玉器残片2件，标本 F11：19、F50：59。

3. 居室墓葬内出土8件玉器，其中玉玦2件，标本 F43M：1、2；玉匕6件，标本 F7M：1~6。

4. 祭祀坑内出土1件玉凿，标本 H34：2。

5. 地表采集3件玉器，其中玉斧1件，标本采：34；玉凿2件，采：33、采：20。

其中玉玦、玉匕两种玉器均见于墓葬中出土，地层和房址内亦有出土。其他器形皆地层和房址内出土，不见墓葬中出土。

（二）玉器类型

查海玉器器形种类有玉斧、玉凿、玉玦、玉匕、玉管、小玉环（参见附表34　查海遗址各单位出土玉器一览表）。

玉斧　7件，通体磨光，宽扁体，边弧曲，两侧略显棱线，正锋，弧刃，可分 A、B 二型。

A 型3件，长方形。标本有 F17：33（图四三三，1；图版二六八，2），F36：106（图四三三，2；图版二六八，1），采：34（图四三三，3；图版二六八，3）。

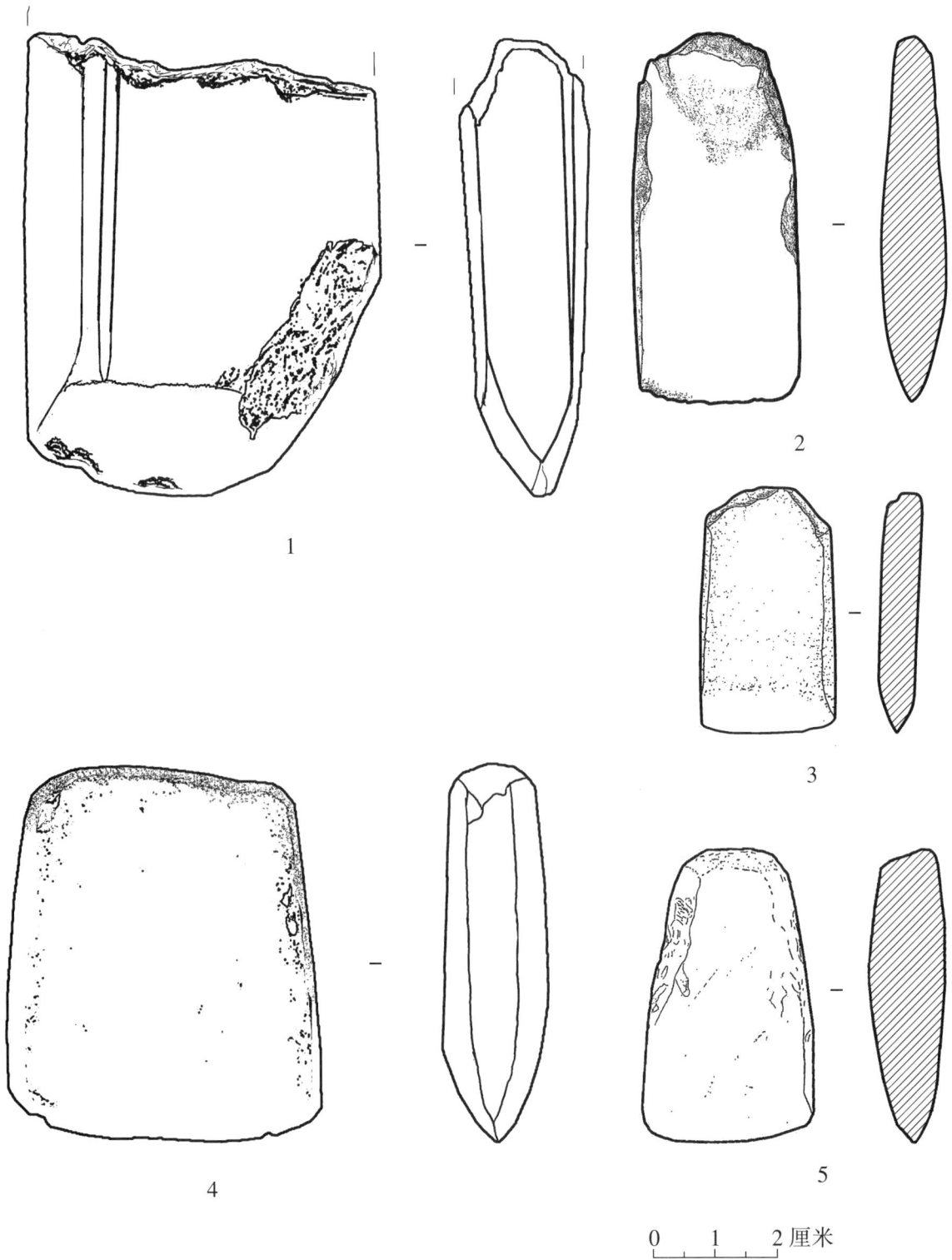

图四三三　玉器

1～3. A 型玉斧（F17：33、F36：106、采：34）　　4、5. B 型玉斧（F18：32、F27①：6）

B 型 4 件，梯形。标本有 T0609②：1（图四三四，2；图版二六九，1）、F18：32（图四三三，4；图版二六九，3），F27①：6（图四三三，5；图版二六九，4）、F38：34（图四三四，1；图版二六九，2）。

玉凿　7 件，通体磨光，窄扁体，侧平显棱角线，略偏锋，直刃或斜刃，可分 A、B、C 三型。

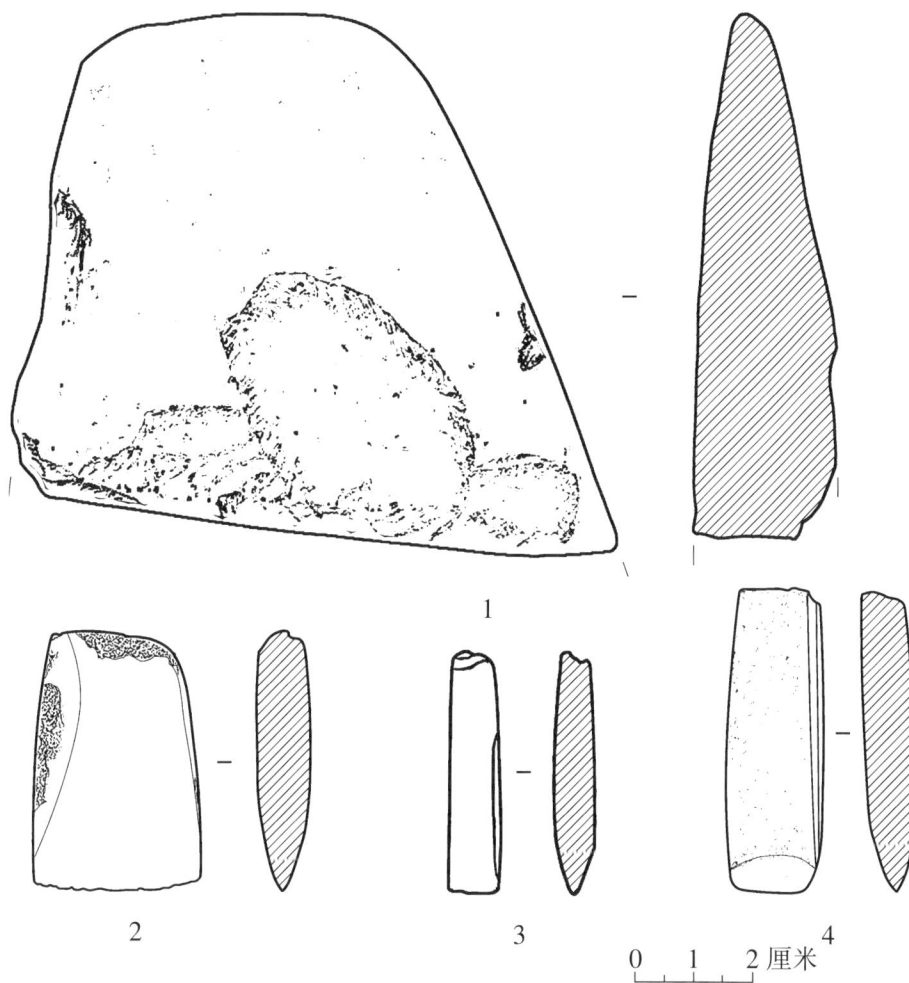

图四三四　玉器

1、2. B 型玉斧（F38：34、T0609②：1）　　3、4. A 型玉凿（H34：2、采：20）

A 型 4 件，长方形。标本有 T0411①：1（图四三五，5；图版二七〇，2）、H34：2（图四三四，3；图版二七〇，3）、采：33（图四三五，1；图版二七〇，4）、采：20（图四三四，4；图版二七〇，1）。

B 型 2 件，梯形。标本有 F14：3（图四三五，2；图版二七一，1）、F46：124（图四三五，3；图版二七一，2）。

C 型 1 件，长柱形，双端刃。标本 F20：10（图四三五，4；图版二七一，3）。

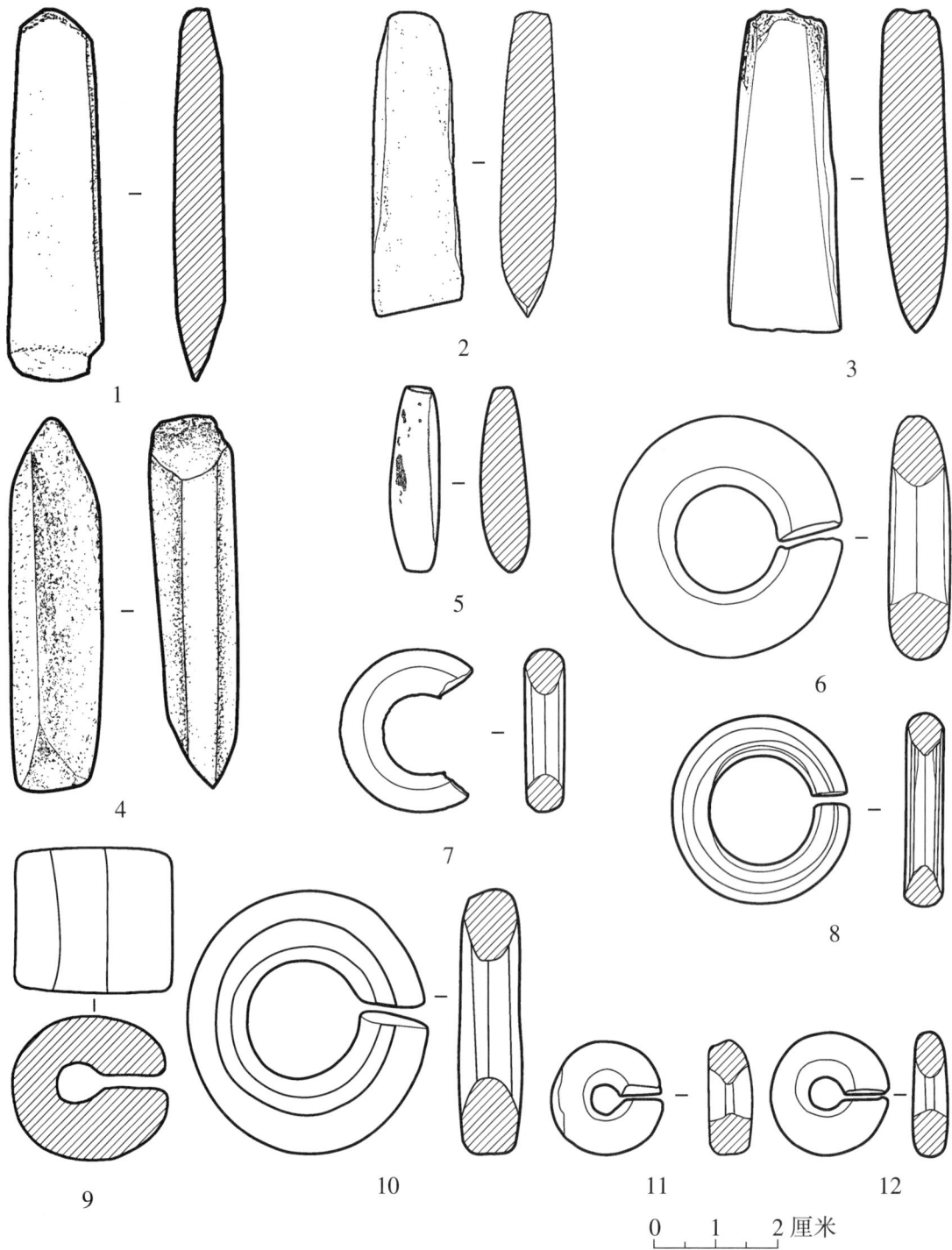

图四三五　玉器

1. A 型玉凿（采：33）　　2、3. B 型玉凿（F14：3、F46：124）　　4. C 型玉凿（F20：10）　　5. 玉凿
（T0411①：1）6～8、10～12. A 型玉玦（T0407②：1、T0608②：1、F43：35、T0407②：6、F43M：2、F43M：1）
9. B 型玉玦（T0505②：1）

玉玦 7件，环状，通体磨光，棱线明显，斜切口，对钻孔，可分 A、B 二型。

A 型6件，环状扁圆棱体。标本 F43M：1（图四三五，12；图版二七二，2）、F43M：2（图四三五，11；图版二七二，1）、T0407②：1（图四三五，6；图版二七三，1）、T0407②：6（图四三五，10；图版二七三，2）、T0608②：1（图四三五，7；图版二七二，3；）、F43：35（图四三五，8；图版二七二，4）。

B 型1件，环状柱体。标本 T0505②：1（图四三五，9；图版二七三，3）。

玉管 6件，圆柱体，通体磨光，对钻孔，两端斜口。标本有 F36：110（图四三六，6；图版二七四，3）、F41：38（图四三六，2；图版二七四，4）、F41：39（图四三六，1；图版二七四，6）、F43：38（图四三六，5；图版二七四，5）、T0508②：11（图四三六，3；图版二七四，1）、T0607②：1（图四三六，4）。

小玉环 1件，通体磨光，偏孔，标本 T1110②：10（图四三六，7；图版二七四，2）。

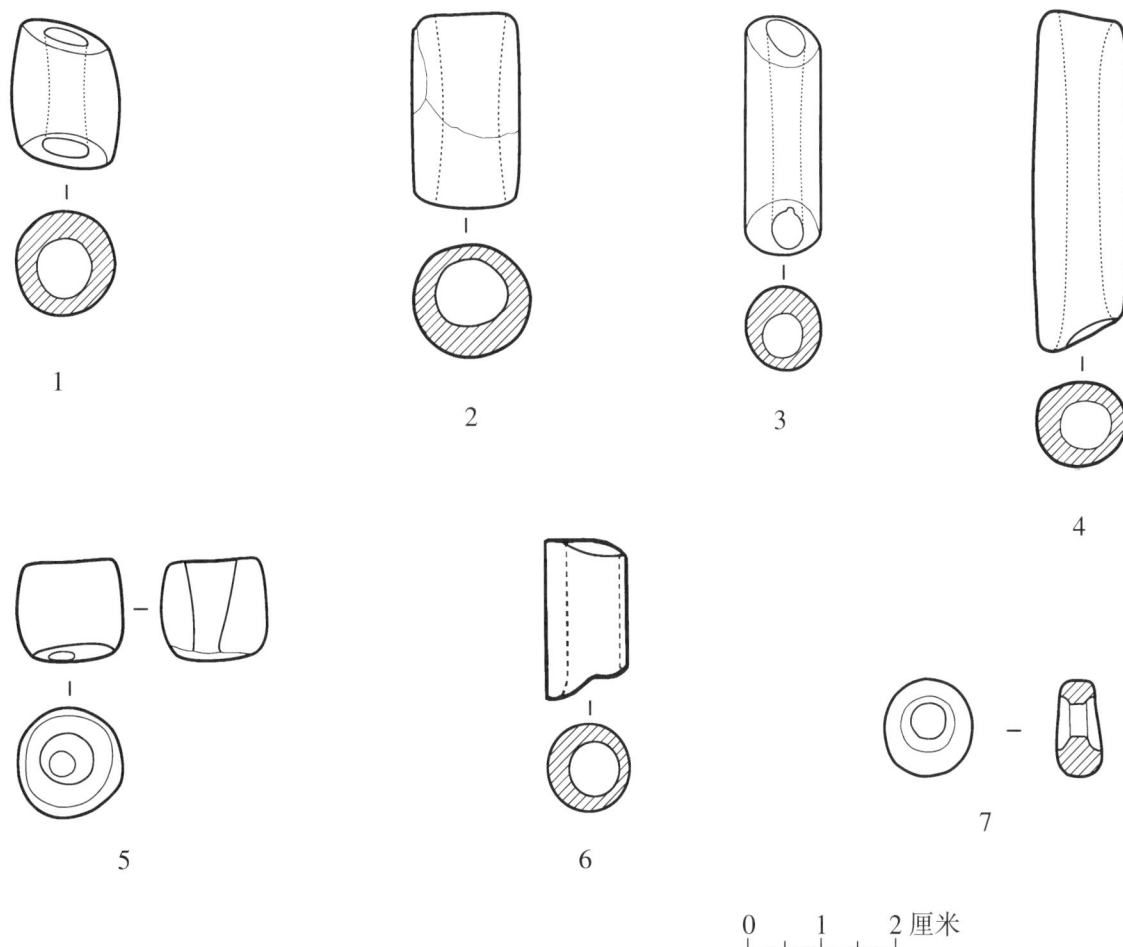

图四三六 玉器

1～6. 玉管（F41：39、F41：38、T0508②：11、T0607②：1、F43：38、F36：110） 7. 玉环（T1110②：10）

玉匕 13件，皆长扁条体，内凹外弧，通体磨光，上端平圆角，穿孔由凹侧向显弧侧为主对钻，弧侧孔壁斜直，孔缘直径较大，弧侧孔壁稍显，孔缘直径稍小，下端圆弧，略向外翻翘，周缘圆薄。标本有 F7M:1（图四三七，7；图版二七五，3）、F7M:2（图四三七，6；图版二七五，2）、F7M:3（图四三八，6；图版二七五，1）、F7M:4（图四三七，3；图版二七五，4）、F7M:5

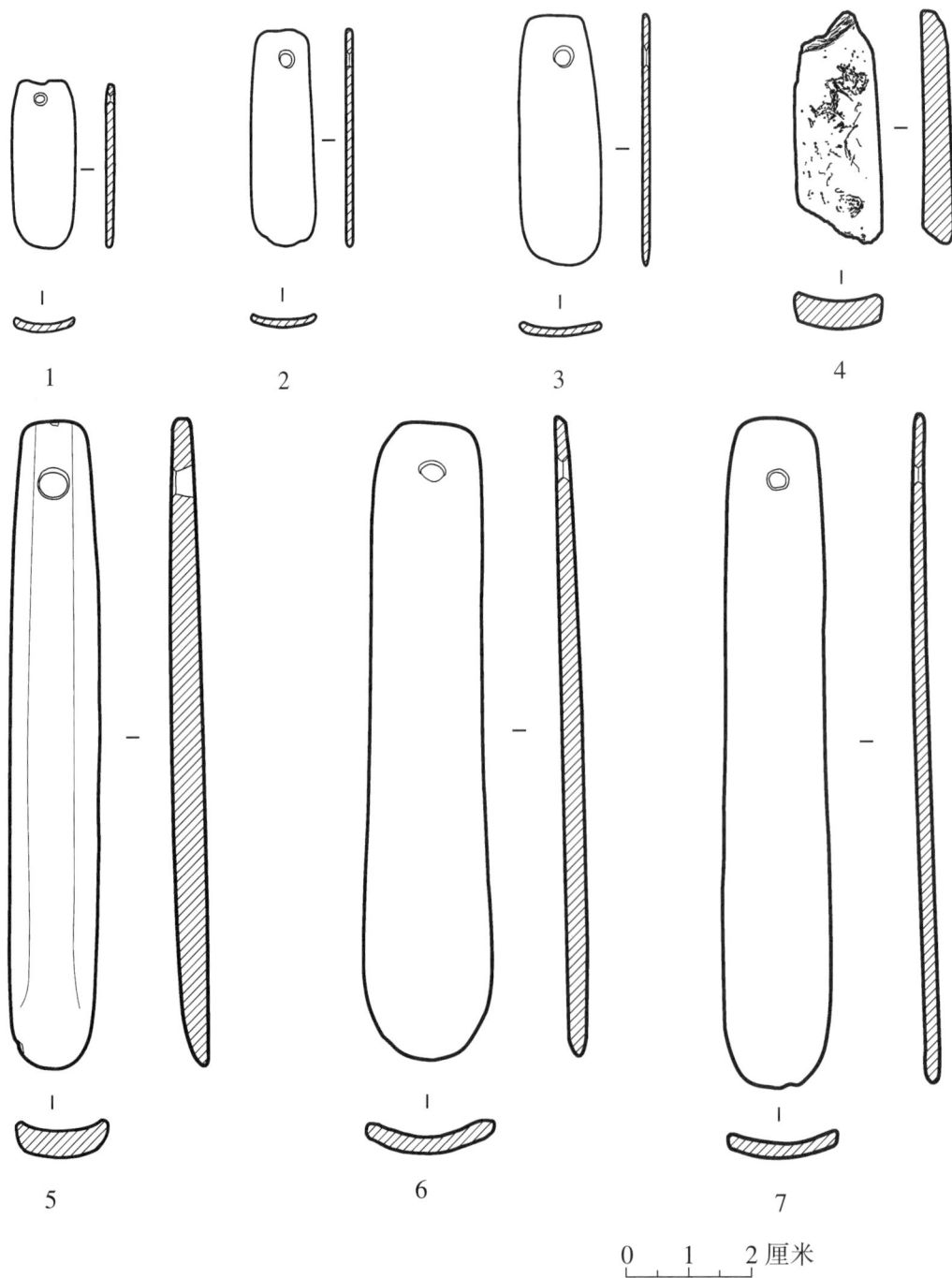

图四三七　玉器

1～7. 玉匕（F7M:5、F7M:6、F7M:4、T0709②:1、F46:123、F7M:2、F7M:1）

（图四三七，1；图版二七五，6）、F7M：6（图四三七，2；图版二七五，5）、F16：16（图四三八，2；图版二七六，4）、F43：36（图四三八，4；图版二七六，3）、F46：123（图四三七，5；图版二七六，1）、F54：108（图四三八，5；图版二七六，2）、F54：109（图四三八，1；图版二七六，6）、T0307②：1（图四三八，3）、T0709②：1（图四三七，4；图版二七六，5）。

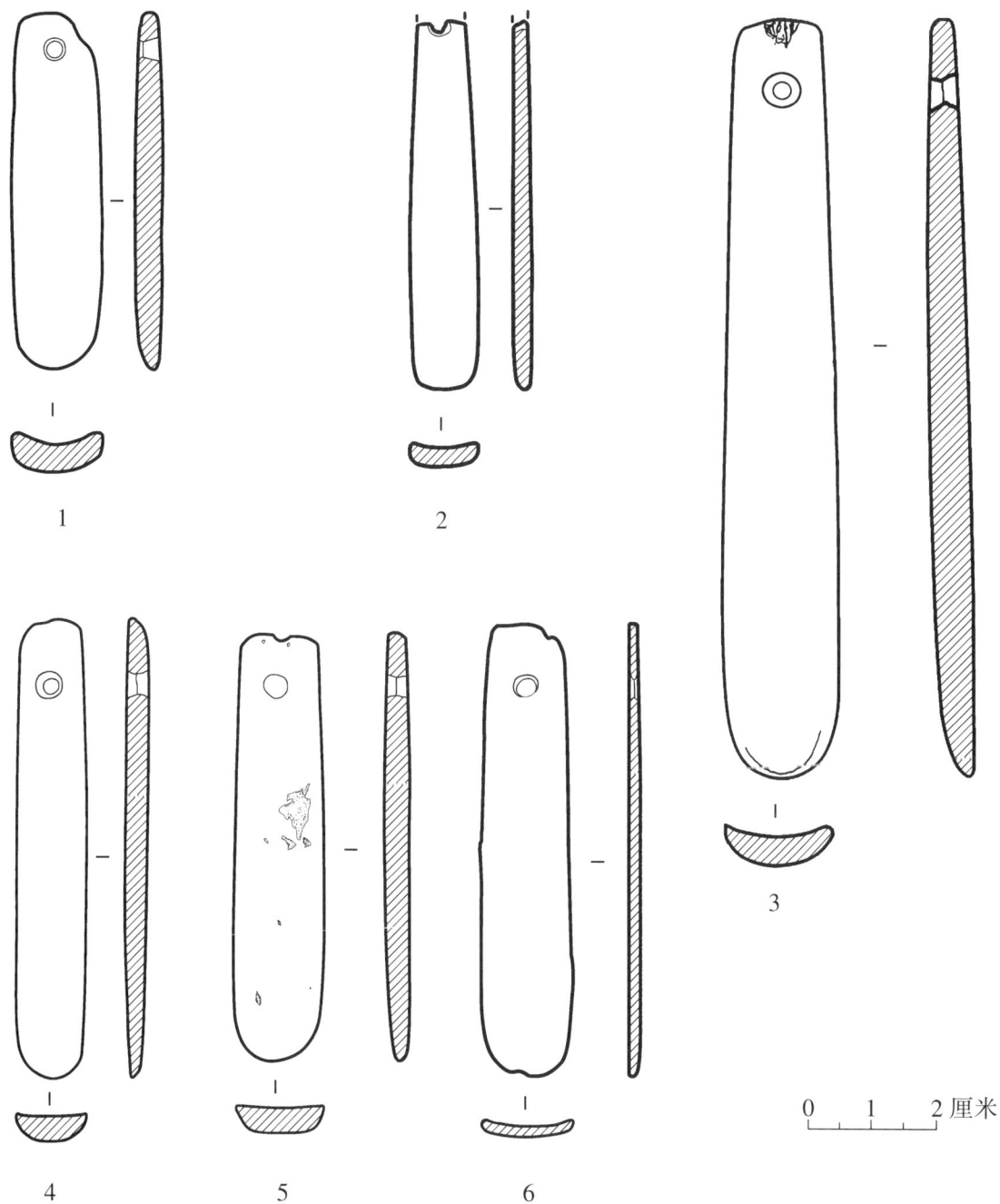

图四三八　玉器

1～6. 玉匕（F54：109、F16：16、T0307②：1、F43：36、F54：108、F7M：3）

（三）玉器的颜色与玉质查海玉器的色泽，呈乳白色，浅绿色，黄蜡色三种，均已受沁，相当深。其中乳白色玉为主体，数量较多，是查海玉器中独具明显的特殊风格，使用广泛。玉玦种类均见有乳白色玉制作。而淡绿色、黄蜡色玉多做配饰品中的玉匕、玉管、小玉环。1989 年，中国地质科学院地质研究所对遗址出土的 8 件玉器予以鉴定，经扫描电子显微镜及红外吸收光谱分析，确定全部为真玉，均为透闪石、阳起石软玉[①]。

二 玉器加工工艺水平

由于玉在自然界中的稀少，以及它自身就具有的珍贵价值，远古人早已对它产生了浓厚的兴趣，用它制作出生活中精美的用品，虽然相当不易，但这时查海人对玉的识别能力很强，很普通化了。用玉制作生活中的特殊性质的实用品，已是常见之物。查海时期，玉已经不是随意之物，而是有其一定的制作规则，受到一定的观念形态制约。能够根据玉质的硬度、色泽，对玉料的选择，设计和加工使用，确定其制作对象。查海玉器切割痕迹十分明显，证明当时已经掌握采用玉砂、加水为介质切割法开料加工技术。玉器加工成型过程中，琢磨、钻孔、抛光技术已经相当成熟。钻孔方法采用对钻法，既规整，成功率又高。并对玉器表面进行抛光技术手段，使玉器表面光洁度很高。玉器加工种类单调，形制简单，小巧精致，加工较规整且实用性强，这些都反映出北方地区新石器时代早期玉文化的特点。

从以上我们可以看到，8000 年左右的查海遗址玉器，从它的品类、形制、规格、组合以至工艺程序，已经比较规范化了，查海人在那时已经熟练地掌握了对软玉的识别、严格选择和高难度攻玉技术。这充分证明了我国辽河流域是最早用玉地区，是我国远古玉器的一个起源中心。进入新石器时代，玉器就已经是先民生活中不可缺少的东西，有了它特有的审美价值和使用价值。

三 玉器的用途

查海玉器的用途，按器形划分，基本可将它们分为三类，一类是生产工具，玉斧、玉凿；一类是生活装饰品，玉玦、玉管、小玉环；一类是特殊用途玉器，玉匕。以上三类划分，可以清楚看出，查海玉器，仅是作为生产工具，生活用品，明显反映出它们自身带有很强的实用性。它们都是以日常生活中最基本的生产、生活方式而加工使用。这一点，我们可以根据查海玉器自身特征、使用痕迹、出土情况等方面的研究分析，证明上述认识。

1. 查海玉斧、玉凿，其造型与出土的石器形状相同，两者的区别只是玉、石之分和器形大小

---

① 闻广：《说玉以及查海玉器》，载《东南考古研究》第四辑，厦门大学出版社，2010 年。

之别。我们根据对每件器物观察鉴定，可看出这些器刃部十分锋利，器上端顶部及刃部均有不同程度的崩痕，个别器刃尖残缺。这些现象表明，它们均经过使用，应是一种加工规整，小巧精致的实用生产手工用具。

2. 查海玉玦，根据查海遗址居室墓（F43M）中一副玉玦的具体出土位置看，位于死者头部两耳处[①]。与查海遗址属于同一文化的兴隆洼遗址 M117 居室墓中出土的一副玉玦，也是位于死者头部两耳处[②]。内蒙古巴林右旗锡本包楞墓内出土的一件玉玦，也是发现于死者头部处[③]。三处出土的玉玦位置相同，使用功能非常明确，其用途就是当时挂在耳垂部的一种佩饰。因此，查海遗址玉玦的发现意义十分重大，它具体明确地告诉我们，玉玦应是最早的玉耳饰，是耳饰之祖。

3. 查海玉匕与玉玦一样，是查海遗址玉器中最典型的器类之一。其用途，目前学术界普遍认为它是一种挂在人身体某部位的装饰品，主要依据是：（1）查海居室墓 F7M 中出土 6 件玉匕；（2）兴隆洼居室墓 F167M 出土 1 件玉匕[④]；（3）锡本包楞墓中出土 2 件玉匕。以上三处玉匕均出于死者身体某部位处，因而被认定是装饰品。但也有专家学者根据它们出土的位置——有的出于死者颈部，有的出于死者腰部，有的出于死者的其他部位，认为它不像玉玦出土位置那么固定并有规律性，而是一种不专一固定在人体某部位的玉制品。所以又进行推测玉匕可作为项饰或衣服上的挂饰，佩缀之物[⑤]是一种特制玉佩物[⑥]。它的用途是否作为一种一般装饰品佩戴，应值得考虑。

一般来说，远古时期的器物，其用途都不是单一使用，一物多用现象是常见的，都可以用于其他功能使用。譬如：骨锥、骨针、石刀、砭镰等等既是生产、生活用品，又可作治疗工具使用。同时也向我们揭示了一个历史信息，佩戴在人体某部位的玉匕这种特制玉器，是否有它特殊的功能？其用途是否也是作为用来治疗的工具使用。

从查海玉匕造型特征看：器形简单、方便，呈长条状，可握；内凹外弧，磨制圆滑，缘部较薄，下端（使用端）作圆弧状，略向外翻翘；有刃而不锋利，不易划伤皮肤。上端一系孔，可佩戴。玉质对人体肌表无毒性刺激和化学不良反应，并且有发散行气、活血和润养作用。它可能与中国古老的传统自然疗法刮痧有关，是一种既能佩戴又能治疗疾病用的玉制刮痧工具。

以上推理，虽然有不足为信的因素，但就其考古发掘资料，并结合我国原始社会背景和当

---

① 辛岩、方殿春：《查海遗址 1992～1994 年发掘报告》辽宁省文物参考研究所编《辽宁考古文集》，辽宁民族出版社，2003 年。
② 刘国祥：《辽西古玉研究综述》，《故宫博物院院刊》2000 年 5 期。
③ 巴林右旗博物馆：《内蒙古巴林右旗锡本包楞出土玉器》，《考古》1996 年 2 期。
④ 刘国祥：《辽西古玉研究综述》，《故宫博物院院刊》2000 年 5 期。
⑤ 刘国祥：《辽西古玉研究综述》，《故宫博物院院刊》2000 年 5 期。
⑥ 孙守道：《查海玉玦耳饰之祖》，《友报》1994 年 8 月 26 日，《文化源流》副刊。

时的生产力、生活水平以及疾病大量传播的情况来看，它很可能符合原始社会治疗疾病的历史事实。

综上所述，查海时期的玉器，从其加工工艺、造型选材、使用功能等方面来看，已经不是随意之物，有其一定的规则，受着一定社会观念的制约，形成了一种鲜明的地域风格。在我国的北方地区，内蒙古兴隆洼[①]、锡本包楞[②]、黑龙江东安莲花泡[③]、饶河小南山[④]、泰来东翁山等遗址墓葬，都发现有共同时代特点的相似玉器。

总的看，新石器时代早期阶段玉器一个共同的特点是，造型题材较为简单化，对玉的加工、使用还没有脱离开最基本的生产、生活方式，人们最早注重的是玉的使用价值和审美价值。审美和使用是人们生产生活中对玉的第一需要。当时还没把玉完全赋予神秘化。但当时的先民生者配玉，死者殓玉的习俗，为同地域的红山文化找到直接源头。从大量的考古资料看，社会发展到新石器时代晚期玉才在宗教礼仪中具有重要的用途，成为上层中的法器或祭祀礼器，"藏礼于玉"的深层次的文化内涵。

总之，查海遗址出土的玉器具有较高的学术价值，它对于认识玉器较早期的使用、制作水平、加工特点、型制品类，以及社会意识形态等方面具有十分重要的意义。它一出土就曾引起国内外专家学者的广泛注意。著名考古学家苏秉琦教授认为"查海玉器解决了三个问题，一是对玉的认识，二是对玉的加工，三是对玉的使用"[⑤]。高度概括了查海玉器发现的重要意义。中国地质科学院地质研究所对查海遗址出土的8件玉器予以鉴定，经扫描电镜及红外光谱分析，确定全部为真玉。均为透闪石、阳起石软玉。该所作出结论："查海遗址出土了全国也是全世界已知最早的真玉器。"[⑥] 由此可见，查海玉器不但是它自身主要文化内涵，更重要的是研究中国史前考古学文化的一个重要组成部分。

值得注意的是，查海玉器的年代较早，它可能对北方地区影响很大。查海遗址的房址为三期，其中出土的玉器应该也可以进行分期，有它的早晚关系。另外玉玦、玉匕作为一种文化表象，最早见于我国新石器时代早期阶段，在东北亚分布广泛，自东亚大陆至日本列岛，变化多样，有其演进轨迹。它的起源与传播路径，应从中国的辽河流域及大凌河流域进行探求。

---

① 中国社会科学院考古研究所内蒙古工作队：《内蒙古敖汉旗兴隆洼聚落遗址 1992 年发掘简报》，《考古》1997 年 1 期。
② 巴林右旗博物馆：《内蒙古巴林右旗锡本包楞出土玉器》，《考古》1996 年 2 期。
③ 于建华：《黑龙江省出土的新石器时代玉器及相关问题》，《北方文物》1992 年 4 期。
④ 佳木斯市文物管理站、饶河县文物管理所：《黑龙江饶河县小南山新石器时代墓葬》，《考古》1996 年 2 期。
⑤ 苏秉琦：《华人・龙的传人・中国人——考古寻根记》，辽宁大学出版社，1994 年。
⑥ 闻广：《中国古玉的研究》，《中国非金属矿工业导刊》1990 年 2 期。

第四节　查海遗址动、植物遗存研究

一　查海遗址动物遗存分析[1]

本次整理的动物遗存多数为查海遗址 1992～1994 年的三次发掘所获（见附表 33　查海聚落遗址哺乳动物遗骸统计表；图版二七七～二八三），遗存破碎程度比较严重，我们对部分保存状况稍好的标本进行了拼合粘对。全部标本共 900 件，均为哺乳动物遗存。我们在鉴定的过程中主要对比了山东大学东方考古研究中心动物考古实验室的现生动物标本和遗址中出土的古代动物标本，同时也参照了部分图谱[2]。

（一）动物遗存概况

全部标本均属哺乳动物纲 Mammalia，其中可鉴定标本 759 件，主要为残破的牙齿和骨骼。已经鉴定出的动物种属包括有猪、鹿、牛和马，代表了至少 11 个不同年龄段的个体。

1. 偶蹄目 Artiodactyla

（1）猪科 Suidae

猪属 Sus

共 482 件，在灰坑、房址、墓葬和地层中均有发现，包括了数量众多的残破牙齿和少量的骨骼残块，具体介绍如下：

左侧下颌 I_1 残块，3 件，重 3.19 克，分别出自 F36、F3 和 F43。

右侧下颌 I_1 残块，2 件，重 2.42 克，分别出自 F36 和 F3。

左侧下颌 M_1，1 件，长 17.76 毫米，宽 9.78 毫米，重 2.6 克，出自 F6。

左侧上颌 M^2，1 件，长 24.88 毫米，宽 17.27 毫米，重 3.03 克，刚萌出，齿尖尚未磨蚀，出自 F3。

左侧上颌 M^2 残块，2 件，重 7.68 克，分别出自 F36 和 T0209②。

右侧上颌 M^2，1 件，长 27.17 毫米，宽 20.14 毫米，重 4.43 克，刚萌出，齿尖尚未磨蚀，出自 F36。

右侧上颌 M^2 残块，2 件，重 5.72 克，分别出自 F3 和 F6。

---

[1]　山东大学东方考古研究中心：宋艳波，辽宁省文物考古研究所：辛岩合作完成。

[2]　伊丽莎白·施密德著，李天元译：《动物骨骼图谱》，中国地质大学出版社，1992 年；中国社会科学院考古研究所：《动物骨骼图谱（征求意见稿）》，尚未正式发表。

左侧下颌 M_2，1 件，长 27.18 毫米，宽 17.53 毫米，重 3.61 克，齿尖轻微磨蚀，出自 F36。

左侧下颌 M_2 残块，1 件，宽 19.81 毫米，重 4.46 克，出自 F36。

右侧下颌 M_2，1 件，长 26.98 毫米，宽 17.71 毫米，重 3.78 克，刚萌出，齿尖未磨蚀，出自 F36。

右侧下颌 M_2，1 件，长 23.91 毫米，宽 14.97 毫米，重 2.6 克，出自 F3。

右侧下颌 M_2 残块，1 件，重 1.67 克，出自 F33。

左侧上颌 M^3 残块，1 件，重 4.34 克，出自 H36。

左侧下颌 M_3 残块，3 件，重 16.87 克，分别出自 F53、F40 和 F33。

右侧下颌 M_3，1 件，长 44.95 毫米，宽 20.95 毫米，重 11.05 克，磨蚀程度较高，出自 F33。

右侧下颌 M_3 残块，3 件，重 9.31 克，分别出自 F43 和 T0209②。

前臼齿残块，9 件，重 7.45 克，分别出自 F43、F36 和 T0210①。

齿根残块，35 件，重 6.41 克，出自 M2。

臼齿残块，389 件，重 80.82 克，其中 4 件被火烧过。分别出自 F3、F6、F34、F36、F40、F43、F46、F52、F53、H21、H36、M2、M8 和 T0209②。

犬齿残片，7 件，重 0.83 克，出自 M2。

门齿残块，15 件，重 1.62 克，出自 F36。

趾骨残块，1 件，重 2.51 克，出自 M2。

头骨残块，1 件，出自 F20 灶内。

上述这些遗存至少代表了 8 个不同年龄段的个体，其中：大于 2 岁的有 4 个，1.5 ~ 2 岁的有 1 个，1 ~ 1.5 岁的有 3 个。

（2）牛科 Bovidae

仅发现 1 件下颌臼齿残块，重 1.82 克，出自 F6，代表了 1 个个体。

（3）鹿科 Cervidae

共 264 件，主要出自房址、墓葬和地层中，包括了数量较多的残破牙齿和少量的骨骼残块。由于没有发现有特征的角或犬齿，所以无法明确其具体的种属。具体介绍如下：

臼齿残块，260 件，重 37.74 克，分别出自 F32、F33、F39、F43、F46、M2、M8、T0209② 和 T0509①。

左侧跟骨残块，1 件，重 13.67 克，出自 T0509②。

左侧距骨，1 件，比较完整，重 13.58 克，外侧长 41.23 毫米，内侧长 43.19 毫米，前端宽 27.96 毫米，后端宽 25.35 毫米，厚 23.7 毫米；外侧面有啮齿动物啃咬过的痕迹，出自 M8。

右侧下颌 P_4 残块，12 件，重 0.41 克，出自 F46。

炮骨残块，1 件，被火烧过，重 1.11 克，出自 M8。

上述这些标本代表了至少 1 个个体。

2. 奇蹄目 Perissodactyla

马科 Equoidae

仅发现 1 件左侧下颌 P_4 残块，重 17.7 克，代表了 1 个个体，出自 F1。

3. 其他

不能明确种属的哺乳动物骨骼残块共 141 件，重 32.45 克。其中 1 件骨片表面有食肉动物啃咬痕迹，14 件表面有火烧过的痕迹，有的通体烧过。这些骨骼分别出自 F3、F32、F46、F52、F53、M8 和 H36。

（二）讨论与分析

本次发掘所获的动物遗存中，种属相对比较单纯，其中鹿为典型的野生动物，遗址里这类遗存的发现，昭示着遗址周围可能有一定面积的树林或灌木湖沼[1]。

其他动物种属包括了猪、牛和马，这些有可能属于家养动物[2]。鉴于本次整理的材料中牛和马各只发现 1 件标本，数量太少，无法讨论是否家养动物，所以下文将主要讨论猪的驯化问题。

目前为止，已经有不少学者发表了一系列关于家猪判断标准的文章[3]，在此基础上，有学者将其总结概括为以下几个方面[4]：①形态学特征，包括泪骨形态、头骨比例、第三臼齿尺寸、齿列扭曲、犬齿发育与否、下颌联合部的长宽比例和角度等；②年龄结构分析；③相对比例分析；④文化现象观察；⑤食性分析；⑥病理学观察，主要是 LEH 的观察；⑦古 DNA 分析。

从查海遗址本身的情况来看，由于动物遗存破碎程度较高，尤其是保存数量最多的臼齿，少数能够鉴定具体部位的的标本也是细心拼合粘对之后的产物，这样的保存状况，并不适合进行食性分析、古 DNA 分析以及病埋学的观察等方面的研究；而且由于保存部位有限，一些形态学特征（如泪骨形态、头骨比例、齿列扭曲、犬齿发育与否、下颌联合部的长宽比例和角度等）观察也无法进行，所以在下文的讨论中，我们将着眼点放在第三臼齿尺寸、年龄结构分析、相对比例分析和文化现象观察这四个方面。

1. 第三臼齿尺寸

本次整理的猪骨遗存中，M3 保存数量不多，仅 8 件，保存状况都比较差。

---

[1]　盛和林等：《中国鹿类动物》，华东师范大学出版社，1992 年。

[2]　袁靖：《略论中国古代家畜化进程》，《光明日报》2000 年 3 月 17 日。中国的"六畜"指的是食肉为主的狗，杂食的猪、鸡和以食草为主的马、牛、羊。

[3]　袁靖：《中国新石器时代家畜起源的问题》，《文物》2001 年 5 期；袁靖：《考古遗址出土家猪的判断标准》，《中国文物报》2003 年 8 月 1 日第 7 版；胡耀武、王昌燧：《家猪起源的研究现状与思考》，《中国文物报》2004 年 3 月 12 日第 7 版；袁靖：《动物考古学研究的新发现与新进展》，《考古》2004 年 7 期；凯斯·道伯涅，袁靖等：《家猪起源研究的新视角》，《考古》2006 年 11 期。

[4]　罗运兵：《中国古代家猪研究》，中国社会科学院研究生院博士学位论文，2007 年 5 月。

其中能够测量尺寸的仅 1 件，为右侧下颌 M$_3$，长 44.95 毫米，这一数值与东北野猪的尺寸比较相近[①]。

与查海遗址时代相近、文化面貌相似的内蒙古兴隆洼遗址[②]，猪的第三臼齿中有三分之二以上的个体尺寸超过 40 毫米，尤其到了晚期，第三臼齿中超过 40 毫米的个体数占到 90%，野猪的特征比较明显。

从第三臼齿测量数据上看，查海遗址与兴隆洼遗址相似，都比较像野猪的特征。

2. 年龄结构分析

本次整理的 482 件猪骨遗存，代表了 8 个不同年龄段的个体，其中以大于 2 岁的比例最高，1~1.5 岁的次之，1.5~2 岁的数量最少（图四三九）。从死亡年龄结构来看，查海遗址的猪以成年个体为主，未见 1 岁以下的幼年个体。

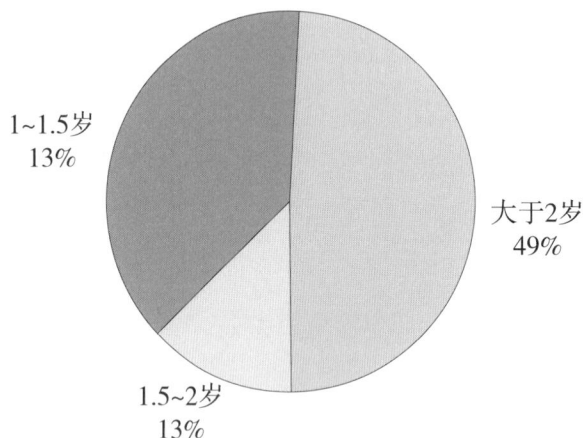

图四三九　查海遗址猪的死亡年龄结构分布示意图

兴隆洼遗址的猪年龄结构也是普遍偏大，和野猪的年龄结构类似[③]。

从死亡年龄结构来说，查海遗址也与兴隆洼遗址较为相似，都比较像野猪的特征。

3. 相对比例分析

从可鉴定标本数来说，全部动物种属中，猪的比例是最高的，与鹿相比优势比较明显（图四四○）；而从最小个体数来说，猪的数量优势则更加明显（图四四一）。查海遗址动物构成分析结果显示，猪的数量在全部动物中的比例始终是最高的。

---

① 罗运兵：《中国古代家猪研究》，19 页，中国社会科学院研究生院博士学位论文，2007 年 5 月。
② 袁靖：《中国古代的家猪起源》，西北大学考古学系、西北大学文化遗产与考古学研究中心编《西部考古·纪念西北大学考古学专业成立五十周年专刊》，三秦出版社，2006 年，45~47 页。
③ 袁靖：《中国古代的家猪起源》，西北大学考古学系、西北大学文化遗产与考古学研究中心编《西部考古·纪念西北大学考古学专业成立五十周年专刊》，三秦出版社，2006 年，45~47 页。

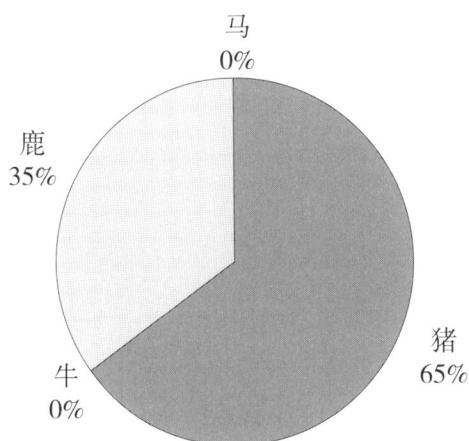

图四四〇　查海遗址动物可鉴定标本数
分布示意图

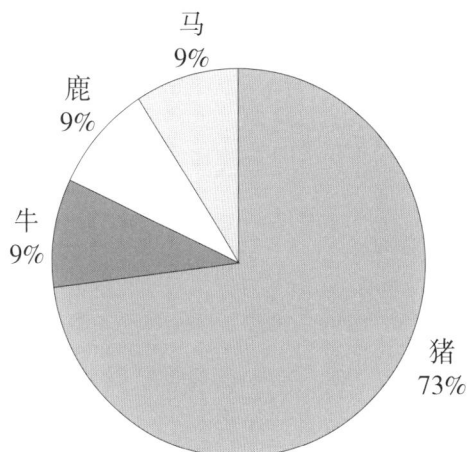

图四四一　查海遗址动物最小个体数
分布示意图

兴隆洼遗址分了三期，其中猪在早期占全部动物总数的42.9%，中期占了14.4%，晚期占了22.5%。这个特征似乎也使人联想到兴隆洼遗址出土的猪骨属于野猪的可能性较大[1]。

从哺乳动物的相对比例来看，查海遗址与兴隆洼遗址有一定的差异，前者猪的比例要明显高于其他动物，比较像家猪的特征。

4. 文化现象观察

本次整理的动物遗存分别出自14座房址、2个墓葬、2个灰坑和部分地层中，其中猪的遗存除了F1和F39外在其他单位内均有发现，而鹿的遗存仅在F32、F33、F39、F43、F46、M2和M8中发现，从出土频率来说，猪明显要高于鹿。

H36为一方形祭祀坑，出土的动物遗存为猪的臼齿残块和部分中型哺乳动物骨骼残块（可能也属于猪的遗存），大多被火烧过。以猪的牙齿和骨骼进行祭祀，说明先民与猪的关系比较特殊。

本次发现的猪骨遗存，以牙齿数量最多，且多比较破碎，少量保存相对完整的牙齿，90%以上是从齿根处断裂仅保留了齿冠部分的，这种现象比较特殊；而且在F20的灶内还发现了保存相对完整的一半猪头骨。我们推测这些现象可能是查海先民特殊意识F的一种反映。

兴隆洼遗址，唯独把猪放在墓葬里作为随葬，而不是把马、鹿、狍子等其他动物放在墓葬里，显示出当时人类与猪的特殊关系。在尚未发表的兴隆洼遗址的那几座房址里出土的那组兽头看，也是猪的比例明显高于马鹿。

从考古学文化现象观察的角度来说，两个遗址虽然存在了一定的差异，但是都不同程度的显示出先民与猪的特殊关系，可能与当时先民的特殊意识形态（原始宗教）有关。

---

[1]　袁靖：《中国古代的家猪起源》，西北大学考古学系、西北大学文化遗产与考古学研究中心编《西部考古·纪念西北大学考古学专业成立五十周年专刊》，三秦出版社，2006年，45～47页。

5. 小结

总的来说，从第三臼齿尺寸来看，查海遗址的猪可能为野猪，同样也有可能是处于驯化初期形态未发生变化的家猪，而且能够进行尺寸测量的标本数量太少，也不排除有家猪的可能性；从死亡年龄结构来看，以成年为主，有一定的集中性（图1），可能有人为干预的因素在里面，从这一点来说，查海遗址的猪有可能已经是家猪了；从相对比例分析来看，无论是出土频率还是可鉴定标本数、最小个体数的比例，猪都占了绝对的优势，查海遗址的猪有可能已经是家猪了；猪骨遗存保存状态及出土部位显示出一定的特殊性，表明查海先民与猪的关系可能比较密切。

袁靖先生认为兴隆洼遗址已经出现家猪了，而且先民饲养家猪可能与原始宗教有关[1]。查海遗址发现了祭祀坑和龙形堆石[2]，应该与原始宗教有关。由此，我们推测查海先民可能已经开始驯养家猪了，遗址发现的猪骨遗存应该有一部分是属于家猪的。

综合以上分析，查海先民与猪的关系比较密切，可能已经开始驯养家猪了。从出土频率和数量比例等方面来看，猪都是先民日常生活中最重要的动物，可能是先民肉食的主要来源；祭祀坑等考古学文化现象表明，当时的猪可能不光为先民提供肉食，还有宗教等其他方面的特殊意义。

二　查海遗址炭化植物遗存研究[3]

1993 年发掘过程中采集了少量炭化植物标本，包括木炭和炭化种子、果实，其中木炭和果实是发掘过程中采集的肉眼可见的标本（图版二八四～二八七），而炭化种子则是后来在实验室中从土样中筛出来的。这些标本于 2010 年秋在山东大学第四纪环境与考古实验室进行了种属鉴定和分析。作为东北地区年代较早的考古遗址之一，查海遗址炭化植物遗存的鉴定和分析结果，为探讨聚落周围的植被和人类利用植物的方式提供了重要证据。

（一）分析材料与方法

木炭标本采自 F26、F32、F34 和 T0511 等 4 个单位。种子和果实标本的田野编号是 27（92FCF16，一粒炭化果实）、28（94FCI 区 F49，一个土样）、30（炭化果实若干，但无任何遗迹编号）。

木炭标本的处理方法是：在各单位样品中随机选择 15 块，做横、径、弦三个切面后，放入 HITACHI TM－1000 扫描电镜下鉴定、拍照。种属鉴定主要参考《中国木材志》[4] 等专著。

① 袁靖：《中国古代的家猪起源》，西北大学考古学系、西北大学文化遗产与考古学研究中心编《西部考古·纪念西北大学考古学专业成立五十周年专刊》，三秦出版社，2006 年，45～47 页。
② 袁靖：《中国古代的家猪起源》，西北大学考古学系、西北大学文化遗产与考古学研究中心编《西部考古·纪念西北大学考古学专业成立五十周年专刊》，三秦出版社，2006 年，48 页。
③ 山东大学东方考古研究中心：靳桂云、吴文婉、王海玉，辽宁省文物考古研究所：辛岩合作完成。
④ 陈俊卿等：《中国木材志》，中国林业出版社，1992 年。

　　炭化种子果实标本的处理方法是：将土样过筛，获得了炭化种子若干，并将其与炭化果实一起进行种属鉴定和分析，之后对这些植物遗存进行拍照和测量。种子和果实的种属鉴定主要参考《植物考古——种子和果实研究》[①] 等著作。

（二）鉴定结果

1. 木炭鉴定结果

　　4 份样品共发现 8 种阔叶树种属，包括桦木属、麻栎属、杨属、榆树属、朴树属和 3 种未知的阔叶树（表 1）。

表 1　查海遗址不同遗迹单位阔叶树种属统计表

单位	种　属	备　注
F26	桦木属（*Betula* L.）	图版二八八
	麻栎属（*Quercus* L.）	图版二八九
	杨属（*Populus* L.）	图版二九〇
F32	麻栎属（*Quercus* L.）	图版二九一
	未知 1（Unknown 1）	图版二九二
F34	未知 2（Unknown 2）	图版二九三
	未知 3（Unknown 3）	图版二九四
T0511	麻栎属（*Quercus* L.）	图版二九五
	朴树属（*Celtis* L.）	图版二九六
	榆树属（*Ulmus* L.）	图版二九七

　　桦木属的显微结构特征：横切面生长轮略明显或明显，散孔材，导管横切面为圆形、卵圆形，单管孔及径列复管孔 2～4 个，少数呈管孔团，散生，管孔略少，大小略一致，分布略均匀，在生长轮外面部分较小，侵填体未见，轴向薄壁组织量少，呈轮界状，木射线密度中，极细至略细；径切面螺纹加厚缺如，复穿孔、梯状，射线组织同形单列及多列；弦切面单列射线较多，多高 5～15 个细胞，多列射线宽 2～4 个细胞，多高 10～25 个细胞。

　　麻栎属的显微结构特征：横切面上生长轮明显，环孔材，导管横切面为圆形及卵圆形，早材管孔略大，连续排列成早材带，宽 2～5 个管孔，早材带 1 列管孔，部分具侵填体，早材至晚材急变，晚材管孔略小，径列，通常宽 1～2 个管孔，轴向薄壁组织量多，多为星散 - 聚合及离管带状，木射线分宽窄两类；径切面螺纹加厚缺如，单穿孔，射线组织同型单列及多列；弦切面木射线非叠生，窄木射线通常单列，多高 5～15 个细胞，宽木射线最宽处宽至许多细胞，高许多细胞。

---

① 　刘长江、靳桂云、孔昭宸：《植物考古——种子和果实研究》，科学出版社，2008 年。

杨属的显微结构特征：横切面生长轮较明显，散孔材至半环孔材，导管横切面为圆形、卵圆形，具多角形轮廓，多为单管孔及短径列复管孔 2～4 个，偶呈管孔团，散生，管孔数多略小，侵填体未见，轴向薄壁组织量少，木射线密度中至密，极细至略细；径切面螺纹加厚缺如，单穿孔，射线组织同形单列，偶为异形Ⅲ型；弦切面单列射线（偶至 2 列），多高 10～18 个细胞。

榆树属的显微结构特征：横切面生长轮明显，环孔材，早材管孔略大，导管横切面为圆形及卵圆形，连续排列成早材带，多宽 1～3 列管孔，具侵填体，早材至晚材急变，晚材管孔略小，导管横切面上为不规则多角形，轴向薄壁组织多为傍管状，常与晚材导管一起排列成弦向带或波浪形，木射线密度稀至中，极细至中；径切面螺纹加厚仅存在于小导管管壁上，单穿孔，射线组织为同形单列及多列；弦切面单列射线高 1～23 个细胞或以上，多列射线通常宽 2～9 列细胞，多高 5～50 个细胞。

朴树属的显微结构特征：横切面生长轮明显，环孔材，早材管孔略大，导管横切面为圆形及卵圆形，连续排列成早材带，宽 2～5 列（通常 2～3）管孔，侵填体可见，早材至晚材略急变，晚材导管常具多角形轮廓，多呈管孔团，轴向薄壁组织在晚材带上多围绕导管连续成波浪形弦向带或斜列，木射线密度中，极细至中；径切面螺纹加厚仅存在于小导管管壁上，单穿孔，射线组织异形Ⅱ型；弦切面单列射线高 1～18 个细胞，多列射线多宽 4～9 个细胞，多高 12～53 个细胞，部分射线具有鞘细胞。

未知 1 的显微结构特征：横切面上生长轮明显，环孔材，导管横切面为圆形及卵圆形，早材管孔略大，连续排列成早材带，早材带 1～3 列管孔，侵填体少，早材至晚材急变，晚材管孔略小，径列，通常宽 1～2 个管孔，轴向薄壁组织量多，多为离管带状，木射线中至密，较细至极细；径切面小导管螺纹加厚，单穿孔，射线组织同型单列及多列；弦切面多宽列射线，宽 3～6 个细胞，多高 15～30 个细胞。

未知 2 的显微结构特征：横切面生长轮明显，环孔材，导管横切面为圆形或卵圆形，早材管孔略小至中，连续排列成明显早材带，多宽 1～2 列管孔，早材至晚材急变，晚材管孔略小，单管孔及径列复管孔（通常 2～5 个），散生或短径列，轴向薄壁组织量较多，木射线稀至中，略细至中；径切面螺纹加厚缺如，单穿孔，射线组织同形单列及多列，偶见异形Ⅲ型；弦切面单列射线，高 1～10 个细胞或以上，多列射线多宽 2～4 个细胞，多高 9～30 个细胞。

未知 3 的显微结构特征：横切面生长轮明显，环孔材，导管横切面为圆形及卵圆形，早材管孔中至略大，早材至晚材略急变，晚材管孔略小至甚小，单管孔，短径列复管孔（2～3 个）及少数管孔团，散生，轴向薄壁组织在晚材中分布较多，木射线稀至中，甚细至略细；径切面螺纹加厚未见，单穿孔，射线组织同形单列及多列；弦切面多列射线宽 2～4 个细胞，多高 10～30 个细胞。

2. 炭化种子和果实鉴定结果

炭化种子和果实鉴定结果见表 2。共发现约 10 种植物的果实和种子，包括山杏（*Armeniaca vulgaris* var. ausu）的内果皮和种子、胡桃属（JuG1ans sp.）的内果皮、榛子（*Corylus*sp.）的果壳、豆科（Leguminosae）种子、禾本科大狗尾草（Setaria. faberii Herrm.）、狗尾草（Setaria. viridis（L）Beauv.）和马唐属（Digotaria）的颖果等，还有几个未知果实和种子。

表 2　查海遗址炭化种子果实一览表

编号	单位	果实					豆科		禾本科					未知种子
		未知	山杏		胡桃属	榛子	豆科1	豆科2	狗尾草属		马唐属			
			内果皮	种子					大狗尾草	狗尾草	马唐属1	马唐属2		
27	F16	1												
28	F49						23	4	17	26	2	52		2
30	无标签		1	18										2
31	F2		9	2										
32	F51				2									
33	F53					1								

注：表格统计数量为相对完整种子果实的数量，碎片未计入

F16，果实 1 个，稍残。略呈扁球体，7.5×9.5 毫米。果肉内部可见 5 个心室，仅保留 1 粒种子。种子呈不完全对称的卵形，一边稍厚，另一边稍薄，表面可观察到有凸起的细棱纹和网纹（图版二九八）。

F49，从土样中筛出 126 粒炭化种子，有豆科 27 粒和禾本科 97 粒，还有 2 粒未知种属者。

（1）豆科种子

根据种子形态特征和大小，27 粒豆科种子可细分为豆科 1 和豆科 2 两类，具体种属尚无法确定。以下分别介绍：

豆科 1 共 23 粒，呈卵圆至椭圆形，表面光滑，部分种脐不明显，可见种脐的均在一侧偏基端。种子长 1.3～1.6 毫米，宽 0.9～1.3 毫米（图版二九九，1～2）。

豆科 2 共 4 粒，与豆科 1 相比种子较胖圆，呈宽卵圆形，表面光滑，种脐不明显。长 1.5～1.6 毫米，宽 1.1～1.3 毫米（图版二九九，3）。

（2）禾本科植物的颖果

有狗尾草属（包括大狗尾草、狗尾草）和马唐属。

狗尾草属共 43 粒。其中一种可能是大叶狗尾草（Setaria faberii Herrm.），17 粒，其中 4 粒带完整稃壳，外稃具细横皱纹，整体呈阔椭圆形，背部极拱凸，腹部平，长 2.3～2.9 毫米，宽 1.2～1.9 毫米。颖果呈椭圆形，胚区不明显，背鼓而腹平，测量完整的 6 粒长 1.9～2.2 毫米，宽 1.3～1.6 毫米（图版三〇〇）；另一种可能是狗尾草（Setaria viridis（L.）Beauv），26 粒，均带稃壳，外稃带细点状皱纹，内附带细颗粒状突起，背拱腹平，长 1.4～1.8 毫米，宽 0.9～1.4 毫米（图版三〇〇）。

马唐属共 54 粒。从形态上的细微差别或可再分为两类。马唐属 1 有 2 粒，颖果呈窄卵形，其

中 1 粒残长 1.8 毫米，宽 0.9 毫米；另 1 粒完整长 1.8 毫米，宽 0.8 毫米，基部可见脐，疑为马唐（*Digotaria sanguinalis*（L.）Scop.）或毛马唐（*Digitaria sangninalis* var. ciliaris（Retz.）PPark）（图版三〇一，1）。马唐属 2 有 52 粒，颖果呈两端略尖的长卵圆形，大部分带稃壳，内稃不明显，外稃膜质，隐约可见纵条纹，长 1.4 ~ 1.8 毫米，宽 0.7 ~ 1 毫米（图版三〇一，2 ~ 3）。

（3）2 粒未知种子如下：

未知 1：椭圆形，表面光滑，一面圆鼓一面扁平，未见种脐。形状似豆科（图版三〇二，1 ~ 2）。

未知 2：近圆形，背拱腹平，似有外稃包裹，长 2 毫米，宽 1.8 毫米（图版三〇二，3 ~ 4）。

编号为 30 的样品，没有具体的遗迹编号。样品中出土炭化种子包括 1 粒山杏（*Armeniaca vulgaris* var. ausu）核、18 粒完整杏仁和杏仁碎屑以及 2 粒未知种子。山杏核近圆形，中间凸起，边缘扁平有沟棱，种子表面光滑，长 11.09 毫米，宽 10.96 毫米，中部最厚处 6.69 毫米（图版三〇三）。杏仁完整者 18 粒，近圆形，一边稍尖，部分保留有核膜，膜上有纵向细纹，平均长 8.77 毫米，平均宽 7.66 毫米，平均厚 5.22 毫米（图版三〇三），另有杏仁碎屑和杏核壳碎片（图版三〇三）。

未知种子 2 粒，其中 1 粒正面呈宽椭圆形，侧面为卵圆形，因保存状况差而表面纹饰不清，可观察的到不明显的小凹坑，长 8.80 毫米，宽 7.14 毫米，厚 5.81 毫米（图版三〇四）；1 粒稍残，正面呈中间宽两端尖的梭形，侧面一面圆鼓一面扁平，表面凹凸不平，长 9.63 毫米，宽 7.26 毫米（图版三〇四）。

F26，出土山杏核和杏仁。杏核包括 9 粒完整的和若干核壳碎片，完整者呈近圆形，一端稍尖，表面光滑，中部略鼓起，边缘稍扁，平均长 12.58 毫米、宽 11.17 毫米，厚 7.48 毫米（图版三〇五）。2 粒完整杏仁近圆形，一端尖，整体较扁，平均长 10.25 毫米、宽 8.76 毫米，厚 5.84 毫米（图版三〇五）。

F51，出有 2 块胡桃属（*JuGlans* sp.）内果皮碎块，果皮上纵沟明显，形态上与北福地遗址发现的核桃楸相近，但由于保存不佳已碎成多块，照片中无法看清核桃楸的整体特征，故在此定为胡桃属（图版三〇六）。

F53，出有若干山杏内果皮碎片（图版三〇七）和 1 块榛子（*Corylus* sp.）的内果皮碎块。榛子的内果皮上有纵向并列的长约 1 毫米的细密裂线（图版三〇七）。

（三）木炭遗存反映的聚落植被和人类利用方式

考古遗址中出土的树种是人类对植物进行选择的结果，但是这些植物仍然能够在一定程度上代表聚落的区域植被，特别是史前时期，聚落中使用的木材资源多来自于聚落周边的自然植被，因而从某种程度上能够代表聚落的区域植被类型[1]。查海遗址木炭鉴定结果显示，遗址中发现的木炭种类以麻栎属为主，此外包括桦木属、杨属、榆树属、朴树属等阔叶树种，均为落叶阔叶林

---

[1] 靳桂云等：《山东地区考古遗址出土木炭种属研究》，山东大学东方考古研究中心编：《东方考古》（第 6 集），科学出版社，2009 年。

中重要的树种。麻栎属是暖温带落叶阔叶林区域地带性植被的主要类型[1]；槭树属、榆树属、椴树属等常构成的各种混交林；杨属、桦木属和赤杨属等常组成山地森林。查海遗址木炭遗存的发现，暗示着7000 a BP[2] 聚落周围存在着大片的落叶阔叶林。

与查海遗址同时期的冀北辽西地区的植物考古分析结果，也显示出该地区分布着大片落叶阔叶林。平谷上宅遗址的石磨盘、石磨棒上发现了橡子的淀粉粒[3]，反映7000a BP 前后华北平原分布有典型的落叶阔叶地带性植被——栎林，并且主要包括了蒙古栎林、槲栎林、槲树林和麻栎林等，气候较今温暖湿润，与该遗址孢粉分析的结果相同[4]。兴隆洼[5]和小山遗址中都发现了胡桃科的胡桃楸果核，距兴隆洼遗址13 公里的兴隆沟遗址[6]，F20 西北角也出土了10 余枚炭化山核桃，研究者认为遗址附近曾有落叶乔木生长，推测该区自然植被可能属于温带森林。沈阳新乐遗址下层[7]发现大量榆、栎属的花粉，此外，还有柳、胡桃、怪柳、接骨木等属的花粉，草本植物较少，表现出落叶阔叶林为主的植被特征，结合炭化植物中发现了栎的叶痕及种实、榛的果实、杏和枣的果核、山楂和山荆的果实，悬钩子的叶痕及榆古木遗存等，研究者认为新乐遗址及其附近多落叶阔叶树，并以榆树和栎树常见，气候温暖湿润。根据这些遗址中植物遗存的研究结果，我们发现7000a BP 左右在冀北辽西地区普遍分布着大片落叶阔叶林，栎林是落叶阔叶林中主要的组成，此外还生长着榆树、柳树、胡桃树等大量阔叶树种。

根据我国的植被区划，目前冀北辽西地区属于暖温带落叶阔叶林向温带草原过渡的地区，落叶阔叶林以油松阔叶混交林为主，代表性树种有辽东栎、蒙古栎、油松等，冀北山地北侧丘陵及山麓发育着长芒草草原和百里香草原[8]。这种植被类型与距今7000a BP 左右该地区以栎林为主的落叶阔叶林的植被景观有所不同，这可能与古今气候的变化有很大关系。约在11.5ka BP 时，新仙女木事件结束，全新世到来，气温开始迅速在波动中回升，10ka BP 前后，中国西、东部先后进入全新世适宜期[9]，西

① 中国植被编辑委员会：《中国植被》，科学出版社，1995 年。
② 查海遗址碳－14 测年为距今7360＋150 年（未经树轮校正），参见辽宁省文物考古研究所：《辽宁阜新县查海遗址1987～1990 年三次发掘》，《文物》，1994 年11 期。
③ 校正后年代第5 层为（7207±211）cal a BP 和（6863±132）cal a BP，第7 层为（7443±93）cal a BP。参见杨晓燕、郁金城等：《北京平谷上宅遗址磨盘磨棒功能分析：来自植物淀粉粒的证据》，《中国科学D 辑：地球科学》，2009 年39 卷9 期，1266～1273 页。
④ 周昆叔：《上宅新石器文化遗址环境考古》，《中原文物》2007 年2 期，19～24 页；杨晓燕、郁金城等：《北京平谷上宅遗址磨盘磨棒功能分析：来自植物淀粉粒的证据》，《中国科学D 辑：地球科学》，2009 年39 卷9 期，1266～1273 页。
⑤ 兴隆洼遗址F119 居住面上木炭14C 测年为距今7240±95 年。参见孔昭宸、杜乃秋：《内蒙古敖汉旗兴隆洼遗址植物的初步报告》，《考古》1985 年10 期，873～874 页。
⑥ 刘国祥：《兴隆沟遗址第一地点发掘回顾与思考》，《内蒙古文物考古》，2006 年2 期，8～15 转30 页。
⑦ 新乐下层14C 测年为6800±145a BP～7245±165a BP，测年数据未注明是否经树轮校正。参见刘牧灵：《新乐遗址的古植被和古气候》，《考古》1988 年9 期，846～848 页。
⑧ 中国植被编辑委员会：《中国植被》，科学出版社，1980 年。
⑨ 何元庆、姚檀栋等：《冰芯与其它记录所揭示的中国全新世大暖期变化特征》，《冰川冻土》2003 年第25 卷1 期，11～18 页。

部地区古气候情况在古里雅冰芯和敦德冰芯均有记载①，孔昭宸等在内蒙古地区所做的孢粉分析也发现，11000±230 a BP 呼伦贝尔盟东部地区不仅湖沼棋布，而且生长着由松、榆、椴、胡桃等组成的茂盛的温带针叶－阔叶混交林②。8.2ka BP 全球性气候转冷的突变事件之后③，8.0kaBP 气温逐渐回升④，中国东部地区石笋、泥炭及孢粉等记录显示，全新世适宜期在我国东部季风区一直持续至 5ka BP⑤，在全新世适宜期的背景下，冀北辽西地区也应该更加温暖湿润，而 7000a BP 查海遗址的发现恰好证实了该时期的气候状况。

　　比较分析则显示了查海遗址木炭分析结果因采样数量少导致的局限性。扎赉若尔地区和上宅遗址的孢粉中均发现了针叶树种，距今 11460±230a BP 的扎赉若尔地区发现了樟子松和冷杉的孢粉，分别占该层花粉总数的 2.6% 和 2.3%⑥，平谷上宅遗址发现 8 粒 6340±200a BP 松属的孢粉，占该层花粉总数的 15%⑦，但是到目前为止，查海遗址并没有发现针叶树种，这可能存在两个因素，一是取样单位较少，非系统全面的采集样品，造成植物种类在鉴定中的偏差；二是可能该聚落居民对针叶树的利用较少，至少显著少于阔叶树，所以在遗址中保存下来的数量就相应较少，其中冷杉生长于海拔 2000～4000 米的地区⑧，适于潮湿、阴冷的环境⑨，查海遗址周围的山地垂直地带可能分布着针阔混交林，而聚落周边主要生长着大片落叶阔叶林，在森林植被茂盛的情况

① 据古里雅冰芯 δ¹⁸O 值记载，至 10.9ka BP 气温升高达 12℃，参见姚檀栋：《末次冰期青藏高原的气候突变——古里雅冰芯与格陵兰 GRIP 冰芯对比研究》，《中国科学 D 辑：地球科学》，1999 年第 29 卷 2 期，175～183 页；姚檀栋：《古里雅冰芯氧同位素地层学》，《第四纪研究》2000 年第 2 期，165～170；Thompson L G. Thompson E M. Davis M E. et al. Glacial stage ice～core records from the subtropical Dunde ice cap. China. *Annals of Glaciology.* 1990. 14：288～297.；Thompson L G. Yao T. Davis M. E. Davis M E. et al. Tropical climatic instability：the Last Glacial Cycle from a Qinghai～Tibetan ice core. *Science.* 1997. 276：1821～1825.

② 孔昭宸、杜乃秋：《内蒙古自治区几个考古点的孢粉分析的古植被和古气候上的意义》，《植物生态学与地植物学丛刊》，1981 年第 5 卷 3 期，193～202 页。

③ 古里雅冰芯记载了 9.4ka BP 和 8.2ka BP 全新世早期两次降温事件，其中 8.2ka BP 降温幅度达到了 7.8～10℃。参见王宁练、姚檀栋：《全新世早期强降温事件的古里雅冰芯记录证据》，《科学通报》，2002 年第 47 卷 11 期，818～823 页。

④ 古里雅冰芯的 δ¹⁸O 值显示，8.0kaBP δ¹⁸O 值又逐渐回升。

⑤ 神农架山宝洞石笋记录显示在 9.3～4.4ka BP 时，该区降水充沛、气候湿润。参见 Wang Y J, Chwng H. et al. Millennial and orbital～scale change in the East Asian monsoon over the past 224000 years. *Nature*, 2008, 451 (7182)：1090～1093 页；董进国、孔兴功、汪永进等：《神农架全新世东亚季风演化及其热带辐合带控制》，《第四纪研究》，2006 年第 5 期，827～834 页；邵晓华、汪永进等：《全新世季风气候演化与干旱事件的湖北神农架石笋记录》，《科学通报》，2006, 51 (1)：80～86 页；江西大湖 10～6ka BP，气候更加温暖湿润。参见 Zhou W. J., Yu X. F., et al. High～resolution evidence from southern China of an early Holocene optimum and a mid～Holocene dry event during the past 18, 000 years. *Quatern Res.* 2004, 62 (1)：39～48 页；萧家仪、吕海波、周卫健：《末次盛冰期以来江西大湖孢粉植被与环境演变》，《地球科学 D 辑：地球科学》，2007 年第 6 期，789～797 页。段福才、汪永进等：《13 ka 以来东亚夏季风演变过程和全新世适宜期问题》，《地球科学》，2009 年第 2 期，105～113 页。

⑥ 孔昭宸、杜乃秋：《内蒙古自治区几个考古点的孢粉分析的古植被和古气候上的意义》，《植物生态学与地植物学丛刊》，1981 年第 3 期，193～202 页。

⑦ 周昆叔：《上宅新石器文化遗址环境考古》，《中原文物》，2007 年 2 期，19～24 页。

⑧ 中国科学院中国植物志编辑委员会：《中国植物志》，科学出版社，1978 年。

⑨ 崔海亭、李宜垠等：《利用炭屑显微结构复原青铜时代的植被》，《科学通报》，2002 年第 19 期，1504～1507 页；王树芝等：《内蒙古赤峰市大山前第一地点夏家店下层文化的植被和生态气候》，《华夏考古》，2004 年 8 期，44～51 页。

下，人们主要从聚落周边获取木材资源。

综上所述，查海及周围考古遗址出土植物遗存分析结果显示，在查海遗址乃至冀北辽西地区的广大范围内，距今 7000 年前后，聚落周围普遍生长着包括麻栎属、桦木属、杨属、榆树属、朴树属在内的阔叶树种，而目前该地区的低山丘陵和平原地带主要植被类型是草原，森林植被很少，这一方面可能是人类活动导致原生植被减少，也可能反映出 7000a BP 年前后比现在更加温暖湿润，中国全新世气候变迁的研究也显示了相似的趋势。

此外，查海遗址没有发现针叶树种，可能与采样数量少和采样不系统有关，也可能是人类对森林资源的选择利用有关，只有开展多遗址、系统科学采样，才可能准确回答上述问题。

（四）种子和果实遗存反映的生业方式

查海遗址出土的炭化种子和果实种类较多，应是当时先民植物性食物来源较丰富的反映。同时，这些植物都是可食的野生植物类型，可能表明当时采集野生植物是聚落居民获取植物性食物的主要方式，这种情况与邻近的兴隆沟遗址的情况有所不同。植物考古研究表明，兴隆沟遗址出土的谷子和糜子虽然从形态和尺寸上仍保留浓厚的野生祖本特征，但还是表明当时已经出现了初期的植物栽培活动[①]。兴隆沟遗址的动物考古研究结果显示，这里出土的部分猪骨明显地具有家猪的特点，同时，与猪骨同出的还有大量的野生动物如马鹿等的骨骼[②]。兴隆沟遗址动植物遗存研究显示，当时可能处于农业萌芽时期，植物栽培和动物驯养都已经出现，但狩猎和采集经济仍然在生业经济中占比较重要的地位，根据石器进行的生业经济形态研究也得到了类似的结论[③]。由于查海遗址与兴隆沟遗址地理位置较近，时代大致相同，而且文化面貌也有相似之处，所以我们推测，查海遗址可能也已经出现了植物栽培和动物驯化，之所以我们没有发现炭化的驯化植物遗存，可能与采样数量少和炭化植物遗存保存需要一定条件有关。我们寄希望于查海遗址的微体植物遗存和动物遗存的研究结果提供史进一步的证据，丰富我们对聚落生业方式的认识。

三　查海遗址石器表层残留物淀粉粒分析[④]

关于查海遗址的生业经济模式，以往极少有科学研究结果问世。有学者仅根据出土的各类工具提出该遗址"已不单单是一种纯粹的'刀耕火种'的农业方式"[⑤]。1994 年发掘该遗址过程中

---

① 赵志军：《探寻中国北方旱作农业起源的新线索》，《中国文物报》2004 年 10 月 11 日。
② 袁靖：《中国古代的家猪起源》，载：西北大学考古学系、西北大学文化遗产与考古学研究中心编，《西部考古》（第一辑），三秦出版社，2006 年。
③ 王小庆：《兴隆洼与赵宝沟遗址出土细石叶的微痕研究》，载：西北大学考古学系、西北大学文化遗产与考古学研究中心编，《西部考古》（第一辑），三秦出版社，2006 年。
④ 山东大学东方考古研究中心：靳桂云、王育茜、吴文婉、王海玉，辽宁省文物考古研究所：辛岩合作完成。
⑤ 胡健、刘小鸿、纪岚：《试析查海遗址的原始农业》，《农业考古》，1995 年 3 期，27～29 页。

曾经采集了少量的炭化植物遗存，使我们有机会了解该聚落的植物利用情况①，但因采样单位和采集标本数量少而难以反映聚落的植物利用情况。

从目前考古发现来看，年代久远和保存环境的差异使得史前遗址中炭化植物遗存的发现存在偶然性，这在很大程度上限制了我们对史前社会生业模式的探讨。对此，我们需要有更好的方法和手段来寻求突破，淀粉粒分析便是其中之一。

淀粉粒分析是近10多年来新兴的一项技术，其基本思路是通过建立现代植物种属的淀粉粒形态标准，用于鉴定从土壤地层、考古器物以及牙垢中获取的古代淀粉粒种属，以进行古环境重建、古代人类对植物的利用以及考古器物的功能分析②。迄今淀粉粒分析已在美洲、澳洲等地的农作物起源与传播、石器功能分析和古环境重建研究中得到广泛应用，并取得显著成果③。近年来，杨晓燕等人将这项技术应用到考古遗址的分析中，也取得一些成果④。实践证明，淀粉粒分析可

---

① 王育茜、吴文婉、辛岩、靳桂云、王海玉：《辽宁阜新查海遗址炭化植物遗存研究》，本报告。

② 杨晓燕、吕厚远、夏正楷：《植物淀粉粒分析在考古学中的应用》，《考古与文物》，2006年3期：87~91页。

③ a. Torrence R, Barton H. Ancient Starch Research. Walnut Creek: Left Coast Press. 2006: 1~256.

b. Perry L. Starch analysis reveal multiple functions of quatrs "manioc" grater flakes from the Orinoco Basin, Venezuela. Interciencia, 2002, 27: 635~639.

c. Piperno D R, Husum~Clary K, Cooke R G, et al. Preceramic maize from centralPanama: Evidence from phytoliths and pollen. Am Anthropol, 1985, 87: 871~878.

d. Perry L, Dickau R, Zarrillo S, et al. Starch fossils and the domestication and dispersal of chili peppers (*Capsic μm spp. L.*) in the Americas. Science, 2007, 315: 986~988.

e. Piperno D R, Holst I. The presence of starch grains on prehistoric stone tools from the humid Neotripics: Indications fo early tubre use and agriculture inPanama. J Archaeol Sci, 1998, 25: 765~776.

f. Piperno D R, Ranere A J, Holst I, et al. Starch grains reveal early root crop horticulture in the Panamanian tropical forest. Nature, 2000, 407: 894~897.

g. Piperno D R, Weiss E, Holst I, et al. Processing of wild cereal grains in theUpper Palaeolithic revealed by strach grain analysis. Nature, 2004, 430: 670~673.

h. Zarrillo S, Pearsall D M, Raymond J C, et al. Directly dated starch residues document early formative maize (*Zea mays L.*) in tropical Ecuador. Proc Natl Acad Sci USA, 2008, 105: 5006~5011.

i. Piperno D R, Dillehay T D. Starch grains on human teeth reveal early broad crop diet in northernPeru. Proc Natl Acad Sci USA, 2008, 105: 19622~19627.

j. Henry A G, Piperno D R. Using plant microfossils from dental calculus to recover human diet: A case study from Tell al-Raqu'I, Syria. J Archaeol Sci, 2008, 35: 1943~1950.

④ a. 杨晓燕、蒋乐平：《淀粉粒分析揭示浙江跨湖桥遗址人类的食物构成》，《科学通报》，2010年第55卷第7期，第596~602页。

b. 杨晓燕、郁金城、吕厚远、崔天兴、郭京宁、刁现民、孔昭宸、刘长江、葛全胜：《北京平谷上宅遗址磨盘磨棒功能分析：来自植物淀粉粒的证据》，《中国科学D辑：地球科学》，2009年第39卷第7期，第1~8页。

c. LI MingQi et al. Starch grains from dental calculus reveal ancient plant foodstuffs at Chenqimogou site, Gansu Province. Science China, 53 (5): 694~699.

d. 李明启、杨晓燕、王辉、王强、贾鑫、葛全胜：《甘肃临潭陈旗磨沟遗址人牙结石中淀粉粒反映的古人类植物性食物》，《中国科学：地球科学》，2010年第40卷第4期，486~492页。

e. Houyuan Lu et al. Millet noodles in Late Neolithic China. Nature, 2005, 437: 967~968.

f. 李明启等：《青海卡约文化丰台遗址灰坑古代淀粉粒揭示的植物利用情况》，《第四纪研究》，2010年第30卷第2期，第372~376页。

以从遗址出土的各类遗物上获得更多古代动植物和人类活动信息，使原来更多地作为分期断代标准的器物发挥更大的作用。

查海遗址出土有大量石磨盘和磨棒，另有少量炭化植物遗存的分析结果，参考兴隆沟等遗址的研究结果，我们有望通过结合石磨盘、棒表层的残留物分析对查海遗址这两类石器工具的功能有一定了解，并探讨其生业经济模式等问题。由于时间关系，目前我们只完成2件石磨盘和2件石磨棒的分析工作，本文将报告这4件石器的残留物分析结果。

（一）分析材料与方法

1. 分析材料

本次选取的石磨盘编号分别为F47∶32（图版二〇八，5）和F48∶47（图版二一〇，6），前者呈长方形，残，两端略上翘，表面布满点状坑；后者残，应为原磨盘的一半，使用面平滑带有点状凹痕，正中有一小圆窝，十分规整，非使用面呈弧形。石磨棒编号分别为F46∶50（图版二一九，1）和F47∶31（图版二二一，2），前者整体呈长条形，略残，磨制，一端较粗另一端略细，截面为椭圆形，表面凹凸不平；后者整体较细长浑圆，磨制，有使用造成的小凹坑痕迹。四件石器的表面都明显遗留有使用痕迹。

2. 分析方法

所有石磨盘和磨棒在发掘后均按田野考古工作流程进行了清洗，之后存放于库房中。此次淀粉粒采样在库房现场进行，采样之前我们用干净的毛刷对石器表面仔细进行清扫，去除表面可能存在的灰尘。两件石磨盘分别对使用面和非使用面进行采样；F46∶50石磨棒同样对使用面和非使用面分别取样；F47∶31石磨棒由于整体浑圆，使用面与非使用面的区别并不十分明显，因此对此磨棒的主体进行全部采样。采样过程中，针对石器的大小和采样点不同等情况，我们采用了不同的方法和仪器进行取样，包括超声波震荡仪采样、移液器采样和超声波牙刷采样三种方法。4件石器共取样10份，这批样品在山东大学植物考古实验室进行淀粉粒提取，在中国科学院地理科学与资源研究所古生态实验室完成镜检和拍照。

因采样方法不同，各个样品携带的土量和水量不等，将各样品进行离心除去水分之后，按照常规方法进行淀粉粒提取。为了防止样品污染，在处理每个样品前均对实验台进行了擦拭，试管、镊子等实验用具在清洗后均经过30分钟以上沸水蒸煮并超声震荡，以破坏和清除残留在器皿内的淀粉粒。从土样上提取淀粉粒分别按照以下步骤进行：

（1）加入适量10% HCL，充分反应后重复加入超纯水洗酸，3000rpm/10min离心，至上浮液澄清呈中性。倒掉上清液。

（2）加入适量6% H_2O_2，充分反应后重复加入超纯水清洗，3000rpm/10min离心，至上浮液澄清呈中性。倒掉上清液。

（3）加入5%六偏磷酸钠（Calgon），震荡后放置反应，后2000rpm/1min离心，倒掉上浮液。

再加入 Calgon，重复此操作，至上浮液澄清。待 Calgon 处理后重复加入超纯水洗 Calgon，3000rpm/10min，至上浮液澄清。倒掉上清液。

（4）用比重为 1.75 的 CsCl 重液充分震荡混合提取淀粉粒，2000rpm/10min 离心，将上浮液倒入另一个编号相同的离心管。原土样再加入一次重液，离心，将上浮液一并倒入离心管。

（5）在第二个离心管中加入超纯水洗重液，震荡后 3000rpm/10min 离心。离心后小心将离心管取出，用滴管将上浮液吸出 1/4。离心管里再加入超纯水，震荡离心，后吸出上浮液 1/3。重复上述操作，依次再吸出上浮液的 1/2、3/2 和"全部"。

（6）用滴管吸出离心管中剩余的用于制片的液体滴在载玻片上，在烘箱中以 40℃ 以下低温烘干。样品烘干后，用 20% 甘油制片，透明指甲油封片。

对淀粉粒的鉴定，我们参考了现代植物淀粉粒形态数据库和图谱，包括外国学者已经发表的资料[①]和我国学者对中国本土常见植物淀粉粒形态的分析结果。近年来我国学者致力于建立中国北方主要淀粉类植物的淀粉粒形态特征数据库和图谱，主要有禾本科黍属（Panicum）、狗尾草属（Setaria）、稻属（Oryze）、黑麦草属（Lolium）和山羊草属（Aegilops），壳斗科的栎属（Quercus）、栗属（Castanea）、榛属（Coylus），胡桃科胡桃属（JunG1ans），豆科小豆属（Vigna）等近 20 个属 40 多个种[②]，其中一些成果已经发表[③]。我们的鉴定即依据上述这些标准（图版三〇八）。

实验室镜下先在 200X 偏光下在样品中寻找到具有十字消光特征的淀粉粒，然后在 400X 非偏光下进行观察，拍照并记录。淀粉粒形态观察的内容包括淀粉粒的形状、脐点的位置（居中或偏心）和状态（开放或闭合）、通过脐点的裂隙形态和淀粉粒的表面特征等。

（二）鉴定结果

10 个样品中共发现淀粉粒 221 粒（表 3），数量最多的来自于编号为 F46：50 石磨棒的使用面，共发现 63 粒。

---

① 杨晓燕、吕厚远、夏正楷：《植物淀粉粒分析在考古学中的应用》，《考古与文物》，2006 年第 3 期，87～91 页。

② Perry L. Starch analysis reveal multiple functions of quatrs "manioc" grater flakes from the Orinoco Basin, Venezuela. Interciencia，2002，27：635～639.

③ a. 杨晓燕、吕厚远、刘东生、韩家懋：《粟、黍及狗尾草的淀粉粒微形态分析及其在植物考古中的潜在意义》，《第四纪研究》，2005 年第 25 第 2 期，224～227 页。

b. 杨晓燕等：《中国北方现代粟、黍及其野生近缘种的淀粉粒形态数据分析》，《第四纪研究》，2010 年第 30 卷第 2 期，364～371 页。

c. 杨晓燕、孔昭宸、刘长江、张芸、葛全胜：《中国北方主要坚果类淀粉粒形态对比》，《第四纪研究》，2009 年第 29 卷第 1 期，153～158 页。

d. 葛威、刘莉、金正耀：《几种禾本科植物淀粉粒形态比较及其考古学意义》，《第四纪研究》，2010 年第 30 卷第 2 期，377～384 页。

表3　4件石器发现的淀粉粒统计

编号	器类	采样方法	采样点	淀粉粒数量
F46：50	石磨棒（残）	超声波仪	使用面	63
F46：50	石磨棒（残）	超声波仪	非使用面	26
F47：32	石磨盘	移液器	使用面中心	17
F47：32	石磨盘	移液器	使用面中心上部	24
F47：32	石磨盘	移液器	使用面中心下部	8
F47：32	石磨盘	移液器	非使用面	15
F47：31	石磨棒	超声波仪	主体	9
F48：47	石磨盘（残）	超声牙刷	使用面上小凹窝	31
F48：47	石磨盘（残）	超声牙刷	使用面	17
F48：47	石磨盘（残）	超声牙刷	非使用面	11
总计				221

这些淀粉粒依据形态和大小等特征可分为4类（图版三〇九、三一〇）：

A 类

208粒。大部分整体呈多面体，部分呈球体或椭球体（图版三〇九，a～d）。已有的现代植物淀粉粒数据表明，多边形的淀粉粒大多来自于禾本科植物种子，如粟（*Setaria italica*）、黍（*Panicum miliaceum*）、稻（*Oryza sativa*）和高粱（*Sorghum bicoor*）[1] 等。由此我们认为这批淀粉主要来自于禾本科植物种子。

这些淀粉粒根据具体的表面特征和大小还存在一些细微差别。其中有108粒整体为多面体，脐点居中，大多数开放，穿过脐点有线型、Y型、一字型或放射型裂隙，无层纹，旋转后仍为多面体，长轴范围8.5～24.6μm，均值18.0μm；短轴范围8.0～21.2μm，均值15.6μm。这一部分淀粉可能来自狗尾草属（*Setaria*）植物种子[2]。另外有18粒多面体，脐点居中，开放，穿过脐点处有Y型、一字型或细微放射性裂线，无层纹，长轴范围20.1～30.1μm，均值24.5μm；短轴范围17.0～28.7μm，均值21.8μm。此类淀粉粒具有与狗尾草属植物淀粉形态相似，但是粒径范围和平均粒径均比狗尾草属种子淀粉大，有可能来自高粱属（*Sorghum*）植物。

---

[1]　Torrence R，Barton H. Ancient Starch Research. Walnut Creek：Left Coast Press. 2006：1–256. 杨晓燕、吕厚远、刘东生、韩家懋：《粟、黍及狗尾草的淀粉粒微形态分析及其在植物考古中的潜在意义》，《第四纪研究》，2005年第25第2期，224～227页。杨晓燕等：《中国北方现代粟、黍及其野生近缘种的淀粉粒形态数据分析》，《第四纪研究》，2010年第30卷第2期，364～371页。葛威、刘莉、金正耀：《几种禾本科植物淀粉粒形态比较及其考古学意义》，《第四纪研究》，2010年第30卷第2期，377～384页。

[2]　杨晓燕、吕厚远、刘东生、韩家懋：《粟、黍及狗尾草的淀粉粒微形态分析及其在植物考古中的潜在意义》，《第四纪研究》，2005年第25卷第2期，224～227页。杨晓燕等：《中国北方现代粟、黍及其野生近缘种的淀粉粒形态数据分析》，《第四纪研究》，2010年第30卷第2期，364～371页。

有81粒呈球体或椭球体，脐点居中，开放，无层纹，大多数无裂隙，少数穿过脐点有很细的裂线，表面光滑，长轴范围7.3～19.5μm，均值14.3μm；短轴范围7.0～18.4μm，均值12.9μm。根据现代植物淀粉观察统计表明，大多数球体淀粉粒并不具有典型的判别特征，但根据杨晓燕等对现代粟、黍及其野生亲缘植物的淀粉粒分析数据，来自内蒙等偏北的狗尾草属中出现近球形淀粉粒的频率很高，所以，这类淀粉粒很可能也是来自狗尾草属。

另有1粒呈双凸透镜状，脐点居中，无层纹，无裂隙，旋转后呈梭形，中间有一道不明显的凹痕。长轴21.4μm，短轴20.7μm（图版三○九）。此类淀粉与禾本科小麦族（Triticeae）植物淀粉粒很相近。但由于已知小麦族植物中各种属的淀粉粒表面特征及大小非常相近[1]，不能进行进一步鉴定。

综上所述，从整体形状、脐点、层纹和裂隙等特征来判断，我们认为A类淀粉粒主要来自于禾本科植物种子，其中未发现与稻属植物淀粉在粒径和表面特征上吻合的淀粉，故可排除稻属植物的存在。这些淀粉粒在粒径和具体特征上都存在一定程度上的重合，此类淀粉主要出现在禾本科狗尾草属、黍属、高粱属和薏苡属植物中[2]。

B 类

3粒。水滴形或长卵形，整体较饱满。脐点居中，闭合，无层纹，无裂隙。长轴范围13.8～27.6μm，均值21.6μm；短轴范围10.1～16.8μm，均值13.6μm。这些淀粉粒数量太少，暂无法判断种属（图版三一○，1），定为不可鉴定类。

C 类

共5粒，分两小类。C1类：4粒。平面圆形，旋转后侧视为半球形，脐点居中，闭合，无层纹，无裂隙。长轴范围12.0～19.1μm，均值15.4μm；短轴范围10.0～18.4μm，均值13.8μm。C2类：1粒，椭球体，脐点偏于一端，闭合，无层纹，无裂隙。长轴14.3μm；短轴9.8μm。C类淀粉具有块根块茎类植物淀粉的特征[3]（图版三一○，2），但具体种属尚未能确定，有待于更多现代植物淀粉数据的积累。

---

①　　a. 葛威：《淀粉粒分析在考古学中的应用》，中国科学技术大学，博士学位论文，2010年5月。
　　　b. Piperno D R，Husum – Clary K，Cooke R G，et al. Preceramic maize from central Panama：Evidence from phytoliths and pollen. Am Anthropol，1985，87：871～878. Perry L，Dickau R，Zarrillo S，et al. Starch fossils and the domestication and dispersal of chili peppers（Capsic μm spp. L.）in the Americas. Science，2007，315：986～988.
②　　杨晓燕、吕厚远、刘东生、韩家懋：《粟、黍及狗尾草的淀粉粒微形态分析及其在植物考古中的潜在意义》，《第四纪研究》，2005年第25第2期，224～227页。杨晓燕等：《中国北方现代粟、黍及其野生近缘种的淀粉粒形态数据分析》，《第四纪研究》，2010年第30卷第2期，364～371页。葛威、刘莉、金正耀：《几种禾本科植物淀粉粒形态比较及其考古学意义》，《第四纪研究》，2010年第30卷第2期，377～384页。a. 葛威：《淀粉粒分析在考古学中的应用》，中国科学技术大学，博士学位论文，2010年5月。
③　　Perry L. Starch analysis reveal multiple functions of quatrs " manioc " grater flakes from the Orinoco Basin，Venezuela. Interciencia，2002，27：635–639. 葛威：《淀粉粒分析在考古学中的应用》，中国科学技术大学，博士学位论文，2010年5月。

D 类

共5粒。其中四粒整体呈椭球体，脐点偏心，闭合，无层纹，无裂隙，长轴范围 14.9 ~ 19.6μm，短轴范围 10.6 ~ 13.7μm。另有一粒被破坏，消光不完全，其他特征不清楚，长轴 27.1μm，短轴22.9μm。均不能确定种属（图版三一〇，3、4）。

（三）初步认识

由于目前只完成了查海遗址4件石器残留物的分析，而且现代植物淀粉粒研究还处于起步阶段，我们还不能对每个淀粉粒遗存进行更细一级的种属鉴定，这在一定程度上限制了对出土淀粉粒遗存的鉴定与研究。此外查海遗址发掘过程中并没有系统采集各类生物遗存，很难根据考古遗址中出土的动植物遗存对聚落的生业方式进行系统研究。所以，这里仅根据已经分析的4件石器提出一些初步认识。

这批石器在入库前已经按照传统考古工作流程进行了清洗，因此我们无法从其出土地点或石器上取得石器附近的土壤作为对比样品进行背景值分析，以排除石器上发现的淀粉粒是来自埋藏土壤污染的可能性。其实，即使部分淀粉可能来自于埋藏土壤的污染也并不妨碍我们通过淀粉粒遗存来探讨当时的生业方式，因为遗址内部，特别是遗迹内的埋藏土壤其来源一般不会远离遗址及其附近，土壤中埋藏的残留物应与人类活动有较密切的联系。此外，磨盘磨棒上的淀粉粒也有可能是古人在操作中粘上的。因此，我们认为这些淀粉粒遗存还是当时人类加工食物等活动的残留和反映，在一定程度上可以说明当时的生业经济情况。

1. 查海遗址的植物性食物组成

淀粉粒分析显示了禾本科和块根块茎类植物淀粉的存在，其中禾本科植物可能包括狗尾草属和高粱属等，这些植物应是当时人们采集食用的对象，植物种类的多样性表明当时人类植物性食物的组成比较丰富。查海遗址仅存的少量炭化植物遗存除了禾本科外，还有豆科、山杏等果实类和栎属坚果类植物种子，但并没有发现块根块茎类植物遗存。可以说，淀粉粒分析与大遗存分析的结果是相互印证及补充的。一般而言，受埋藏条件等许多因素的影响，很多植物比较难在考古遗址中以炭化植物遗存的形式保存下来。淀粉粒分析则提供了另一个途径去证明这些植物的存在，特别是对于富含淀粉的块根块茎类植物而言，其淀粉残留下来的几率会比炭化遗存形式大得多。

本次发现的淀粉粒以禾本科为主，占淀粉粒总数的94.12%。块根块茎类植物淀粉发现5粒，占淀粉粒总数的2.26%；另有8粒淀粉粒不能确定种属。从各类植物所占的数量百分比可以明显看出，禾本科植物在查海先民的植物性食物中占有很重要的地位。这些禾本科植物种子淀粉粒以狗尾草属为主，占禾本科植物淀粉粒的50%，另外可能还有黍属、高粱属和小麦族植物的淀粉粒。

同时期不同遗址的植物考古研究结果，有助于我们探讨当时不同地区古人在植物性食物组合和获取方式之间存在的异同。与查海遗址邻近的兴隆沟遗址第一地点出土的植物种子中以杂草类植物的数量占优势①，除炭化黍和粟外在房址内还发现了 10 余枚炭化山核桃②。兴隆沟遗址的植物遗存组合显示采集是其植物性食物的一个重要来源，其中草本植物的比例远比坚果类植物高。北京上宅遗址发现了栎属果实（橡子）、粟、黍和小豆属的淀粉粒，其中以栎属果实最多，研究者认为磨盘磨棒上的植物组合反映了 7000 年前北京平原上人类社会的经济方式以采集与农业并重③。黄河下游济南长清月庄遗址的大遗存分析发现了后李文化时期的炭化稻、黍、粟和黍亚科、藜科等杂草种子④，淀粉粒分析还发现了橡子⑤，从大遗存和淀粉粒分析结果综合来看，禾本科植物是月庄先民植物性食物中最重要的组成。根据北方地区几个同时期遗址植物遗存组合可以发现，草本植物、特别是禾本科植物是这个时期古人类植物性食物最重要的组成部分，采集是人类获取植物性食物的一个重要方式。查海遗址的淀粉粒分析结果也表现出相似的情况。

与北方地区相比，江淮流域同时期的考古遗址中植物遗存的种类明显比较丰富。贾湖遗址的炭化植物遗存有稻谷、野大豆、葡萄、莲藕、菱角以及其他块茎残块和硬果壳核，另有大量禾本科杂草类种子。经统计，与采集活动相关的植物种类的出土概率普遍相对较高，贾湖先民在日常生活中食用的植物类食物主要是那些依靠采集活动获取的野生植物资源，例如以莲藕为代表的各种块茎类植物和以菱角和栎果为代表的各种坚果类植物⑥。八十垱遗址除大量稻谷外还出土了大量植物籽实，有山毛桃、野大豆、核桃、葡萄、芡实和菱等，草本植物在八十垱遗址植物遗存中占有绝对优势，乔木本植物仅占 1.98%⑦。跨湖桥遗址发现有大量的壳斗科植物种实残骸和数量较多的稻、酸枣、桃等植物的种子⑧，淀粉粒分析显示有禾本科稻属和狗尾草属、豆科小豆属及壳斗科栎属种子和果实的淀粉⑨。可以看出，采集也是这个时期江淮地区先民获取食物的重要途径。但从植物组合来看，种类丰富是这些遗址的共同之处，禾本科植物、坚果类、果实类和块根块茎类等各类植物都占有一定的比例。

对比分析可以发现在距今 8000～7000 年的新石器时代中期，不同地区古人类的植物性食物在组合和比重上有一定差别。目前北方地区该时期各遗址发现的植物遗存种类相对较少，除粟、

① 赵志军：《从兴隆沟遗址浮选结果谈中国北方旱作农业起源问题》，载：南京师范大学文博系编：《东亚古物》（A 卷），188～199 页，北京：文物出版社，2004 年。
② 刘国祥：《兴隆沟遗址第一地点发掘回顾与思考》，《内蒙古文物考古》，2006 年 2 期，8～15 转 30 页。
③ Perry L. Starch analysis reveal multiple functions of quatrs "manioc" grater flakes from the Orinoco Basin, Venezuela. Interciencia，2002，27：635～639.
④ Crawford，W. G. 陈雪香、王建华：《山东济南长清区月庄遗址发现后李文化时期的炭化稻》，载：山东大学东方考古研究中心编：《东方考古》第 3 集，北京：科学出版社，2006 年，247～250 页。
⑤ 王强：《淀粉粒分析及其在古代生业经济研究中的应用》，中国科学院地理科学与资源研究院，博士后出站报告，2010 年 7 月。
⑥ 赵志军、张居中：《贾湖遗址 2001 年度浮选结果分析报告》，《考古》，2009 年 8 期，84～93 页。
⑦ 湖南省文物考古研究所：《八十垱植物遗存》，载《彭头山与八十垱》（Ⅰ）518～544 页，科学出版社，2006 年。
⑧ 浙江省文物考古研究所、萧山博物馆：《跨湖桥》，北京：文物出版社，2004 年，271～272 页。
⑨ Torrence R，Barton H. Ancient Starch Research. Walnut Creek：Left Coast Press. 2006：1～256.

黍和稻等可能的栽培作物外主要是较多的禾本科等草本植物，坚果和块茎类植物比例相对较低，对禾本科植物的普遍利用是这个时期北方地区的相同之处。而在江淮流域，先民们可以采集食用的野生类植物资源则相对丰富很多，禾本科植物、坚果、果实和块茎类植物等众多陆生和水生的植物都是先民们采食的对象，并且与北方地区相比，坚果和块茎类植物在江淮流域占有更大的比重。从获取方式来看，种类丰富、数量众多的野生类植物遗存表明采集仍是这个时期古代先民获取植物性食物的重要方式。不同地区植物遗存组合和比重的差别反映了不同环境下生业经济模式的差异，这种差异可能对植物栽培和农业起源有一定的影响。相关的深入研究将有利于回答这一问题。

2. 查海遗址的生计模式

查海遗址动物遗存分析显示，在出土数量和最小个体数方面，猪都显著多于鹿类；猪的骨骼特别是牙齿还具有比较明显的野猪特征，但从猪骨出土数量多、年龄结构比较集中、人类在祭祀活动中用猪等现象看，这些猪可能已经被人类饲养，可能部分属于家猪[1]。袁靖通过兴隆沟和兴隆洼两处遗址的动物遗存分析，认为二者出土的猪骨带有家猪的特征，推测当时在内蒙古地区很可能已经存在饲养家猪的行为，但同时伴出的马鹿等大量野生动物也表明狩猎经济仍是其重要的生业经济组成[2]。宋艳波分析了月庄遗址出土的动物遗存，认为狩猎野生哺乳动物是后李文化时期先民们肉食资源的主要来源之一[3]，而动物骨骼C、N稳定同位素分析则显示有两组猪骨属于家猪，先民们还可能饲养了家畜[4]。跨湖桥遗址动物遗存分析也表明虽然当时已经出现家猪，但此时先民们仍然以狩猎为主获取肉食资源[5]。由此可见，狩猎经济在此时期各聚落生业经济中应占有主导地位，具有普遍性，查海遗址也应不例外，因为这个时期南北地区均可能处于家猪驯化的阶段[6]。

植物遗存分析显示，查海遗址出土的炭化种子和果实都是可食的野生植物类型，淀粉粒遗存包括有大量禾本科植物种子和块茎类植物淀粉，表明当时采集这些野生植物应是查海遗址聚落居民获取植物性食物的一个重要方式。东北地区同时期的其他遗址，如兴隆沟[7]、兴隆洼[8]和新乐遗

① 宋艳波：《查海遗址1992~1994年发掘动物遗存分析》，载本报告。
② 袁靖：《中国古代的家猪起源》，西北大学考古学系、西北大学文化遗产与考古学研究中心编《西部考古》（第一辑），43~49页，三秦出版社，2006年。
③ 宋艳波：《济南长清月庄2003年出土动物遗存分析》，北京大学考古文博学院编《考古学研究（七）——庆祝吕遵谔先生八十寿辰暨从事考古教学与研究五十五年论文集》，科学出版社，2008年，519~531页。
④ 胡耀武、栾丰实、王守功、王昌燧、Michael P. Richards：《利用C，N稳定同位素分析法鉴别家猪与野猪的初步尝试》，《中国科学D辑：地球科学》，2008年第38卷第6期，693~700页。
⑤ 袁靖：《中国古代的家猪起源》，载西北大学考古学系、西北大学文化遗产与考古学研究中心编《西部考古》（第一辑），三秦出版社，2006年，268页。
⑥ 袁靖：《从考古看早期的猪》，《中国社会科学院院报》，2007年2月15日第5版。
⑦ 王强：《淀粉粒分析及其在古代生业经济研究中的应用》，中国科学院地理科学与资源研究院博士后出站报告，2010年7月。
⑧ 孔昭宸、杜乃秋：《内蒙古敖汉旗兴隆洼遗址植物的初步报告》，《考古》1985年10期，873~874页。

址下层①均发现有核桃楸、山核桃、栎和榛等多种坚果类植物遗存，如此普遍的现象表明，采集经济在兴隆洼文化时期的西辽河流域各聚落的生业经济中应占有较大比重。

同时，查海石器上发现的淀粉粒绝大部分为禾本科植物种子的淀粉粒，其中狗尾草属所占的比重可能更高。已有研究者通过对现代淀粉粒的观察和大量统计分析认为不同植物的野生种和栽培种的淀粉之间存在较大差异，有可能将二者进行区分②。虽然目前尚无法明确这些禾本科种子淀粉是否为栽培种，但大量禾本科植物种子淀粉的发现还是具有重要的意义，特别是对查海这一类早期遗址而言，对禾本科等植物的深度利用可能是植物栽培和原始农业发展的前奏，如兴隆沟遗址已经出现了初期的植物栽培活动③。未来更多样品的分析必将有助于我们了解查海遗址是否也已经出现了植物栽培和农业萌芽。

综合动植物遗存的分析结果显示，狩猎采集经济可能是查海遗址主要的生计模式。通过与同时期其他遗址、特别是兴隆沟遗址的动植物遗存的对比分析，我们有理由认为，在地理和年代上与兴隆沟遗址相近的查海遗址也可能处于相近的发展阶段。

3. 关于石磨盘和磨棒的功能

本次分析的 4 件石磨盘和磨棒不论是使用面还是非使用面均发现了数量不等的淀粉粒遗存，表明取样是成功的。从表 3 可以看出，使用面发现的淀粉粒的数量远多于非使用面，表明从石磨盘和磨棒上发现的淀粉粒应是加工过程中残留在其上的遗存，这些磨盘磨棒在当时应该是作为生产工具，对禾本科植物种子等食物进行过加工。

史前考古遗址出土的磨盘和磨棒在传统上被认为是用来进行谷物加工的工具④，也有学者认为它们更多的是用来加工坚果⑤，而近年来杨晓燕等对上宅遗址的分析显示谷物和坚果都是该遗址石磨盘石磨棒的加工对象⑥。查海遗址磨盘磨棒上发现的淀粉既有来自谷物，也有来自块茎类植物，但与绝大多数禾本科植物淀粉是来自于使用面的情况不同，5 粒块茎类植物淀粉仅有 2 粒来自磨盘磨棒的使用面；同时从各类植物淀粉所占的比例来看，禾本科植物淀粉占所有淀粉粒总数的 94.12%，因此我们认为，这些石磨盘和磨棒主要的加工对象应是禾本科植物种子，块茎类植物淀粉更可能是由古人日常操作中粘附到石器上的。

---

① 新乐遗址下层 ^{14}C 测年为 6800±145a BP～7245±165a BP，测年数据未注明是否经树轮校正。见刘牧灵：《新乐遗址的古植被和古气候》，《考古》，1988 年 9 期：846～848 页。

② 葛威、刘莉、金正耀：《几种禾本科植物淀粉粒形态比较及其考古学意义》，《第四纪研究》，2010 年第 30 卷第 2 期，377～384。

③ 赵志军，《探寻中国北方旱作农业起源的新线索》，《中国文物报》2004 年 11 月 12 日第 7 版。

④ a. 陈文华：《农业考古》，文物出版社，2002 年。

　　b. 周昕：《新石器时代的石磨盘、石磨棒》，《古今农业》，2000 年 3 期，1～8 页。

⑤ 刘莉：《中国史前的碾磨石器、坚果采集、定居及农业起源》，《庆祝何炳棣先生九十华诞论文集》，三秦出版社，2008 年。

⑥ Perry L. Starch analysis reveal multiple functions of quatrs "manioc" grater flakes from the Orinoco Basin, Venezuela. Interciencia, 2002, 27: 635～639.

此外，已有实验表明加工过程中的碾磨和水煮都会使淀粉发生不同程度的变化[1]。碾磨会造成淀粉表面出现方向不一致的刻痕、消光臂宽度的增加和消光区域的扩大。我们在这批淀粉粒中发现了一些表面带有刻痕的淀粉粒，还有个别淀粉更是被破坏严重（图版三一〇，4），这或许说明它们曾经被碾磨过，从一个方面佐证了磨盘磨棒的功能。

4. 存在问题

淀粉粒分析在我国是新兴的分析手段，得益于国外学者多年研究的成果和经验，我国学者近年来将其应用于考古学研究中并取得一系列初步成果。实践证明，淀粉粒分析应用于考古遗址出土的各类器物和土壤样品分析具有很好的潜力。但这种分析手段在我国开展时间尚短，虽然近几年有学者致力于收集积累中国本土现代常见植物的淀粉形态数据，但应用于古代淀粉鉴定所需要的现代植物淀粉粒形态数据还是十分有限，这导致很多淀粉粒无法得到准确鉴定。目前在实际工作中，不仅有很多种植物的淀粉粒形态还没有进行研究，少数已经开展淀粉粒研究的植物类型大多也只能鉴定到科或者属，没有能力鉴定到种的水平，这种情况限制了对考古遗址出土淀粉粒遗存的鉴定与研究。查海遗址的淀粉鉴定即存在这种问题，这在很大程度上制约了我们对该遗址植物组合和生业经济模式的分析和认识。尽快建立和完善我国现代淀粉数据库是当务之急，是进一步开展和推广淀粉粒分析的前提和基础，而这项基础性工作是枯燥而费时的，需要更多的人共同完成。

虽然目前完成的 4 件石器仅占遗址出土石器的极小一部分，但从中发现了丰富的淀粉粒遗存，这充分说明了淀粉粒分析在查海遗址石器功能和生业经济研究上的可行性和潜力。我们已经从查海遗址出土的其他石器上采集了更多的样品，未来将对这些样品进行分析。同时通过对更多种属植物现代淀粉的观察和统计，提高古代淀粉粒鉴定的准确性，以期对查海先民的食谱和生业方式有更进一步的了解。

---

[1]　葛威、刘莉、陈星灿、金正耀：《食物加工过程中淀粉粒损伤的实验研究及在考古学中的应用》，《考古》2010 年 7 期，77~86 页。

第七章 聚落综述

第一节 聚落分期与年代

我们曾对查海遗存做过初步分期，限于当时的发掘材料，在遗存层位关系单一的情况下，主要是从类型学的角度对其做了初步的探讨。此后经过三次大规模发掘，不仅获取了大批考古新资料，丰富了遗物分期的内容，而且获得了遗存中几组不同内含的房址与房址之间、灰坑与房址之间打破关系的实例，为查海遗存进一步分期，提供了十分重要的层位依据。

首先依据遗址中四组 12 座房址之间存在的打破关系，其次依据典型房址中堆积层与室内活动面之间构成的相互叠压关系，上述两种层位关系所提供的相对年代序列，对遗址各单位所出土的遗物进行观察，尤其是对典型陶器的组合关系进行综合比较，可以发现不同层位年代的遗迹单位所出的遗物总体形态上存在着差别。分析这种差异的意义，并了解其中的规律，有助于探讨遗址中各遗存的阶段性划分，并由此求证出彼此间的相互年代。

一 四组房址之间相互打破关系分析

一组：F38→F29

二组：F30→F24

三组：$\begin{array}{c} F27 \\ F37 \end{array}\Big\}\to F28$

四组：$\begin{array}{c} F52 \\ F47 \\ F48 \\ F55 \end{array}\Bigg\}\to F49$

上述四组打破关系涉及 12 座房址。首先对每组具有打破关系的房址中室内活动面上出土的陶器进行考察，可以清晰地看出它们在器型、陶色、纹饰等主要方面内含特征的不同，由此可以归纳出每组具有早晚关系的遗迹单位间的内含特征。然后，再综合四组遗迹单位出土遗物所反映出的早晚特征，可以确定其相对早晚关系。这样，我们可根据这四组 12 座房址的层位关系和陶器特征，归纳出它们之间相对年代序列。

第一组　F38、F29 出土的陶器特征。

F38 出土的陶器个体 11 件：AⅢ式斜腹罐 2 件，BⅢ式直腹罐 7 件，直腹罐罐底 1 件，Ab 型杯 1 件。皆夹砂红褐陶。其中，素面 1 件，窝点纹 2 件，草划交叉纹 6 件，断弦纹 1 件，短斜线纹 1 件。显然，这座房址内出土的陶器以红褐陶直腹罐为主，纹饰以草划交叉纹居多，其他纹饰次之。

F29 出土的陶器残存个体 6 件：AⅠ式斜腹罐 2 件，AⅡ式斜腹罐 1 件，BⅠ式直腹罐 1 件，直腹罐腹部残片 1 件，直腹罐罐底 1 件。皆夹砂红褐陶。其中，素身 5 件，窝点纹 1 件。这座房址的陶罐以素身斜腹罐为主，见窝点纹，不见其他纹饰。

根据 F38、F29 两座房址打破关系及出土遗物的比对：可以确定以草划纹红褐陶为主内涵的房址，打破以素面红褐陶为主内涵的房址。

第二组　F30、F24 出土的陶器特征。

F30 出土的陶器个体 20 件。夹砂红褐陶 BⅢ式直腹罐 2 件，夹砂灰褐陶 BⅣ式直腹罐 7 件，夹砂灰褐陶 BⅤ式直腹罐 2 件，夹砂灰褐陶 BⅥ式直腹罐 2 件，夹砂红褐陶直腹罐腹部残片 1 件，夹砂灰褐陶直腹罐腹部残片 2 件，夹砂红褐陶直腹罐罐底 1 件，夹砂灰褐陶直腹罐罐底 1 件，夹砂灰褐陶 CⅡ式鼓腹罐 1 件，夹砂灰褐陶 CⅢ式鼓腹罐 1 件。其中之字纹陶器 14 件，草划交叉纹 2 件。可见，该房址以夹砂灰褐陶为主（16 件个体），夹砂红褐陶次之（4 件个体）。纹饰以之字纹居多，草划纹次之。

F24 出土的陶器个体 5 件，皆夹砂红褐陶；BⅢ式直腹罐 4 件，CⅠ式鼓腹罐 1 件。其中，饰草划交叉纹 2 件，人字纹 2 件，草划左斜线纹 1 件，不见夹砂灰褐陶。

根据 F30、F24 两座房址打破关系及出土遗物的比对：可以确定以之字纹灰褐陶为主内涵的房址，打破以草划交叉纹、草划左斜线纹、人字纹红褐陶为内涵的房址。

第三组　F27、F37、F28 中出土的陶器特征。

F27 出土陶器个体 12 件：AⅠ式斜腹罐 1 件，AⅡ式斜腹罐 1 件，AⅣ式斜腹罐 1 件，小直腹罐 1 件，BⅢ式直腹罐 2 件，BⅣ式直腹罐 2 件，直腹罐腹部残片 3 件，CⅢ式鼓腹罐 1 件。其中，夹砂红褐陶罐 9 件，夹砂灰褐陶 3 件；素身 4 件，草划交叉纹 4 件，之字纹 2 件，网格纹 1 件，几何纹与斜线纹相兼 1 件。可见，这座房址以夹砂红褐陶为主，灰褐陶次之。纹饰以素面、草划交叉纹及之字纹居多，网格纹及几何纹次之。

F37 出土的陶器个体 5 件：BⅤ式直腹罐 1 件，BⅥ式直腹罐 1 件，直腹罐腹部残片 3 件。皆夹砂灰褐陶之字纹直腹罐，是一座出土单纯灰褐陶之字纹直腹罐的房址。

F28 出土陶器个体 17 件：BⅠ式直腹罐 1 件，BⅡ式直腹罐 1 件，BⅢ式直腹罐 14 件，直腹罐腹部残片 1 件。皆夹砂红褐陶，不见灰褐陶。其中，陶器纹饰以草划网格纹、交叉纹居多，人字纹、素面次之，不见之字纹。

根据 F27、F37、F28 三座房址打破关系及出土遗物的比对：F27 与 F28 之间，反映出以红褐陶与灰褐陶共存，素面、草划纹、之字纹、几何纹为特征的房址，打破以单纯红褐陶，草划网纹、素身、不见之字纹为特征的房址。F37 与 F28 之间，反映出以单纯灰褐陶之字纹为特征的房址，打破以单纯红褐陶，草划网纹、素身、不见之字纹为特征的房址。

第四组　F47、F48、F52、F55、F49 出土的陶器特征。

F47 出土陶器个体 5 件：BIV式直腹罐 2 件，直腹罐罐底 1 件，CV式鼓腹罐 1 件，DI型钵 1 件。其中夹砂红褐陶 3 件，夹砂灰褐陶 2 件。饰之字纹 3 件，饰短斜线纹兼几何纹 2 件。

F48 出土陶器个体 21 件：BⅢ式直腹罐 6 件，BIV式直腹罐 6 件，BV式直腹罐 2 件，BVI式直腹罐 2 件，直腹罐罐底 2 件，CⅡ式鼓腹罐 2 件，CIV式鼓腹罐 1 件。其中夹砂红褐陶 14 件，夹砂灰褐陶 7 件。其中饰之字纹直腹罐 10 件，草划交叉纹 2 件，人字纹 1 件，草划网纹 2 件，素面 1 件，几何纹 4 件，草划斜线纹 1 件。可见，这一座房址的陶器以红褐陶之字纹为主，几何纹次之，少见人字纹、素面纹。

F52 出土陶器个体 7 件：BIV式直腹罐 3 件，BV式直腹罐 1 件，小直腹罐 1 件，直腹罐罐底 1 件，CⅡ式鼓腹罐 1 件。其中夹砂灰褐陶 6 件，红褐陶 1 件，饰之字纹 5 件，短斜线兼几何纹 2 件。可见，这一座房址的陶器以灰褐陶之字纹为主。

F55 出土陶器个体 21 件。AⅢ式斜腹罐 1 件，BIV式直腹罐 6 件，BV式直腹罐 4 件，BVI式直腹罐 2 件，直腹罐腹部残片 2 件，直腹罐罐底 5 件，CV式鼓腹罐 1 件。皆夹砂灰褐陶，之字纹直腹罐 19 件，素面 1 件，短斜线兼几何纹 1 件。可见，这是一座典型含夹砂灰褐陶之字纹陶器的房址。

F49 因被 F52、F47、F48、F55 四座房址打破，仅存陶器个体 7 件：斜腹罐口沿 1 件，斜腹罐腹部残片 2 件，直腹罐腹部残片 2 件，直腹罐罐底 1 件，Aa2 型杯 1 件。皆夹砂红褐陶。其中窝点纹 2 件，草划网格纹 2 件，草划交叉纹 1 件，素面 2 件。可见，它是一座内含夹砂红褐陶，素面、窝点纹、草划网纹、草划交叉纹陶器的房址。

根据第四组 5 座房址打破关系及出土陶器的比对，可以看出，F47、F48、F52、F55，含灰褐陶、红褐陶之字纹陶器为主的房址，共同打破了 F49 内含红褐陶素面、窝点纹、草划网格纹陶器的房址。

综合四组 12 座房址打破关系的相对层位序列和每组房址单位陶器特点的比对，可以归纳出它们之间的相对时间顺序是：

F29 早于 F38、F49

F38、F49 早于 F24、F28、F27

F24、F28、F27 早于 F30、F37、F52、F47、F48、F55

二　对出土单纯素面陶器房址的堆积层与室内活动面之间构成的相互叠压关系内含陶器的分析

以 F26、F34、F35 为例，将这三座房址的堆积层内含陶器特征，和室内活动面内含陶器特征分别综合归纳比较，说明它们之间相互叠压构成的相对顺序时间。

三座房址室内活动面出土的陶器特征为：（1）皆夹砂红褐陶，不见灰褐陶；（2）器型以大斜腹罐为主，少直腹罐，不见鼓腹罐；（3）陶器的器口一般有附加堆纹带，带面饰斜线纹，器身多素面，少见窝点纹。

三座房址堆积层中出土的陶器特征为：（1）以红褐陶为主，少见灰褐陶；（2）器型见斜腹罐、直腹罐、鼓腹罐；（3）纹饰以素面为主，草划网纹、窝点纹、斜线纹、人字纹次之，少见网格纹、之字纹、几何纹（参见三座房址①层陶片统计表）。

根据 F26、F34、F35 三座房址单位堆积层与室内活动面之间构成的相互叠压关系及其提供的陶器相对层位，查海遗存中内含单纯红褐素面、窝点纹陶器的房址早于遗存中的内含其他纹饰陶器的房址。

综上一、二中提供的相对顺序时间，清楚地发现一条重要分期线索。即内含灰褐陶之字纹陶器的房址晚于内含红褐陶草划纹陶器的房址，而内含红褐陶草划纹陶器的房址又晚于单纯红褐陶素面陶器的房址。这样我们可将查海遗存中的房址按照上述划分成早、中、晚三期：早期房址有 F35、F34、F26、F29、F50；中期房址有 F19、F33、F9、F42、F51、F38、F22、F25、F49、F41、F40、F24、F28、F32、F43；晚期房址有 F27、F2、F39、F21、F7、F8、F18、F6、F44、F11、F13、F1、F4、F5、F47、F55、F30、F12、F15、F17、F20、F48、F52、F3、F10、F14、F37、F31、F54、F53、F45、F36、F46、F16、F23。

三　典型陶器的分期

以上依据查海遗存中具有分期意义的各房址之间的打破关系、叠压关系所提供的相对年代顺序时间，论证出了其早、中、晚三期遗存。这为我们从类型学、器形学角度探讨查海遗存中陶器组的分期演变规律，创造了确切的基础依据。

就查海早、中、晚三期遗存中各遗迹单位出土的陶器，主要从房址内活动面出土的陶器看，以陶罐为大宗，存在有多组较好的组合关系，我们在这里将它作为分期的重点器类。我们通过对大批陶器中，罐、钵、杯的整理，将陶罐分为三大型（用 A、B、C 字母表示）。A 型，斜腹罐；B 型，直腹罐；C 型，鼓腹罐。再按上述三期相对时间顺序，将罐、钵、杯的型式、纹饰、陶系三个主要因素进行排列比较，又可将 A 型罐分Ⅰ~Ⅳ式，B 型罐分Ⅰ~Ⅵ

式，C 型罐分 I ～ V 式；钵分 Aa1、Aa2、Ab1、Ab2 型直腹钵，Ba、Bb1、Bb2 型弧腹钵，Ca1、Ca2、Cb1、Cb2 型折腹钵，D1、D2、D3 型鼓腹钵；杯分 Aa1、Aa2、Ab、Ac、Ad 型斜腹杯，Ba1、Ba2、Ba3、Bb1、Bb2 型直腹杯，Ca、Cb 型弧腹杯（见图四三九　查海遗址陶器分期图表）。

下用表 4、表 5、表 6 简明将它们的分期组合关系对应表示。

表 4　陶器器型分期

器型 / 期别	罐			钵						D	杯							
	A 型	B 型	C 型	A		B		C			A				B		C	
				Aa	Ab	Ba	Bb	Ca	Cb		Aa	Ab	Ac	Ad	Ba	Bb	Ca	Cb
早期	I II III	I II																
中期		III	I	Aa1	Ab1			Ca1	Cb1		Aa1 Aa2				Ba1			
晚期	IV	IV V VI	II III IV V	Aa2	Ab2	Ba	Bb1 Bb2	Ca2	Cb2	D1 D2 D3		Ab	Ac	Ad	Ba2 Ba3	Bb1 Bb2	Ca	Cb

表 5　陶器纹饰分期

期别	早期	中期	晚期
陶器纹饰	素身（亦叫素面陶），器口一般施有附加堆纹带，带面有斜线纹，少见窝点纹	草划交叉纹，窝点纹，不规整网格纹，不规整短斜线纹，锥刺纹，弦纹，人字纹，附加堆纹带。纹饰一般以复合形式表现。少见附贴饼钉、乳钉、泥条、錾耳等装饰，偏晚出现几何纹、长线之字纹、规整短斜线纹，贴塑蟾蜍、蛇衔蟾蜍、类龙纹、菱格纹	纹饰规整，多见之字纹、短斜线纹、锥刺纹、网格纹、人字纹、菱格纹、多样的几何纹，一器多纹复合形式

表 6　房址活动面出土陶系期别比较

房址期别	房址数量	活动面出土陶器数量	陶系		所占比例
早期	5	34	夹砂红褐陶	34	100%
			夹砂灰褐陶	0	0%
中期	15	156	夹砂红褐陶	148	94.87%
			夹砂灰褐陶	8	5.13%
晚期	35	559	夹砂红褐陶	211	37.75%
			夹砂灰褐陶	348	62.25%

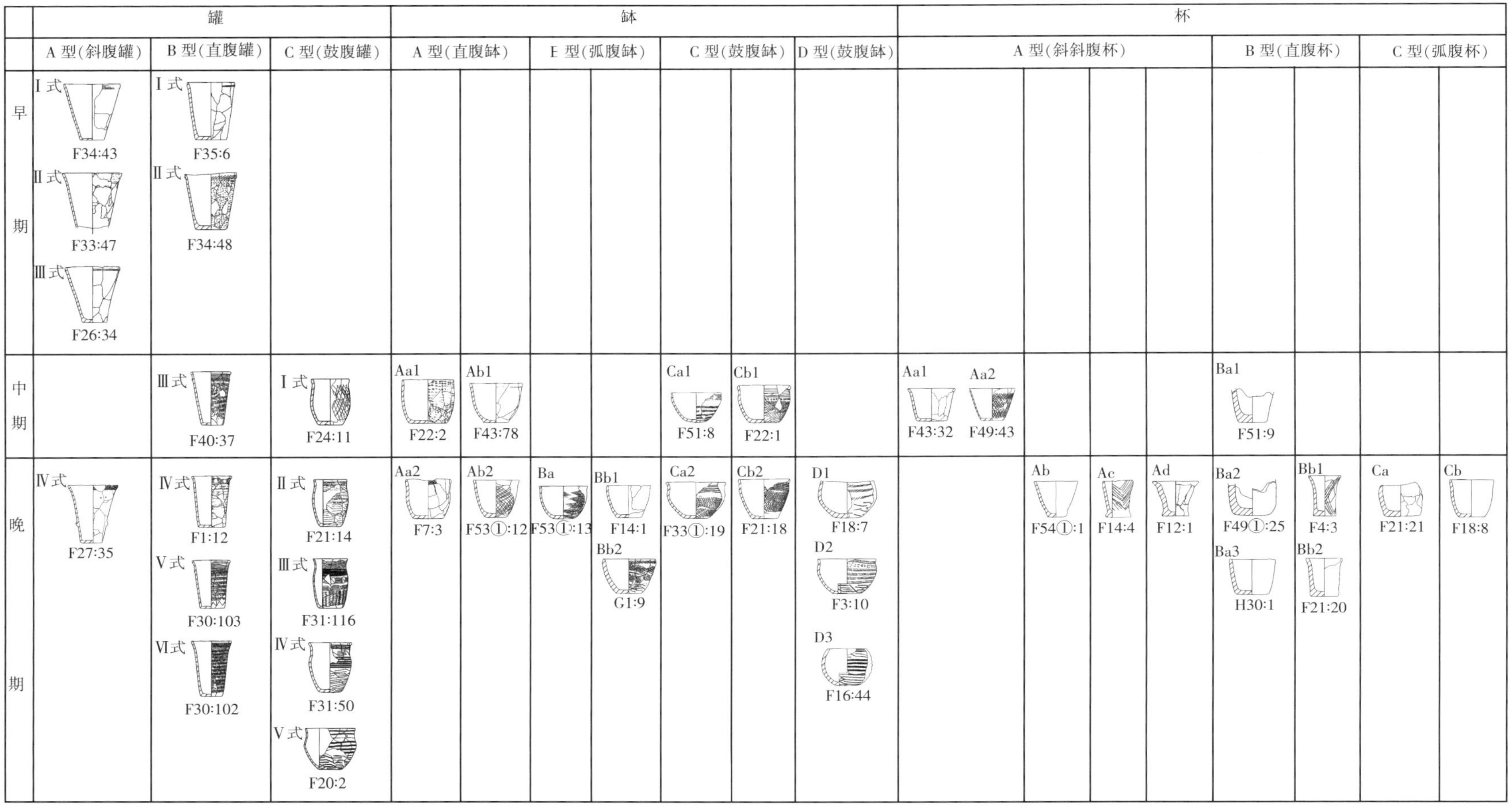

	罐			钵				杯				
	A型(斜腹罐)	B型(直腹罐)	C型(鼓腹罐)	A型(直腹钵)	E型(弧腹钵)	C型(鼓腹钵)	D型(鼓腹钵)	A型(斜斜腹杯)			B型(直腹杯)	C型(弧腹杯)
早期	I式 F34:43 / II式 F33:47 / III式 F26:34	I式 F35:6 / II式 F34:48										
中期		III式 F40:37	I式 F24:11	Aa1 F22:2 / Ab1 F43:78		Ca1 F51:8 / Cb1 F22:1		Aa1 F43:32 / Aa2 F49:43			Ba1 F51:9	
晚期	IV式 F27:35	IV式 F1:12 / V式 F30:103 / VI式 F30:102	II式 F21:14 / III式 F31:116 / IV式 F31:50 / V式 F20:2	Aa2 F7:3 / Ab2 F53①:12	Ba F53①:13 / Bb1 F14:1 / Bb2 G1:9	Ca2 F33①:19 / Cb2 F21:18	D1 F18:7 / D2 F3:10 / D3 F16:44	Ab F54①:1	Ac F14:4	Ad F12:1	Ba2 F49①:25 / Ba3 H30:1 / Bb1 F4:3 / Bb2 F21:20	Ca F21:21 / Cb F18:8

图四四二　查海遗址陶器分期图表

从表一可看出，A 型 I ~ III式斜腹罐，B 型 I 、II式直腹罐，出于早期遗存中，它们有共存关系。A 型 IV式斜腹罐，B 型 III式直腹罐，C 型 I 式鼓腹罐，Aa1、Ab1 型直腹钵，Ca1、Cb1 型折腹钵，Aa1、Aa2 型斜腹杯，Ba1 型直腹杯出于中期遗存中，它们有共存关系。A 型 IV式斜腹罐，B 型 IV ~ VI式直腹罐，C 型 II ~ V式鼓腹罐，Aa2、Ab2 型直腹钵，Ba、Bb1、Bb2 型弧腹钵，Ca2、Cb2 型折腹钵，D1、D2、D3 型鼓腹钵，Ab、Ac、Ad 型斜腹杯，Ba2、Ba3、Bb1、Bb2 型直腹杯，Ca、Cb 型弧腹杯，出于晚期遗存中，有共存关系。据此反映出，A 型罐多见早期，中期至晚期少见。B 型罐见早期至晚期，它是查海遗存中的典型器种，它既无缺环，又很连贯，有较完整的演变规律，是分期的基础对象。其演变规律从早到晚，最为明显的变化方面主要是陶质、陶色、纹饰的变化。三期晚出现一种直腹大喇叭口形态。C 型罐早期不见，它是中期出现的一种新器型。其演变规律明显变化特征是从早至晚腹部最大直径逐渐上移，体态逐渐肥胖，口径逐渐大于底径。杯、钵类器物见于中期，数量、器型较少，主要见于晚期中，而且数量、器型增加，出现喇叭口式杯及敛口钵。总体看来，钵、杯在其自身器型演变方面规律不甚清楚。

从表二反映出查海遗存，早期陶器纹饰较单纯，主要是以素面陶为主，口部一般饰附加堆纹带，少见窝点纹，不见其他纹饰。中期纹饰开始增多，纹饰看上去不甚规整，较早以草划交叉纹、网格纹为主，窝点纹、人字纹、短斜线纹等次之，素面陶见附贴饼钉、乳钉、泥条、鋬耳等装饰，并开始流行一器多纹形式的复合纹饰陶器。偏晚出现细长线之字纹和几何纹。晚期纹饰以之字纹为主，人字纹、网格纹、短斜线纹、几何纹次之。纹饰比中期规整，一器多纹复合形式表现更加强烈，几何纹变化突出多样性。

表三反映出的陶系变化是，早期房址皆夹砂红褐陶，不见灰褐陶。中期房址多为夹砂红褐陶，出现少量夹砂灰褐陶。晚期房址主要以夹砂灰褐陶为主，夹砂红褐陶数量减少，出现少量仅出夹砂灰褐陶，而不见夹砂红褐陶的房址。

四　查海聚落遗址碳十四测定

第一次，中国社会科学院考古研究所技术室 1987 年对 F1 所采集木炭做了测定，确定了遗址的年代为距今 6925 ± 95 年（公元前 4938 ± 95 年）。经树轮校正为距今 7600 年（公元前 5600 年）。

第二次，北京大学考古系年代测定室报告书，编号 BA93001。再次确定年代距今 7360 ± 150 年（公元前 5367 ± 95 年），未经树轮校正。

第三次，2011 年 11 月，北京大学加速质谱实验室、第四纪年代测定实验室，加速质谱（AMS）碳十四测试报告：

Lab 编号	样品	样品原编号	碳十四年代（BP）	树轮校正后年代（BC）	
				1o（68.2%）	2o（95.4%）
BA110725	炭块	93 查海 F26	6925±35	5840BC（68.2%）5750BC	5890BC（95.4%）5730BC
BA110726	炭块	93 查海 F32	6785±35	5715BC（67.3%）5655BC 5650BC（0.9%）5645BC	5730BC（95.4%）5630BC
BA110727	炭块	F32	6820±40	5735BC（68.2%）5665BC	5780BC（95.4%）5630BC

注：所用碳十四半衰期为 5568rh，BP 为距 1950 年的年代。

树轮校正所用曲线为 IntCal04（1），所用程序为 OxCal v3.10（2）。

1. Reimer PJ, MGL Baillie, E Bard, A Bayliss, Jw Beck, C Bertrand, PG Blackwell, CE Buck, G Burr, KB Cutler, PE Damon, RL Edwards, RG fairbanks, M Friedrich, TP Guilderson, KA Hughen, B Kromer, FG McCormac, S Manning, C Bronk Ramsey, RW Reimer, S Remmele, B Kromer, FG McCormac, S Manning, C Bronk Ramsey, RW Reimer, S Remmele, JR Southon, M Stuiver, S Talamo, FW Taylor, J van der Plicht, and CE Weyhenmeyer. M Stuiver, S Talamo, FW Taylor, J van der Plicht, and CE Weyhenmey. 2004*Radiocarbon* 46：1029~1058.

2. Christopher Bronk Ramsey2005，www.rlaha.ox.ac.uk/orau/oxcal.html

五　墓地的期别推断

一般来说，在一个墓地中所存在的墓葬，不可能是一次性葬入的，应该在它们之间的年代上存在有一定的早晚关系，这种早晚关系的期别判断，在考古学上，依据两个方面：一是通过地层学原理，二是通过墓中出土的随葬品来确定它们之间的早晚期别。但从查海"中心"墓地清理出的 10 座墓葬看，要想准确地摘清每座墓的期别很难，主要原因一是墓区内的墓葬皆开口于①层下同层位，二是 10 座墓之间有打破关系，但仅 M2、M8 中有随葬品，其他墓中不见随葬品，这些种种疑难现象，都给我们划分判定这个墓地中的墓葬期别带来了极大的困难。那么墓地中的墓葬具体属于哪期呢？这个问题我们再三思考，只能依靠以下方面大体进行推断墓地早晚的期别。

1. 从房址的分布及分期看，墓地北方（西北）主要属于中早期房址，墓地南侧（东南）主要属于晚期房址，也就是说墓地正好是处于中期房址与晚期房址之间的一片广场内。这片墓地有其早晚共用的可能性。

2. 根据墓地中墓与墓、墓与祭祀坑之间的打破关系 M2→M1；M3→M4；M9→M7；M6→M10；H35→M10；H36→M8 现象表明，M1 稍早于 M2，M4 稍早于 M3，M7 稍早于 M9，M10 稍早于 M6，M10 又稍早于 H35，M8 稍早于 H36，由此可将这些墓分为早、晚两个时期。

3. 墓葬的期别怎么划分？根据 M2 出土的 2 件夹砂红褐陶罐看，其反映出的期别下限属于中期，以 M2 与 M1 打破现象划定，凡被打破的墓葬 M1、M4、M7、M10 以及包括 H36 打破的 M8，无打破关系的 M5 划定早期，把 M2、M3、M6、M9 划定为中期，那么这个墓地就应该是出现于早、中期阶段。

4. 根据祭祀坑出土陶器看，H34 主要是晚期遗物，H36 晚于 M8，将它们划定在晚期，尤其是在两坑内又都出有灰烬及猪的残碎骨块现象分析，那么这个墓地又可以认定为晚期阶段，基本上作为一种用来祭祀性质的活动场所。

以上只作为一种现象分析，仅供参考，有待进一步深入研究。

总而言之，聚落中心墓地始建于中、早期，从龙形堆石、祭祀坑及墓地中遗留的动物骨骸分析，早期至晚期一直作为这个聚落的祭祀活动区。

六　外围壕沟的期别判断

外围壕沟的期别，从壕沟东段 G1 打破早期房址 F50 之间关系，所提供的相对年代顺序时间看，聚落外围壕沟应属于早期以后的遗迹。

第二节　聚落布局及各期文化特征

一　聚落布局

查海遗址聚落居住区面积 1 万多平方米，从发掘所揭露的遗迹看，外围挖有围沟，居住区内房址排列十分密集，已揭露的 55 座房址基本东西成排、南北成行。房址附近一般都建造有储藏食物的窖穴，有些窖穴成排分布在房址的一侧，有些则零散分布在房址的旁边。聚落中心为一片墓地，其北方摆塑一条长 19.7 米的龙形堆石，在堆石首、尾处各有一座特大型房址。

早期房址主要集中在居住区的西北部，中部也有零星发现。中期房址主要集中在居住区的中部，并发现有中期房址打破早期房址的现象。晚期房址主要集中在东南部，并发现有晚期房址打破中期房址的现象。以上这些现象说明，查海聚落的形成最早是从西北向东南随着漫坡台地逐渐扩大完善的，大体经过了三个发展阶段，最终形成我们今天发掘所看到的聚落址布局。

二　聚落遗址各期文化特征

查海遗存分三期，早期至晚期的房址形状、建筑方法、方向大体一致。生产工具皆石器类，不见骨器，石器的发展变化也不甚明显。而生活用具中的陶器，无论器型或是陶质、陶色、纹饰等，却有着较为明显的发展演变规律。

早期房址数量少，共计 5 座，排列规整，一般在房址南面东端都有向外突出的半圆体（推测是出入口）。室内单灶，灶内有铺石现象，个别室内有大型窖穴，室外窖穴成排分布。生产工具以铲形石器、斧、磨盘、磨棒、敲砸器、饼形器、研磨器常见。其中铲形石器一般刃部打制，不经加工细磨。陶器数量少，器型较单一。多见 A 型 I～Ⅲ式大敞口、斜腹罐，少见 B 型 I～Ⅱ式直腹罐。陶质皆夹砂红褐陶，较疏松，火候偏低，陶色较均匀，陶器近口沿处多有一周附加堆纹带或叠唇带，以素身为主，少见窝点纹。可以称其为素身陶时期。

中期房址数量多于早期，共计15座，少见外突半圆体式房址，室内有的筑有二层台，有的居室内有墓葬，室内未见大型窖穴。室外窖穴零星分布在房址旁边。石器种类与早期基本一样，小型石斧、石凿增多，铲形石器的腰部明显，造型上一般有棱角，少数出现对器身和刃部的加工磨制。从出土的玉器看，当时钻孔技术已很先进，磨制技术加强。陶器以夹粗砂红褐陶为主，少见夹细砂红褐陶。制法与一期相同，火候略高于一期，陶器内壁一般呈黑灰色，器表色不匀，有大片斑驳，常出现从底部往上逐渐加重，到口部多呈黑灰色的现象。纹饰开始增多，出现新纹样，以草划交叉纹为主，窝点纹、锥刺纹、网格纹、人字纹、弦纹、短斜线纹次之。一般不甚规整。附加堆纹带下移到陶器的颈部。开始流行几种纹饰并施于一器，以下移的附加堆纹带为界，采用三段式施纹的做法，短斜线纹向左斜压。偏晚阶段出现几何纹、草划之字纹，并发现少量灰褐陶。这一时期，器型仍然较单一，A 型 I～Ⅲ式斜腹罐少见，B 型Ⅲ式直腹罐占主导地位，出现少量的 A 型Ⅳ式斜腹罐、C 型 I 式鼓腹罐及 Aa1、Ab1 型直腹钵，Ca1、Cb1 型折腹钵，Aa1、Aa2 型斜腹杯，Ba1 型直腹杯。这一时期陶器上的纹饰多以草划交叉纹饰为主，亦可称为草划交叉纹陶时期。

晚期房址数量最多，共计35座，排列较整齐，房址规格差别明显，少见外突半圆体及二层台式房址。有居室墓和室内窖穴，室外窖穴分布在房址的一侧，室内有双灶现象，生产工具种类与前两期基本一样，但数量明显增多，还发现用石器铺垫灶底的现象。石器通体磨光者增多，双孔圆形刃器增多，一般石器的形状都棱角清晰、刃口锋利，有的制作相当精细，少数铲形石器刃部经过加工磨制，个别铲形石器形状特别。陶器以夹砂灰褐陶为主，火候较高，陶质比较坚硬，完整器较多。陶器内外表面较光滑。纹样更加增多，而且规整化。器身纹饰主要以压印之字纹及几何纹为主，弦纹、网格纹、人字纹、短线纹、菱格纹、锥刺纹次之，盛行几种纹饰并施于一器的三段式做法。早、中期流行的素面、窝点、草划纹基本消失。器类仍较单一，只是陶器的数量增多、质量增高，斜腹罐少见，鼓腹罐增多，直腹罐仍然占据主导地位，杯、钵小型器增多。但器口从直敞口式逐渐向外侈，向喇叭口式发展。这一时期器型仍见少量的 A 型 I 至Ⅳ式斜腹罐及 B 型 I 至Ⅲ式直腹罐，主要见 B 型Ⅳ～Ⅵ式直腹罐，C 型Ⅱ～Ⅴ式鼓腹罐，Aa2、Ab2 型直腹钵，Ba、Bb1、Bb2 型弧腹钵，Ca2、Cb2 型折腹钵，D1、D2、D3 型鼓腹钵，Ab、Ac、Ad 型斜腹杯，Ba2、Ba3、Bb1、Bb2 型直腹杯，Ca、Cb 型弧腹杯。这一时期陶器上的纹饰主要以压印之字纹为主，亦可称为压印之字纹陶时期。

第三节　房址的规模与形制分类及复原

一　房址规模分类

查海聚落遗址清理出的 55 座房址，可分为早、中、晚三期，早期 5 座，中期 15 座，晚期 35 座。其大小规模不同。按下列面积拟定划分，可分为小型、中型、大型、特大型四类（见下页：房址的规模与形式分类表）。

1. 小型房址，面积 30 平方米以下。共计 19 座。房址编号分别为 F11、F12、F13、F15、F17、F19、F20、F24、F28、F29、F35、F38、F41、F42、F44、F47、F48、F51、F52。占发掘房址总数 34.5%。其中早期 2 座，编号为 F29、F35。占同期房址总数（5 座）的 40%。这一时期的小型房址，最小规模都在 20 平方米以上。中期 7 座，房址编号分别为 F19、F24、F28、F38、F41、F42、F51。占同期房址总数（15 座）的 46.7%。这一时期的小型房址多数在 20 平方米以下。晚期 10 座（房址编号分别为 F11、F12、F13、F15、F17、F20、F44、F47、F48、F52。占同期房址总数（35 座）的 28.6%。这一时期的小型房址在 20 平方米以下的仅 3 座。

2. 中型房址，面积 30~60 平方米之间。共计 28 座。房址编号分别为 F1、F2、F3、F4、F5、F7、F8、F10、F14、F18、F21、F22、F23、F25、F26、F27、F31、F32、F33、F34、F37、F39、F40、F43、F45、F49、F54、F55。占发掘房址总数的 50.9%。其中早期 2 座，编号为 F26、F34。占同期房址总数（5 座）的 40%。这一时期的中型房址面积一般在 45~57 平方米之间，属中型房址中较大房址。中期 7 座，房址编号分别为 F22、F25、F32、F33、F40、F43、F49。占同期房址总数（15 座）的 46.7%。这一时期的中型房址面积一般在 38~49 平方米之间。晚期 19 座，房址编号分别为 F1、F2、F3、F4、F5、F7、F8、F10、F14、F18、F21、F23、F27、F31、F37、F39、F45、F54、F55。占同期房址总数（35 座）的 54.3%。这一时期的中型房址面积一般在 38~50 平方米之间，最小的在 33~35 平方米之间。

3. 大型房址，面积 60~100 平方米。共计 6 座。房址编号分别为 F6、F16、F30、F36、F50、F53。占发掘房址总数的 10.9%。其中早期 1 座，编号为 F50，面积 86.7 平方米。占同期房址总数（5 座）的 20%。是大型房址中的较大房址。中期未见大型房址。晚期 5 座，房址编号分别为 F6、F16、F30、F36、F53。占同期房址总数（35 座）的 14.2%。这一时期的大型房址面积一般在 67~78 平方米之间。

4. 特大型房址，面积 100 平方米以上，共计 2 座，房址编号分别为 F9、F46。占发掘房址总数的 3.6%。早期未见。中期 1 座，编号为 F9，面积 107 平方米。占同期房址总数（15 座）的

6.6%。是一座大型房址中的较大房址。晚期1座，房址编号为F46，面积157.32平方米。占同期房址总数（35座）的2.9%。

二　房址形制分类

依据房址的整体特征，可分为两大型：A 圆角方形，B 圆角长方形。又依据 A、B 二型的细部特点：A 型房址又可分为：A1 方形，A2 南壁局部半圆状外凸，A3 室内带有二层台；B 型房址又可分为：B1 长方形，B2 南壁局部半圆状外凸，B3 室内带有二层台（见表7　房址的规模与形式分类表）。

A1 型房址 14 座，编号 F29、F42、F51、F2、F21、F11、F13、F47、F1、F4、F5、F23、F39、F55，占房址总数的 25.5%。早期 1 座，编号为 F29，占同期房址 20%；中期 2 座，编号为 F42、F51，占同期房址 13.3%；晚期 11 座，编号为 F2、F39、F21、F11、F13、F47、F1、F4、F5、F23、F55，占同期房址 31.3%。

A2 型房址 4 座，编号 F35、F34、F41、F27，占房址总数的 7.3%。早期 2 座，编号为 F34、F35，占同期房址 40%；中期 1 座，编号为 F41，占同期房址 6.7%；晚期 1 座，编号 F27，占同期房址 2.9%。

表7　房址的规模与形制分类表

期别 ＼ 形制 ＼ 编号 ＼ 规模	小型房址（面积30m² 以下）编号	中型房址（面积30~60m²）编号	大型房址（面积60~100m²）编号	特大型房址（超100m²）编号	合计	同期%	合计
早期 A1 型	F29				1	20	
A2 型	F35	F34			2	40	
B1 型			F50		1	20	
B2 型		F26			1	20	5
同期合计	2	2	1				
	40%	40%	20%				
中期 A1 型	F42、F51				2	13.3	
A2 型	F41				1	6.7	
A3 型		F40			1	6.7	
B1 型	F19、F24、F28、F38、	F22、F49		F9	7	46.7	
B2 型		F25、F33			2	13.3	15
B3 型		F32、F43			2	13.3	
同期合计	7	7	1				
	46.7%	46.7%	6.6%				

期别 \ 形制	规模 \ 编号	小型房址（面积30m²以下）编号	中型房址（面积30~60m²）编号	大型房址（面积60~100m²）编号	特大型房址（超100m²）编号	合计	同期%	合计
晚期	A1 型	F11、F13、F47	F1、F2、F4、F5、F21、F23、F39、F55			11	31.3	35
	A2 型		F27			1	2.9	
	A3 型			F30		1	2.9	
	B1 型	F12、F15、F17、F20、F44、F48、F52	F7、F8、F18、F3、F10、F14、F37、F31、F54	F6、F53		18	51.4	
	B2 型		F45	F36	F46	3	8.6	
	B3 型			F16		1	2.9	
	同期合计	10	19	5	1			
		28.6%	54.3%	14.2%	2.9%			
形制规模统计	A1 型（方形）	6	8			14	25.5	55
	A2 型 南壁局部外凸）	2	2			4	7.3	
	A3 型（有二层台）		1	1		2	3.6	
	B1 型（长方形）	11	11	3	1	26	47.1	
	B2 型（南壁局部外凸）		4	1	1	6	10.9	
	B3 型（有二层台）		2	1		3	5.6	
合计（%）		19（34.5）	28（50.9）	6（10.9）	2（3.6）			

A3 型房址 2 座，编号 F40、F30，占房址总数的 3.6%。早期不见；中期 1 座，编号为 F40，占同期房址 6.7%；晚期 1 座，编号 F30，占同期房址 2.9%。

B1 型房址 26 座，编号 F9、F19、F50、F38、F22、F49、F24、F28、F44、F7、F8、F18、F6、F12、F15、F17、F20、F48、F52、F3、F10、F14、F31、F37、F54、F53，占房址总数的 47.1%。早期 1 座，编号为 F50，占同期房址 20%；中期 7 座，编号为 F19、F38、F22、F49、F24、F28、F9，占同期房址 46.7%。晚期 18 座，编号为 F7、F8、F18、F6、F12、F15、F17、F20、F44、F48、F52、F3、F10、F14、F37、F31、F54、F53，占同期房址 51.4%。

B2 型房址 6 座，编号 F25、F26、F33、F45、F36、F46，占房址总数的 10.9%。早期 1 座，

编号为 F26，占同期房址 20%；中期 2 座，编号为 F25、F33，占同期房址 13.3%；晚期 3 座，编号 F45、F36、F46，占同期房址 8.6%。

B3 型房址 3 座，编号 F32、F43、F16，占房址总数的 5.6%。早期不见；中期 2 座，编号为 F32、F43，占同期房址 13.3%；晚期 1 座，编号 F16，占同期房址 2.9%。

从以上早、中、晚三期房址形制特点看：

1. 早期房址中，南壁带有外凸半圆（门道）式的房址较多，可能是这一时期房址的主要流行特点。

2. 中期房址中，南壁带有外凸半圆式的 A2、B2 型房址各见一座。多数为 B1 型房址。其次，室内带有二层台式的 A3、B3 型房址是这期房址出现的主要特点。

3. 晚期房址中，主要是流行 A1、B1 式二型房址，少见 A2、B2、A3、B3 型房址，而且在这一期 A2、B2、A3、B3 型房址外凸半圆、室内二层台，也没有早、中期特征明显。

三　房址结构的认识与假设复原

通过诸房址的发掘现象分析，查海遗址房址的整体建筑形式，可分为地上（屋顶）和地下（地穴）两部分构成，上部空间是材料构筑而成，下部空间是取土而成。半地穴遗迹仅是房屋保存下来的房屋结构的基础部分。它是利用自然地理结构条件——具有垂直节理的生黄土层和坚硬的花岗岩层为基质（风雨侵蚀和人工开凿都不易崩塌），人工下凿形成的一种直接带有墙壁和居室面的半地穴房屋。从居室面分布的柱洞看，其地穴的上半部应是木架式结构，虽已不存在，但每座房址内木架柱洞遗迹仍然可见。关于这一方面，我们重点在第二章第六节柱洞概述中已经明确阐述。

房址中柱洞遗迹是分析每个房屋建筑框架结构形式的十分主要基础部分，而每间房屋内的柱洞分布，必然构成一个有机建筑的整体。根据这个整体中的柱洞位置、形状、尺寸大小、间距、深浅程度，分布规律以及相关遗迹现象，可推测房屋建筑基本框架，并具有承重屋盖上部荷载和维护结构分工原理。如，从查海遗址每座房址柱洞平面的分布情况看，柱洞较多，大小深浅不一，有些现象错综复杂，分析起来较为困难，但总的还是有一定规律，基本上是形成内外一圈或两圈。外周柱洞紧靠穴壁，多集于四角，内周柱洞多为 4 个，形成一个长方形的中心框架支点。对柱洞多集于四角考虑可能当时人们已经有了转角容易破损，需重点加固的知识，据此在建筑时采取了圆角结构形式，并增加若干支柱作为辅助部分，直接承受屋盖荷载强度。又如，我们在划定房址界限时，发现靠近穴壁一周土质颜色呈黄灰色与内圈土质颜色呈灰黑色有所区别，形成两个不同颜色的土圈，这种黄灰色土圈，既不是墙土，也不是穴壁边缘，发掘时我们称其为假边，这种假土边可能是沿房子屋顶覆盖面外围根部一周隆起的封闭土（防止雨水倒灌），房址废弃后，在穴内周边所造成的现象。

总之，根据发掘资料的信息显示，查海时期的住房，是在地面上先挖一个地穴，有的南部有外凸半圆门道，然后立柱构顶。以古书记载远古时期房屋"其户向日"、"茅茨七阶"、"茅茨不剪"推测，查海房址门向东南，朝阳，屋顶大概以绳索捆绑茅茨披盖而成。有关古人建房时的场景，在《诗经·豳风·七月》里有记载："昼而于茅，宵而索绹，亟其乘屋，其始播百谷。"

在这里，依据所掌握的有关发掘资料，我们选择遗址中具有代表意义的典型房址 F34、F46、F5、F13 进行一下初步尝试性假设复原，以期抛砖引玉。

例一　F34

复原资料参见本报告 300 ~ 302 页，第 745、746 页，房址遗迹平面图及文字记录，

柱洞一览表（附表 6 - 27），复原情况参见图四四三　F34 主体构架示意图。

按发掘记录：该房为圆角方形，南壁偏东半圆状外凸式半地穴房址。穴内共有 38 个大小不同、深浅不一的柱洞，其形状有圆形、椭圆形，多斜直壁，平、圜、锥底，深度在 15 ~ 65 厘米之间，大体内、外两周分布。外围四角柱洞较密集，内周较舒，外凸半圆内亦有柱洞。

复原假设

根据内外两周柱洞的分布情况，推测房屋建筑整体构架的做法，较大可能：

一、内周的 33、25、10、29、8、7、6、18、17 号柱洞，在房址的中部构成东西向一个长方形高框架支柱点，在 9 个柱洞之间上横梁檩，形成房屋中部框架。

二、外围及四角分布的诸多柱洞立短支柱（柱与柱之间或采用横向连杆或可不采用横向连杆的做法），构成诸椽的下部支点（有些柱洞可能是后加支柱或辅助支柱）。

三、以这种框架形式构成的顶盖应是自周角斜架椽，下散上交方椎体。

四、对南壁偏东外凸半圆体推测：按其朝向应是入口（门道），其所在支柱与位于它东西两侧折角处 26 与 4 或 26 与 2 号柱洞支柱、中部南北向排列的 15、1 号两个柱洞支柱及中部框架横梁，

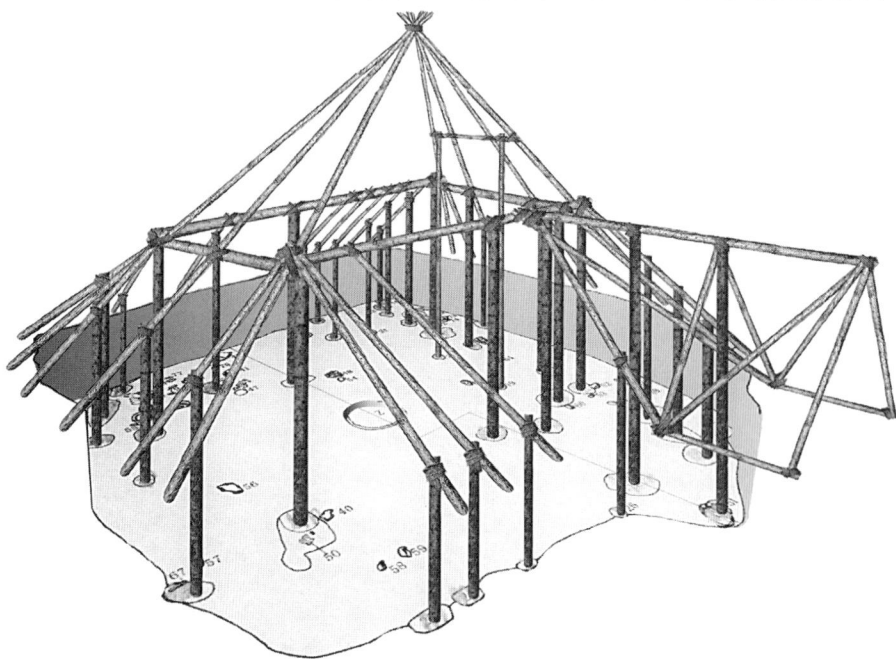

图四四三　F34 主体构架示意图

相互间连杆搭椽、檩，构成门道雨篷框架，据此可复原出联系在方椎体顶盖前方的两坡式雨篷。

五、主体框架形成后，可能性椽木间用杆相连，加固椽木之间的稳定性和承受顶盖上部枝条、泥土、茅茨等覆盖材料的荷载。

例二　F46

复原资料参见本报告 384、385 页，房址遗迹平面图及文字记录，复原情况参见图四四四　F46 主体构架示意图。

按发掘记录：该房是一座半地穴式圆角长方形，南壁中部带有外凸半圆（门道）式房屋。在穴内共有 32 个大小不同深浅不一的柱洞，其分布看上去错综复杂，虽然这些柱洞有可能都直接承受屋顶覆盖的荷载，但哪些是构成房屋框架结构主支架，那些是辅助支柱和后加支柱，需要一个较为合理的设想性推测。

复原假设：将 32 个柱洞大体上视为内外两周支柱，在视角上排除辅助支柱和后加支柱，其内周支柱可有 21、12、7、26 号 4 个支柱，在房屋的中部构成一个东西向长方形支柱点，上绑四梁。四角及四梁为椽的中间上指点框架，椽头上方焦点拢合，捆绑在一起。外围的柱洞立椽下支点支柱，其中有些柱洞的支点错综复杂，可能是一些按椽坡度的高低点辅助和后加的承受屋盖荷载柱，但都与椽木的支点有关。使整体房屋顶盖构成四坡式方椎体。

南部外突门道框架结构推测，基本与 F34 相同，按其周边分布的柱洞分析，30、3 号柱洞为门道两侧椽木下支点立柱，中部 1 号柱洞立柱为门梁支点，与内周 26、7 号柱洞立柱之间连接的横梁再搭杆连接，两侧梁椽即可构成一个三角两坡式门道雨篷框架，2 号柱洞与 1 号柱洞相距较近，可能是一种梯柱柱洞。

例三　F13

复原资料参见本报告 127、128 页，房址遗迹平面图及文字记录，柱洞一览表（附表 6-13），复原情况参见图四四五　F13 主体构架示意图。

图四四四　F46 主体构架示意图

按发掘记录：该房为一座面积为 13.3 平方米的圆角方形半地穴式房屋，穴内共有 7 个竖直柱洞，柱洞大小不同深浅不一，形状有圆形、椭圆形，皆靠近穴壁，凿于基岩内，分布于西南角 2 个，其他三角各 1 个，东壁与西壁中部各 1 个。

复原假设

根据柱洞紧靠近穴壁一周的分布情况，与内外两圈柱洞有所区别，推测其房屋建筑整体构架的做法，较大可能：利用一周 7 个柱洞的位置，立有椽木的下支柱，将 7 根椽木斜架上交合在一起，搭构成四面坡式屋顶。南侧方向，搭设有稍外突两坡式雨篷出入门。

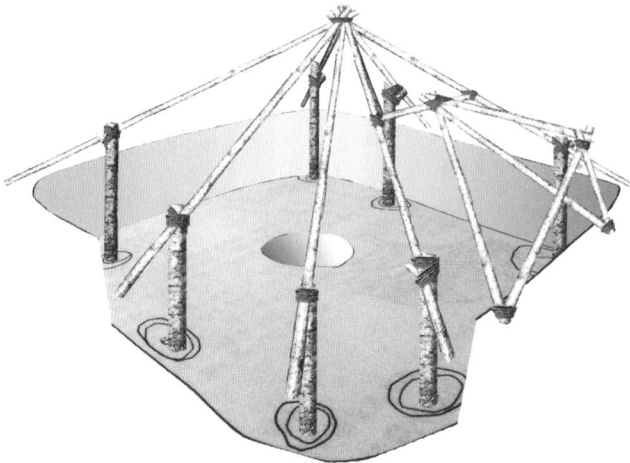

图四四五　F13 主体构架示意图

例四　F5

复原资料参见本报告 93、94 页，第 732、733 页，房址遗迹平面图及文字记录，

柱洞一览表（附表 6-5），复原情况参见图四四六　F5 主体构架示意图，图四四七　F5 结构复原图。

按发掘记录：此房址是一座中型南壁不带外凸半圆半地穴房址。穴内共有 15 个大小不同、深浅不一的柱洞，这些柱洞分布于穴中内外两圈，外圈柱洞 11 个，其中西北角 2 个（编号 48、52），东北角 1 个（编号 47），西南角 4 个（编号 44~47）；内圈四个（编号 45、46、49、50），分布于灶址四周。

复原假设

根据以上柱洞平面分布现象，作如下框架复原推测：

一、以内周 4 柱洞为房穴中部的长方形支柱，上架绑四横梁，构成中心框架。

二、以其中心框架四角及横梁为支点，对角架设四椽和其余诸椽。

三、外围靠近穴壁周围及四角柱洞立短柱为诸椽下部支点，据此构成方椎体四坡式房顶。

四、房址转角框架结构采取多支柱做法，支顶椽木，增加直接承受屋盖荷载及不易房四角破损度。

五、房门方向，依据 F34、F46 门向，F5 也应朝南，但无外凸半圆门道，推测门雨篷盖前檐

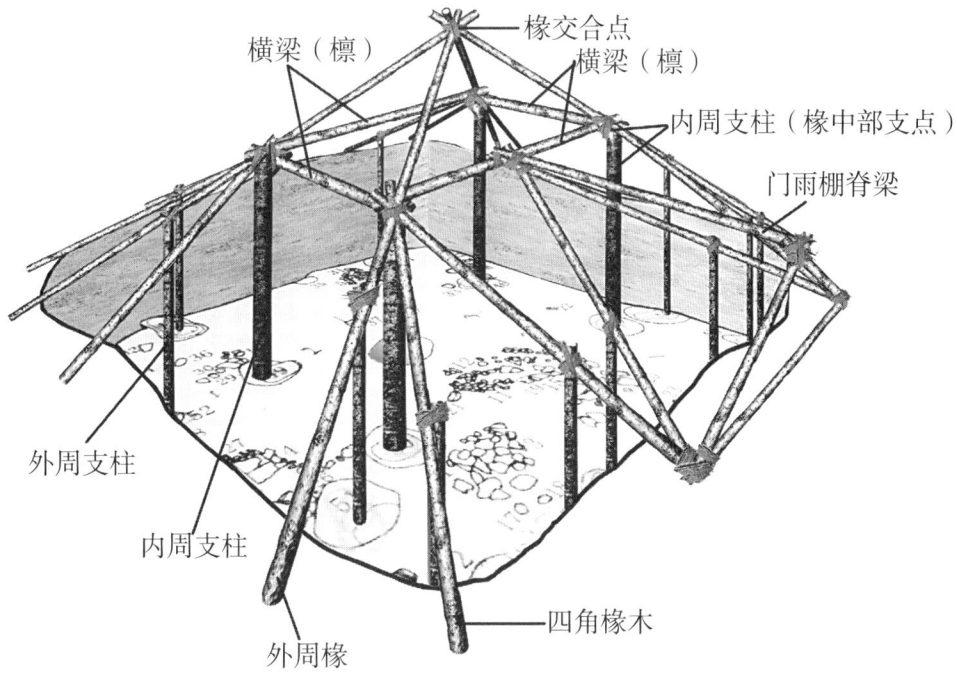

图四四六　F5 主体构架示意图

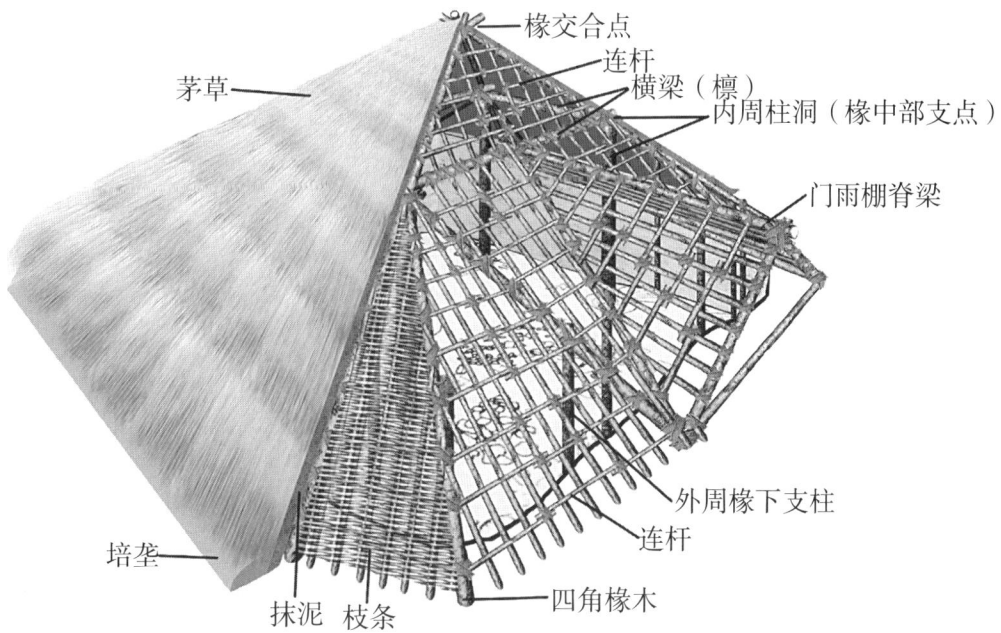

图四四七　F5 结构复原图

注：复原文字资料中涉及的页码及一览表编码，应修正为最终出版时页码及编码。

应与椽木底部齐平。结合总平面图关系看，位于南壁中部的 40、41，间距 1.60 米，这是一个非常重要的现象。如两柱按出入口处理，在两椽间立柱架梁与中部 50、45 之间柱梁搭脊连接，稍外出头，则构成两侧斜椽式雨篷门。

六、除框架外，房顶上半部各椽应设有横杆扎结固定、编枝条、抹泥、披草之类的建筑材料，将整个构架加密，覆盖封顶。

第四节　聚落经济形态、意识形态、社会性质

一　聚落经济形态

对于一个早已消亡的聚落经济形态的探讨研究，是考古发掘者对这个聚落进行较高层次的分析认识，也就是说发掘者要从这一发掘出的原始聚落本身所处的地理位置、文化层环境、文化内涵（遗迹、遗物）等各个方面，各个角度所蕴藏的诸多信息中，获取了解人类社会在某一阶段发展状况。我们认为，一个原始聚落的经济形态结构的形成是与自然经济环境、聚落结构和劳动资料（生产工具、生活用具）等重要因素分不开的。因为自然生活环境是早期人类生存的外因、经济基础的重要条件，聚落形态是衡量人类文化发展阶段的重要标志之一，生产工具、生活用具是经济形态生产力发展水平的重要体现。

（一）聚落自然经济环境

阜新查海聚落遗址与敖汉兴隆洼聚落遗址、林西县白音长汗聚落遗址一样，皆属我国北方西辽河流域范畴，是北方新石器时代较早期文化的代表。有关西辽河流域古生存环境，在《中国文明起源的人地关系简论》[①]一书中，对此区的古区位特点、地貌、气候、植被水文、生存环境、全新世环境变迁、自然层的环境信息、气候变迁规律等一系列方面都做了大量详细的科学调查考证，认为 8000 年前，西辽河流域的内蒙古东南部、辽宁西部地区自然植被属于温带落叶阔叶和针叶混交林，气候较现在湿润，地下水丰富，有众多的丘陵、低山、台地、平原、林地、草原、草甸、湖泊、河流、沟谷、道路、林带等，具有食物链长、生物"金字塔"基宽的特点，这种良好的古气候为人类生存提供了适宜的自然环境，早期人类在此可耕可牧，可渔可狩。

有关查海聚落的区域植被环境，2010 年秋，山东大学第四纪环境与考古实验室对 1993 年发掘中采集的炭化植物标本，包括木炭和炭化种子、果实以及部分动物骨骼进行了种属鉴定和分析。

其炭化植物遗存的鉴定和分析结果表明，聚落周围至少存在着 8 种落叶树种属，包括桦木属、

---

① 宋豫泰：《中国文明起源的人地关系简论》，科学出版社，2002 年。

麻栎属、杨属、榆树属、朴树和 3 种未知阔叶树种属，这暗示着距今 8000 年前后，聚落周围存在着大片的落叶阔叶林和针叶混交林，当时人们可以在周边随意获取木材资源。

炭化种子和果实鉴定结果表明，聚落周围还存在着豆科和禾本科等可食性野生植物类型。其中，禾本科有狗尾草属、马唐属、黍属等。

石器残存淀粉粒研究结果显示，查海遗址出土的炭化种子和果实都是可食的野生植物类型，淀粉粒遗存包括有大量禾本科植物种子、坚果类和块茎类植物淀粉。从各类植物所占的数量百分比可以明显看出，禾本科植物在查海先民的植物性食物中占有很重要的地位。这表明当时采集这些野生植物应是查海遗址聚落居民获取植物性食物的一个重要方式。

动物骨骼残骸遗存分析结果显示，出土的部分猪骨具有野猪处于驯化初期形态，未发生变化的家猪的特征，同时与猪骨出土的还有野生动物如鹿、牛、马等骨骼。

综合动植物遗存的分析结果显示，当时可能处于农业萌芽时期，植物栽培和动物驯养都已经出现，但狩猎和采集经济仍然在生业经济中占比较重要的地位。

（二）聚落形态及扩展

一个聚落形态是衡量人类发展阶段的重要标志之一。查海聚落形态大致经历了早、中、晚三个阶段，发展到了一个比较完善的阶段，面积达 1 万多平方米。聚落外围挖有壕沟，聚落内从早到晚大小半地穴式房址密集排列的井然有序。房址门向及入室方式，依据某些房址南壁中部或偏东局部外凸，推测门向朝南，入室方式应为两种至少有两种，一种是外凸棚式门道，另一种为无外凸棚式门道。房穴内两周柱洞，灶址居中，每间房址都出土成组成套的生产工具——石器，生活用具——陶器。在个别室内见有居室墓。供贮存物品使用的窖穴，大多数挖筑在房址外围，个别窖穴挖掘在室内。公共墓地祭祀及巨型龙形堆石——神祇，位于聚落中心，在其南北两侧的 F9 和 F46 为大型房址，其中 F46 面积达 157 平方米，F9 面积达 107 平方米，与周围房址相比，绝非一般性质居室，应是聚落中最高层次者居住的地方或是聚会议事的公共场所。

这种较完善的聚落形态，反映出它是在原始农业经济、采集狩猎经济、原始手工业经济等发展到一定程度的基础上，随着人类制造和使用工具技术的不断进步，氏族人口不断增长，社会内部组织机构的不断完善等多种因素的高度变化，在经济形态到意识形态方面，都需要达到长期稳定定居生活的结果。

（三）劳动资料遗骸所反映出的社会经济结构

"动物遗骸结构对于认识已经绝迹的动物的机体有重要的意义，劳动资料的遗骸对于判断已经消亡的社会经济形态也有同样重要的意义。"[①] 从查海遗址中出土的大量的生产工具、生活用具、

---

① 宋豫泰：《中国文明起源的人地关系简论》，科学出版社，2002 年。

动物遗骸、炭化物等劳动资料及劳动所得资料看，当时的社会经济形态应该是由原始农业经济、采集狩猎经济和原始的手工业经济组成。

1. 原始农业经济

遗址中出土的生产工具种类：石器类有铲形石器、双孔盘状铲形石器、斧、磨盘、磨棒、大石坠、研磨器、砺石、凿、刀、石球、沟槽器、敲砸器、饼形器、细石器、刮削器等；玉器类有玉斧、玉凿。对于这些工具的功能及用途的考察，我们首先不排除它们在实际生活中的多用性，如房址、窖穴构筑、农业生产、采集、狩猎、制陶等都可能会采用其中的一种或几种工具完成。但这些工具中，我们认为其中的铲形石器、双孔盘状铲形石器、斧、刀、磨盘、磨棒等工具可能与当时的原始农业生产、农业加工活动有着密切关系。遗址中这些与农业有关的工具，经统计共计 840 件，占石器总数的 34.8%。其中铲形器（包括双孔盘状铲形石器）最多，是查海遗址中最典型的石器。共计 349 件，占石器总数的 14.5%；石斧共计 146 件，占石器总数的 6.0%；石刀共计 36 件，占石器总数的 1.5%；石磨盘、石磨棒与农业、采集加工生产有关，石磨盘共计 139 件，占石器总数的 5.8%；石磨棒共计 170 件，占石器总数的 7.1%（参见附表 19 查海遗址各单位出土石器型式统计一览表）。以上百分比表明铲形器是主要的生产工具，这类能够作用于农业生产的大量工具制作的出现，不但表明原始农业的出现及技术的进步，也是判定原始农业作为最重要的产业部门的地位得以确立的重要依据，同时，显然表明查海时期农业正处在原始社会较早期的锄（铲）耕阶段。另外，生活用具中，口径约在 20.0 ~ 54.0、高在 25 厘米以上的大型陶器数量较多。最大一件陶器，口径 54.0、高 70.0 厘米。其用途应为储藏水或食物之器。

2. 采集狩猎经济

在查海聚落遗址生产工具中，能够确认为是专门用来狩猎的工具仅见少量的石镞。尽管如此，我们认为，在采集狩猎的活动中，使用的工具随意性因素较强，一种生产工具在不同场合有不同的用途，许多工具无法界定它们的功能，一物多用的情况十分普遍。譬如，大型石器铲形石器、斧、凿主要具有砍伐树木、翻土垦荒，其锐利的刃口，亦可用来杀伤猎物和挖掘采集植物块根等功能；各种类型的细小石器、刮削器、尖状器、斧、凿等制作精细、薄刃锋利可用于采集收获植物根系及禾穗，也可用于猎物的宰杀、切割；石磨盘、石磨棒是在长期采集经济的制造、使用中优先发展而来的，它是农业经济和采集经济加工植物籽粒的共同体，敲砸器可用来砸碎采集的坚果物，也可以用于狩猎及砸碎动物骨骼功能。由此可见，一种生产工具即有着它的单方面主要使用功能，又有它的多方面多用性，这种多用性的运用在采集狩猎方面，就不仅仅是几种确认的专用工具，更多的还应包括大量的刃部带有杀伤力的工具类及加工类工具。这些大量的生产工具在功能上与当时的采集狩猎活动是密不可分的。

在查海聚落遗址许多房址中以及墓区内普遍发现有火烧过的十分零碎的猪骨残骸，有些还是乳猪的残骸，尤其是在 F20 房址的灶坑内清理出了一具较为完整的猪额骨，在 F32 房址，清理出一鹿角骨，在 F26 房址的活动面清理出多粒较完整的炭化山杏核，在 F51、F53 号房址发现炭化胡桃核残块。这些采集到的动植物遗骸都是可食性的野生类型，由于当地土壤土质成分腐蚀性比较强，导致许多动植物遗骸消亡，因而在遗址中未能发现更多的动植物遗骸种类，不能反映出当时采集狩猎经济的全部面貌，但根据上述查海良好的古自然环境、森林植被，充足的水系生态资源可以为当时的采集狩猎，提供更多的优良条件。另外，值得提出的是在查海聚落遗址中，有许多供储存物品用的室内、室外窖穴，证明在当时农业、采集、狩猎等生产活动中，已经产生了剩余。总而言之，采集与狩猎是查海先民生活中不可缺少的重要经济组成部分，且占有相当大的比重。

3. 原始的手工业经济

从查海遗址中出土的遗物种类看，这一时期应该有以下几种原始手工业。

（1）石器制作

在查海聚落遗址中，石器制作数量占所有加工制作品总数的 66.4%，说明石器制作在当时是主要的制作加工业。在这一时期对石器的加工制作已达到相当成熟化和普及化了。尤其是能够根据石料的质地、硬度等性能的不同分别制作用途不同的工具。这一时期石器制作方法，仍然处在以打制为主，琢制、磨制为辅的阶段，但石器器型种类很多，并且在制作上，一般不甚规范、讲究。其加工制作的主要工具是铲形石器、石斧、石磨盘、石磨棒等器物，其中最多的是铲形工具的加工制作。

（2）玉器制作

玉器是查海聚落遗址中少数人拥有的珍贵之物，其数量仅占所有加工制作品总数的 1.2%，可见它并不是当时人们必须加工的主要对象。但其切割、钻孔、磨制、抛光等高难度制作工艺却代表了查海聚落文化加工制作的最高水平。

（3）陶器制作

陶器的制造数量占所有加工制作品总数的 32.4%，与石器制作一样，是当时查海先民生活中不可或缺的主要的制作加工业。从陶器制作和烧制水平分析，这一时期，制陶技术在施纹手法上甚是娴熟，个别器物制作也较为精美，但仍就处在较早期手工制作阶段。其器型种类少，一般制作不甚规整，大小器形几乎无变化，火候较低，烧制不均。当时烧制陶器，可能已经有了社会分工，出现专门从事陶器制作的手工业者。

（4）纺织制作

有关这一时期纺织方面的信息资料，特别缺少，我们仅在遗址中发现少量的陶纺轮和一些有孔饼形器等器具，只能证明当时应该有一定形式的原始纺织制作。

二　聚落意识形态

一定的社会意识形态是一定的社会存在的反映，随着社会存在的变化，对社会的发展起着巨大的能动作用，因此一定的意识形态对考古学文化的研究十分重要。原始社会意识形态，主要是指原始宗教、艺术等社会意识的各种形式，其具体表现应与当时原始氏族社会先民的世界观、信仰、图腾崇拜、祭祀、葬俗、仪式、绘画、雕塑、活动等有着密切的关系。就查海聚落社会意识形态而言，我们根据目前发掘所获取的相关资料，做初步的理解认识。

（一）原始宗教

1. 墓地反映出的原始葬俗祭祀形式

查海聚落墓地位于遗址中部，面积约 500 平方米，由大型龙形堆石、墓葬、祭祀坑构成。从其结构形态方面看，墓地北方摆塑有大型堆塑石龙，其性质与河南濮阳西水坡仰韶文化墓地摆塑的蚌壳龙相同，与宗教祭祀相关，是氏族宗教信仰崇拜的神祇，先民在此祭祀神灵，并按着某种习俗下葬死者、告慰亡灵。从其葬俗来看，查海聚落有两种埋葬习俗：一种是以氏族血缘关系葬于居址中心墓地内；另一种是以家庭特殊血缘身份单独葬于居室内。其葬式均为土坑竖穴墓，未见葬具，单人葬及母子合葬，头南足北，仰身直肢，面向西。仅见少数墓葬中有随葬品，并有殓玉习俗。另外，在墓区内和祭祀坑内见有猪骨残骸，表明查海先民在祭祀活动中，把猪作为主要祭祀品。

2. 某些遗物反映出的原始宗教信仰

F46 号房址出土的一对特大型铲形器和 F39 号房址出土的一件带有浮雕蛇衔蛙大陶罐，都不像是一般的生产、生活实用器，很可能是一种礼器。推测这两种器物可能是这个氏族部落中拥有者特殊身份及地位的象征，同时也是用来举行某种宗教仪式使用的特殊器物。前者我们认为很可能与当时原始农业活动有着密切关系，后者很可能与这个氏族部落的图腾崇拜有着密切关系。总之，这些器物具有神秘的宗教色彩，其寓意是难以理解的。

（二）原始艺术

原始艺术的产生，不仅仅是单纯为了满足某些美感要求产生的，更重要的是为了满足当时氏族社会中先民的生产、生活、宗教信仰、图腾崇拜等活动需要而产生的。其艺术表现形式，一是原始审美观念的自然流露，二是原始生产、生活实用的需要，三是某种原始意识形态的外在表现。那么查海聚落遗址中，能够具体体现当时艺术水平的信息是什么呢？在众多的获取资料中，我们归纳出以下几个方面。

1. 器形纹饰艺术

它是人类最古老的艺术形式之一。查海遗址的石器、陶器、玉器不仅仅体现了自身的使用价值及审美价值，更为重要的是它们在造型、施纹等工艺方面体现出一种原始艺术价值。这种原始艺术特征，又强烈的代表着北方地域新石器时代较早期文化风格。诸如石器中独具特色的铲形器，玉器中小巧精致的玉斧、玉凿、玉匕、玉玦、玉管；陶器中某些罐、钵、杯精美的造型与施纹等，无不展现出查海先民娴熟的工艺技巧和高超的艺术修养；尤其是陶器器表纹饰更加显示出查海先民的艺术想象力，如施纹中，典型纹饰的复合纹。匠人将查海遗址中流行的各种纹饰相互融合在一起，构成丰富多彩的纹样，其构思独特，变化巧妙，于浑然一体中体现美的存在，特别是几何纹压印特点，随意自然，线中见形，形中有律，又给人一种抽象的艺术之美。附加堆纹带即可起到加固的作用，又增加了器物的美感效应。

2. 浮雕艺术

在查海陶器群中，带有浮雕装饰的陶器甚少。浮雕主要施于陶罐的颈腹部，采用贴塑式做法，图像基本拟某种动物题材，造型别具一格，在新石器时代诸考古学文化里未见。唯惜发现的标本中仅一件 F39∶39 陶罐腹部的浮雕图案可复原，其他浮雕图像，都是局部残碎片。从其图像内容及其艺术角度看，其中残"类龙纹"浮雕图案，匠人以夸张的手法，基调拟蛇形，见其身尾，不见其首，饰窝点纹为鳞。图形独特，构思很富有想象力看上去的感觉是蛇非蛇，是龙非龙。标本 F23∶26，图像，其身直、尾部翘卷，似行状；标本 F23∶27，图像，其身尾团卷，似蟠状。图像充分显示出匠人在创意中，赋予了它一定的蕴意。标本 F39∶39 陶罐腹部两侧浮雕的蟾蜍、蛇衔蛙（蟾蜍）动物图案，匠人依据器物尺寸，以写实的手法，将一侧的单体蟾蜍雕塑成大小与真的一样，尤其在其具体雕塑上，抓住了蟾蜍的几个特点，彭鼓的大肚，四肢叉开作移动的动作，都给予较深刻地塑造出来，并且采用当时流行的压印窝点纹饰于蟾蜍身上，就像蟾蜍皮肤上许多疙瘩似的。一看上去给人是那么逼真，栩栩如生，就像活的一样，令人望而生爱。另一侧雕塑"蛇衔蛙（蟾蜍）"造像，显然是依据罐体缩小了动物造像，这一安排甚是巧妙，与整体造型更符合，突出了整体的美感。在其具体雕塑上，蛙（蟾蜍）四肢展开，作扑状。蛇衔其右下肢，尾部下甩，背鳞亦用流行的窝点纹，而两侧腹鳞用流行的压划短线纹。这些如果不是在劳动生活中有着极深刻的体验，决不会达到如此精当与巧妙。由此可见，当时的匠人技艺极其精致熟练。不但作品雕塑自然，而且比例匀称，形象写实，造型完美，实为上古雕塑史上最早的佳品之一。

3. 摆塑艺术

墓地龙形堆石，以蛇为基调，用玄武岩石块摆塑，全长 19.7 米。头朝西南，尾朝东北。龙头、龙身石块摆得较厚密，而尾部石块则摆得较松散。其造型庞大，姿态昂首张口，弯身弓背，尾部若隐若现，给人以一种腾飞之感。其寓意深刻、耐人寻味，充分体现出上古先民摆塑的艺术天赋和伟大创举！

4. 查海动物造像的寓意

查海陶器器表贴塑的浮雕蟾蜍、蛇衔蟾蜍以及类龙纹，还有聚落中心墓地北方用石块摆塑的巨型石龙，都是全新的考古资料。所塑造的动物形态栩栩如生，是我国早期文化艺术史上的佳作。龙形堆石将有助于对龙起源的探索及原始宗教崇拜的研究。可以说查海遗存动物造像的发现，把我国五千余年前的红山文化雕塑艺术及仰韶文化的摆塑艺术又提前了一个时期。

那么进一步从历史考古的角度看，查海遗存中的动物造像所包含的原始寓意是什么呢？这是一个非常值得深思的课题。由此可以更深层次地探讨当时原始氏族社会关系，以及原始崇拜意识。蟾蜍、蛇、龙形象的图案，普遍存在于我国三大江河流域的新石器文化遗存中。大多数考古学家和历史学家认为，新石器时代的动物纹样都有象征氏族图腾的特殊含义。并认为动物图腾是当时氏族部落崇拜最为普遍的一种形式。从这个意义上看，查海动物造像也应当是其氏族部落的图腾标志。

从查海墓葬死者年龄看，儿童死亡有 5~8 岁的，就是成年人的最大年龄也仅在 50 岁左右，多数为 18~25 岁就已死亡。先民自然会产生祈求多子的生殖崇拜。选择了蟾蜍、蛇、龙等自然动物作为自己的氏族图腾神祇。把人的繁衍能力寄托于蟾蜍这样的具有强大繁殖功能的动物。并希望借助龙、蛇的强大威力来保护本氏族。这可能就是查海先民塑造蟾蜍、蛇的真正含义。由此推测，这个部落可能是由蛇、蟾蜍两个图腾氏族所组成的部落，他们又共同崇拜一个神祇——巨龙。

三　聚落社会性质及社会组织

我们根据所获得的一些信息，对查海聚落的社会性质初步做出如下分析判断。

1. 查海聚落遗址是我国西辽河流域新石器时代较早期的典型文化遗存。

2. 查海聚落形态已经发展到一个比较完善的形式，由围沟、房址、窖穴、墓地等构成，聚落从早期到晚期规划设计得十分周密，而且井然有序。从中反映出当时氏族纽带的联系相当牢固，查海先民在比较严密的氏族制度下，过着以采集与农耕并重为主的长期稳定的定居生活。

3. 遗址中心南北两侧的 F46、F9 两座特大型房址，面积各达 157 平方米和 107 平方米，与周围房址比，显然具有不同的特殊功用，尤其是在 F46 号房址内还出土了一对特大铲形石器，比其他房址出土的铲形石器大一倍，刃部无使用痕迹，其重量也表明不便用于实际生产，据此推测，两座房址绝非一般性居室，应是聚落中最高层次者居住的地方或聚会议事的公共场所。大型铲形石器有可能是用来举行某种仪式使用的特殊器物，或许是某个人或氏族地位权威的象征。其中不难反映出在查海聚落中，氏族社会组织机构肯定有一定性质的具有权威性的氏族族长制和部落酋长制，即氏族部落分层领导体系。

4. 依据出土的动物图腾图案推测，查海聚落可能是由蛇、蟾蜍两个图腾氏族相结合的部落。

5. 从每座房址内部结构和出土的成组成套的生产工具、生活用具看，聚落的最低生产方式已具备以家庭为单位的一种生产模式，最高生产方式是以氏族部落为组织的生产关系结构。

6. M2 及 M8 反映出当时男女可能已经有了社会分工和出现了专门的手工业者。

7. M7 母子合葬现象，是社会组织以母系血缘为纽带的真实写照。M8 成年男性墓中，出土许多石器，不见陶器，这不仅反映了当时的社会分工现象、更重要的是反映出仍处于母系氏族社会的发展阶段。

8. 聚落中心墓地及居室墓，反映出查海时期还仍然保持着最古老的埋葬习俗。

9. 查海聚落的农业经济和手工业经济仍然处在原始较早期阶段。

10. 根据房址、墓葬的形制规模和出土遗物的情况，基本没有明显发现能反映贫富分化的现象。但从房址规模看，已有社会等级分化程度。

11. 当时植物栽培和动物驯养可能都已经出现，但狩猎和采集经济仍然在生业经济中占比较重要的地位。

第八章 查海—兴隆洼文化的时空框架

查海—兴隆洼文化作为一种有稳定组合与特色的考古学文化，于20世纪80年代被确认[1]，之后该文化遗址及遗存陆续被发现或从以往的报告中被辨认。已知与该文化相似的遗存在燕山南北的广大地区均有发现，尽管就其应该以怎样的名称命名尚存在不同的认识，如认为"依发掘和确认文化性质的先后，以及发掘规模大小等，以称作兴隆洼文化为妥"[2]，或认为兴隆洼遗址内涵不能囊括查海全部遗存，而提出查海遗址的命名[3]，但稳定而共同的器物组合说明它们属于相同的考古学文化已经是没有异议的了。这里我们无意讨论其命名问题，仅希望在对查海遗址分期认识的基础上，对兴隆洼文化的时空框架问题做进一步的探讨，故文中权且以查海—兴隆洼文化称呼之。

查海—兴隆洼文化目前已经测定的绝对年代数据有15个，其中兴隆洼遗址8个[4]，白音长汗遗址2个[5]，查海遗址5个[6]。综合数据，其年代绝大多数可以落在公元前6200～前5000年之间。该文化在这漫长的千余年的发展历程中，遗存特征上如何演变？各遗址所处的时间位置又是如何？空间分布上有无变化或如何进退？已有多位学者针对上述问题进行过探讨，比如中国社会科学院考古研究所在兴隆洼遗址报告中指出，兴隆洼遗址可以分为三期，一期以兴隆洼遗址F171和F220为代表，二期以F180为代表，三期以F176和F177为代表，而查海遗址的一期相当于兴隆洼遗址三期，查海二期晚于兴隆洼三期，白音长汗二期乙类则年代更晚[7]；刘国

① 中国社会科学院考古研究所内蒙古工作队：《内蒙古敖汉旗兴隆洼遗址发掘简报》，《考古》1985年第10期，865～873页。

② 中国社会科学院考古研究所内蒙古工作队：《内蒙古敖汉兴隆洼聚落遗址1992年发掘简报》，《考古》1997年第1期，25页。

③ 辽宁省文物考古研究所：《辽宁阜新县查海遗址1987～1990年三次发掘》，《文物》1994年第11期，19页。

④ 中国社会科学院考古研究说：《中国考古学中碳十四年代数据（1965～1991）》，文物出版社，1991年，56～57页；中国社会科学院考古研究所实验室：《放射性碳素测定年代报告（二一）》，《考古》1994年第7期，662页；中国社会科学院考古研究所科技实验研究中心：《放射性碳素测定年代报告（二七）》，《考古》2001年第7期，84页。

⑤ 内蒙古自治区文物考古研究所：《白音长汗——新石器时代遗址发掘报告》，科学出版社，2004年，第501页。

⑥ 见本报告。

⑦ 中国社会科学院考古研究所内蒙古工作队：《内蒙古敖汉兴隆洼聚落遗址1992年发掘简报》，《考古》1997年第1期，25页。文中所指查海遗址一、二期是依《辽宁阜新县查海遗址1987～1990年三次发掘》中分期，见《文物》1994年第11期，4～19页。

祥先生将查海—兴隆洼文化分为三期，一期即兴隆洼遗址一期，以兴隆洼遗址 F171 和 F220 为代表，二期即兴隆洼遗址二期，以兴隆洼遗址 F180 为代表，兴隆沟遗址、查海遗址及南台地遗址可归入该期，三期以白音长汗遗址二期乙类为代表[①]；赵宾福先生提出了可将该文化分为两期三段的设想，他认为查海遗址 D1 和兴隆洼文化的 F176 可以作为早期的代表，晚期的早段可以查海遗址 F5 和兴隆洼遗址 F123 为代表，晚期晚段以兴隆洼遗址 F180 遗存具有典型性[②]。陈国庆先生对查海—兴隆洼文化遗址进行了全面的分析，提出将该文化分为五期的观点。他认为查海—兴隆洼文化一期可包括查海遗址一期，即查海的 F29、F34 和 F35、白音长汗遗址一期、小河西遗址、西梁及大新井遗址；二期包括兴隆洼遗址 F171、F220、F2 和 F3、南台子遗址、白音长汗遗址二期甲类、东寨遗址部分遗存、瓦盆窑遗址、富顺永遗址、查海遗址 F26 和 F33；三期包括兴隆洼遗址 F180、查海遗址 D1～3、F2、F3、F9、F24、F25、F28、F32、F38、F49 和 F11 及兴隆沟遗址部分遗存；四期包括兴隆洼遗址 F176、F177、查海遗址 F1、F4～13、F27、F30、F37、F48、F52 和 F55、兴隆沟遗址部分遗存、孟各庄一期、王全遗址；五期包括白音长汗二期乙类、东寨遗址部分遗存、金龟山遗址、药王庙遗址和上宅下层[③]。可见，由于缺乏地层关系上的佐证，给研究带来不小的困难，以致以往的不同研究者意见非常不一致，甚至对同一遗址乃至同一单位都得出了相去甚远的结论。

查海遗址的地层、房址及其室内堆积提供了多组叠压和打破关系，为我们了解该文化特征的阶段性变化，提供了确切的相对年代关系，为文化分期提供了准确的标尺。根据查海遗址地层关系及遗存变化情况，比对以往已知的查海—兴隆洼文化遗址，可将该文化划分为四期。

查海—兴隆洼文化一期，以查海遗址早期为代表，F38 打破 F29、F26 室内堆积叠压居住面遗物等地层关系表明该期早于查海遗址中期。查海遗址早期陶器皆夹砂红褐陶，陶质疏松，火候偏低，器型单一，皆为深腹筒形罐类，造型以圆唇，有些口部外叠唇，大口、斜直腹多见，也有略弧腹者共存，器物口沿下多流行一周附加堆纹带（个别带面施斜线纹），器身主体部分多素面，少见窝点纹。

白音长汗遗址一期[④]、小河西遗址遗存[⑤]与查海早期相近，可归入此期。白音长汗一期陶器亦均为夹砂陶，以褐色为主色调，器表以素面为主，纹饰仅见附加堆纹一种，装饰在器物的口部，有长条形、圆圈形、波折形等几种；长条形附加堆纹制作不规整，宽窄、高低不一。器型仅见筒形罐一种，圆或平唇，大口，斜直壁或微弧壁；共存的石器有磨棒、石杵、石臼和石杯。小河西遗址陶器为夹砂黑灰和褐陶，陶质疏松，多素面无纹，少见压划波折纹，器型仅圆唇、敞口、微

①　刘国祥：《西辽河流域新石器时代至早期青铜时代考古学文化概论》，《赤峰学院学报·红山文化研究专辑》2008年。
②　赵宾福：《兴隆洼文化的类型、分期与聚落结构研究》，《考古与文物》2006年第1期，25～31页。
③　陈国庆：《兴隆洼文化分期及相关问题探讨》，《边疆考古研究》第3辑，科学出版社，2004年，9～22页。
④　内蒙古自治区文物考古研究所：《白音长汗——新石器时代遗址发掘报告》，科学出版社，2004年，18～25页。
⑤　杨虎：《敖汉旗榆树山、西梁遗址》，《中国考古学年鉴（1989年）》，文物出版社，1990年，121页。

弧斜壁筒形罐一类；石器见有石锄、磨盘、磨棒、饼形器和石球等。可见，它们的器物组合及特征与查海一期一致。

有学者将查海遗址早期、白音长汗遗址一期与小河西遗址、西梁遗址[①]、大新井遗址[②]、榆树山遗址[③]、杨家洼遗址[④]等以出土单纯的夹砂素面红陶筒形罐为陶器特征的遗存，与以网格纹、斜线纹和之字纹为装饰的筒形罐为主要特征的遗存加以区分，将前者统称为小河西文化。我们认为上述遗址遗存虽有一定的相似性，但面貌仍然相当复杂。就查海早期、白音长汗一期及小河西遗址遗存而言，从查海遗址看，它们虽特征明确，却与其后的遗存有着清晰的发展演变关系，其中的夹砂红褐、口沿装饰附加堆纹，尤其是外叠唇的筒形罐更是作为查海遗址器物群中稳定的一分子，持续存在伴其始终。故而可以将这部分遗存看作为查海—兴隆洼文化的一个发展阶段。西梁遗址、榆树山遗址陶器中尚有小罐和杯等，纹饰还见有压印短斜线、网格纹、窝纹，其器型和纹饰均较查海早期、白音长汗一期和小河西遗址丰富，石器中造型规整的斧、锛和钻孔石器也为后者所不见。据杨家洼遗址发掘简报及论文介绍，该遗址内涵也与查海早期、白音长汗一期和小河西遗址不一致，其陶器极为粗糙，厚重，表面凹凸不平，明显较后者原始。而其石器中规整的石斧、石凿也为后者不见。可见，以夹砂素面筒形罐为主要器型的红陶遗存究竟是代表了多纹饰装饰陶之前的一个统一的考古学文化，其间的差异反映的只是不同发展阶段，还是由于时代近似、工艺水平相近形成的诸文化的共同特点，目前还缺乏足够的资料加以说明，尚不宜下结论（图四四八）。

查海—兴隆洼文化一期遗址点经发掘确认的不多，即便以夹砂素面红陶筒形罐这个宽泛的标准来衡量，其分布也限于燕山以北的西辽河、大凌河流域地区，与燕山南麓的徐水南庄头遗址以细绳纹、罐、钵组合的早期文化[⑤]及怀柔转年遗址以夹砂素面筒形罐和盂为组合的早期文化[⑥]形成差别。

查海—兴隆洼文化二期，以查海遗址中期为代表，其晚于该遗址早期，并有 F27 和 F37 打破 F28、F30 打破 F24 及 F52、F47、F48、F55 打破 F49 等多组地层关系表明该期早于查海遗址晚期。查海遗址中期陶器仍为夹砂陶，陶色不纯正，红褐陶仍占有相当比例，灰褐陶数量上升。器表纹饰明显增多，但施纹不甚规整，见有草划交叉网划纹、窝点纹、人字纹、短斜线纹及贴饼、瘤及乳状耳等，流行一器施加多种形式的复合纹饰。偏晚出现细长线之字纹和几何纹。陶器器型除直腹筒形罐外，出现了鼓腹罐和钵、杯类。直腹筒形罐少量仍敞口、圆唇、斜直腹，多数由一期的斜腹开始向

① 杨虎、林秀贞：《内蒙古敖汉旗榆树山、西梁遗址出土遗物综述》，《北方文物》2009 年第 2 期，13 ~ 21 页。

② 刘晋祥：《翁牛特旗大新井村新石器时代遗址》，《中国考古学年鉴（1989 年）》，文物出版社，1990 年，121 页。

③ 杨虎、林秀贞：《内蒙古敖汉旗榆树山、西梁遗址出土遗物综述》，《北方文物》2009 年第 2 期，第 13 ~ 21 页。

④ 辽宁省文物考古研究所、葫芦岛市文物管理办公室：《辽宁葫芦岛市杨家洼新石器时代遗址发掘简报》，《博物馆研究》，2005 年第 2 期，32 ~ 37 页；李恭笃：《辽西杨家洼遗址发现目前我国北方更早的新石器时代文化遗存》，《青年考古学家》总第十期，1998 年，10 ~ 11 页。

⑤ 保定地区文物管理所、徐水县文物管理所、北京大学考古系、河北大学历史系：《河北徐水县南庄头遗址试掘简报》，《考古》1992 年第 11 期。

⑥ 郁金城、李超荣、杨学林、李建华：《北京转年新石器时代早期遗址的发现》，《北京文博》，1998 年第 3 期。

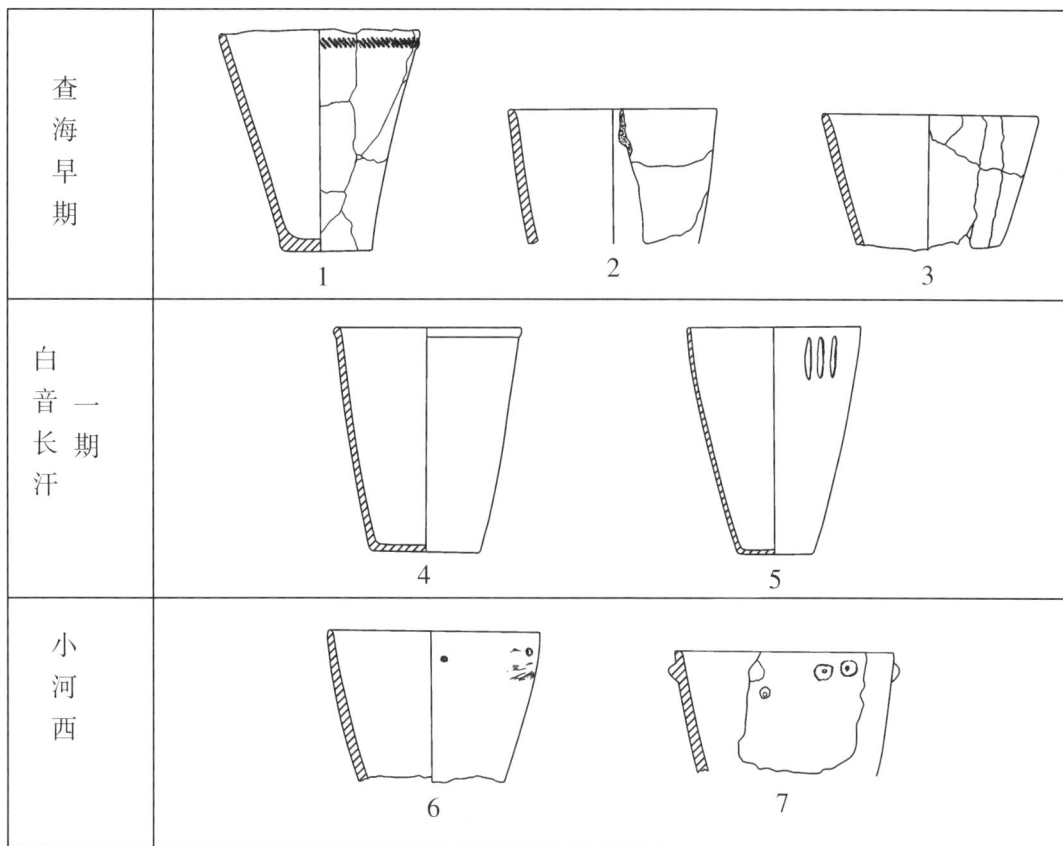

图四四八　查海—兴隆洼文化一期陶器比较

1. 查海 F26：30　2. 查海 F26：31　3. 查海 F35：7　4. 白音长汗 BF64②：1

5. 白音长汗 BT3②：96．小河西 87MAHF3②：6　7. 小河西 87MAHF3②：3

内收敛，口径与底径差缩小，腹斜直或略向外弧直，出现了口部略外侈并厚叠唇。鼓腹罐口径与底径相差不大，腹部最大径位于器物中上部。折腹钵圆唇、敛口、深腹。斜腹杯杯壁斜直。

　　兴隆洼遗址 F171、F220、F2①、南台子遗址②、白音长汗二期甲类及瓦盆窑遗址③、富顺永遗址④和岔沟门遗址部分遗存⑤、东寨遗址 G1 部分遗存⑥特征与查海中期相近，可以归入此期（图四四九）。

---

① 中国社会科学院考古研究所内蒙古工作队：《内蒙古敖汉旗兴隆洼遗址发掘简报》，《考古》1985 年第 10 期，865～873 页；中国社会科学院考古研究所内蒙古工作队：《内蒙古敖汉旗兴隆洼聚落遗址 1992 年发掘简报》，《考古》1997 年第 1 期，1～26 页。

② 内蒙古文物考古研究所：《克什克腾旗南台子遗址发掘简报》，《内蒙古文物考古文集》第一辑，87～95 页，中国大百科全书出版社，1994 年；内蒙古文物考古研究所：《克什克腾旗南台子遗址》，《内蒙古文物考古文集》第二辑，中国大百科全书出版社，1997 年，53～77 页。

③ 内蒙古自治区文化局文物工作组：《内蒙古自治区发现的细石器文化遗址》，《考古学报》1957 年第 1 期，9～20 页。

④ 内蒙古自治区文化局文物工作组：《内蒙古自治区发现的细石器文化遗址》，《考古学报》1957 年第 1 期，9～20 页。

⑤ 承德县文物保护管理所：《河北省承德县新石器时代遗址调查》，《考古》1992 年第 6 期。

⑥ 河北省文物研究所：《河北省迁西县东寨遗址发掘简报》，《文物春秋》（河北省文物研究所参加第三届环渤海国际学术讨论会论文报告集）1992 年增刊，128～143 页。

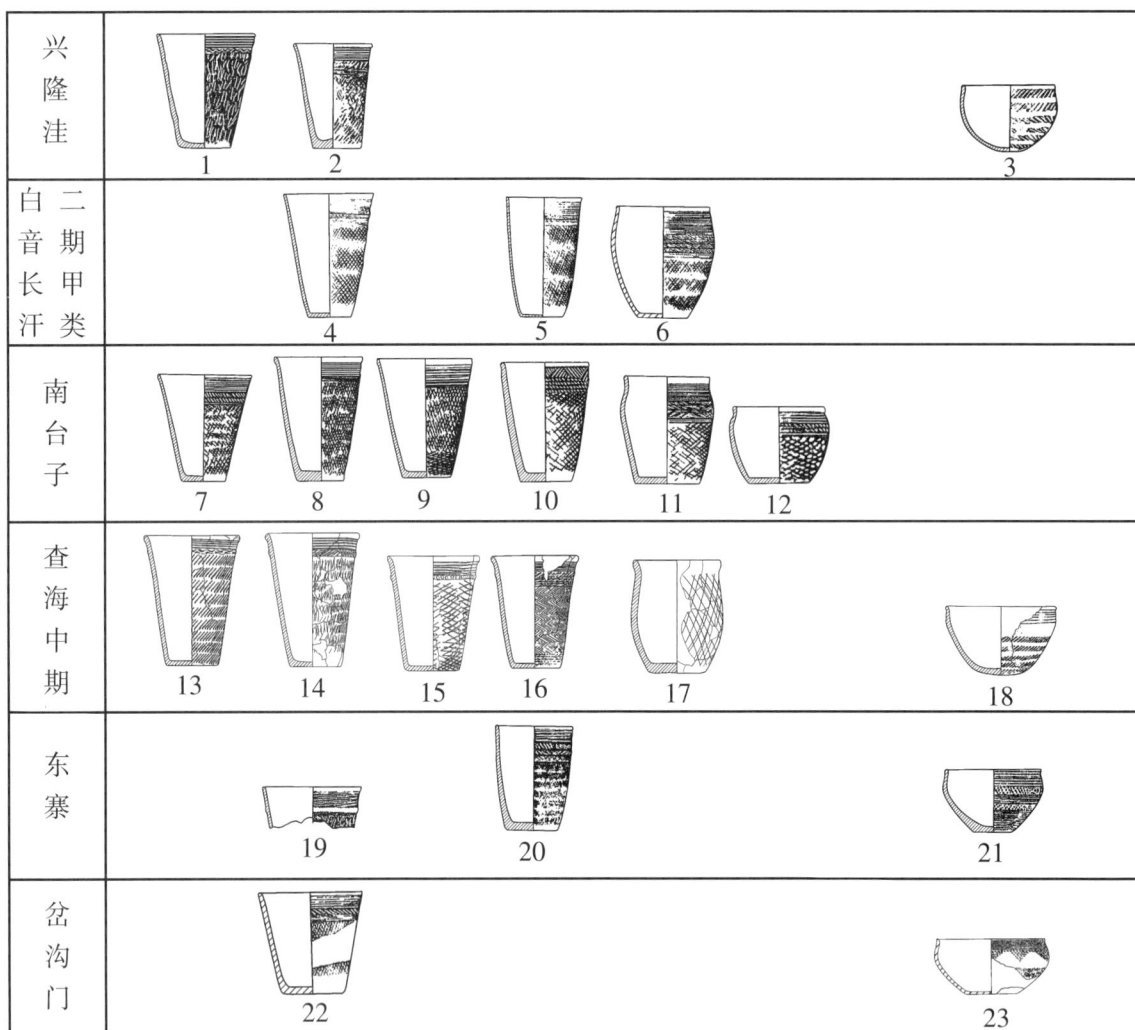

图四四九　查海—兴隆洼文化二期陶器

1. 兴隆洼 F171④：10　2. 兴隆洼 F2⑤：18　3. 兴隆洼 F2⑤：10　4. 白音长汗 BF63②：3　5. 白音长汗 BF63②：2

6. 白音长汗 BF63②：7　7. 南台子 F29：1　8. 南台子 F9：3　9. 南台子 F32：1　10. 南台子 F23：1

11. 南台子 F9：6　12. 南台子 F18：1　13. 查海 F40：57　14. 查海 F40：37　15. 查海 F40：39

16. 查海 F40：42　17. 查海 F24：6　18. 查海 F51：8　19. 东寨 G1：180　20. 东寨 G1：7

21. 东寨 G1：96　22. 岔沟门（原报告图五：7）　23. 岔沟门（原报告图五：6）

　　兴隆洼遗址 F171、F220 和 F2 中出土的陶器为灰褐或黄褐色夹砂陶，器表大多满施纹饰，并为分段式的复合纹，一般唇下施凹弦纹，其下为一周附加堆纹，再下为主体纹饰，见有短斜线交叉纹、不规整的人字纹、长窝纹和网格纹等。筒形罐多敞口、圆唇、斜直腹者，少量筒形罐出现厚叠唇的外侈口、斜直腹，口径与底径差较小。钵圆唇、敛口、深腹。从查海遗址筒形罐的演变趋势看，此期兴隆洼遗址遗存中，如 F171 和 F220 器型单一，筒形罐均圆唇、敞口、斜壁，当较查海遗址中期略早，应属于查海—兴隆洼文化二期的较早的单位。

白音长汗二期甲类陶器为夹砂陶，陶色不纯正，以褐色为主基调，有黄褐、红褐、灰褐及黑褐等，纹饰有凹弦纹、索状条带纹、网格纹、平行斜线纹、交叉纹和长窝纹等。流行分段式复合纹装饰。器型以直腹筒形罐为主，此外尚有鼓腹罐、钵。直腹罐口部多外叠唇，斜直腹或弧直腹，与查海遗址中期基本一致。

南台子遗址陶器为夹砂褐陶，有黄褐、红褐及灰黑等，火候较低，陶质疏松。器型以直腹筒形罐为大宗，此外也有少量鼓腹罐和杯、钵等。直腹筒形罐既有敞口、圆唇，斜腹，也有外侈口、厚叠唇、斜直腹或弧直腹者。纹饰以压印交叉纹为主，此外还有人字纹、斜线纹、坑点戳印纹、凹弦纹、附加堆纹等，流行分段式组合纹饰。与查海遗址中期特征相似。

瓦盆窑遗址、富顺永遗址是 20 世纪 50 年代在昭乌达盟调查中发现的，遗物均属采集获得，报告发表的遗物中见有查海—兴隆洼文化遗物。其中瓦盆窑遗址深腹筒形罐（原报告①图版贰，2）为外叠唇、斜直腹，器表施复合纹。富顺永遗址的深腹筒形罐外叠唇，弧直腹，器表亦施复合纹。均与查海遗址中期筒形罐特征一致。

如果说查海—兴隆洼文化一期的分布尚仅限于燕山以北地区的话，河北迁西东寨遗址和承德岔沟门遗址查海—兴隆洼文化遗存的发现，说明发展到该文化第二期时，其分布不仅深入燕山腹地且到达了燕山以南地区。岔沟门遗址遗物为文物调查中采集所得。其深腹筒形罐均夹砂，火候较低，陶质疏松，施弦纹、附加堆纹、网格纹组成的复合纹饰，小侈口外叠唇，腹壁斜直。折腹钵圆唇、敛口、深腹。具有查海遗址中期同类器特征。东寨遗址 G1 中包含有查海—兴隆洼文化遗存，如 G1 : 7 深腹筒形罐，夹砂红褐陶，凹弦纹带下施加三周附加泥条堆纹，其下施短线交叉网格纹，腹壁弧直；G1 : 96 折腹钵圆唇、敛口、深腹。具有与查海遗址中期或白音长汗遗址二期甲类同类器风格。

由于第二期发现的遗址点较多，尽管公布的材料尚不完整，但各遗址都表现出了自身的特点。仅就陶器群看，南台子和白音长汗为代表的西拉木伦河以北遗址器物群中鼓腹罐多为方体或宽长方体者，以厚唇、近圆鼓腹、腹部纹饰多与直腹筒形罐相类似均采用分段组合式为主要特征，缺少钵、杯类器型；而兴隆洼和查海遗址为代表的西拉木伦河以南遗址则流行瘦长体鼓腹罐，钵、杯类器型也较前者为多。上述区别至三期仍然延续，说明由于地域上的差异形成的类型上的区分至少从此时起已经明确形成。以往既有"兴隆洼类型"、"查海类型"、"南台子类型"、"白音长汗类型"、"东寨类型"等多种关于查海—兴隆洼文化中的类型划分与称呼，它们既有对阶段性不同的概括，又有对地域上差异的总结，非常混乱，应考虑重新加以命名。至于东寨遗址，由于 G1 内涵的复杂性，具体组合状况不明，似乎包含有不同文代时期甚至不同文化的遗存，故目前不具备以其为标准进行类型研究的条件。

查海—兴隆洼文化三期，以查海遗址晚期为代表，是查海遗址查海—兴隆洼文化地层中最晚

---

① 原报告是指《内蒙古自治区发现的细石器文化遗址》，《考古学报》1957 年第 1 期。

的一期。查海遗址晚期陶器中灰褐陶比例多于红褐陶，复合纹装饰仍流行，主体纹饰以之字纹为主，人字纹、网格纹、短斜线纹和几何纹次之，施纹规整，几何纹更加多样化。器型仍以深腹筒形罐占大宗，有直腹和鼓腹之分，此外钵、杯类器造型也更趋多样化。作为查海遗址陶器阶段性变化标准器的直腹筒形罐器壁，由二期的小外侈口变得自器高三分之二起即开始外翻，形成喇叭口；而鼓腹罐口径渐加大，最终大于底径，腹部最大径上移形成一定的肩部；折腹钵口部出现外侈的小沿、深腹；斜腹杯杯壁弧直。

　　兴隆洼遗址以 F180、F123、F176、F177 等单位为代表的遗存、孟各庄遗址一期[1]、上宅遗址第八层遗存[2]，均与查海遗址晚期具有可比性（图四五〇）。

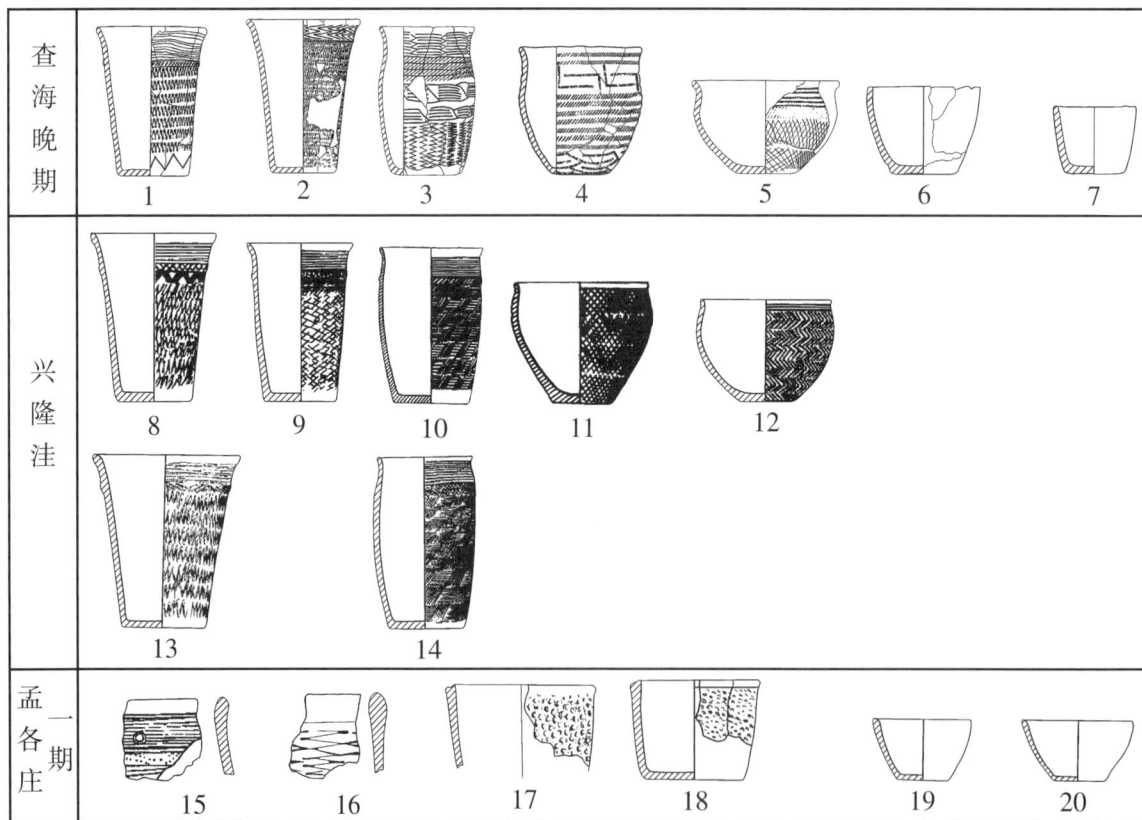

图四五〇　查海—兴隆洼文化三期陶器

1. 查海 F30：103　2. 查海 F36：70　3. 查海 F30：116　4. 查海 F54：32　5. 查海 F33①：19　6. 查海 F14：1

7. 查海 H30：1　8. 兴隆洼 F180④：4　9. 兴隆洼 F180④：12　10. 兴隆洼 F180④：6　11. 兴隆洼 F177②：1

12. 兴隆洼 F180④：8　13. 兴隆洼 F123④：77　14. 兴隆洼 F123④：79　15. 孟各庄 T12③：23　16. 孟各庄 H1：11

17. 孟各庄 T12③：24　18. 孟各庄 T1H2：1　19. 孟各庄 F1②：25　20. 孟各庄 F1②：26

---

[1]　河北省文物管理处、廊坊地区文化局：《河北三河县孟各庄遗址》，《考古》1983 年第 5 期，9 ~ 20 页。

[2]　北京市文物研究所、北京市平谷县文物管理所：《北京平谷上宅新石器时代遗址发掘简报》，《文物》，1989 年第 8 期，1 ~ 8 页；段宏振：《燕山南麓新石器时代文化初论》，《北方文物》1995 年第 1 期，17 ~ 22 页；杨虎：《辽西地区新石器——铜石并用时代考古文化序列与分期》，《文物》1994 年第 5 期，37 ~ 52 页。

兴隆洼遗址以 F180、F123、F176、F177 等单位为代表的遗存，器壁多呈灰褐色，局部呈红褐色，器表装饰复合纹仍是流行的做法，主体纹饰有之字纹、短线交叉纹、网格纹、人字纹、席状几何纹等。深腹筒形罐喇叭口，鼓腹罐耸肩，钵亦出现小外侈沿，这些特征均与查海遗址晚期一致。

孟各庄遗址一期和上宅第八层陶器均为红褐或黄褐夹砂陶，颜色不均匀，器型绝大部分为外叠唇的筒形罐，其通体施纹，口沿下为数道凹弦纹，其下再附一周附加堆纹，主体纹饰有交叉状的菱形纹、短竖线纹、曲折线纹和之字纹。另外还有少量的钵，口微敞，腹壁弧直，小平底，与查海遗址晚期同类器特征一致。

查海—兴隆洼文化三期阶段，该文化不仅分布到燕山南麓，其影响远达太行山东麓的中部地区，易县北福地遗址发现的玉匕、玉玦当是这种影响的直接结果。[1]

查海—兴隆洼文化第四期，以白音长汗遗址二期乙类为代表。

白音长汗二期乙类陶器绝大多数为夹砂陶，陶胎厚重，陶色不纯正，绝大多数为褐色陶，以黄褐陶为多，绝大多数陶器外表施加有纹饰，且周身布满纹饰。纹饰有凹弦纹、附加堆纹、之字纹、坑窝纹、平行竖线纹、平行斜线纹、短交叉线纹、指甲形纹、网格纹、篦点纹、折线纹、人字纹、几何纹、波折纹、菱形纹、短线纹等，其中以之字纹和几何纹最具代表性。流行复合纹饰。器型的基本组合是筒形罐、杯、盆、钵、碗，其中又以筒形罐和杯数量最多。与查海—兴隆洼文化三期同类器相比，直腹筒形罐器高与口径的差减小，施三段式组合纹饰者口沿下由凹弦纹和附加堆纹组成的纹带宽度站到整个器高的三分之一左右，流行宽外叠唇和宽附加堆纹、直敞口、斜直壁或微弧腹。出现了圆唇、口下施一周附加堆纹，其下施主体纹饰的筒形罐。鼓腹罐纹带及口沿叠唇特征随筒形罐变化。杯、钵腹变浅与上述特征相比对，金龟山遗址 F3[2] 应归入此期。F3 出土的筒形罐器壁厚重，口部外叠唇，敞口，微弧斜腹，器高略小与口径，口沿下以横压竖排之字纹带取代凹弦纹带，带宽接近器高的三分之一，与白音长汗二期乙类同类器相近（图四五一）。

查海—兴隆洼文化四期与三期遗存的相对年代，没有直接的层位关系上的证明。从其陶器对前三期同类器所具有的承继关系看，查海—兴隆洼文化前三期直腹筒形罐由一期的敞口、圆唇、斜腹，演化为二期的窄外叠唇、圆唇或外侈口、腹壁外斜度稍内收、斜直腹、瘦长体，进而演化为三期的喇叭口。而四期时，喇叭口筒形罐仅占极少比重，外弧程度也已不如三期，流行斜直口、宽外叠唇和宽附加堆纹，宽长体的直腹筒形罐；鼓腹罐前三期的变化趋势是竖长方体、下腹壁斜直、腹部最大径靠下腹部、有外叠唇者为窄外叠唇，逐渐接近方形、下腹壁微弧收、腹部最大径上移，四期的鼓腹罐为近方形、下腹壁弧收、腹部最大径靠上形成肩部、外叠唇者为宽外叠唇；杯、钵类在二、三期由圆唇、敛口、深腹，发展为小外侈口、深腹，四期则为浅腹、直口。可见

① 河北省文物研究所段振宏主编：《北福地——易水流域史前遗址》，文物出版社，2007 年。
② 徐光冀：《乌尔吉木伦河流域的三种史前文化》，《内蒙古文物考古文集》，第一辑，中国大百科全书出版社，1994 年，83～113 页。

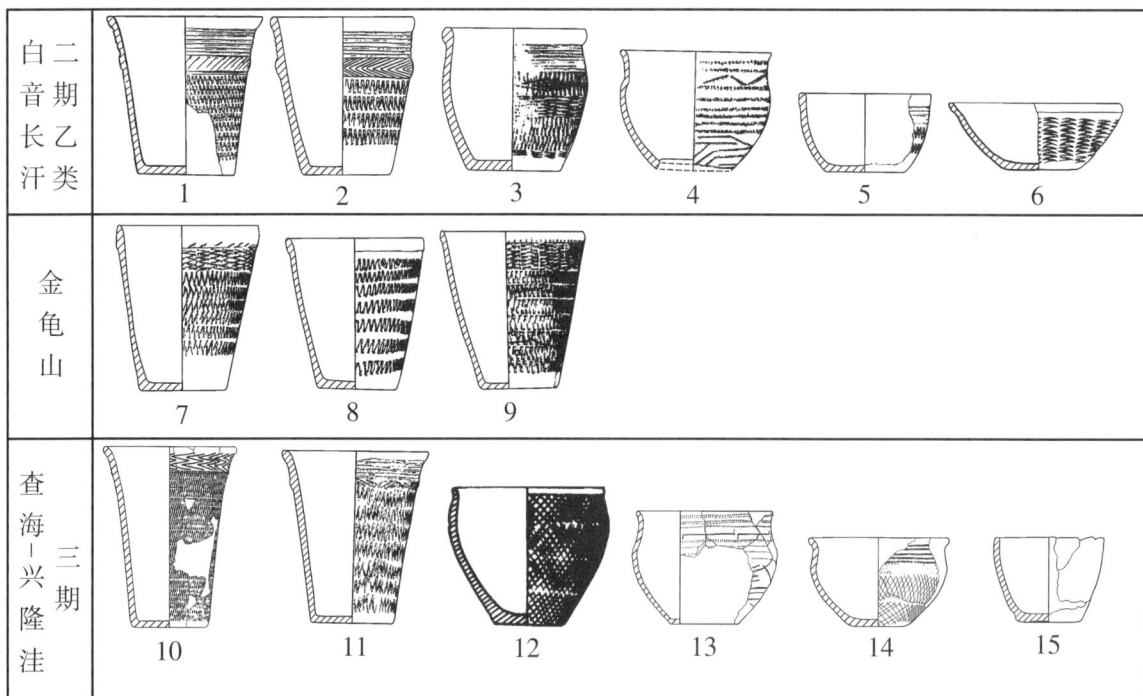

图四五一　查海—兴隆洼文化四期陶器及与三期比较

1. 白音长汗 BF6①：24　2. 白音长汗 AF9②：9　3. 白音长汗 AT15②：2　4. 白音长汗 AF40②：4

5. 白音长汗 BF5①：8　6. 白音长汗 AF13②：6　7. 金龟山 F3：2　8. 金龟山 F3：3　9. 金龟山 F3：1

10. 查海 F36：70　11. 兴隆洼 F123④：77　12. 兴隆洼 F177②：1　13. 查海 F20：1

14. 查海 F33①：19　15. 查海 F14①：1

四期陶器与前三期同类器的进一步演化，其相对年代应晚于三期。

　　查海—兴隆洼文化四期陶器群与西寨一期陶器在诸多方面也具有可比性（图四五二）。该期中存在的圆唇直口、口沿下有一周附加堆纹的直腹之字纹筒形罐和圆唇腹壁弧收的钵、敞口斜弧收器壁的陶杯以及敛口圈足碗等，包括横压竖行之字纹装饰，均同于河北迁安西寨遗址一期同类遗存①，应当是同时代文化间相互影响的结果，这表明二者在相对年代上一致性。据上宅遗址和孟各庄遗址的地层关系显示，出土与西寨一期类似遗存的地层叠压在查海—兴隆洼文化三期遗存之上，故而。间接的地层关系也证明查海——兴隆洼文化第四期晚于该文化第三期。

　　正如上文文所述，查海—兴隆洼文化四期遗存与西寨一期存在诸多可比性，说明二者年代相近，进一步又可说明查海—兴隆洼文化在空间上的结束时间是不一致的。

　　西寨一期陶器深腹筒形罐中有相当一部分为大喇叭口，斜直腹筒形罐为瘦长方体，器型不似查海—兴隆洼文化四期同类器，而都应是三期同类器的进一步衍生品。与此相类似的还有沈阳的

① 河北省文物研究所、唐山市文物管理处、迁西县文物管理所：《迁西西寨遗址 1988 年发掘报告》，《文物春秋》（河北省文物研究所参加第三届环渤海国际学术讨论会论文报告集）1992 年增刊，144～177 页。

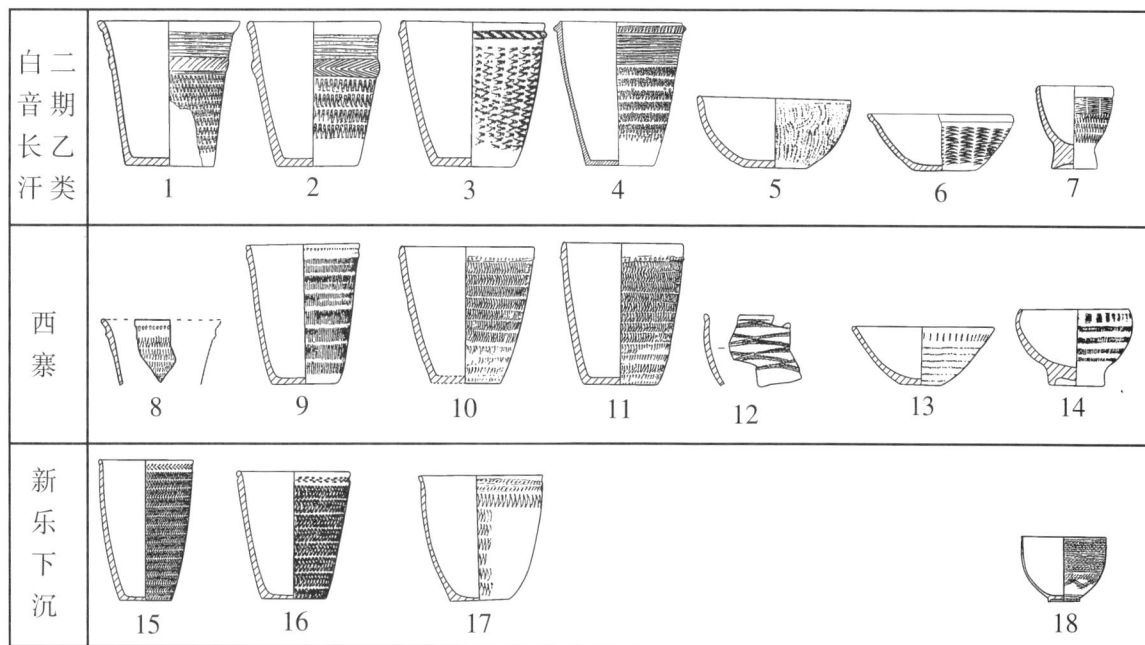

图四五二　查海—兴隆洼文化四期与西寨一期、新乐下层陶器

1. 白音长汗 BF6①:24　　2. 白音长汗 AF9②:9　　3. 白音长汗 AF9②:1　　4. 白音长汗 AF9②:3

5. 白音长汗 AF17②:6　　6. 白音长汗 AF13②:6　　7. 白音长汗 AF12②:8　　8. 西寨 T24③标1

9. 西寨 T23④标7　　10. 西寨 T26③:1　　11. 西寨 T24③:2　　12. 西寨 T2⑥标11　　13. 西寨 T24④:50

14. 西寨 T16④:14　　15. 新乐 A1:1　　16. 新乐 T1:2　　17. 新乐 83CDF2:4　　18. 新乐 83CDF4:19

新乐下层文化[①]，新乐下层文化器物群中也见有与西寨一期、查海—兴隆洼文化四期相似的口沿下施一周附加堆纹的筒形罐和敛口圈足碗，然而直腹筒形罐系列却是由查海—兴隆洼文化三期同类器演化而来的窄外叠唇、瘦长体、斜直腹或弧腹。可见查海—兴隆洼文化三期末，该文化经历了一个大裂变，结束了在燕山以南地区发展历程，在燕山以南和以北的下辽河两岸地区，分别派生出了西寨一期和新乐下层文化等考古学文化，这也使以查海遗址晚期为代表的查海—兴隆洼文化三期中的几何形纹饰、鼓腹罐等因素与赵宝沟文化诸特征存在渊源关系，这一事实有了更为合理的解释。

　　至少在西拉木伦河以北，查海—兴隆洼文化得到了进一步的延续，即形成了查海—兴隆洼文化四期。而后者可能就是最终形成富河等文化的重要源头。了解了此一点，对我们进一步探寻燕山南北新文化及相关文化的发生原因、时间等问题具有积极的意义。

---

① 沈阳市文物管理办公室：《沈阳新乐遗址试掘报告》，《考古学报》1978 年第 4 期，465～482 页；沈阳市文物管理办公室、沈阳故宫博物馆：《沈阳新乐遗址第二次发掘报告》，《考古学报》1985 年第 2 期，222～235 页；沈阳新乐遗址博物馆、沈阳市文物管理办公室：《沈阳新乐遗址抢救清理发掘简报》，《考古》1990 年第 11 期，969～980 页；李晓钟：《沈阳新乐遗址 1982～1988 年发掘报告》，《辽海文物学刊》1990 年第 1 期，78～102 页；张少青：《康平县新石器时代遗址调查》，《辽海文物学刊》1988 年第 2 期，1～15 页。

附表 1　查海遗址地层出土陶片统计表

项目单位	分类器型	陶系统计 粗砂 红褐	灰褐	细砂 红褐	灰褐	纹饰统计 之字纹	交叉纹	网格纹	斜线纹	几何纹	窝点纹	人字纹	堆纹	弦纹	素面	乳钉	不清	器类统计 数量	%
①	罐	490	256	27	12	211	98	32	123	35	31	21	41	42	104	5	42	785	99.5
	钵	2		1	1			1	1				1		1			4	0.5
	杯																	0	
	合计	492	256 (粗砂748)	28	13 (细砂41)	211	98	33 (131)	124	35	31	21	42	42	105	5	42	789	100
	%	94.8 (粗砂)		5.2 (细砂)		26.7	16.6		15.7	4.4	3.9	2.7	5.3	5.3	13.3	0.6	5.3	100	
②	罐	1236	478	56	35	385	240	81	293	56	129	75	97	125	221	13	90	1805	99.4
	钵	2	1	2					1	1		1	1		1			5	0.3
	杯	4	1												5			5	0.3
	合计	1242	480 (粗砂1722)	58	35 (细砂93)	385	240	81 (321)	294	57	129	76	98	125	227	13	90	1815	100
	%	94.9 (粗砂)		5.1 (细砂)		21.2	17.7		16.2	3.1	7.1	4.2	5.4	6.9	12.5	0.7	5.0	100	
	罐																		
	钵																		
	杯																		
	合计																		
	%																		

附表 2　房址出土陶片统计表

单位	器型分类	陶系统计 粗砂红褐	陶系统计 粗砂灰褐	陶系统计 细砂红褐	陶系统计 细砂灰褐	之字纹	交叉纹	网格纹	斜线纹	几何纹	窝点纹	人字纹	堆纹	弦纹	素面	乳钉	不清	器类数量	器类%
F1	罐	96	56	5	6	57	6	4	35	22	5		3	7	9	2	13	163	99.4
	钵	1													1			1	0.6
	杯																		
	合计	97	56	5	6	57	6	4	35	22	5		3	7	10	2	13	164	100
		153		11			10												
	%	93.3		6.7		34.8	6.1		21.4	13.4	3.0		1.8	4.3	6.1	1.2	7.9	100	
F2	罐	31	12			12	4	2	9	0	2	1	2	0	7	1	3	43	100
	钵																		
	杯																		
	合计	43				12	6		9		2	1	2		7	1	3	43	100
	%	100				27.8	14.0		20.9		4.7	2.3	4.7		16.3	2.3	7.0	100	
F3	罐	23	18			12	4		6		2	1		2	4	1	9	41	100
	钵																		
	杯																		
	合计	41				12	4		6		2	1		2	4	1	9	41	100
	%	100				29.2	9.8		14.6		4.9	2.4		4.9	9.8	2.4	22	100	

续表

单位	器型	陶系统计 粗砂 红褐	陶系统计 粗砂 灰褐	陶系统计 细砂 红褐	陶系统计 细砂 灰褐	纹饰统计 之字纹	交叉纹	网格纹	斜线纹	几何纹	窝点纹	人字纹	堆纹	弦纹	素面	乳钉	不清	器类统计 数量	%
F4	罐	54	34	6	5	28	9	2	18	13	6	2		3	7		11	99	98
	钵	2							1					1				2	2.0
	杯																		
	合计	56	34	6	5	28	11		19	13	6	2		4	7		11	101	100
	%	89.1		10.9		27.7	10.9		18.8	12.9	5.9	2.0		4.0	6.9		10.9	100	100
F5	罐	36	23		1	22	4		7	1	7			1	17	1		60	100
	钵																		
	杯																		
	合计	36	23		1	22	4		7	1	7			1	17	1		60	100
	%	98.3		1.7		36.6	6.6		11.7	1.7	11.7			1.7	28.3	1.7		100	100
F6①	罐	54	25	3	3	17	10	9	14		3	5	8	5	6	2	6	85	100
	钵																		
	杯																		
	合计	54	25	3	3	17	19		14		3	5	8	5	6	2	6	85	100
	%	92.9		7.1		20	22.4		16.5		3.5	5.8	9.4	5.8	7.1	2.4	7.1	100	

注：合计行粗砂小计 F4 为 90（89.1%）、细砂 11（10.9%）；F5 粗砂 59（98.3%）、细砂 1（1.7%）；F6① 粗砂 79（92.9%）、细砂 6（7.1%）。交叉纹、网格纹合计及百分比为合并统计。

续表

单位	器型	陶系统计 — 粗砂 红褐	粗砂 灰褐	细砂 红褐	细砂 灰褐	之字纹	交叉纹	网格纹	斜线纹	几何纹	窝点纹	人字纹	堆纹	弦纹	素面	乳钉	不清	器类统计 数量	%
F7	罐	68	27	2	3	27	18	5	12	2	5	4	5	5	12		5	100	100
	钵																		
	杯																		
	合计	95		5		27	23		12	2	5	4	5	5	12		5	100	100
	%	95		5		27	23		12	2	5	4	5	5	12		5		100
F8	罐	21	16	1		15		1	1	3	2		2	9	5			38	100
	钵																		
	杯																		
	合计	37		1		15	1		1	3	2		2	9	5			38	100
	%	97.4		2.6		39.5	2.6		2.6	7.9	5.3		5.3	23.7	13.0				100
F9	罐	68	38	2	8	28	26	8	27	8	2	7	1	4	5			116	100
	钵																		
	杯																		
	合计	106		10		28	34		27	8	2	7	1	4	5			116	100
	%	91.4		8.6		24.1	29.3		23.3	6.9	1.8	6.0	0.9	3.4	4.3				100

续表

单位	器型	陶系统计 粗砂红褐	粗砂灰褐	细砂红褐	细砂灰褐	纹饰统计 之字纹	交叉纹	网格纹	斜线纹	几何纹	窝点纹	人字纹	堆纹	弦纹	素面	乳钉	不清	器类统计 数量	%
F10	罐	4	19			15	1		3								4	23	100
	钵																		
	杯																		
	合计	4	19			15	1		3								4	23	100
	%	100				65.3	4.3		13.0								17.4		100
F11	罐	10	10			11			2	3				4					
	钵			1	2			2							1				
	杯																		
	合计	10	10	1	2	11		2	2	3				4	1			23	100
	%	87.0		13.0		47.8		8.7	8.7	13.0				17.4	4.4			100	
F12	罐	14	4			3		2	7	1		1		2	2				
	钵			1	3			3							1				
	杯																		
	合计	14	4	1	3	3		5	7	1		1		2	3			22	100
	%	81.8		18.2		13.6		22.7	31.8	4.5		4.5		9.1	13.6			100	

续表

陶系统计（粗砂／细砂）、纹饰统计、器类统计

单位	器型	粗砂红褐	粗砂灰褐	细砂红褐	细砂灰褐	之字纹	交叉纹	网格纹	斜线纹	几何纹	窝点纹	入字纹	堆纹	弦纹	素面	乳钉	不清	数量	%
F13	罐	11	2	1	1	3	3	1	4					1	3			15	100
	钵																		
	杯																		
	合计	11	2	1	1	3	3	1	4					1	3			15	100
	%	86.7	（13）	13.3	（2）	20	26.7	26.7	26.7					6.7	20			100	
F14	罐	91	73	9	4	70	10	5	36	14	3	2		2	16	3	16	177	99.4
	钵	1													1			1	0.6
	杯																		
	合计	92	73	9	4	70	10	5	36	14	3	2		2	17	3	16	178	100
	%	92.7	（165）	7.3	（13）	39.3	8.4	（15）	20.2	7.9	1.7	1.1		1.1	9.6	1.7	9.0	100	
F15	罐	17	13	4	3	10	2	5	11		1		2	1	5			37	100
	钵																		
	杯																		
	合计	17	13	4	3	10	2	5	11		1		2	1	5			37	100
	%	81.1	（30）	18.9	（7）	27.0	18.9	（7）	29.7		2.7		5.4	2.7	13.5			100	

续表

单位	器型	陶系统计 粗砂 红褐	粗砂 灰褐	细砂 红褐	细砂 灰褐	之字纹	交叉纹	网格纹	斜线纹	几何纹	窝点纹	人字纹	堆纹	弦纹	素面	乳钉	不清	器类统计 数量	%
F16	罐	217	137	14	9	110	23	3	62	58	9	14	13	17	15	2	51	377	100
	钵																		
	杯																		
	合计	354		23		110	26		62	58	9	14	13	17	15	2	51	377	
	%	93.9		6.1		29.2	7.0		16.4	15.4	2.4	3.7	3.4	4.5	4.0	0.5	13.5		100
F17	罐	24	30	3		21	4	1	7	2	4	2		2	2		12	57	100
	钵																		
	杯																		
	合计	54		3		21	5		7	2	4	2		2	2		12	57	
	%	94.7		5.3		36.8	8.8		12.3	3.5	7.0	3.5		3.5	3.5		21.5		100
F18	罐	138	113	5	5	96	27	9	27	24	9	4	14	21	27			261	98.8
	钵				1						1							1	0.4
	杯	2									2							2	0.8
	合计	253		11		96	36		27	24	12	4	14	21	27		3	264	
	%	95.8		4.2		36.5	13.6		10.2	9.1	4.5	1.5	5.3	8.0	10.2		1.1		100

续表

单位	器型	陶系统计 粗砂 红褐	粗砂 灰褐	细砂 红褐	细砂 灰褐	之字纹	交叉纹	网格纹	斜线纹	几何纹	窝点纹	人字纹	堆纹	弦纹	素面	乳钉	不清	器类统计 数量	%
F19①	罐	70	8			10	12	1	12	1	6	8		6	18		4	78	98.8
	钵	1													1			1	1.2
	杯																		
	合计	71	8	79		10	12	1	12	1	6	8		6	19		4	79	100
	%	100				12.6	16.5	13	15.2	1.2	7.6	10.1		7.6	24.1		5.1	100	
F20	罐	92	76	9	4	62	15	18	27	16	6	2	6	12	8		9	181	100
	钵																		
	杯																		
	合计	92	76	168	9	4	13	62	15	33	18	27	16	6	2	6	12	8		9	181	100
	%	92.8		7.2		34.4	18.2		14.9	8.8	3.3	1.1	3.3	6.6	4.4		5.0	100	
F21	罐	67	18	2	2	25	5	9	12	6	7	8	2	5	9	2	4	89	100
	钵																		
	杯																		
	合计	67	18	85	2	2	4	25	9	12	6	7	8	2	5	9	2	4	89	100
	%	95.5		4.5		28.2	10.1		13.5	6.7	7.9	9.0	2.2	5.6	10.1	2.2	4.5	100	

续表

单位	器型	陶系统计				纹饰统计												器类统计	
		粗砂		细砂		之字纹	交叉纹	网格纹	斜线纹	几何纹	窝点纹	人字纹	堆纹	弦纹	素面	乳钉	不清	数量	%
		红褐	灰褐	红褐	灰褐														
F22	罐	20	8	2		7	4		6	2	1		2	2	4		2	30	100
	钵																		
	杯																		
	合计	28		2		7	4		6	2	1		2	2	4		2	30	100
	%	93.3		6.7		23.3	13.3		20.0	6.7	3.3		6.7	6.7	13.3		6.7	100	
F23	罐	28	27			19	10	3	4	4	3			5	2		5	55	100
	钵																		
	杯																		
	合计	55				19	13		4	4	3			5	2		5	55	100
	%	100				34.5	23.6		7.3	7.3	5.5			9.1	3.6		9.1	100	
F24	罐	12	4			3	5		1			1	1	2			3	16	100
	钵																		
	杯																		
	合计	16				3	5		1			1	1	2			3	16	100
	%	100				18.8	31.3		6.2			6.2	6.2	12.5			18.8	100	

续表

单位	器型	陶系统计				纹饰统计												器类统计	
		粗砂红褐	粗砂灰褐	细砂红褐	细砂灰褐	之字纹	交叉纹	网格纹	斜线纹	几何纹	窝点纹	人字纹	堆纹	弦纹	素面	乳钉	不清	数量	%
F25 ①	罐	73	25	5		19	26	2	12	6	2	11	6		9		10	103	100
	钵																		
	杯																		
	合计	73	25 (98)	5 (5)		19	26	2 (28)	12	6	2	11	6		9		10	103	100
	%	95.1		4.9		18.4	27.3		11.7	5.8	1.9	10.7	5.8		8.7		9.7		
F26 ①	罐	77	5	1		4	10	1	13		7	3	3	6	29		7	83	97.6
	钵	1		1											2			2	2.4
	杯																		
	合计	78	5 (83)	2 (2)		4	10	1 (11)	13		7	3	3	6	31		7	85	100
	%	97.6		2.4		4.7	12.9		15.3		8.2	3.5	3.5	7.1	36.5		8.2		
F27 ①	罐	72	19	3	1	21	15	5	10	4	6	5	4	2	13	1	9	95	100
	钵																		
	杯																		
	合计	72	19 (91)	3	1 (4)	21	15	5 (20)	10	4	6	5	4	2	13	1	9	95	100
	%	95.8		4.2		22.1	21.1		10.4	4.2	6.3	5.3	4.2	2.1	13.7	1.1	9.5		

续表

陶系统计 = 粗砂(红褐、灰褐)、细砂(红褐、灰褐)；纹饰统计 = 之字纹～不清；器类统计 = 数量、%

单位	器型	粗砂红褐	粗砂灰褐	细砂红褐	细砂灰褐	之字纹	交叉纹	网格纹	斜线纹	几何纹	窝点纹	人字纹	堆纹	弦纹	素面	乳钉	不清	数量	%
F28①	罐	45	33	6	4	22	7	7	14	4	6	2	5	9	2		10	88	100
	钵																		
	杯																		
	合计	78		10		22	14		14	4	6	2	5	9	2		10	88	100
	%	88.6		11.4		25	15.9		15.9	4.5	6.8	2.3	5.7	10.2	2.3		11.4	100	
F29①	罐		38	2			6		11		6	4	2	1	9	1		40	100
	钵																		
	杯																		
	合计		38	2			6		11		6	4	2	1	9	1		40	100
	%		95	5			15		27.5		15	10	5	2.5	22.5	2.5		100	
F30①	罐	153		9	7	25	35	8	14	12	11	15	26	33	15	4	9	207	100
	钵																		
	杯																		
	合计	191		16		25	43		14	12	11	15	26	33	15	4	9	207	100
	%	92.3		7.7		12.1	20.8		6.8	5.75	5.65	7.1	12.6	15.9	7.1	1.9	4.3	100	

续表

项目 分类 单位 器型		陶系统计				纹饰统计												器类统计	
		粗砂		细砂		之字纹	交叉纹	网格纹	斜线纹	几何纹	窝点纹	人字纹	堆纹	弦纹	素面	乳钉	不清	数量	%
		红褐	灰褐	红褐	灰褐														
F31 ①	罐	57	13	5	1	10	12	12	14	3	2	4	4	6	9			76	98.7
	钵			1	1								1					1	1.3
	杯																		
	合计	57	13	6	1	10	12	12	14	3	2	4	5	6	9			77	100
		70		7			24												
	%	90.9		9.1		13.0	31.1		18.2	3.9	2.6	5.2	6.5	7.8	11.7			100	
F32 ①	罐	116	75	4	4	50	26	10	32	15	5	12	9	13	6	3	18	199	100
	钵																		
	杯																		
	合计	116	75	4	4	50	26	10	32	15	5	12	9	13	6	3	18	199	100
		191		8			36												
	%	96.0		4.0		25.1	18.2		16.2	7.5	2.5	6.0	4.5	6.5	3.0	1.5	9.0	100	
F33 ①	罐	177	43	6	4	32	30	7	34	4	12	20	11	35	23	1	21	230	100
	钵																		
	杯																		
	合计	177	43	6	4	32	30	7	34	4	12	20	11	35	23	1	21	230	100
		220		10			37												
	%	95.7		4.3		13.9	16.2		14.8	1.7	5.2	8.7	4.8	15.2	10	0.4	9.1	100	

续表

单位	器型	陶系统计				纹饰统计												器类统计	
		粗砂		细砂		之字纹	交叉纹	网格纹	斜线纹	几何纹	窝点纹	人字纹	堆纹	弦纹	素面	乳钉	不清	数量	%
		红褐	灰褐	红褐	灰褐														
F34①	罐	38		2			6		11		6	4	2	1	9	1		40	100
	钵																		
	杯																		
	合计	38		2			6		11		6	4	2	1	9	1		40	100
	%	95		5			15		27.5		15	10	5	2.5	22.5	2.5			100
F35①	罐	137	33	9	4	35	29	8	19	11	12	12	13	3	30	1	10	183	100
	钵																		
	杯																		
	合计	170		13		35	37		19	11	12	12	13	3	30	1	10	183	100
	%	92.9		7.1		19.1	20.2		10.4	6.0	6.6	6.6	7.1	1.6	16.4	0.5	5.5		100
F36①	罐	44	17	4	3													68	97.1
	钵																		
	杯	2																2	2.9
	合计	46	17	4	3	7	6	6	12	5	5	5	3	5	8	1	7	70	100
	%	90		10		10	17.2		17.2	7.1	7.1	7.1	4.4	7.1	11.4	1.4	10		100

续表

单位	器型	粗砂红褐	粗砂灰褐	细砂红褐	细砂灰褐	合计	之字纹	交叉纹	网格纹	斜线纹	几何纹	窝点纹	人字纹	堆纹	弦纹	素面	乳钉	不清	数量	%
		陶系统计					纹饰统计												器类统计	
F37①	罐	5	4				5								2			2	9	100
	钵																			
	杯																			
	合计	5	4			9	5								2			2	9	100
	%	100					55.6								22.2			22.2	100	
F38①	罐	63	14																	
	钵																			
	杯																			
	合计	63	14			77														
	%	100																	100	
F39①	罐	49	20	4	3		11	5		16	2	1	2	4	9	9	1	16	76	100
	钵																			
	杯																			
	合计	49	20	4	3	76	11	5		16	2	1	2	4	9	9	1	16	76	100
	%	90.8		9.2			14.5	6.6		21.1	2.6	1.3	2.6	5.3	11.8	11.8	1.3	21.1	100	

续表

单位	器型	陶系统计 粗砂 红褐	粗砂 灰褐	细砂 红褐	细砂 灰褐	纹饰统计 之字纹	交叉纹	网格纹	斜线纹	几何纹	窝点纹	人字纹	堆纹	弦纹	素面	乳钉	不清	器类统计 数量	%
F40①	罐	114	8	10		5	25	9	23	2	9	19	3	10	25		2	132	100
	钵																		
	杯																		
	合计	122		10		5	25	9（34）	23	2	9	19	3	10	25		2	132	100
	%	92.4		7.6		3.8	25.8		17.4	1.5	6.8	14.4	2.3	7.6	18.9		1.5		100
F41①	罐	30	4	3		4	5	2	5	3	3	1	3	4	4		3	37	97.4
	钵	1													1			1	2.6
	杯																		
	合计	35		3		4	5	2（7）	5	3	3	1	3	4	5		3	38	100
	%	92.1		7.9		10.5	18.4		13.2	7.9	7.9	2.6	7.9	10.5	13.2		7.9		100
F42①	罐	5				1			1		2				1			5	71.4
	钵	1													1			1	14.3
	杯	1						1							1			1	14.3
	合计	7				1		1	1		2				3			7	100
	%	100				14.3		14.3			28.6				42.8				100

续表

单位	器型	陶系统计 粗砂红褐	粗砂灰褐	细砂红褐	细砂灰褐	纹饰统计 之字纹	交叉纹	网格纹	斜线纹	几何纹	窝点纹	人字纹	堆纹	弦纹	素面	乳钉	不清	器类统计 数量	%
F43①	罐	78	9	4	1	6	19	1	16			11	3	10	26			92	100
	钵																		
	杯																		
	合计	78 (87)	9	4 (5)	1	6	19 (20)	1	16			11	3	10	26			92	100
	%	94.6		5.4		6.5	21.7		17.4			12.0	3.2	10.9	28.3			100	
F44	罐	19	12			8	3	2	2	5			1	2	4		4	31	100
	钵																		
	杯																		
	合计	19 (31)	12			8	3 (5)	2	2	5			1	2	4		4	31	100
	%	100				25.8	16.1		6.5	16.1			3.2	6.5	12.9		12.9	100	
F45①	罐	36	26	3	1	20	7	1	10	4				5	8		9	66	97.1
	钵		1		1	1	1					2						2	2.9
	杯																		
	合计	36 (63)	27	3 (5)	2	21	8 (9)	1	10	4		2		5	8		9	68	100
	%	92.6		7.4		30.9	13.2		14.7	5.9		2.9		7.4	11.8		13.2	100	

续表

单位	器型	陶系统计				纹饰统计												器类统计	
		粗砂		细砂		之字纹	交叉纹	网格纹	斜线纹	几何纹	窝点纹	人字纹	堆纹	弦纹	素面	乳钉	不清	数量	%
		红褐	灰褐	红褐	灰褐														
F46 ①	罐	191	85	17	19	56	38	25	41	40	12	24	25	10	36		5	312	100
	钵																		
	杯																		
	合计	276		36		56	63		41	40	12	24	25	10	36		5	312	100
	%	88.5		11.5		17.9	20.3		13.2	12.8	3.8	7.7	8.0	3.2	11.5		1.6	100	
F47 ①	罐	81	21	8	2	24	19	9	15	8	1	3	9	7	11		6	112	100
	钵																		
	杯																		
	合计	102		10		24	28		15	8	1	3	9	7	11		6	112	100
	%	91.1		8.9		21.4	25.0		13.4	7.1	0.9	2.7	8.0	6.3	9.8		5.4	100	
F48	罐	16	9			10	4		3	1	1	1	2	1	2		2	25	100
	钵																		
	杯																		
	合计	25				10	4		3	1	1	1	2	1	2		2	25	100
	%	100				40	16		12	4	4	4	8	4	8		8	100	

续表

单位	器型	粗砂 红褐	粗砂 灰褐	细砂 红褐	细砂 灰褐	之字纹	交叉纹	网格纹	斜线纹	几何纹	窝点纹	人字纹	堆纹	弦纹	素面	乳钉	不清	数量	%
F49 ①	罐	70	19	5	2	23	14	8	13		8	1	4	5	7	1	12	96	99
	钵		1												1			1	1.0
	杯																		
	合计	70	20	5	2	23	14	8	13		8	1	4	5	8	1	12	97	100
	%	92.8		7.2		23.7	22.7		13.4		8.2	1.0	4.1	5.2	8.2	1.0	12.4	100	
F50 ①	罐	143	23	7	4	25	25	11	18	11	1	7	28	9	25	4	13	177	99.4
	钵			1				1										1	0.6
	杯																		
	合计	143	23	8	4	25	25	12	18	11	1	7	28	9	25	4	13	178	100
	%	93.3		6.7		14.0	20.9		10.1	6.2	0.6	3.9	15.7	5.1	14.0	2.2	7.3	100	
F51 ①	罐	39	9	2		7	16	10	4	2	2	1	3		3	2		50	100
	钵																		
	杯																		
	合计	39	9	2		7	16	10	4	2	2	1	3		3	2		50	100
	%	96		4		14	52		8	4	4	2	6		6	4		100	

注：陶系统计分粗砂、细砂两大类合计（F49 粗砂 90、细砂 7；F50 粗砂 166、细砂 12；F51 粗砂 48、细砂 2）；纹饰统计中交叉纹与网格纹合并计（F49 为 22，F50 为 37，F51 为 26）。

续表

单位	项目 分类 器型	陶系统计				纹饰统计												器类统计	
		粗砂		细砂		之字纹	交叉纹	网格纹	斜线纹	几何纹	窝点纹	人字纹	堆纹	弦纹	素面	乳钉	不清	数量	%
		红褐	灰褐	红褐	灰褐														
F52 ①	罐	3	11		3	8			1	5				1			2	17	100
	钵																		
	杯																		
	合计	3	11		3	8			1	5				1			2	17	100
		14		3															
	%	82.4		17.6		47.1			5.9	29.3				5.9			11.8	100	
F53 ①	罐	180	84	5	3	55	52	6	17	17	16	19	22	28	20	1	19	272	99.2
	钵	1													1			1	0.4
	杯	1													1			1	0.4
	合计	182	84	5	3	55	52	6	17	17	16	19	22	28	22	1	19	274	100
		266		8			58												
	%	97.1		2.9		20.1	21.2		6.2	6.2	5.8	6.9	8.0	10.3	8.0	0.4	6.9	100	
F54 ①	罐	60	42	5	3	28	7	4	20	7	3	2	4	6	18	1	10	110	100
	钵																		
	杯																		
	合计	60	42	5	3	28	7	4	20	7	3	2	4	6	18	1	10	110	100
		102		8			11												
	%	92.7		7.3		25.5	10		18.1	6.4	2.7	1.8	3.6	5.5	16.4	0.9	9.1	100	
F55	罐	17	13	1	2	14	6	2	3	1		2					5	33	100
	钵																		
	杯																		
	合计	17	13	1	2	14	6	2	3	1		2					5	33	100
		30		3			8												
	%	90.9		9.1		42.4	24.2		9.1	3.0		6.1					15.2	100	

附表 3　窑穴出土陶片统计表

单位	器型	陶系统计				纹饰统计												器类统计	
		粗砂红褐	粗砂灰褐	细砂红褐	细砂灰褐	之字纹	交叉纹	网格纹	斜线纹	几何纹	窝点纹	人字纹	堆纹	弦纹	素面	乳钉	不清	数量	%
H2	罐	18	6			5	5		1		2	4	1	2	5			25	100
	钵																		
	杯																		
	合计	24			1	5	5		1		2	4	1	2	5			25	100
	%	96			4	20	20		4		8	16	4	8	20			100	100
H11	罐	34	3	4		3	7	8	4		2	7		7	9	1		41	100
	钵																		
	杯																		
	合计	37		4		3	7	8	4		2	7		7	9	1		41	100
	%	90.2		9.8		7.3	17.1	19.4	9.8		4.9	17.1		17.1	22.0	2.4		100	100
H13	罐	2	1		1	1	3											4	100
	钵																		
	杯																		
	合计	3			1	1	3											4	100
	%	75			25	25	75											100	100

续表

单位	器型	陶系统计				纹饰统计												器类统计	
		粗砂红褐	粗砂灰褐	细砂红褐	细砂灰褐	之字纹	交叉纹	网格纹	斜线纹	几何纹	窝点纹	人字纹	堆纹	弦纹	素面	乳钉	不清	数量	%
H16	罐	4	5			4	1		1		1			1	2			10	100
	钵																		
	杯			1	1		1	1											
	合计	9			1	4	1	1	1		1			1	2			10	100
	%	90			10	40	10	10	10		10			10	20				100
H19	罐	12				1		2	4					1	4			12	100
	钵																		
	杯																		
	合计	12				1		2	4					1	4			12	100
	%	100				8.3		16.8	33.3					8.3	33.3				100
H21	罐	10				1	1	1	4					2	2		1	11	100
	钵																		
	杯				1														
	合计	10			1	1	1	1	4					2	2		1	11	100
	%	90.9			9.1	9.1	9.1	9.1	36.3					18.2	18.2		9.1		100

续表

单位	器型	陶系统计 粗砂 红褐	粗砂 灰褐	细砂 红褐	细砂 灰褐	之字纹	交叉纹	网格纹	斜线纹	几何纹	窝点纹	人字纹	堆纹	弦纹	素面	乳钉	不清	器类统计 数量	%
H23	罐	4											2		2			4	100
	钵																		
	杯																		
	合计	4											2		2			4	100
	%	100											50		50				100
H24	罐	2	3			2			1						2			5	100
	钵																		
	杯																		
	合计	2	3			2			1						2			5	100
	%	100				40			20						40			100	100
H32	罐	1	3						4									4	100
	钵																		
	杯																		
	合计	1	3						4									4	100
	%	100							100									100	100

续表

单位	器型	粗砂·红褐	粗砂·灰褐	细砂·红褐	细砂·灰褐	之字纹	交叉纹	网格纹	斜线纹	几何纹	窝点纹	人字纹	堆纹	弦纹	素面	乳钉	不清	数量	%
H33	罐	6	1		1	2	4		1						1			8	100
	钵																		
	杯																		
	合计	6	1		1	2	4		1						1			8	100
	%	87.5		12.5		25	50		12.5						12.5			100	100
H34	罐	14	9	2		9	1	1	8			1		2	1		2	25	100
	钵																		
	杯																		
	合计	14	9	2		9	1	2	8			1		2	1		2	25	100
	%	92		8		36	8	8	32			4		8	4		8	100	100

附表 4　其他单位出土陶片统计表

单位	项目	粗砂红褐	粗砂灰褐	粗砂小计	细砂红褐	细砂灰褐	细砂小计	之字纹	交叉纹	网格纹	斜线纹	几何纹	锅点纹	人字纹	堆纹	弦纹	素面	乳钉	不清	数量	%
G2	罐	4	3					4	3											7	100
	合计	4	3	7				4	3												
	%			100				57.1	42.9												
D2	罐	44	5		2	1		8	9	3	6	5	3	3	3	6	3	1	2	52	100
	合计	44	5	49	2	1	3	8	9	3	6	5	3	3	3	6	3	1	2		
	%			94.2			5.8	15.4	17.3	5.8	11.5	9.6	5.8	5.8	5.8	11.5	5.8	1.9	3.8		
M8	罐	3	7					2	1	3		3			1					10	100
	合计	3	7	10				2	1	3		3			1						
	%			100				20	10	30		30			10						
M2	罐	7									2						4	1		7	100
	合计	7		7							2						4	1			
	%			100							28.6						57.1	14.3			

注：表中「陶系统计」分「粗砂」（红褐、灰褐）、「细砂」（红褐、灰褐）；「纹饰统计」含之字纹、交叉纹、网格纹、斜线纹、几何纹、锅点纹、人字纹、堆纹、弦纹、素面、乳钉、不清；「器类统计」含数量、%。

附表 5　查海遗址出土陶片统计总表

	陶系统计				纹饰统计												器类统计	
	粗砂		细砂		之字纹	交叉纹	网格纹	斜线纹	几何纹	窝点纹	人字纹	堆纹	弦纹	素面	乳钉	不清	数量	%
	红褐	灰褐	红褐	灰褐														
罐	5320	2271	293	181	1856	1037	359	1205	451	397	357	419	543	870	63	508	8065	99.6
钵	12	2	6	3	1	1	2	3	1	1	1	3	1	9			23	0.3
杯	11									2				11			13	0.1
红褐	5343		299		646	1015	336	803	222	374	334	351	419	794	59	289	5642	69.6
灰褐		2275		184	1211	23	25	405	230	26	24	71	125	96	4	219	2459	30.4
合计	7618		483		1857	1038	361	1208	452	400	358	422	544	890	63	508	8101	
%	94.0		6.0		22.9	12.8	4.5	14.9	5.6	4.9	4.4	5.2	6.7	11.0	0.8	6.3		

附表 6　查海遗址地层出土陶器型式统计表

单位	陶色	A 型罐（斜腹）						B 型罐（直腹）								C 型罐（鼓腹）							陶钵					陶杯				纺轮		器类统计合计	
		Ⅰ	Ⅱ	Ⅲ	Ⅳ	小型	残器	Ⅰ	Ⅱ	Ⅲ	Ⅳ	Ⅴ	Ⅵ	小型	残器	Ⅰ	Ⅱ	Ⅲ	Ⅳ	Ⅴ	小型	残器	A	B	C	D	残器	A	B	C	残器	A	B	合计	%
①	红褐		3					1		6	2			14	5									2	1							1		36	29.5
	灰褐							1			1														1							2		8	
②	红褐		1				1	1		17	3			16	7	1		2	1		3	2	1	2	1	1	7	1		2	1	9	1	70	70.5
	灰褐							1		23	5	3		7	2			2	2	2	2	2	1	4	2			1	1		1	9		35	
总合计	红褐		4		1		1	1		23	6			30	7	1		2	2		3	2	1	6	3	1	7	2	1	2	2	10	1	106	
	灰褐							1		23	11	3		37				2	2	2	3	2	2						1		11		43	
总合计			4		1		1	1		23	6			30	8	1		2	2		2	2	2	6	3	1	8	2	1	2	2	21	1	149	
%			11				7.4			80					53.7			10					6.7			19		12.8			7	4.7	22	14.8		

附表 7　查海遗址房址活动面出土陶器型式统计表

单位	陶色	A型罐（斜腹）Ⅰ	Ⅱ	Ⅲ	Ⅳ	小型	残器	B型罐（直腹）Ⅰ	Ⅱ	Ⅲ	Ⅳ	Ⅴ	Ⅵ	小型	残器	C型罐（鼓腹）Ⅰ	Ⅱ	Ⅲ	Ⅳ	Ⅴ	小型	残器	陶钵 A	B	C	D	残器	陶杯 A	B	C	残器	纺轮 A	B	合计
F1	红褐	1	1								2				1																			5
	灰褐									1	11	11	2		1		2		2	1		1												32
F2	红褐					1				3												1												5
	灰褐										4	3								1														8
F3	红褐			1						5		1			1																			8
	灰褐										4		2		1					1						1								9
F4	红褐	1								1	1				1			3																7
	灰褐										5	11	3	1	1														1					22
F5	红褐			2							3		1				1	1					1											9
	灰褐										2	4	2		2			2																12
F6	红褐						1																											1
	灰褐											2	3		1																			6
F7	红褐										1				2								1											4
	灰褐										2	2	1	2	2						1	1												11
F8	红褐											1	1											3										5
	灰褐										2	1	2		1																1			7
F9	红褐							2		11							1																	14
	灰褐												1																					1
F10	红褐										2						1																	3
	灰褐										1	8	1		1																			10

续表

单位	陶色	A型罐（斜腹）						B型罐（直腹）								C型罐（鼓腹）							陶钵					陶杯				纺轮		合计	
		Ⅰ	Ⅱ	Ⅲ	Ⅳ	小型	残器	Ⅰ	Ⅱ	Ⅲ	Ⅳ	Ⅴ	Ⅵ	小型	残器	Ⅰ	Ⅱ	Ⅲ	Ⅳ	Ⅴ	小型	残器	A	B	C	D	残器	A	B	C	残器	A	B		
F11	红褐										2	5	1		1				1															10	10
	灰褐																																		
F12	红褐						1								1				1					1	1			1						5	5
	灰褐																																		
F13	红褐							1				1																						2	3
	灰褐																														1			1	
F14	红褐		1	3			1			3	1			1	1					1		1		1			1	1	1		4		1	14	22
	灰褐										2	1	1				4		1	1				1								1		8	
F15	红褐						1			1		1	1	1	1							1												2	5
	灰褐										2		1																					3	
F16	红褐			1			1			3	5		1	1	1		4	1	1	1				1				1				1	1	16	45
	灰褐							2		1	12	5			2			1	2	1	1				1	1								29	
F17	红褐									4	3	5	2	1	1					1	1													4	15
	灰褐																		1			1												11	
F18	红褐			3			1			3	4	1		1	1					1		1			1	1	1		1	1	2			16	26
	灰褐								1		3	2	1		2				1	1		1				1	1			1				10	
F19	红褐									1					1							1				1								4	4
	灰褐								1	1							1																		
F20	红褐									1			2		1			1		2					1				1			1		6	23
	灰褐								1	1	5				7				1	2						1								17	

续表

单位	陶色	A型罐(斜腹) I	II	III	IV	小型	残器	B型罐(直腹) I	II	III	IV	V	VI	小型	残器	C型罐(鼓腹) I	II	III	IV	V	小型	残器	陶钵 A	B	C	D	残器	陶杯 A	B	C	残器	纺轮 A	B	合计
F21	红褐		2							1	1		1	2			1					1			1	1	1			1	1			14
	灰褐										5	6	1	1					2		2	1												18
F22	红褐																						1		1									2
	灰褐																																	
F23	红褐										1																							1
	灰褐										1		1		2				1															5
F24	红褐									4						1																		5
	灰褐																																	
F25	红褐		1					1		11				1																				14
	灰褐																																	
F26	红褐	2		1		1		1						1																				6
	灰褐																																	
F27	红褐	1	1		1					2	2				1			1																9
	灰褐							1	1						1																			3
F28	红褐							1		14					2																			17
	灰褐																																	
F29	红褐	2	1												3																			6
	灰褐																																	
F30	红褐										2						1	1																4
	灰褐									2	7	2	2		3																			16

（单位合计：F21 为 32，F22 为 2，F23 为 6，F24 为 5，F25 为 14，F26 为 6，F27 为 12，F28 为 17，F29 为 6，F30 为 20）

续表

单位	陶色	A型罐（斜腹）I	II	III	IV	小型	残器	B型罐（直腹）I	II	III	IV	V	VI	小型	残器	C型罐（鼓腹）I	II	III	IV	V	小型	残器	陶钵 A	B	C	D	残器	陶杯 A	B	C	残器	纺轮 A	B	合计
F31	红褐	3						1		2																								6	15
	灰褐														4																			9	
F32	红褐		1		1			3	1	9	3	1			6		1	1	1		2									1				27	27
	灰褐																																		
F33	红褐	1	1						1	3					3																			9	10
	灰褐						1																											1	
F34	红褐																																		9
	灰褐	1					3		1						4																			9	
F35	红褐	2	1	2				2						1																				8	8
	灰褐																																		
F36	红褐										1	2																						3	10
	灰褐			2							4		1				2																	7	
F37	红褐																																		5
	灰褐											1	1		3																			5	
F38	红褐		1							7		1			1													1						11	11
	灰褐																																		
F39	红褐		1		1	1																												1	5
	灰褐						2																		2									4	
F40	红褐		1				1			9	1	2	1		1																			16	16
	灰褐																																		

单位	陶色	A型罐（斜腹）						B型罐（直腹）								C型罐（鼓腹）							陶钵					陶杯				纺轮		合计
		I	II	III	IV	小型	残器	I	II	III	IV	V	VI	小型	残器	I	II	III	IV	V	小型	残器	A	B	C	D	残器	A	B	C	残器	A	B	
F41	红褐									1					1																			2
	灰褐										2	1			2																			5
F42	红褐									2																								2
	灰褐																																	
F43	红褐		2		1	2				3					1								1											10
	灰褐																																	
F44	红褐									1				1	1																			3
	灰褐										1																							1
F45	红褐							1																										1
	灰褐									1	3	2	1								1									1				9
F46	红褐									2	2			1	6									1										12
	灰褐										4				5																			9
F47	红褐											1								1						1								3
	灰褐										1								1															2
F48	红褐	1					3			6					2		1											1						14
	灰褐										4				2		1																	7
F49	红褐						3								3																	1		7
	灰褐																																	
F50	红褐	1	2	1	1		3																											8
	灰褐																																	

续表

单位	陶色	A型罐（斜腹）						B型罐（直腹）								C型罐（鼓腹）							陶钵					陶杯				纺轮		合计
		I	II	III	IV	小型	残器	I	II	III	IV	V	VI	小型	残器	I	II	III	IV	V	小型	残器	A	B	C	D	残器	A	B	C	残器	A	B	合计
F51	红褐									3					2										1			1	1					8
	灰褐														1																			1
F52	红褐																1																	1
	灰褐										3	1		1	1																			6
F53	红褐		3			1	5	2		1	3	1		2	10									1			1							30
	灰褐										4		2		1			1		1														8
F54	红褐																																	1
	灰褐										3	2	3		3			1		1		1					1							14
F55	红褐			1																														
	灰褐										6	4	2		7		1			1														21
总合计	红褐	16	19	10	3	5	18	17	5	119	29	7	5	14	65	1	7	4	2	1	3	2	2	6	8	3	3		4	3	6	3	2	401
	灰褐			1		1	1	1		3	110	88	35	5	52		12	7	11	10	3	5	1	2		2	2			2		3		358
	总	16	19	11	3	6	19	18	5	122	139	95	40	19	117	1	19	11	13	11	6	7	3	8	8	5	5		4	5	6	6	2	749

各型合计及比例：A型罐 74（9.9%）；B型罐 555（74.1%）；C型罐 68（9.1%）；陶钵 29（3.9%）；陶杯 15（2.0%）；纺轮 8（1.0%）。

附表 8　查海遗址房址堆积层出土陶器型式统计表

表头分组：A型罐（斜腹）I·II·III·IV·小型·残器；B型罐（直腹）I·II·III·IV·V·VI·小型·残器；C型罐（鼓腹）I·II·III·IV·V·小型·残器；陶钵 A·B·C·D·残器；陶杯 A·B·C·残器；纺轮 A·B。

单位	陶色	A-I	A-II	A-III	A-IV	A-小型	A-残器	B-I	B-II	B-III	B-IV	B-V	B-VI	B-小型	B-残器	C-I	C-II	C-III	C-IV	C-V	C-小型	C-残器	钵A	钵B	钵C	钵D	钵残器	杯A	杯B	杯C	杯残器	纺A	纺B	小计	合计
F6①	红褐									1	1				1										1									4	7
	灰褐										1				1													1						3	
F19①	红褐		4					1		5					2							3												15	17
	灰褐																															2		2	
F25①	红褐									1					1																			2	3
	灰褐																															1		1	
F26①	红褐					1				2								1														1		5	6
	灰褐													1																				1	
F27①	红褐																											1						1	1
F28①	红褐						1		2		1																							4	4
F29①	红褐		1							3													1				1							6	6
F31①	红褐																										1							1	1
F32①	红褐												1								1						1					1		4	15
	灰褐									2	3	2			1							1										2		11	
F33①	红褐		3						4					7									1	1	1			1				1		19	20
	灰褐																									1								1	

续表

单位	陶色	A型罐（斜腹）						B型罐（直腹）								C型罐（鼓腹）							陶钵					陶杯				纺轮		合计	
		I	II	III	IV	小型	残器	I	II	III	IV	V	VI	小型	残器	I	II	III	IV	V	小型	残器	A	B	C	D	残器	A	B	C	残器	A	B		
F34①	红褐																															2		2	3
	灰褐																															1		1	
F35①	红褐														2																	1		3	3
	灰褐																																		
F36①	红褐						2																											2	2
	灰褐																																		
F37①	红褐																															1		1	1
	灰褐																																		
F40①	红褐	1	1				2			7				1	5								1		4							1		23	25
	灰褐										1											1												2	
F41①	红褐									2					2										1									5	5
	灰褐																																		
F42①	红褐									1					2																			3	3
	灰褐																																		
F43①	红褐		3							3						3																		9	10
	灰褐														1																			1	
F45①	红褐		1							1		1					1																	4	5
	灰褐													1																				1	
F46①	红褐									4					1							3			1							1		10	22
	灰褐										5				1							2												10	

续表

单位	陶色	A型罐（斜腹）						B型罐（直腹）								C型罐（鼓腹）							陶钵					陶杯				纺轮		合计
		I	II	III	IV	小型	残器	I	II	III	IV	V	VI	小型	残器	I	II	III	IV	V	小型	残器	A	B	C	D	残器	A	B	C	残器	A	B	
F47①	红褐						1			2	2				4					1					1		1				1			13
	灰褐											1		1	1																			4
F49①	红褐						5				1		1	1	2				1										1	1	1			12
	灰褐																																	1
F51①	红褐										1																							1
	灰褐													1	1																			1
F52①	红褐													1								1												1
	灰褐													1	1																			1
F53①	红褐					1			1	2	1	1			2		1						1	1	1		3							8
	灰褐		3								3									1	1	1						1				1		9
F54①	红褐					1			1		3	2		1	1							1						1	1					15
	灰褐										2									1		1												3
总合计	红褐	1	16			2	10	1	7	37	10	3	1	3	27	1	1	1	2	1	1	7	4	1	10		6	2	1		2	8		161
	灰褐							1	7	1	16	4	1	2	6	1	1	1	2	1	1	6	1	1	1		1	2	2			9		55
	总	1	16			2	10	1	7	38	26	7	2	5	33	1	1	1	2	2	2	13	5	1	11		7	4	1		2	17		216
总合计		29						119								20							24					7				17		
%		13.4						55.1								9.3							11.1					3.2				7.9		

附表 9　查海遗址窖穴及祭祀坑出土陶器型式统计表

单位	陶色	A型罐（斜腹）						B型罐（直腹）								C型罐（鼓腹）							陶钵					陶杯				纺轮		合计
		Ⅰ	Ⅱ	Ⅲ	Ⅳ	小型	残器	Ⅰ	Ⅱ	Ⅲ	Ⅳ	Ⅴ	Ⅵ	小型	残器	Ⅰ	Ⅱ	Ⅲ	Ⅳ	Ⅴ	小型	残器	A	B	C	D	残器	A	B	C	残器	A	B	
H5	灰褐									1								1																2
H11	红褐									6																								6
H13	红褐																		1															1
H13	灰褐													1																				1
H14	红褐						1								1			1																3
H14	灰褐										1								1															2
H23	红褐																										1							1
H24	红褐										1																							1
H25	灰褐									1	1							1																2
H26	红褐			1																														1
H30	灰褐																												1					1
H34	红褐							1				1									1										1		4
H34	灰褐																					1												1
总	红褐			1			1	1		6	1	1			1			1	1		1						1			1		1		17
总	灰褐									2	2			1				1	1			1							1					9
总合计	总				2							15								6					1					1			1	26
%					7.7							57.7								23.1					3.8					3.8			3.8	

附表 10　查海遗址墓葬及居室墓出土陶器型式统计表

单位	陶色	A型罐(斜腹) I	II	III	IV	小型	残器	B型罐(直腹) I	II	III	IV	V	VI	小型	残器	C型罐(鼓腹) I	II	III	IV	V	小型	残器	陶钵 A	B	C	D	残器	陶杯 A	B	C	残器	纺轮 A	B	合计
M2	红褐													2																				2
F21M	红褐													2																				2
	灰褐											1																						1
F43M	红褐									1				2			1								2									6
总合计	红褐									1				6			1								2									10
	灰褐											1																						1
总计														8					1						2									11
%														72.7					9.1						18.2									

附表 11　查海遗址壕沟出土陶器型式统计表

单位	陶色	A型罐(斜腹) I	II	III	IV	小型	残器	B型罐(直腹) I	II	III	IV	V	VI	小型	残器	C型罐(鼓腹) I	II	III	IV	V	小型	残器	陶钵 A	B	C	D	残器	陶杯 A	B	C	残器	纺轮 A	B	合计
G1	红褐																1									1								2
	灰褐			1								1																				1		2
G2	红褐			1							1															1								3
	灰褐																																	2
总计				1	1						1	1					1								1	1						1		5
%				20	20						20	20					20								20	20						20		

附表12 查海遗址陶器堆出土陶器型式统计表

单位	陶色	A型罐（斜腹）Ⅰ	Ⅱ	Ⅲ	Ⅳ	小型	残器	B型罐（直腹）Ⅰ	Ⅱ	Ⅲ	Ⅳ	Ⅴ	Ⅵ	小型	残器	C型罐（鼓腹）Ⅰ	Ⅱ	Ⅲ	Ⅳ	Ⅴ	小型	残器	陶钵A	B	C	D	残器	陶杯A	B	C	残器	纺轮A	B	合计
D1	红褐									2	1																							3
	灰褐																																	0
D2	红褐									3															1									4
	灰褐																																	0
D3	红褐					1				1								1			1													4
	灰褐																																	0
D4	红褐									2				1																				3
	灰褐																																	0
总合计	红褐					1				8	1			1				1			1				1									14
	灰褐																																	14
	总	1							10									2							1									
		7.15							71.4									14.3							7.15									

附表 13　查海遗址陶器型式统计总表

单位	陶色	A型罐(斜腹)						B型罐(直腹)								C型罐(鼓腹)							陶钵					陶杯				纺轮		合计	
		I	II	III	IV	小型	残器	I	II	III	IV	V	VI	小型	残器	I	II	III	IV	V	小型	残器	A	B	C	D	残器	A	B	C	残器	A	B		
房址活动面	红褐	16	19	10	3	5	18	17	5	119	29	7	5	13	65	1	7	4	2	1	3	2	2	6	8	3	3	6	4	3	0	3	2	391	749 63.6
	灰褐			1		1	1	1		3	110	88	35	6	52		12	7	11	10	3	5	1	2		2	2			2		3		358	
房址堆积层	红褐	1	16			2	10	1	7	37	10	3	1	3	27		1	1		1	7	7		4	10	2	6	2	1		2	8		161	216 18.4
	灰褐									1	16	4	1	2	6				2	1	6	1	1	1	1		1	2				9		55	
窖穴(祭祀坑)	红褐		1				1			6	2	1			1		1		2								1					1		17	26 2.2
	灰褐										3			1				3			1								1					9	
地层	红褐		4			1	6	1		23	5			3	30		1		1	2	2	2	1	4	2		7	1	2	1	1	10	1	106	149 12.7
	灰褐			1							6	3		2	7			2	2		2	1		2	1		1			1	1	11		43	
壕沟	红褐																1																	3	5 0.4
	灰褐					1						1												1					1					2	
墓葬(居室墓)	红褐									1				6			1								2			1						10	11 0.9
	灰褐												1								1													1	
陶器堆	红褐					1				8	1			1				1	1						1		1							14	14 1.2
采集	红褐																															2	1	3	3 0.3
	灰褐																															4		4	4 0.3

续表

单位\陶色	A型罐（斜腹） I	II	III	IV	小型	残器	B型罐（直腹） I	II	III	IV	V	VI	小型	残器	C型罐（鼓腹） I	II	III	IV	V	小型	残器	陶钵 A	B	C	D	残器	陶杯 A	B	C	残器	纺轮 A	B	合计	%
红褐	17	40	11	3	9	35	20	12	194	47	11	6	26	123	1	10	6	5	4	4	9	3	15	23	3	17	9	7	4	3	24	4	705	60.2
灰褐			1		1	1	1		4	135	96	37	11	65	1	12	12	15	11	4	14	2	5	2	3	4	2	1	3	1	28		472	39.8
总	17	40	12	3	10	36	21	12	198	182	107	43	37	188	2	22	18	20	15	8	23	5	20	25	6	21	11	8	7	4	52	4	1177	
总计	118						788								108							77					30				56			
%	10.1						66.9								9.2							6.5					2.5				4.8			

附表14　查海遗址地层出土石器型式统计一览表

编号	石斧 A	B	C	残	铲形石器 Aa	Ab	Ac	Ba	Bb	Ca	Cb	Da	Db	E	F	残	石凿 A	B	石刀 A	B	C	D	磨盘 A	B	砺石	沟槽器	磨棒 Aa	Ab	B	C	研磨器 A	B	C	D	饼形器 Aa	Ab	Ac	Ba	Bb	Bc	敲砸器	石环	尖状器	石钻	石球	石料	有镌石器	条形器	合计	%
①	1	1	2		1	1		2		1	1		2			10	1						2		4	1	2	2						1	1	1		1			12		1		2	1			54	19.1
②	5	8	3	9	5	1	1	3		5	1	1		2	2	35	3	2	1	2	3	2	22		21	3	8	3		4	1	3	1	1		1		6	2	1	61			3	6				228	80.9
总计	6	9	5	9	6	2	1	5		6	2	1	2	2	2	45	4	2	1	2	3	2	24		25	4	10	5		4	1	3	1	2	1	2		7	2	1	73		1	3	8	1			282	
总计	29				65												6		6				24		25	4	20				5				12						73		1	3	8	1				
%	10.3				23.0												2.1		2.1				8.5		8.9	1.4	7.1				1.8				4.3						25.9		0.4	1.1	2.8	0.4				

附表 15　查海遗址房址居住面出土石器型式统计一览表

编号	石斧A	石斧B	石斧C	石斧残	铲Aa	铲Ab	铲Ac	铲Ba	铲Bb	铲Ca	铲Cb	铲Da	铲Db	铲E	铲F	铲残	石凿A	石凿B	石刀A	石刀B	石刀C	石刀D	磨盘A	磨盘B	砺石	大石垫	沟槽器	磨棒Aa	磨棒Ab	磨棒B	磨棒C	磨棒D	研磨器A	研磨器B	研磨器C	研磨器D	饼Aa	饼Ab	饼Ac	饼Ba	饼Bb	饼Bc	敲砸器	石环器	尖状器	石钻	石球	石料	有窝石器	条形器	合计	%
F1	1	3	1		1	1	1	1	1	1	1		1			1							2					1		2	1								1			8				1				29	2.0
F2	1							1	1	1		1				1				5			5		1			4		2												3					1			20	1.4
F3			1			1		1	1		1					1				1			1			1		2	1	1	3					1					1	9								24	1.6
F4					2	1			1							1				1			1					1															7								15	1.0
F5	1	1			1															3			3					2								1							5				2				16	1.1
F6	2		4				1	1					1	1	1	2				2			2		2	1		2			2	2											5								25	1.7
F7	2		1					1							2	2				4	1	1	4	1				5			1												7					1			28	1.9
F8																2	1				1			1				3							1								8					2			16	1.1
F9	1							1	1		1	1	1			2				1			1		1	1		1	1											1			2				1				16	1.1
F10																3				3			3					1															3								10	0.7
F11															1	1				2			2		4																		4								9	0.6
F12										1									1																																3	0.2
F13								2					1			2				1			1					1	1														2				1				5	0.3
F14			3					1								2				1					2			2	1					2									12	1	2	1					26	1.8
F15	1	1				1		2								7	2			1	1		1		4			1			2			2						1	1		19								34	2.3
F16	1		1	2				1							2	1	1			1			1		3	1		2			2			2			1						58					3			85	5.7
F17	1	1														1	1			2			2		2			3															8								27	1.8
F18		2			1			2								3						1			2							1			1	1							10								23	1.6
F19		2				1									1	1												1			1	1											7				1				8	0.5
F20	2		2			1														1					1			1			1	1											2								12	0.8

续表

编号	石斧 A	B	C	残	铲形石器 Aa	Ab	Ac	Ba	Bb	Ca	Cb	Da	Db	E	F	残	石凿 A	B	石刀 A	B	C	D	磨盘 A	B	砺石	大石坠	沟槽器	磨棒 Aa	Ab	B	C	D	研磨器 A	B	C	D	饼形器 Aa	Ab	Ac	Ba	Bb	Bc	敲砸器	石环器	尖状器	石钻	石球	石料	有窝石器	条形器	合计	%
F21		1	1		1										1	8							4		3		1	2		2		3									1		10					1			45	3.1
F22	2									2	1			1											1			1															4					2			10	0.7
F23							1				1			1		3							1		1			1			2	1		2	1	1							6					2			19	1.3
F24						1										1												2								1								1					1			8	0.5
F25		1	2			1	2									2							2	1	1			2															1					2			13	0.9
F26		2	1				1					1	1		1	2								1	2		2	2	1										1			2						2			22	1.5
F27	1				1		1									1							6		8			2		1		1		1		1				1			12					11			47	3.2
F28								1																2	2			1		1													2					4			10	0.7
F29							1				1					1							1		6		2	1			1							1										23			25	1.7
F30				1								1		1		10							1		4			1		2	1	2		2	1								13		1		1	24		1	71	4.8
F31				1			2								2	8					3		1		5							1		1									3					19			36	2.5
F32								1								4			1	1			2	1				1			2	1	2										4					13	2		39	2.7
F33				1		2								1	3										2			1					1							1			5				2	6			31	2.1
F34										2		1				5							1	2	1									1					1			1	3					15		1	32	2.2
F35							2			2				1		3					3		1	2	2			1		1				1					2		1							2		1	17	1.2
F36			1										1			5									11			1			1					1				2	1	1	12					16	1		55	3.8
F37					1																		1		1																		5					17	1		24	1.6
F38																							1																									2			3	0.2
F39			1			1										3			1		1		5		9			2	1		1	1	1	1	1	1			1				12				2	14			55	3.7
F40	1		1								1				1	1									1			1									1			1			2				1	6			16	1.1

续表

编号	石斧 A	石斧 B	石斧 C	石斧 残	铲形石器 Aa	Ab	Ac	Ba	Bb	Ca	Cb	Da	Db	E	F	残	石凿 A	B	石刀 A	B	C	D	磨盘 A	B	砺石	大石墅	沟槽器	磨棒 Aa	Ab	B	C	D	研磨器 A	B	C	D	饼形器 Aa	Ab	Ac	Ba	Bb	Bc	敲砸器	石环	尖状器	石钻	石球	石料	有肩石器	条形器	合计	%
F41			1																				2		1					1													2					2			7	0.5
F42		1																					1																									2			4	0.3
F43				2			2									7					2		1		3						1												6				1	17	1		45	3.1
F44	2																					1	2	1	4																						1	4			11	0.7
F45								1			1					3					1		4		9			1			1				1								6					10			37	2.5
F46	1				1	1	1	1				3				4					1		4		10			1		1													14				2	23			70	4.8
F47		2	1													1						1	2	1	2						2	1				1			1				3					2			17	1.2
F48		1											2			2							6	1	1			3			1				1					1			3					11			32	2.2
F49																3						1	3		1						1					1			1				3					11			20	1.4
F50					1			1		2						4							3				1	1		1	1					1					1	1	21				1	2			41	2.8
F51											2					4						1			1							1				1						1	4					2			10	0.7
F52		1														2							2		3			1		1	1								1				12					7	1		28	1.9
F53	1			1		1										3						1	6		6			1		1									1				3					9			28	1.9
F54		2	1			1		1							1	2						1	6		11			2		1	1				1	1				1			8					28	1		68	4.6
F55	2	1			1	1	1	1		1						2						1	4		9	2	1	2		1	1				1				1	1	1	5	9	1	1	1	1	12	1	1	43	2.9
总合计	24	16	29	8	7	11	14	13	7	14	10	8	8	3	15	114	2	2	2	2	8	9	91	3	145	2	5	63	7	17	23	13	8	3	3	7	6	7	1	11	4	5	365	1	4	1	15	331	8	1	1470	
	77				32			20		24		16			16	114	5		21				94		145	2	5	70		123			21				7	27		20			365	365	4	1	15	331	8	1		
%	5.2				15.2												0.4		1.4				6.4		9.9	0.1	0.3	8.4					1.4				1.8						24.8	0.1	0.3	0.1	1.0	22.5	0.5	0.1		

附表16　查海遗址房址堆积层出土石器型式统计一览表

编号	石斧A	石斧B	石斧C	石斧残	铲Aa	铲Ab	铲Ac	铲Ba	铲Bb	铲Ca	铲Cb	铲Da	铲Db	铲E	铲F	铲残	石凿A	石凿B	石刀A	石刀B	石刀C	石刀D	磨盘A	磨盘B	砺石	大石坠	沟槽器	磨棒Aa	磨棒Ab	磨棒B	磨棒C	研磨A	研磨B	研磨C	研磨D	饼Aa	饼Ab	饼Ac	饼Ba	饼Bb	饼Bc	敲砸器	石环器	尖状器	石钻	石球	石料	有窝石器	条形器	合计	%
F6①								1																																							1			2	0.7
F19①			1					1								1							1		2				2										1			7								16	5.6
F25①			1										1																																		1			3	1.0
F26①	1																								1			1											1											4	1.4
F27①	1																																									1								2	0.7
F29①																																															1			1	0.3
F30①				1																																											2			3	1.0
F31①																									1			2				1									1	2					3			10	3.5
F32①							2	1								7									1			2		1					1						1	12				2	2		1	33	11.5
F33①	1		1	2		1										8	2								2	1					1										1	4								24	8.4
F34①						1										1														1	1			1								2		2						9	3.1
F35①				1	1																	1			1														2			4								10	3.5
F36①																											1															1								2	0.7
F40①			1												1	2					1				1	1	1			1			1	1					1	1		5					1			19	6.6
F41①							2																		1											1						1						1		6	2.1
F42①			2	2												5							2																2			9								22	7.7
F43①																					1														2											2				5	1.7
F45①	1																																									1								2	0.7
F46①	1	1	3	3				1								7						1	1		4					1				1	2				1		1	20				2	3			53	18.5
F47①	1		2			1			1																2								1									6					1			15	5.2

续表

编号	石斧(A/B/C/残)	铲形石器(Aa/Ab/Ac/Ba/Bb/Ca/Cb/Da/Db/E/F/残)	石凿(A/B)	石刀(A/B/C/D)	磨盘(A/B)	砺石	大石坠	沟槽器	磨棒(Aa/Ab/B/C)	研磨器(A/B/C/D)	饼形器(Aa/Ab/Ac/Ba/Bb/Bc)	敲砸器	石环	尖状器	石钻	石球	石料	有窝石器	条形器	合计	%
F49①												8						1		14	4.9
F50①												2								2	0.7
F51①												1								4	1.4
F52①												1								1	0.3
F53①												13							1	24	8.4
总合计	27	49	4	5	16	17	1	2	21	5	15	100		2		6	13	2	1	286	
%	9.4	17.1	1.4	1.7	5.6	5.9	0.3	0.7	7.3	1.7	5.2	35.0		0.7		2.1	4.5	0.7	0.3		

附表 17　查海遗址窖穴及祭祀坑出土石器型式统计一览表

编号	石斧(A/B/C/残)	铲形石器(Aa/Ab/Ac/Ba/Bb/Ca/Cb/Da/Db/E/F/残)	石凿(A/B/C/残)	石刀(A/B/C/D)	磨盘(A/B)	砺石	大石坠	沟槽器	磨棒(Aa/Ab/B/C)	研磨器(A/B/C/D)	饼形器(Aa/Ab/Ac/Ba/Bb/Bc)	敲砸器	石环	尖状器	石钻	石球	石料	有窝石器	条形器	合计	%
H2												2							1	6	18.2
H11																				2	6.1
H14												1								5	15.2
H19												1								1	3.0
H21																				1	3.0
H23												1								2	6.1
H24																				1	3.0
H26																				2	6.1
H32																				1	3.0
H33												4								7	21.2
H34												3								5	15.2
总合计	2	7		2	3	2			1		4	12								33	
%	6.1	21.2		6.1	9.1	6.1			3.0		12.1	36.4									

附表18　查海遗址其他单位出土石器型式统计一览表

编号	石斧 A	石斧 B	石斧 C	石斧 残	铲形石器 Aa	Ab	Ac	Ba	Bb	Ca	Cb	Da	Db	E	F	残	石凿 A	石凿 B	石刀 A	B	C	D	磨盘 A	磨盘 B	砺石	大石坠	沟槽器	磨棒 Aa	Ab	B	C	D	研磨器 A	B	C	D	饼形器 Aa	Ab	Ac	Ba	Bb	Bc	敲砸器	石环	尖状器	石钻	石球	石料	有窝石器	条形器	合计	%
G1	1												1							1			1		3			1		1													1					2	2			12	18.5
G2													1											1	1																											2	3.1
D4																													2								1															2	3.1
M8	5		3	1													1					1					2			1	1		1	1							1		11			2	3				23	35.4
采集				1			2	1		2	1		1				3	1			1	1	1	2	1	2		2	1	1			1	1	2	1	1	1	1				12	1		2					26	40.0
总合计	5	2	3	1			2	1		2	1		1		1		3	1		1	1	2	1	2	5	2	2	2	1	1	1	2	1	2	1	1	1	1	1			1	12	1		2	3	2	2		65	
%	16.9							6.2									10.8			3.1			3.1		7.7	3.1	3.1			7.7			6.2							4.6			18.5	1.5		3.1	4.6	3.1				

附表19　查海遗址各单位出土石器型式统计一览表

单位	石斧 A	B	C	残	铲形石器 Aa	Ab	Ac	Ba	Bb	Ca	Cb	Da	Db	E	F	残	石凿 A	B	石刀 A	B	C	D	磨盘 A	B	砺石	大石坠	沟槽器	磨棒 Aa	Ab	B	C	D	研磨器 A	B	C	D	饼形器 Aa	Ab	Ac	Ba	Bb	Bc	敲砸器	石环	尖状器	石钻	石球	石料	有窝石器	条形器	合计	%
房址居住面	24	16	29	8	7	11	14	13	7	14	10	8	8	3	15	114	5		2	2	8	9	91		145			63	7	17	23	137	8	3	3		6	1	1	11		4	365			4	15	331	8	1	1470	68.8
房址堆积层	4	2	10	11	1		3	5	2			2			1	35	4				2	16	2	2	17			9	2	4	2	4	4	1		1	1			9		3	100		1	2	6	13	2	1	286	13.4
窖穴	1							2								5			5				2	1	2	2											3			1		1	12		1			2			33	1.5
壕沟																									4					1				1	1								1								14	0.7
陶器堆																																2																2			2	0.1
墓葬	5										1									1	2	1			1	1		1		1	2		1	1			1	1									3				23	1.1
采集				1	1		2				2					2			1	1			1	3	1		2	1		2			1	1						1			1	11	1	1	2	3				26	1.2
T①	1	1	2		1	1		5	1	2	1	2	2		10										2		4	1		2	1				3	1	1		1				1	12		2	1	2	1			54	2.5
T②	5	8	3	9	9	12	17	21	10	21	16	9	13	3	18	199	3	2	3	2	1	4	35	3	22	21		3	8	28	28	22	10	3	12	3	2	1	1	2	2	30	6		3	6	32		10	2	228	10.7
总合计					39		31	37		349				18	199		22					36		139	194	13		92		170				35			12		61				562	2		7	6	32	347	10	2136	
%	6.8				16.3									6.5	9.1		1.1			1.7			6.5		9.1	10.1	0.6	8.0					1.6					2.9					26.3	0.1	0.7	0.3	1.5	16.2	0.5	0.1		

附表 20　查海遗址各遗迹单位出土细石器统计表

遗迹单位	石核	刮削器	石叶	小尖状器	石镞	合计		%
F4		1				1		
F9	1	1				2		
F14	3	31	9			43		
F15		3				3		
F16		1				1		
F18		1				1	62	22.5
F21		2	2			4		
F27	2					2		
F30		1		1		2		
F36			2			2		
F43		1				1		
F6①	1		2			3		
F26①	1					1		
F27①		1	2			3		
F29①	1	2				3		
F30①	2	3	14			19		
F32①	1	2	7			10		
F33①		3	4	1		8	98	35.6
F36①	1	2	1			4		
F39①		3				3		
F40①		6	2			8		
F42①		1	1			2		
F46①	4	7	17	5		33		
F53①		1				1		
②	11	66	30		1	108		39.3
F35J			2			2		0.7
采	4					4		1.5
H2	1					1		0.4
合计	33	139	95	7	1	275		
%	12.0	50.5	34.5	2.4	0.4			

附表21　查海遗址房址一览表

编号	位置	方向	层位	房址形制	房址尺寸（米）			灶址位置	灶址形制	柱洞数量	居住面遗物	备注
					南北	东西	深					
F1	南	192°	②下	中型圆角方形半地穴式	7.8	7.6	0.44	中偏东北	圆形坑穴平底	13	陶器37件、石器29件	室内有3个窖穴
F2	南	195°	②下	中型圆角方形半地穴式	6.3	6.4	0.34	中偏东	圆形坑穴平底	10	陶器13件、石器20件	
F3	南	198°	②下	中型圆角长方形半地穴式	6.1	6.7	0.4	中部	圆形坑穴平底	10	陶器17件、石器24件	
F4	南	205°	②下	中型圆角方形半地穴式	7.2	7.0	0.7	中部2灶	皆椭圆形坑穴斜平底	12	陶器29件、石器15件、细石器1件	
F5	东南	196°	②下	中型圆角方形半地穴式	6.4	6.4	0.8	中部	圆形坑穴平底	15	陶器21件、石器16件	
F6	南	199°	②下	大型圆角长方形半地穴式	8.6	7.9	0.34	中部2灶	Z1椭圆形坑穴平底 Z2圆形坑穴平底	19	陶器7件、石器25件	室内有1个窖穴
F7	南	200°	②下	中型圆角长方形半地穴式	5.85	7.0	0.62	中部偏北2灶	大小组合灶，皆圆形坑穴平底	17	陶器15件、石器28件	长方形土坑竖穴墓1个
F8	东	210°	②下	中型圆角长方形半地穴式	6.4	5.4	0.54	中部2灶	大小组合灶，皆圆形坑穴，Z1袋底，Z2平底	12	陶器12件、石器16件	室内有2个窖穴
F9	西南	205°	②下	特大型圆角长方形半地穴式	10.7	10.0	0.4	中部偏西	圆形坑穴平底	27	陶器15件、石器16件、细石器2件	室内有4个窖穴，房址西南部被冲沟毁坏
F10	南	201°	②下	中型圆角长方形半地穴式	3.5	7.9	0.4	中部	椭圆形浅坑穴平底	4	陶器13件、石器10件	房址南部被冲沟毁坏

续表

编号	位置	方向	层位	房址形制	房址尺寸（米）			灶址位置	灶址形制	柱洞数量	居住面遗物	备注
					南北	东西	深					
F11	西南	210°	②下	小型圆角方形半地穴式	5.2	5.4	0.54	中部偏北	圆形坑穴平底	7	陶器10件、石器9件、玉器残件1件	
F12	西南	209°	②下	小型圆角长方形半地穴式	4.2	3.8	0.35	中部	圆形坑穴平底	4	陶器5件、石器3件	房址西北部被冲沟毁坏
F13	西南	209°	②下	小型圆角方形半地穴式	3.8	3.5	0.42	中部偏北	椭圆形坑穴平底	7	陶器3件、石器5件	
F14	东南	224°	②下	中型圆角长方形半地穴式	5.8	6.6	0.5	中部偏北	圆形坑穴平底	13	陶器22件、石器26件、细石器43件、玉器1件	室内有2个窖穴
F15	东南	216°	②下	小型圆角长方形半地穴式	4.8	5.3	0.52	中部偏北	圆形坑穴平底	10	陶器5件、石器34件、细石器3件	室内有2个窖穴
F16	东南	208°	②下	大型圆角长方形半地穴式	8.3	7.6	0.85	中部	圆形坑穴平底	34	陶器45件、石器85件、细石器1件	室内有1个窖穴，1座圆角长方形竖穴墓，有二层台
F17	东南	213°	②下	小型圆角长方形半地穴式	5.4	5.0	0.5	中部	圆形坑穴平底	11	陶器15件、石器27件、玉器1件	
F18	东南	208°	②下	中型圆角长方形半地穴式	5.3	6.3	0.6	中部偏北	圆形坑穴平底	17	陶器26件、石器23件、细石器1件、玉器1件	室内有2个窖穴，1座圆角长方形土坑竖穴墓
F19	东南	207°	②下	小型圆角方形半地穴式	3.8	5.5	0.5	中部2灶	Z1椭圆形浅坑穴平底、Z2圆形坑穴平底	6	陶器4件、石器8件	室内有1座圆角方形土坑竖穴墓，房址西南部被冲沟毁坏

续表

编号	位置	方向	层位	房址形制	房址尺寸（米）			灶址位置	灶址形制	柱洞数量	居住面遗物	备注
					南北	东西	深					
F20	中部	204°	②下	小型圆角长方形半地穴式	4.3	4.75	0.5	中部偏北	圆形坑穴平底	8	陶器23件、石器12件、玉器1件	
F21	东部	195°	②下	中型圆角方形半地穴式	5.9	6.0	0.7	中部	圆形浅坑穴平底	28	陶器32件、石器45件、细石器4件	1座圆角长方形土坑竖穴墓
F22	中部	194°	②下	中型圆角长方形半地穴式	6.4	5.9	0.42	中部	椭圆形浅坑穴平底	14	陶器2件、石器10件	
F23	中部		②下	中型圆角方形半地穴式							陶器6件、石器19件	
F24	西北	218°	①下	小型圆角长方形半地穴式	4.8	3.6	0.45～0.58	中部2灶	大小组合灶，皆圆形坑穴平底	10	陶器5件、石器8件	房址东部被F30打破
F25	西北	150°	①下	中型圆角长方形半地穴式	6.4	6.0	0.6	中部偏北	椭圆形浅坑穴平底	18	陶器14件、石器13件	
F26	西北	210°	①下	中型圆角长方形半地穴式	7.8	7.3	0.65～0.8	中部	圆形浅穴圆底	33	陶器6件、石器22件	
F27	西北	210°	①下	中型圆角方形半地穴式	6.75	6.55	0.6	中部偏北	圆形坑穴平底	31	陶器12件、石器47件、细石器2件	房址西北部打破F28

续表

编号	位置	方向	层位	房址形制	房址尺寸（米）			灶址位置	灶址形制	柱洞数量	居住面遗物	备注
					南北	东西	深					
F28	西北	208°	①下	小型圆角长方形半地穴式	4.75	5.75	0.5	中部2灶	大小组合灶，皆椭圆形坑穴平底	15	陶器17件、石器10件	房址东部被F27打破，南部被F37打破
F29	西北	223°	①下	小型圆角方形半地穴式	4.8	4.6	0.78	中部	椭圆形坑穴平底	11	陶器6件、石器25件	房址东北被F38打破
F30	西北	207°	①下	大型圆角方形半地穴式	8.35	8.6	0.7	中部2灶	大小组合灶，皆圆形坑穴平底	39	陶器20件、石器71件、细石器2件	有二层台，房址西部打破F24
F31	西北	207°	①下	中型圆角长方形半地穴式	6.55	5.36	0.43	中部偏北	圆形坑穴平底	30	陶器15件、石器35件	
F32	西北	180°	①下	中型圆角长方形半地穴式	7.1	6.36	0.64	中部	圆形穴铺石平底	31	陶器27件、石器39件	有二层台
F33	北部	213°	①下	中型圆角长方形半地穴式	7.1	6.4	0.66	中部	圆形坑穴平底	37	陶器10件、石器31件	房址西南被H26打破
F34	西北	215°	①下	中型圆角方形半地穴式	7.0	7.0	0.66	中部	圆形穴铺石平底	38	陶器9件、石器32件	
F35	西北	204°	①下	小型圆角方形半地穴式	5.2	5.32	0.5~0.7	中部偏南	圆形浅坑穴平底	22	陶器8件、石器17件	室内有1个窖穴

续表

编号	位置	方向	层位	房址形制	房址尺寸（米）			灶址位置	灶址形制	柱洞数量	居住面遗物	备注
					南北	东西	深					
F36	中部	205°	Ⅰ下	大型圆角长方形半地穴式	8.12	8.98	0.66	中部偏西	圆形浅坑穴平底	32	陶器56件、石器10件、细石器2件、玉器24件	
F37	西北	216°	Ⅰ下	中型圆角长方形半地穴式	3.7	5.5	0.4	中部3灶北部1灶	Z1圆形穴铺石平底，Z2、Z3圆形坑穴平底，Z4地面支石灶	18	陶器5件、石器24件	房址北部打破F28，南部被冲沟毁坏
F38	西北	202°	Ⅰ下	小型圆角长方形半地穴式	3.4	4.24	0.4	中部	圆形浅坑穴平底	12	陶器11件、石器3件、玉器1件	
F39	北部	215°	Ⅰ下	中型圆角方形半地穴式	6.84	6.52	0.78	中部	圆形坑穴平底	35	陶器5件、石器55件	
F40	北部	210°	Ⅰ下	中型圆角方形半地穴式	5.4	5.6	0.7	中部偏北	圆形坑穴平底	32	陶器16件、石器16件	有二层台
F41	北部	193°	Ⅰ下	小型圆角方形半地穴式	4.8	4.6	0.3	中部偏东	圆形坑穴平底	22	陶器7件、石器6件、玉器2件	
F42	北部	200°	Ⅰ下	小型圆角方形半地穴式	4.1	4.0	0.4	中部	圆形坑穴平底	10	陶器2件、石器4件	室内有1个窖穴
F43	中部	225°	Ⅰ下	中型圆角长方形半地穴式	7.5	6.5	0.5	中部偏北	椭圆形坑穴平底	21	陶器10件、石器44件、细石器1件、玉器3件	有二层台，1座长方形土坑竖穴墓
F44	东北	198°	Ⅰ下	小型圆角长方形半地穴式	4.6	4.05	0.32	中部南北各1灶	大小组合灶Z1椭圆形坑穴平底Z2圆形坑穴囊底	13	陶器4件、石器10件	室内有1个窖穴
F45	东北	210°	Ⅰ下	中型圆角长方形半地穴式	7.0	6.6	0.4	中部	圆形浅坑穴平底	17	陶器10件、石器37件	室内有2个窖穴

续表

编号	位置	方向	层位	房址形制	房址尺寸（米）			灶址位置	灶址形制	柱洞数量	居住面遗物	备注
					南北	东西	深					
F46	东北	225°	①下	特大型圆角长方形半地穴式	13.8	11.4	0.8	中部	圆形坑穴平底	32	陶器21件、石器70件、玉器2件	
F47	东北	220°	①下	小型圆角方形半地穴式	5.6	5.3	0.24	中部偏东	椭圆形坑穴平底	11	陶器5件、石器17件	房址南部打破F49
F48	东北	210°	①下	小型圆角长方形半地穴式	5.5	4.8	0.54	中部	圆形坑穴平底	12	陶器21件、石器32件	房址东部打破F49
F49	东北	220°	②下	中型圆角长方形半地穴式	7.4	6.9	0.5	中部偏北	圆形坑穴簸底	20	陶器7件、石器20件	房址被F47、F48、F52、F55打破
F50	东北	218°	①下	大型圆角长方形半地穴式	8.04	7.55	0.1	中部	圆形穴铺石平底	16	陶器8件、石器40件、玉器1件	房址北部被G2打破
F51	东北	220°	①下	小型直角方形半地穴式	3.5	3.2	0.3	中部偏北	圆形坑穴平底	5	陶器9件、石器10件	房址南部被H37打破
F52	东北	225°	①下	小型圆角长方形半地穴式	3.3	4.0	0.36	中部偏西	圆形穴铺石平底	9	陶器7件、石器28件	房址西部打破F49、东部被冲沟毁坏
F53	东部	201°	①下	大型圆角长方形半地穴式	9.2	8.5	0.75	中部偏东	圆形坑穴平底	33	陶器38件、石器28件	
F54	北部	205°	①下	中型圆角长方形半地穴式	7.4	6.9	0.54~0.75	中部	椭圆形浅坑穴平底	18	陶器15件、石器68件、玉器2件	
F55	东部	210°	①下	中型圆角方形半地穴式	6.8	6.7	0.6	中部	圆形坑穴簸底	22	陶器21件、石器43件	室内东部有1窖穴，房址北部打破F49

附表 22 - 1　柱洞一览表

编号	位置	形状结构	尺寸（厘米）			备　注
			口径	底径	深	
1	东南角	椭圆斜壁圜底	31×39	26×35	46	窖穴 3 南 40 厘米
2	东南角偏西	椭圆斜壁平底	36×65	28×45	46	
3	中偏南	椭圆斜壁平底	43×50	23×36	52	
4	西南角	椭圆斜壁平底	19×14	12×14	30	
5	西南角	圆斜壁平底	24×24	21×20	40	
6	西壁中部	椭圆斜壁平底	44×59	39×29	38	
7	中偏西	椭圆斜壁平底	64×42	51×37	50	窖穴 2 北 14 厘米
8	中偏西北	椭圆斜壁平底	56×38	50×35	65	窖穴 1 南 36 厘米
9	西北角偏南	椭圆斜壁平底	50×48	46×32	34	
10	西北角偏东	椭圆斜壁平底	60×42	50×34	54	
11	东北角偏西	椭圆斜壁平底	78×49	47×36	40	
12	东北角	椭圆斜壁平底	50×40	44×31	52	
13	东壁中部	椭圆斜壁圜底	54×36	47×36	59	

附表 22 - 2　F2 柱洞一览表

编号	位置	形状结构	尺寸（厘米）			备　注
			口径	底径	深	
1	南壁偏东	椭圆斜壁平底	34×37	24×31	36	
2	灶西南 1.24 米	椭圆斜壁平底	46×48	40×45	55	斜柱洞
3	灶西北 1.46 米	圆角长方形斜壁平底	31×40	26×40	29	
4	西北角偏东	圆角长方形斜壁平底	38×60	32×54	47	
5	北壁中部	圆角长方形斜壁平底	18×29	14×27	22	
6	东北角偏西	椭圆斜壁圜底	40×65	30×54	46	
7	东北角偏南	椭圆斜壁圜底	38×47	35×38	60	北壁较直
8	东南角偏北	椭圆斜壁平底	40×46	31×38	44	东壁较直
9	西南角	椭圆斜壁圜底	38×60	36×58	40	
10	西北角偏南	椭圆斜壁平底	50×40	44×31	52	

附表 22 - 3　F3 柱洞一览表

编号	位置	形状结构	尺寸（厘米）			备　注
			口径	底径	深	
1	南壁中部	圆形斜壁平底	34×34	27×18	61	
2	西南角近二层台	椭圆斜壁平底	49×33	45×33	37	

编号	位置	形状结构	尺寸（厘米）			备　注
			口径	底径	深	
3	西南角	椭圆斜壁平底	36×33	27×25	59	
4	西壁中部	椭圆斜壁平底	30×29	23×20	40	
5	西北角偏东	椭圆斜壁平底	75×62	45×20	70	
6	东北角	椭圆斜壁圜底	69×50	35×34	84	
7	东壁中部	椭圆斜壁圜底	45×30	43×21	55	
8	东南角偏北	椭圆斜壁平底	41×38	34×33	51	
9	灶东南0.9米	椭圆斜壁圜底	44×42	37×23	35	
10	灶南0.84米	圆角长方形斜壁平底	43×31	31×27	42	

附表22－4　F4柱洞一览表

编号	位置	形状结构	尺寸（厘米）			备　注
			口径	底径	深	
1	灶1南1.4米	不规则形状斜壁圜底	38×29	20×25	40	
2	灶1西0.9米	椭圆斜壁平底	36×34	26×33	41	
3	西壁中部	不规则形状斜壁平底	30×54	21×54	44	
4	灶1西北1.24米	不规则斜壁平底	40×42	19×28	62	
5	西北角	椭圆斜壁平底	33×50	26×50	31	斜柱洞
6	东北紧邻7号	椭圆斜壁平底	33×40	24×26	42	
7	北壁偏西	椭圆斜壁圜底	29×36	19×22	37	
8	东北角	椭圆斜壁平底	44×50	30×37	62	北壁较直
9	灶1东北1.0米	不规则斜壁平底	55×73	31×57	56	
10	东壁中部	圆角长方形斜壁平底	50×64	42×50	36	
11	东南角	椭圆斜壁平底	41×54	37×60	25	斜柱洞
12	灶1东南1.3米	椭圆斜壁平底	44×51	30×40	38	有础石

附表22－5　F5柱洞一览表

编号	位置	形状结构	尺寸（厘米）			备　注
			口径	底径	深	
38	西南角	椭圆斜壁平底	39×46	21×40	16	
39	南壁偏西	椭圆斜壁平底	50×55	32×36	60	
40	39号东侧	圆形斜壁平底	50	27×40	30	椭圆形底
41	南壁偏东	圆形斜壁	47	25×40	43	底不平，椭圆形
40	东南角	圆形斜壁	46	20×32	67	底不平，椭圆形

续表

编号	位置	形状结构	尺寸（厘米）			备　注
			口径	底径	深	
43	42 号东侧	椭圆斜壁平底	37×57	22×45	46	
44	东壁近 43 号	椭圆斜壁圜底	56×67	东 33、西 17	60	二柱洞
45	44 号西侧	圆形斜壁平底	65	25×35	58	
46	灶址东北	椭圆斜壁圜底	47×70	25×52	54	斜柱洞
47	东北角偏西	圆角长方形斜壁平底	52×60	24×35	62	
48	西北角偏东	椭圆斜壁平底	43×52	20×30	63	
49	灶址西北角	椭圆斜壁平底	40×58	23×40	68	
50	灶址西南角	圆形斜壁平底	63	35×55	45	
51	西北角偏北	椭圆斜壁平底	60×70	25×38	80	
52	西壁中部	椭圆斜壁圜底	20×26	12×15	45	

附表 22 - 6　F6 柱洞一览表

编号	位置	形状结构	尺寸（厘米）			备　注
			口径	底径	深	
33	西北角	椭圆斜壁平底	45×65	30×50	40	出土 2 件石斧
34	西壁中部	椭圆斜壁平底	46×70	30×50	48	
35	北壁偏西	圆形斜壁圜底	42	12×20	58	
36	35、37 号之间	椭圆斜壁平底	东侧 42×75	东侧 23×26	东 55 西 34	二柱洞，东侧柱洞略大
37	灶址西北	圆形斜壁平底	43	18	68	
38	灶址西南	椭圆斜壁圜底	42×52	16×22	55	
39	西南壁偏西	椭圆斜壁圜底	30×36	10×13	60	
40	39 号西侧	圆形斜壁平底	40	26	33	
41	39 号东侧	椭圆斜壁圜底	24×33	12×15	43	
42	南壁中部	椭圆斜壁平底	26×40	15×26	33	
43	灶址东南	椭圆斜壁平底	36×42	28×30	35	
44	49 号西偏北	圆形斜壁圜底	45	12×16	64	
45	46、49 号间	椭圆斜壁平底	40×66	18×50	62	
46	灶址东北	椭圆斜壁平底	40×48	28×33	63	
47	灶址东侧	椭圆斜壁圜底	40×46	20×28	50	
48	43、51 号间	椭圆斜壁平底	42×50	14×20	58	
49	东北角	圆角长方形斜壁平底	50×80	30×60	45	
50	东壁中部	椭圆斜壁平底	49×60	25×80	62	口小底大
51	东南角	椭圆斜壁平底	49×60	25×80	62	斜柱洞

附表 22 - 7　F7 柱洞一览表

编号	位置	形状结构	尺寸（厘米）			备　注
			口径	底径	深	
45	西南角	不规则斜壁、底不平	40 × 34	23 × 15	45	
46	南壁偏西	圆形斜壁圜底	35	32 × 20	67	
47	南壁偏东	圆形斜壁平底	34	20	62	
48	东南角	椭圆斜壁平底	34 × 26	34 × 20	30	斜柱洞
49	东北角偏南	椭圆斜壁平底	46 × 28	44 × 22	35	斜柱洞
50	北壁偏东	圆形斜壁平底	35	21	52	
51	北壁偏西	椭圆斜壁平底	48 × 36	50 × 19	57	
52	45、55 号之间	圆形斜壁圜底	38	17	37	
53	灶 2 南 1.4 米	圆形斜壁圜底	30	30	13	
54	房址东南角 以北 0.66 米	圆角方形斜壁平底	东口径 50 × 24	西口径 15 × 26	东坑 50	二柱洞，西坑深 53，有柱础
55	灶 2 西南 1.44 米	椭圆斜壁平底	62 × 42	48 × 16	53	
56	灶 2 东南 0.26 米	圆形斜壁圜底	43	20	55	
57	灶 2 东北	椭圆斜壁平底	40 × 48	28 × 33	53	
58	灶 1 西北 1.2 米	椭圆斜壁平底	50 × 45	29	54	
59	北壁中部	椭圆斜壁平底	50 × 40	48 × 18	56	
60	西壁偏北	椭圆斜壁平底	30 × 24	24 × 18	22	
61	居室墓北	椭圆斜壁平底	30 × 26	20 × 14	21	

附表 22 - 8　F8 柱洞一览表

编号	位置	形状结构	尺寸（厘米）			备　注
			口径	底径	深	
29	西南角	椭圆斜壁平底	46 × 33	38 × 21	18	斜柱洞
30	南壁偏西	椭圆斜壁平底	48 × 33	48 × 21	40	斜柱洞
31	南壁中部	圆形斜壁平底	34	20	62	距南壁 0.66 米
32	东南角	椭圆斜壁圜底	34 × 30	25 × 18	36	
33	东壁中部	椭圆斜壁	60 × 28	50 × 16	38	底部不平
34	灶 2 东 1.0 米	圆形斜壁平底	46	44 × 22	48	
35	东北角	圆形斜壁圜底	42	37 × 24	20	斜柱洞
36	西北角	椭圆斜壁圜	50 × 40	34 × 28	35	斜柱洞，底部斜平
37	灶 2 西北 0.6 米	圆形斜壁圜底	30	20 × 18	34	
38	西壁偏西	圆形斜壁圜底	45	33 × 19	36	距西北角 1.2 米
39	灶 1 西南 0.46 米	圆形斜壁圜底	30	12	43	
40	灶 1 东南 0.30 米	椭圆斜壁圜底	40 × 30	10	50	

附表 22 - 9　F9 柱洞一览表

编号	位置	形状结构	尺寸（厘米）			备　注
			口径	底径	深	
1	灶址西 1.4 米	椭圆斜壁平底	30×25	19×13	27	
2	西北角	圆形斜壁平底	43	26	32	
3	东北角偏西	圆形直壁圜底	43	31	39	
4	东北角	圆形斜壁平底	38	14	44	
5	东壁向中部	圆形斜壁平底	26	16	24	
6	东南角偏西	圆形斜壁圜底	34	29	44	
7	南壁偏东	椭圆斜壁圜底	74×48	55×32	29	
8	7 号西北 0.12 米	圆形斜壁平底	31	28	40	
9	西北近窖穴 1	椭圆斜壁圜底	73×49	62×36	39	
10	9 号西南 0.1 米	椭圆斜壁平底	46×28	38×29	29	
11	10 号南 0.24 米	圆形斜壁平底	26	18	39	
12	室北中部	圆形斜壁圜底	50×38	40×24	42	距北壁 1.2 米
13	11 号东南 0.4 米	椭圆斜壁圜底	42×32	34×21	25	13、14、15 号柱洞 东西成排，位于一浅槽内
14	13 号东 0.5 米	椭圆斜壁圜底	39×29	27×17	18	
15	14 号东 0.52 米	椭圆斜壁圜底	30×23	17×16	19	
16	15 号东 0.64 米	椭圆斜壁圜底	75×42	64×29	25	
17	紧邻 16 号东南	椭圆斜壁圜底	40×25	26×19	40	
18	16 号东 0.3 米	圆形斜壁平底	36	18	46	
19	室内中东部	圆角长方形斜壁平底	68×50	44×30	55	
20	19 号南	椭圆斜壁平底	46×30	34×22	36	西侧东壁较直
21	紧邻 19、20、22 号	椭圆斜壁平底	34×28	18	55	
22	19 号东	圆形斜壁平底	12	9	15	出土陶片
23	20 号西南 0.3 米	椭圆斜壁圜底	36×24	19×12	31	
24	窖穴 3 南侧	圆形斜壁平底	39	29	40	紧邻窖穴 3
25	东南角	圆形斜壁平底	68×50	44×30	55	24 号东南 0.6 米
26	紧邻 24 号南	椭圆斜壁平底	66×39	49×23	34	
27	6 号北 0.6 米	椭圆斜壁平底	51×38	43×28	17	

附表 22 - 10　F10 柱洞一览表

编号	位置	形状结构	尺寸（厘米）			备　注
			口径	底径	深	
24	西壁中部	不规则斜壁圜底	39	33	25	
25	西北角	椭圆斜壁平底	68×33	55×25	27	
26	东北角	椭圆斜壁平底	70×36	61×20	39	
27	东壁中部	椭圆斜壁平底	74×33	57×22	42	

附表 22 – 11　F11 柱洞一览表

编号	位置	形状结构	尺寸（厘米）			备 注
			口径	底径	深	
21	西南角偏东	圆形斜壁平底	20×17	17×14	17	
22	西南角偏北	椭圆斜壁平底	38×30	26×23	36	
23	西北角	椭圆斜壁平底	60×29	64×21	28	二层台上
24	西北角偏东	椭圆斜壁平底	73×36	58×21	27	二层台上
25	东北角	椭圆斜壁平底	53×31	50×23	27	
26	东南角	椭圆斜壁圜底	51×28	54×16	23	
27	东南角偏南	椭圆斜壁圜底	21×18	21×16	47	

附表 22 – 12　F12 柱洞一览表

编号	位置	形状结构	尺寸（厘米）			备 注
			口径	底径	深	
1	东南角	椭圆斜壁平底	19×16	21×15	38	
2	1号西0.44米	椭圆斜壁平底	23×18	19×15	24	
3	东北角	椭圆斜壁平底	29×27	30×22	44	斜柱洞
4	东壁偏南	椭圆斜壁平底	21×19	17×14	14	

附表 22 – 13　F13 柱洞一览表

编号	位置	形状结构	尺寸（厘米）			备 注
			口径	底径	深	
1	西北角	椭圆斜壁平底	37×27	23×22	29	
2	东北角	椭圆斜壁平底	36×34	33×19	25	
3	西南角	圆形斜壁平底	32.6×30.6	21.2×20.8	28	
4	西南角偏东	椭圆斜壁平底	48.2×32.8	38.6×23.8	40	
5	东南角	椭圆斜壁平底	58×51	36.8×37.4	35	
6	西壁中部	椭圆斜壁平底	55.8×26	44.4×21.4	30	
7	东壁中部	圆斜壁平底	39.6×39.2	26.6×26	23.8	

附表 22 – 14　F14 柱洞一览表

编号	位置	形状结构	尺寸（厘米）			备 注
			口径	底径	深	
1	灶址西1.44米	椭圆斜壁平底	50×38	31×21	31	距西壁0.88米
2	灶址西北1.64米	椭圆斜壁平底	45×41	46×33	45	
3	北壁中部	圆形斜壁平底	41	39×34	39	距北壁0.64米

编号	位置	形状结构	尺寸（厘米）			备　注
			口径	底径	深	
4	3 号东 0.4 米	椭圆斜壁圜底	48×40	29×23	49	
5	东北角偏东	椭圆斜壁圜底	38×32	20×16	32	距东壁 0.4 米
6	东壁中部	椭圆斜壁平底	41×37	31×23	36	距东壁 0.4 米
7	灶址东北 0.46 米	椭圆斜壁圜底	39×37	22×21	34	
8	东壁中部	椭圆斜壁圜底	38×37	14×12	38	
9	灶东南 1.3 米	圆形斜壁圜底	40×38	16×14	51	9、10、11 号柱洞
10	9、11 号间	椭圆斜壁圜底	53×41	32×21	32	东西成排，
11	房址东角	椭圆斜壁圜底	45×36	27×23	42	三者间距皆 0.2 米
12	房址南角偏东	椭圆斜壁圜底	34×33	15×13	33	
13	房址南角	椭圆斜壁圜底	63×32	43×16	22	二柱洞

附表 22 - 15　F15 柱洞一览表

编号	位置	形状结构	尺寸（厘米）			备　注
			口径	底径	深	
4	灶址西 0.5 米	圆角长方形斜壁圜底	50×36	46×30	67	斜柱洞
5	灶址南 0.3 米	圆形直壁平底	30	30	20	
6	西南壁偏南	圆形直壁平底	24	24	20	距西南壁 0.44 米
7	东南角偏北	不规则斜壁平底	30	30	64	斜柱洞
8	房址南角	椭圆斜壁平底	26×15	30×18	19	斜柱洞
9	灶址东 0.82 米	椭圆斜壁平底	36×24	34×16	53	西侧壁较直
10	灶址北 1.04 米	圆角长方形斜壁平底	46×28	40×25	30	
11	房址西角	不规则斜壁平底	20×40	33×20	39	斜柱洞
12	11 号东北 0.1 米	椭圆斜壁平底	60×40	26×38	70	
13	西南壁偏北	圆角长方形斜洞平底	38×30	36×30	33	斜柱洞

附表 22 - 16　F16 柱洞一览表

编号	位置	形状结构	尺寸（厘米）			备　注
			口径	底径	深	
1	房址南角	椭圆斜壁平底	59×41	49×32	12	斜柱洞，二层台上
2	1 号西 0.3 米	椭圆斜壁平底	45×43	32×17	59	二层台上
3	西南壁偏西	椭圆斜壁平底	57×46	38×23	32	二层台上
4	3、5 号之间	椭圆斜壁平底	29×21	26×12	19	二层台上
5	房址西角	椭圆斜壁平底	52×40	50×24	31	斜柱洞，二层台上

编号	位置	形状结构	尺寸（厘米）			备　注
			口径	底径	深	
6	西北壁中部	椭圆斜壁平底	49×33	34×18	18	二层台上
7	西北壁偏北	椭圆斜壁平底	65×49	42×23	36	二层台上
8	房址北角	椭圆斜壁平底	70×41	51×32	34	斜柱洞，二层台上
9	8号东南	椭圆斜壁平底	57×49	49×29	24	二层台上
10	东北壁中部	椭圆斜壁平底	31×30	14×13	18	二层台上
11	10、12号间	圆形斜壁平底	35×29	20×14	14	二层台上
12	房址东角	不规则斜壁圜底	36×22	27×15	17	二层台上
13	11号西南0.52米	椭圆斜壁圜底	40×25	27×17	29	二层台上
14	东南壁中部	椭圆斜壁平底	50×44	33×18	20	斜柱洞，二层台上
15	东南部近二层台	椭圆斜壁平底	26×24	14×12	28	
16	15号西北	椭圆斜壁平底	56×44	28×25	37	
17	东北部近二层台	椭圆斜壁平底	31×25	23×16	43	
18	东北部近二层台	圆形斜壁平底	25×22	16×12	13	17号北0.2米
19	灶址北1.08米	圆角长方形斜壁平底	49×40	42×32	9	
20	西北部近二层台	椭圆斜壁平底	27×17	13×12	33	5号东北1.1米
21	20号南	椭圆斜壁平底	28×25	11×10	21	
22	3号东0.24米	圆形斜壁平底	12	9	15	
23	西南部近二层台	椭圆斜壁圜底	45×35	20×17	55	
24	西南部近二层台	椭圆斜壁平底	30×28	18×12	19	23号南0.5
25	24号东南1.5米	椭圆斜壁平底	54×43	38×27	16	
26	25号北0.1米	椭圆斜壁平底	45×32	16×16	45	斜柱洞
27	24号东北0.2米	椭圆斜壁平底	38×33	16×8	36	
28	灶址东南1.84米	椭圆斜壁平底	57×46	31×30	38	
29	灶址东南1.38米	椭圆斜壁平底	49×48	30×26	39	
30	31号东南0.26米	椭圆斜壁平底	39×34	18×14	30	
31	灶址西南1.30米	椭圆斜壁平底	38×28	22×13	19	
32	33号东南0.06米	椭圆斜壁平底	38×28	21×14	25	
33	34号西南0.50米	椭圆斜壁平底	69×57	40×34	28	
34	灶址西0.78米	椭圆直壁平底	34×29	19×16	58	

附表 22 - 17　F17 柱洞一览表

编号	位置	形状结构	尺寸（厘米）			备　注
			口径	底径	深	
44	房址北角	椭圆斜壁平底	42×38	26×24	47	
45	灶址北0.5米	椭圆斜壁平底	50×41	31×24	33	
46	东北壁西0.4米	椭圆斜壁平底	46×35	34×24	49	
47	灶址东0.84米	椭圆斜壁平底	45×39	29×29	20	
48	东南壁西0.3米	椭圆斜壁平底	50×48	34×23	36	
49	灶址西南0.68米	椭圆斜壁平底	32×31	25×22	21	
50	房址南部	椭圆斜壁平底	43×40	32×20	23	
51	50号东0.14米	椭圆斜壁平底	41×36	28×23	26	
52	54号南0.14米	椭圆斜壁平底	70×46	36×26	37	
53	灶址西南0.54米	椭圆斜壁平底	60×52	41×33	32	
54	西南壁偏北	椭圆斜壁平底	40×36	22×20	31	

附表 22 - 18　F18 柱洞一览表

编号	位置	形状结构	尺寸（厘米）			备　注
			口径	底径	深	
1	房址南角	不规则斜壁圜底	43×30	40×25	14	
2	1号西北0.26米	椭圆斜壁平底	50×28	30×16	26	
3	2号西0.16米	椭圆斜壁平底	39×30	31×22	43	
4	西南壁中部	椭圆斜洞平底	45×27	35×25	10	斜柱洞，距3号0.74米
5	灶址西南1.04米	不规则斜壁平底	43×30	32×24	21	
6	2号西北0.42米	椭圆斜壁平底	36×29	35×23	27	7号西南0.16米
7	灶南1.58米	圆角方形斜壁平底	43×36	25×23	45	
8	东壁中部	不规则斜壁平底	40×36	25×16	29	
9	灶东1.04米	椭圆斜壁平底	45×42	41×30	19	
10	东北壁近窖穴2	椭圆斜壁圜底	36×27	31×21	26	
11	12号西北0.4米	椭圆斜壁平底	52×39	42×29	27	
12	房址北角偏南	椭圆斜壁圜底	28×27	18×15	40	距东北壁0.2米
13	灶址西北0.76米	椭圆斜壁平底	40×35	23×14	29	
14	灶址西0.84米	不规则斜壁平底	60×22	48×18	28	二柱洞
15	灶址西南1.38米	椭圆斜壁平底	35×33	18×17	35	14号北0.56米
16	14号西0.58米	椭圆斜壁圜底	29×24	25×12	27	
17	16号西北0.84米	椭圆斜壁平底	47×23	43×17	36	

附表 22 – 19　F19 柱洞一览表

编号	位置	形状结构	尺寸（厘米）			备　注
			口径	底径	深	
13	西壁中部	圆形斜壁平底	31 × 27	18	37	
14	房址北角	圆形斜壁平底	34 × 33	25 × 20	47	
15	14 号东南 0.14 米	椭圆斜壁平底	31 × 28	27 × 26	26	
16	房址东角	椭圆斜壁平底	35 × 32	23 × 27	22	
17	16 号南 1.1 米	椭圆斜壁平底	42 × 35	27 × 20	42	
18	17 号西南	椭圆斜壁平底	41 × 38	29 × 21	37	

附表 22 – 20　F20 柱洞一览表

编号	位置	形状结构	尺寸（厘米）			备　注
			口径	底径	深	
1	房址南角	椭圆直壁平底	31 × 29	20 × 18	42	
2	1 号西 0.64 米	椭圆斜壁平底	50 × 36	34 × 30	24	
3	4 号东 0.1 米	椭圆斜壁平底	50 × 38	39 × 19	40	
4	房址西角	椭圆斜壁平底	42 × 25	53 × 21	22	
5	西北壁中部	椭圆直壁平底	37 × 30	24 × 23	62	距西壁 0.3 米
6	灶址北 0.44 米	椭圆斜壁平底	44 × 33	35 × 30	61	
7	6 号北 0.14 米	椭圆斜壁平底	41 × 32	25 × 13	43	
8	房址东角	椭圆斜壁平底	63 × 50	30 × 19	40	

附表 22 – 21　F21 柱洞一览表

编号	位置	形状结构	尺寸（厘米）			备　注
			口径	底径	深	
1	东南角偏北	不规则直壁平底	31 × 22	20 × 13	32	
2	东南角	椭圆直壁平底	23 × 22	20 × 9	19	1 号南 0.4 米
3	东南角偏西	方圆直壁平底	41 × 37	36 × 22	28	2 号西 0.38 米
4	3、5 号之间	不规则直壁平底	60 × 56	36 × 14	37	
5	南壁中部	椭圆直壁平底	49 × 36	37 × 29	38	
6	5 号西 0.32 米	椭圆斜壁平底	45 × 26	30 × 19	19	
7	6 号北 0.19 米	椭圆斜壁平底	39 × 28	16 × 11	39	
8	西南角偏东	椭圆斜壁平底	61 × 60	46 × 38	62	6 号西 0.19 米
9	西南角	方圆直壁平底	37 × 35	40 × 25	25	斜柱洞
10	9 号西 0.19 米	不规则斜壁平底	24 × 23	15 × 10	65	
11	9 号北 0.34 米	圆形斜壁平底	44 × 36	27 × 19	13	

编号	位置	形状结构	尺寸（厘米）			备 注
			口径	底径	深	
12	11 号东北 0.42 米	斜壁平底	38×33	36×24	29	斜柱洞
13	灶址南 0.19 米	圆形直壁平底	33×29	19×19	20	
14	西壁偏南	方圆斜壁平底	45×29	39×26	32	
15	灶址西北 1.0 米	圆形直壁平底	50×44	38×17	35	斜柱洞
16	15 号北 0.08 米	圆形直壁平底	27×24	17×17	22	
17	西北角	椭圆斜壁平底	31×20	23×19	33	斜柱洞
18	17 号东 1.16 米	圆形斜壁平底	24×20	14×14	15	
19	灶址东北 1.28 米	不规则斜壁平底	27×26	14×10	29	
20	东北角	不规则斜壁平底	67×50	27×18	52	斜柱洞
21	20 号东南 0.3 米	圆形斜壁平底	34×32	16×14	34	
22	东壁中部	三角斜壁平底	29×22	22×10	24	
23	22 号南 0.1 米	不规则斜壁圜底	46×31	18×13	35	
24	22 号西 0.08 米	椭圆斜壁平底	51×42	43×22	35	
25	灶址东北 0.44 米	椭圆斜壁平底	59×50	49×25	39	26 号北 0.12 米
26	灶址东 0.54 米	椭圆斜壁平底	35×34	18×10	35	24 号西 0.06 米
27	28 号东 0.24 米	椭圆斜壁平底	39×28	17×9	36	
28	灶址东南 1.0 米	椭圆斜壁平底	32×29	20×15	30	

附表 22－22　F22 柱洞一览表

编号	位置	形状结构	尺寸（厘米）			备 注
			口径	底径	深	
1	北壁偏西	三角形斜壁平底	88×65	70×50	40	
2	西北角	椭圆斜壁平底	82×45	60×30	32	
3	2 号南 0.9 米	椭圆斜壁平底	70×60	55×30	25	
4	西壁中部	不规则斜壁平底	25×25	20×15	20	
5	西南角	椭圆直壁平底	62×50	58×30	35	
6	灶南 0.4 米	不规则斜壁圜底	34×30	25×20	35	
7	南壁中部	椭圆斜壁圜底	50×30	50×25	23	
8	东南角	椭圆斜壁平底	55×50	35×30	46	
9	灶址东南 1.1 米	椭圆斜壁平底	38×34	25×15	18	
10	9 号北 0.36 米	椭圆斜壁平底	45×40	35×30	24	
11	东壁中部	椭圆斜壁平底	48×43	40×30	30	
12	灶址东北 0.92 米	圆角方形斜壁平底	65×58	60×45	50	
13	东北角	不规则斜壁平底	50×40	40×20	30	
14	13 号西 0.2 米	圆形斜壁平底	40×40	25×25	30	

附表 22 - 23　F29 柱洞一览表

编号	位置	形状结构	尺寸（厘米）			备　注
			口径	底径	深	
1	房址南角偏东	椭圆斜壁圜底	42×34	26×20	18	
2	1号西0.52米	椭圆斜壁平底	43×42	24×18	34	
3	2号西0.3米	椭圆斜壁平底	34×32	22×15	50	
4	2号西南0.04米	椭圆斜壁圜底	73×26	50×16	17	
5	西南壁偏西	不规则斜壁平底	75×28	68×25	20	有础石
6	5号北0.54米	椭圆斜壁圜底	31×26	30×20	15	
7	6号西北0.3米	椭圆斜壁平底	48×34	30×20	20	
8	灶址西北0.14米	椭圆斜壁平底	50×43	34×16	34	
9	房址东角偏西	椭圆斜壁平底	35×28	21×20	28	
10	9号东0.3米	椭圆斜壁圜底	27×20	20×18	16	有础石
11	房址北角	圆形斜壁平底	28×27	16×15	30	被房址F38打破，有础石

附表 22 - 24　F31 柱洞一览表

编号	位置	形状结构	尺寸（厘米）			备　注
			口径	底径	深	
1	房址南角	椭圆斜壁平底	74×52	64×30	22	
2	1号西北0.42米	不规则斜壁平底	55×43	56×37	15	
3	2号西北0.64米	斜壁圜底	73×60	45×15	44	
4	房址西角	椭圆斜壁平底	40×28	30×24	27	
5	2、3号之间	圆形斜壁圜底	35×34	21×20	27	
6	4号东北0.92米	椭圆斜壁圜底	32×27	24×13	14	距西北壁0.8米
7	1号北0.5米	椭圆斜壁平底	33×31	22×22	15	
8	灶址南0.84米	椭圆斜壁平底	53×43	40×20	41	
9	灶址西1.54米	椭圆斜壁平底	50×45	38×26	38	出土1件石铲
10	9号西0.5米	椭圆斜壁平底	34×30	35×28	14	
11	西北壁中偏南	圆形斜壁平底	30×27	26×20	18	有础石
12	东南壁中偏南	不规则斜壁平底	45×42	34×26	32	
13	12号东北0.3米	圆形斜壁平底	40×39	40×28	30	
14	灶址东0.8米	椭圆直壁平底	27×20	26×20	15	
15	13号东北1.46米	圆形斜壁圜底	20×20	22×17	13	
16	15、17号之间	椭圆斜壁平底	63×50	52×25	56	14号西北0.54米
17	灶址东0.76米	圆形斜壁圜底	20×19	9×9	12	14号北0.6米
18	灶址西北1.18米	椭圆斜壁平底	61×55	60×27	37	
19	11号东北0.8米	椭圆斜壁平底	47×42	46×30	33	

编号	位置	形状结构	尺寸（厘米）			备　注
			口径	底径	深	
20	房址东角	圆形斜壁平底	30×30	23×15	40	
21	20号西0.74米	椭圆斜壁圜底	45×38	37×23	49	
22	21号北0.1米	圆形斜壁平底	46×40	42×25	55	
23	东北壁中部	椭圆斜壁平底	35×23	27×17	15	23、24号连洞
24	东北壁中部	圆形斜壁圜底	30×30	25×16	38	
25	23号西北0.3米	圆形斜壁平底	24×24	20×20	17	
26	房址北角偏东	椭圆斜壁圜底	47×40	12×10	52	26、27号连洞
27	26号东侧	斜壁平底	55×40	52×40	18	
28	26号西0.08米	椭圆斜壁圜底	24×21	24×10	15	
29	房址北角	不规则斜壁平底	30×30	28×10	20	
30	19号北0.22米	圆形斜壁平底	12×12	10×10	18	

附表22－25　F32柱洞一览表

编号	位置	形状结构	尺寸（厘米）			备　注
			口径	底径	深	
1	房址东南角	椭圆直壁圜底	32×30	30×20	35	二层台上
2	1号南0.1米	椭圆斜壁圜底	35×25	20×15	20	二层台上
3	2号西0.9米	椭圆斜壁平底	40×30	26×20	35	二层台上
4	南壁偏西	椭圆斜壁圜底	37×32	25×12	22	出土细石器1件
5	4号西0.62米	椭圆斜壁圜底	40×37	38×20	38	
6	5号东北0.08米	椭圆斜壁圜底	25×20	24×14	20	
7	5号西北0.12米	椭圆斜壁圜底	64×40	30×30	40	与29号连洞
8	6号东北0.08米	椭圆斜壁圜底	40×30	34×20	20	与30号连洞
9	7号北0.1米	椭圆斜壁平底	50×35	30×30	40	
10	9号东北0.6米	椭圆斜壁圜底	28×20	23×15	32	距西壁0.8米
11	10号北	椭圆斜壁圜底	40×30	25×20	50	距西壁0.9米
12	11号西北	椭圆斜壁圜底	31×29	20×15	32	
13	12号西北	椭圆斜壁圜底	30×27	25×20	60	二层台上
14	13号东北1.14米	圆形斜壁圜底	34×34	25×12	32	二层台上
15	14号东北0.06米	四边斜壁圜底	40×25	30×25	30	二层台上
16	15号东0.64米	三角斜壁圜底	40×20	12×12	20	二层台上
17	16号东0.44米	椭圆斜壁圜底	20×18	15×12	15	二层台上

续表

编号	位置	形状结构	尺寸（厘米）			备　注
			口径	底径	深	
18	17 号东 0.78 米	椭圆斜壁圜底	45 × 40	25 × 20	25	二层台上
19	房址东北角	椭圆斜壁圜底	32 × 20	20 × 15	20	二层台上
20	19 号南 0.16 米	椭圆斜壁圜底	25 × 20	20 × 15	15	二层台上
21	东壁中部	椭圆斜壁圜底	22 × 19	20 × 15	25	
22	21 号南 0.22 米	椭圆斜壁圜底	45 × 42	40 × 30	35	
23	22 号南	圆形斜壁圜底	28 × 28	25 × 24	20	二层台上
24	23 号南 0.08 米	椭圆斜壁圜底	35 × 30	30 × 30	30	二层台上
25	24 号南	椭圆斜壁平底	30 × 30	22 × 20	20	二层台上
26	灶址北 1.26 米	椭圆斜壁平底	28 × 25	26 × 23	20	有柱石
27	20 号西	椭圆斜壁圜底	25 × 20	20 × 15	15	出土细石器 1 件
28	灶址西南 0.78 米	圆形斜壁平底	30 × 28	25 × 23	10	
29	7 号东北	椭圆斜壁圜底	35 × 30	30 × 15	25	与 7 号连洞
30	8 号东南	椭圆斜壁圜底	35 × 30	20 × 15	15	与 8 号连洞
31	13 号西南 0.14 米	椭圆斜壁圜底	45 × 30	40 × 25	20	二层台上

附表 22 - 26　F33 柱洞一览表

编号	位置	形状结构	尺寸（厘米）			备　注
			口径	底径	深	
1	房址南角	椭圆斜壁平底	40 × 35	32 × 30	10	
2	1 号东 0.56 米	椭圆斜壁圜底	44 × 33	34 × 21	25	出土残陶罐 1 件
3	2 号东 0.92 米	椭圆斜壁平底	23 × 21	15 × 10	10	二层台上
4	3 号北	椭圆斜壁圜底	28 × 20	10 × 4	19	二层台上
5	2 号东北 0.74 米	椭圆斜壁平底	43 × 38	38 × 29	53	二层台上
6	5 号东	椭圆斜壁平底	41 × 27	19 × 13	56	二层台上
7	6 号西 0.12 米	椭圆斜壁底不平	39 × 33	22 × 22	25	二层台上
8	灶址南 1.6 米	不规则斜壁平底	43 × 38	29 × 16	19	
9	灶址西南 1.74 米	圆形斜壁圜底	33 × 32	18 × 10	25	
10	6 号北	椭圆斜壁平底	38 × 28	17 × 13	20	
11	10 号东	梯形斜壁圜底	25 × 23	14 × 7	26	二层台上
12	11 号北 0.86 米	不规则斜壁平底	30 × 20	13 × 7	10	二层台上
13	11 号北	椭圆斜壁平底	52 × 40	32 × 32	51	
14	12 号北	椭圆斜壁圜底	45 × 38	26 × 23	61	二层台上

编号	位置	形状结构	尺寸（厘米）			备　注
			口径	底径	深	
15	13 号北 0.3 米	不规则斜壁平底	54×37	44×22	31	
16	15 号北	圆形斜壁平底	12×12	10×10	14	二层台上
17	17 号西北	不规则斜壁平底	54×47	45×43	21	出土 2 件石铲
18	灶址西 0.52 米	不规则斜壁平底	41×38	30×18	20	
19	17 号西北	不规则斜壁平底	26×22	18×7	19	二层台上
20	19 号西北 0.14 米	椭圆斜壁圜底	32×28	18×10	24	二层台上
21	20 号西南 0.22 米	椭圆斜壁底不平	34×27	28×20	27	二层台上
22	21 号西南 0.54 米	不规则斜壁平底	57×43	45×22	47	二层台上
23	22 号南	不规则斜壁平底	47×40	28×19	40	
24	23 号东南 0.54 米	圆形斜壁圜底	22×20	15×12	25	灶址西北 1 米
25	22 号西南	圆形斜壁圜底	16×16	9×7	38	二层台上
26	25 号东	不规则斜壁平底	55×24	19×11	36	
27	26 号西南 0.06 米	椭圆斜壁平底	44×38	38×25	42	29 号北 0.05 米
28	25 号西南	椭圆斜壁圜底	26×23	22×12	14	二层台上
29	28 号东 0.08 米	不规则斜壁圜底	72×70	27×26	58	
30	28 号西南	椭圆斜壁平底	27×22	11×9	23	
31	29 号南 0.1 米	椭圆斜壁圜底	35×26	9×9	22	
32	31 号西南 0.22 米	不规则斜壁圜底	28×19	16×13	25	
33	32 号东南	不规则斜壁底不平	62×35	35×28	33	
34	33 号南 0.4 米	圆角四边形斜壁平底	32×30	22×16	19	
35	34 号南 0.8 米	椭圆形斜壁平底	51×43	38×33	76	1 号西 0.7 米
36	33 号东	不规则斜壁圜底	26×25	18×18	24	
37	36 号东 0.26 米	不规则斜壁圜底	20×17	12×10	31	灶址西南 1.40 米

附表 22－27　F34 柱洞一览表

编号	位置	形状结构	尺寸（厘米）			备　注
			口径	底径	深	
1	房址东南外凸处	不规则斜壁底不平	36×29	7×6	38	出土残陶罐 1 件
2	1 号东北 0.74 米	椭圆形斜壁底不平	56×40	18×16	55	
3	2 号东北 0.02 米	椭圆斜壁平底	57×46	25×21	26	
4	3 号东南 0.14 米	椭圆斜壁平底	45×36	33×23	50	
5	3 号东北 0.04 米	不规则斜壁底不平	57×42	35×29	36	

编号	位置	形状结构	尺寸（厘米）			备 注
			口径	底径	深	
6	5 号北	椭圆斜壁平底	34×30	30×19	15	距东壁 0.76 米
7	6 号北 0.32 米	椭圆斜壁圜底	41×32	32×17	52	
8	7 号北 1.02 米	椭圆形斜壁圜底	30×23	19×9	17	
9	9 号东北	椭圆形斜壁圜底	37×24	23×13	41	
10	9 号西北 0.24 米	不规则斜壁底不平	67×44	38×34	63	距东壁 0.54 米
11	10 号东北 0.28 米	圆形斜壁圜底	34×31	28×10	21	
12	11 号北 0.24 米	椭圆形斜壁圜底	28×27	20×10	25	
13	12 号北 0.05 米	椭圆直壁平底	25×18	19×14	36	
14	13 号东 0.06 米	椭圆斜壁平底	28×23	18×18	17	
15	1 号北 0.44 米	不规则斜壁底不平	55×52	30×12	30	
16	灶南 0.58 米	不规则形斜壁平底	49×39	12×9	47	
17	16 号东 0.32 米	椭圆形斜壁平底	49×39	34×28	58	
18	16 号西北 0.35 米	椭圆形斜壁平底	41×33	27×19	21	灶址南 0.54 米
19	7 号西北 0.64 米	椭圆形斜壁平底	20×16	12×9	20	灶址东南 1.38 米
20	8 号西北 0.50 米	圆形斜壁平底	22×22	14×14	27	灶址东 1.60 米
21	11 号西北 0.50 米	圆形斜壁平底	14×14	11×11	27	灶址东北 2.35 米
22	14 号西 1.16 米	圆形斜壁平底	26×26	20×13	25	
23	22 号西南	不规则斜壁平底	30×28	11×11	27	距北壁 0.30 米
24	23 号南 0.24 米	圆形斜壁平底	28×28	18×18	28	
25	灶址东北 0.94 米	圆形斜壁平底	40×28	17×14	26	
26	15 号西	椭圆形斜壁平底	23×20	17×8	27	
27	28、38 号之间	圆形斜壁平底	29×22	27×16	35	
28	27 号西 0.10 米	椭圆斜壁平底	40×30	22×19	45	
29	28 号北 1.28 米	不规则斜壁底不平	75×57	41×26	65	出土陶罐 1 件
30	灶址北 1.80 米	椭圆斜壁平底	40×28	35×20	25	
31	29 号西	不规则形斜壁平底	40×21	23×16	28	出土磨棒 1 件
32	29 号北	圆形斜壁圜底	22×22	15×9	24	距西壁 0.54 米
33	灶址西北 2.18 米	椭圆形斜壁底不平	38×35	31×21	33	
34	33 号北	不规则形斜壁底不平	80×42	23×15 21×18	52	底部有一条基岩带，把底部分成两部分，可能为二柱洞
35	34 号西南 0.24 米	椭圆形斜壁平底	47×33	38×23	33	33 号西北 0.2 米
36	34 号东北 0.06 米	椭圆形斜壁底部不平	38×30	21×21	63	
37	35 号西 0.24 米	椭圆形斜壁圜底	22×14	12×10	20	
38	26、27 号之间	圆形斜壁平底	23×23	16×11	15	

附表 22 – 28　　F38 柱洞一览表

编号	位置	形状结构	尺寸（厘米）			备　注
			口径	底径	深	
1	南壁中部	椭圆斜壁平底	34×27	24×23	21	打破 F29，有础石
2	灶址南 0.6 米	圆形斜壁平底	26×25	17×15	31	
3	房址西南角	椭圆斜壁平底	30×25	18×17	43	
4	西壁中偏东	圆形斜壁圜底	34×31	17×17	35	距西壁 0.3 米
5	房址西北角偏南	椭圆斜壁圜底	24×21	18×17	17	
6	5 号西北 0.28 米	圆形斜壁圜底	24×23	20×17	34	
7	北壁中偏东	圆形斜壁平底	28×26	20×18	44	
8	房址东北角偏南	圆形斜壁平底	30×28	18×18	58	
9	8 号南 0.22 米	椭圆斜壁圜底	32×29	26×20	64	
10	东壁中偏西	圆形斜壁平底	30×30	27×23	47	距东壁 0.3 米
11	房址东南角	圆形斜壁平底	36×35	23×20	52	
12	灶址南 0.72 米	椭圆斜壁圜底	23×20	13×12	32	

附表 22 – 29　　F41 柱洞一览表

编号	位置	形状结构	尺寸（厘米）			备　注
			口径	底径	深	
1	南壁外凸部分	椭圆形斜壁平底	21×20	12×10	17	
2	1 号北 0.12 米	圆形斜壁平底	24×24	15×10	32	
3	2 号东 0.34 米	圆形斜壁平底	21×21	17×10	25	
4	2 号北 0.16 米	不规则形斜壁锥形底	20×19	9×8	15	
5	南壁外凸部分东侧	圆形斜壁圜底	25×25	20×20	44	有柱础
6	灶址东南 0.72 米	圆形斜壁锥形底	21×20	9×8	36	
7	房址西南角偏东	圆形斜壁锥形底	26×26	24×16	21	9 号东 0.42 米
8	7 号北 0.04 米	椭圆形斜壁圜底	41×24	28×16	44	
9	8 号西 0.42 米	椭圆形斜壁平底	30×23	25×19	22	
10	西壁中部	不规则形斜壁底不平	19×18	12×11	18	距西壁 0.14 米
11	10 号北 0.08 米	圆形斜壁平底	24×24	18×11	18	
12	灶址西 1.04 米	圆形斜壁底不平	19×19	12×12	11	10 号东南 0.58 米
13	房址北壁偏东	圆形直壁平底	22×22	16×14	18	
14	房址东北角	圆形斜壁平底	23×23	18×18	16	
15	房址东北角偏南	圆形斜壁平底	27×27	18×18	53	
16	15 号西南 0.3 米	椭圆形斜壁底不平	50×44	40×34	33	距东壁 0.22 米

编号	位置	形状结构	尺寸（厘米）			备　注
			口径	底径	深	
17	16 号西南 0.34 米	圆形斜壁平底	25×25	15×12	25	
18	11 号北 0.42 米	椭圆形斜壁平底	31×24	22×12	15	
19	灶址西北 1.4 米	圆形斜壁底不平	26×26	22×17	20	距西壁 0.56 米
20	19 号西北 0.1 米	不规则形斜壁锥形底	25×22	18×16	44	
21	灶址东北 0.2 米	圆形斜壁平底	24×21	12×9	22	
22	灶址西南南 0.48 米	圆形斜壁圜底	20×17	12×10	27	

附表 22 - 30　F42 柱洞一览表

编号	位置	形状结构	尺寸（厘米）			备　注
			口径	底径	深	
1	房址南角	椭圆形斜壁锥形底	36×31	10×8	45	
2	房址东角	椭圆形斜壁圜底	43×36	20×12	53	
3	1 号西北 0.46 米	椭圆形斜壁圜底	27×22	9×6	20	
4	灶址南 0.3 米	椭圆形斜壁平底	26×18	19×10	9	3 号西北 0.44 米
5	房址北角	椭圆形斜壁平底	33×30	23×18	24	
6	灶址西北 0.7 米	圆形斜壁平底	21×19	14×12	11	距西北壁 0.78 米
7	灶址西南 1.1 米	椭圆形斜壁平底	25×20	13×5	20	
8	窖穴东北角	椭圆形斜壁平底	24×22	19×12	13	
9	窖穴南部	椭圆形斜壁底不平	20×18	15×6	9	
10	窖穴西北角	椭圆形斜壁圜底	46×32	17×15	51	

附表 22 - 31　F43 柱洞一览表

编号	位置	形状结构	尺寸（厘米）			备　注
			口径	底径	深	
1	房址西角	椭圆形斜壁圜底	29×27	20×16	17	
2	1 号南 1.02 米	椭圆形斜壁圜底	29×28	18×15	46	
3	2 号东南 1.36 米	椭圆斜壁圜底	26×25	16×13	42	距西南壁 0.3 米
4	3 号南 0.4 米	椭圆形斜壁圜底	35×32	25×23	12	
5	4 号东 0.6 米	椭圆形斜壁圜底	50×43	43×20	26	
6	5 号西南 0.27 米	椭圆形斜壁圜底	47×36	25×19	43	4 号东南 0.56 米
7	5 号东 0.18 米	椭圆形斜壁圜底	55×44	48×20	28	8 号西 0.54 米
8	灶址南 1.46 米	圆形直壁圜底	31×31		31	
9	房址南角	椭圆形直壁圜底	44×42		25	

编号	位置	形状结构	尺寸（厘米）			备　注
			口径	底径	深	
10	9 号东 0.04 米	椭圆形斜壁圜底	62×60	51×35	50	
11	东南壁偏东	椭圆形斜壁圜底	44×38	38×29	28	二层台上
12	11 号东北 1.18 米	椭圆形斜壁圜底	37×24	34×29	20	二层台上
13	12 号西 0.44 米	圆形直壁圜底	39×39	38×30	30	二层台上
14	13 号北 0.16 米	椭圆形斜壁圜底	36×33	20×17	38	二层台上
15	14 号西南 0.22 米	椭圆形斜壁圜底	38×35	22×18	51	二层台上
16	8 号东北 1.48 米	椭圆形斜壁圜底	48×30	34×15	50	灶东南 1.34 米
17	房址北角偏东	椭圆形斜壁圜底	58×33	28×18	26	出土石刀 1 件
19	居室墓西侧	椭圆形斜壁圜底	44×36	27×19	43	
20	17 号西 0.72 米	椭圆形斜壁圜底	50×50	12×11	84	
21	灶址西北	椭圆形斜壁圜底	28×24	13×12	18	
22	21 号西南	椭圆形斜壁圜底	30×26	20×15	43	距西北壁 1.02 米

附表 22 – 32　F47 柱洞一览表

编号	位置	形状结构	尺寸（厘米）			备　注
			口径	底径	深	
1	房址北角	椭圆形斜壁平底	52×28	38×18	32	
2	房址西角	圆形斜壁平底	48×44	32×20	22	
3	房址南角	圆形斜壁平底	26×26	8×8	10	7 号西南 0.5 米
4	房址东角	圆形斜壁平底	27×27	14×12	38	
5	2 号东 0.22 米	圆形斜壁平底	36×36	25×18	38	
6	5 号东北 0.4 米	椭圆形斜壁平底	50×40	28×26	12	距西北壁 0.64 米
7	3 号东 0.5 米	不规则斜壁平底	68×40	30×17	50	
8	2 号东 0.74 米	椭圆形斜壁平底	52×40	24×16	37	距西南壁 0.8 米
9	1 号南 1.1 米	椭圆形斜壁平底	36×30	26×24	23	距东北壁 0.82 米
10	4 号西南 0.54 米	椭圆形斜壁平底	21×19	6×6	10	
11	6 号北	椭圆形斜壁底不平	56×24	50×14	10	距西北壁 0.34 米

附表 22 – 33　F48 柱洞一览表

编号	位置	形状结构	尺寸（厘米）			备　注
			口径	底径	深	
1	房址北角	椭圆形斜壁平底	50×40	40×20	42	
2	1 号西 0.26 米	椭圆形斜壁平底	58×38	48×26	34	

编号	位置	形状结构	尺寸（厘米）			备　注
			口径	底径	深	
3	房址西角	不规则斜壁底不平	42×30	20×10	18	
4	房址南角偏北	椭圆形斜壁圜底	47×36	40×35	34	距东南壁0.5米
5	4号西0.7米	椭圆形斜壁底不平	88×66	22×20	62	
6	房址东角偏西	椭圆形斜壁平底	64×42	20×18	46	距东北壁0.28米
7	2号东南0.4米	不规则形斜壁平底	48×30	18×18	54	
8	7号东	不规则形斜壁平底	28×24	18×14	17	
9	8号东	椭圆形斜壁底不平	30×18	24×18	12	
10	9号北	不规则形斜壁平底	70×54	64×30	16	距东北壁0.4米
11	灶址南0.06米	不规则形斜壁平底	30×24	10×10	48	
12	灶址西南1.24米	椭圆形斜壁平底	18×14	8×6	24	3号东北0.8米

附表22-34　F49柱洞一览表

编号	位置	形状结构	尺寸（厘米）			备　注
			口径	底径	深	
1	灶址北0.1米	椭圆形斜壁平底	26×24	20×16	26	
2	灶址西南0.14米	不规则形斜壁平底	48×42	18×18	56	
3	房址南角	圆形斜壁平底	30×30	22×22	38	
4	3号西北0.3米	椭圆形斜壁平底	34×22	26×16	20	
5	灶址东0.7米	椭圆形斜壁平底	30×26	18×18	38	
6	灶址西南0.74米	椭圆形斜壁平底	32×28	22×20	12	
7	3号西0.8米	椭圆形斜壁底不平	50×48	38×20	38	
8	7号西0.76米	圆形斜壁平底	34×34	26×26	40	
9	房址西角偏南	椭圆形斜壁平底	40×36	28×22	50	
10	9号南0.04米	不规则形斜壁平底	26×20	20×12	14	
11	灶址西1.7米	椭圆形斜壁平底	46×36	22×18	50	距西北壁1.24米
12	11号北0.14米	圆形斜壁平底	32×30	22×20	36	距西北壁0.96米
13	12号北0.44米	不规则形斜壁平底	60×42	56×12	16	
14	13号东北	圆形斜壁平底	21×21	16×12	20	
15	14号东北	椭圆形斜壁平底	46×40	30×20	18	
16	15号东0.3米	椭圆形斜壁平底	48×36	30×20	42	
17	房址东角偏北	椭圆形斜壁平底	30×28	18×18	26	
18	17号西南0.9米	圆形斜壁平底	30×30	19×19	48	
19	房址东角偏西	椭圆形斜壁平底	26×22	19×16	16	距东壁0.24米
20	19号西南	椭圆形斜壁平底	56×44	22×22	48	

附表 22 - 35　F51 柱洞一览表

编号	位置	形状结构	尺寸（厘米）			备　注
			口径	底径	深	
1	房址北角	圆形斜壁平底	26×26	12×12	37	
2	房址东角	椭圆形斜壁平底	23×20	20×15	13	
3	房址西角	椭圆形斜壁平底	29×24	16×14	25	
4	灶址北 0.4 米	椭圆形斜壁平底	29×24	13×13	32	
5	房址南角	椭圆形斜壁平底	26×18	20×12	14	被 H37 打破

附表 22 - 36　F53 柱洞一览表

编号	位置	形状结构	尺寸（厘米）			备　注
			口径	底径	深	
1	房址西北角	圆形斜壁平底	28×28	20×20	15	
2	1 号东 0.02 米	椭圆形斜壁平底	24×20	17×17	14	
3	2 号东	椭圆形斜壁平底	49×35	16×16	59	
4	1 号西南 1.26 米	椭圆形斜壁平底	40×35	20×17	53	
5	4 号南	椭圆形斜壁底不平	29×28	18×13	16	二层台上
6	5 号西南 0.3 米	椭圆形斜壁平底	40×37	25×23	54	二层台上
7	6 号西南	椭圆形斜壁平底	38×35	20×14	34	二层台上
8	7 号西南 0.5 米	不规则斜壁底不平	54×42	30×23	28	二层台上
9	房址西角偏南	不规则形斜壁平底	36×33	27×23	30	
10	东北壁中部	圆形斜壁平底	52×52	20×20	60	
11	灶西北 2.06 米	不规则形斜壁平底	46×40	25×25	35	3 号南 1.32 米
12	11 号东 1.14 米	圆形斜壁底不平	49×49	36×33	67	10 号南 1.66 米
13	房址东北角	圆形斜壁平底	36×36	25×25	23	
14	13 号东 0.26 米	圆形斜壁平底	36×36	25×23	30	
15	灶址东北 0.94 米	椭圆形斜壁平底	35×31	20×18	34	12 号东 0.9 米
16	灶址西北 0.82 米	椭圆形斜壁平底	34×29	26×22	13	11 号东南 0.96 米
17	灶址西 1.92 米	不规则形斜壁平底	27×26	14×12	15	11 号南 1.38 米
18	9 号东 1.0 米	椭圆形斜壁平底	61×40	24×19	51	
19	18 号东北	不规则形斜壁平底	26×25	16×12	26	出土 1 件石斧
20	14 号南 0.78 米	不规则形斜壁平底	30×26	24×19	17	

续表

编号	位置	形状结构	尺寸（厘米）			备　注
			口径	底径	深	
21	20 西南 0.94 米	不规则形斜壁平底	39 × 29	30 × 18	16	距东壁 0.5 米
22	东壁中部偏南	圆形斜壁平底	19 × 19	9 × 9	25	
23	22 号南 0.08 米	椭圆形斜壁平底	23 × 19	13 × 11	20	
24	23 号南 0.4 米	圆形斜壁平底	17 × 17	12 × 12	27	
25	24 号南 0.16 米	不规则形斜壁平底	40 × 37	20 × 19	20	
26	25 号南 0.16 米	圆形斜壁平底	30 × 30	22 × 19	40	
27	东南角偏西	椭圆形斜壁平底	33 × 30	21 × 18	19	
28	27 号西北 0.76 米	圆形斜壁平底	40 × 40	25 × 23	44	距南壁 1.06 米
29	28 号东北 1.0 米	不规则形斜壁平底	29 × 22	14 × 12	33	23 号西 1.02 米
30	南壁中部	不规则形斜壁平底	48 × 47	15 × 14	49	
31	30 号西 0.38 米	不规则形斜壁平底	45 × 40	19 × 18	38	出土 1 件砺石
32	灶址南 0.58 米	椭圆形斜壁平底	22 × 18	22 × 18	24	
33	灶址东南 1.06 米	椭圆形斜壁平底	27 × 25	19 × 14	16	29 号北 1.1 米

附表 22－37　　F54 柱洞一览表

编号	位置	形状结构	尺寸（厘米）			备　注
			口径	底径	深	
1	房址南角偏西	椭圆形斜壁圜底	40 × 36	35 × 30	45	出土石器 5 件
2	1 号东	椭圆形斜壁圜底	43 × 38	20 × 19	43	距东南壁 0.9 米
3	2 号东	长方形斜壁圜底	114 × 48	93 × 30	39	
4	3 号北 0.22 米	椭圆形斜壁圜底	40 × 29	22 × 18	22	
5	4 号东北	椭圆形斜壁圜底	63 × 60	50 × 40	39	
6	房址东角	椭圆形斜壁圜底	78 × 55	50 × 30	75	
7	6 号西 0.72 米	椭圆形斜壁圜底	37 × 29	13 × 11	68	8 号北 0.94 米
8	灶址东 0.6 米	长方形斜壁圜底	90 × 50	58 × 23	46	7 号南 0.94 米
9	灶址北 1.08 米	椭圆形斜壁圜底	26 × 17	8 × 7	22	7 号西 1.34 米
10	灶内东南角	椭圆形斜壁圜底	25 × 22	13 × 8	15	
11	灶址西南 1.06 米	椭圆形斜壁圜底	44 × 42	23 × 22	54	距西北壁 1.12 米
12	灶址西北 0.9 米	椭圆形斜壁圜底	80 × 50	67 × 34	26	距西北壁 0.94 米
13	12 号西北 0.12 米	椭圆形斜壁圜底	32 × 30	19 × 16	23	距西北壁 0.56 米
14	13 号西	椭圆形斜壁圜底	50 × 34	42 × 25	16	

续表

编号	位置	形状结构	尺寸（厘米）			备　注
			口径	底径	深	
15	14 号西南 0.44 米	椭圆形斜壁圜底	57×48	42×38	20	
16	房址西角	长方形斜壁圜底	70×40	68×25	30	
17	房址北角	椭圆形斜壁圜底	48×32	42×27	16	
18	灶址东南 1.0 米	圆形斜壁平底	30×30	19×19	48	8 号南 1.1 米

附表 22－38　H15 柱洞一览表

编号	位置	形状结构	尺寸（厘米）			备　注
			口径	底径	深	
1	窖穴中部	椭圆形斜壁圜底	18×20	16×18	14	
2	1 号南 0.32 米	不规则形斜壁圜底	18×22		12	
3	2 号南 0.24 米	椭圆形斜壁圜底	14×16		12	
4	3 号西 0.34 米	不规则形斜壁圜底	18×30		16	
5	1 号西北 0.4 米	不规则形斜壁圜底	34×20		20	
6	1 号北	椭圆形斜壁圜底	50×24		90	
7	6 号东南 0.24 米	椭圆形斜壁圜底	18×14		10	

附表 22－39　H20 柱洞一览表

编号	位置	形状结构	尺寸（厘米）			备　注
			口径	底径	深	
1	南侧近穴壁	椭圆形斜壁平底	23×13	15×15	44	
2	西北侧近穴壁	椭圆形斜壁平底	36×31	23×20	18	
3	北部二层台上	圆形斜壁圜底	20×20	15×9	65	
4	东南侧近穴壁	椭圆形斜壁平底	50×35	21×15	35	3 号东北 0.28 米

附表 22－41　H21 柱洞一览表

编号	位置	形状结构	尺寸（厘米）			备　注
			口径	底径	深	
1	中部偏北	圆形斜壁圜底	23×23	30×28	70	
2	1 号西南	不规则形斜壁平底	43×42	40×18	52	
3	2 号东南	不规则形斜壁圜底	28×18	17×10	25	
4	西南侧	不规则形斜壁圜底	17×13	8×6	11	
5	4 号东南	不规则形斜壁圜底	24×17	22×5	23	
6	2 号西	椭圆形斜壁平底	28×20	20×7	18	

编号	位置	形状结构	尺寸（厘米）			备　注
			口径	底径	深	
7	3号南	不规则形斜壁圜底	43×39	23×16	33	
8	7号东	椭圆形斜壁圜底	20×14	13×7	18	
9	1号东	椭圆形斜壁圜底	33×17	27×12	15	
10	9号东南	不规则形斜壁圜底	29×27	19×13	18	

附表22－40　H20柱洞一览表

编号	位置	形状结构	尺寸（厘米）			备　注
			口径	底径	深	
1	西北近穴壁	不规则斜壁圜底	23×21	10×8	42	
2	1号南	不规则斜壁圜底	34×18	23×9	12	
3	南部近穴壁	圆形斜壁平底	22×22	10×8	18	
4	3号东北	椭圆斜壁圜底	30×21	24×13	25	
5	4号北	不规则形斜壁圜底	20×13	13×9	13	
6	窖穴中部	椭圆斜壁平底	30×17	21×12	12	

附表22－42　H22柱洞一览表

编号	位置	形状结构	尺寸（厘米）			备　注
			口径	底径	深	
1	西北近穴壁	椭圆斜壁圜底	22×20	15×7	17	
2	西南近穴壁	椭圆斜壁平底	27×22	24×14	11	
3	东南近穴壁	不规则斜壁平底	47×40	20×17	42	
4	东北近穴壁	不规则斜壁圜底	21×15	8×8	13	
5	1号北	不规则斜壁圜底	24×18	18×14	7	

附表22－43　H23柱洞一览表

编号	位置	形状结构	尺寸（厘米）			备　注
			口径	底径	深	
1	窖穴南部	不规则形斜壁平底	36×27	28×13	11	
2	窖穴西部	不规则形斜壁圜底	50×29	20×9	26	
3	窖穴北部	不规则形斜壁圜底	33×28	25×9	20	
4	窖穴东部	圆形斜壁底部不平	60×60	55×40	28	

附表 23　查海遗址室内窖穴一览表

编号	位置	形状结构	口部尺寸（米）长	口部尺寸（米）宽	底部尺寸（米）长	底部尺寸（米）宽	深（米）	窖内遗物	备注
F1J1	室内西北部	平面呈不规则椭圆形，斜壁，平底	1.22	0.7	1.0	0.5	0.5		
F1J2	室内西南部	平面呈不规则圆形，斜壁，平底	0.95	0.84	0.70	0.55	0.63		
F1J3	室内东南部	平面呈圆角长方形，斜壁，平底	0.88	0.6	0.70	0.5	0.6		
F6J	F6Z1 东0.6米	圆角长方形，窖穴斜壁，平底	0.9	0.55	0.66	0.34	0.48		
F8J1	室内西北角	窖口略呈方形，直壁，平底	0.44	0.40			0.35		
F8J2	室内西南角	窖口略呈圆形，口大于底，袋底。	0.40				0.38	出土1件完整陶器	
F9J1	室内西北角	窖口　呈椭圆形竖穴坑。	0.76	0.30			0.60		据其结构推测，窖室上应罩有覆盖物，用以圈养小动物
		窖洞　窖口西南，深0.2米，呈大半圆形横穴。	0.8	0.4	0.8	0.2	0.4		
		窖室　窖室呈长方形，竖穴坑。窖口西南两侧有斜台，东台距口深0.24米，西台距口深0.54米	1.2	0.76			0.6		
F9J2	室内东北角	窖口呈椭圆形，斜壁，平底。南壁为大斜坡面，坡面东西两侧有半圆形单塌胸踏脚面，有明显的胸踏窝痕。	1.0	0.7	0.6	0.5	0.87	出土夹砂红褐陶器	东侧胸踏台面距窖口深0.3米，踏面0.24×0.26米。西侧胸踏台距窖口深0.57米，踏面0.14×0.24米
F9J3	灶址南侧	平面呈椭圆形，窖底圆角长方形，斜壁，直壁，平底。窖口西南西北两侧有半圆形单塌台面。踏窝痕迹明显	0.96	0.8	0.8	0.6	1.2		北侧胸踏台面，距窖口深0.18米，台面0.24×0.4米。南侧胸踏台距窖口深0.48米，台面0.1×0.3米
F9J4	灶址西北	窖口平面呈椭圆形，斜口，东侧窖口为大斜坡面，东、南两侧窖底近圆形，直壁，平底。侧有半圆形缓步踏台面，踏窝痕迹明显。	0.95	0.75	0.45	0.45	1.2	出土夹砂红褐陶片，砍砸石器。	东侧缓步踏台面，距窖口深0.6米，台面0.25米×0.25。南侧胸踏台面距窖口深0.8米，台面0.2×0.3米
F14J1	灶址东南0.6	平面呈圆角长方形，斜壁，壁面略弧，平底	0.80	0.50	0.50	0.25	0.60		
F14J2	灶址东0.2米	平面呈椭圆形，斜壁，平底	0.77	0.42	0.63	0.33	0.60	少量夹砂红褐陶片	
F15J1	室内东壁偏北	平面呈圆角长方形，斜壁，平底	0.66	0.50	0.55	0.45	0.26	陶罐、陶杯及石球	

续表

编号	位置	形状结构		口部尺寸（米）		底部尺寸（米）		深（米）	窖内遗物	备注
				长	宽	长	宽			
F15J2	室内西壁偏北	平面呈椭圆形，西半部凿入西壁，斜壁，平底		0.6	0.3			0.3		两壁内进深0.4米
F16J	灶址东南0.5	长方形竖穴式窖坑，窖坑南宽北窄，口大于底，壁面斜平，底部不平		1.4	0.2~0.53			0.25~0.4		窖口形状不规则，北端宽0.2~0.53米，深0.25~0.28米，南宽0.53米，深0.4米
F18J1	灶址东北0.4	圆角长方形竖穴式窖坑，壁面斜平，底部较平		0.72	0.61	0.65	0.5	0.45		
F18J2	室内东北角靠穴壁	口部为圆角长方形，西、南面较直，东壁随房址穴壁圆弧，窖底平整，窖室部分较小，凿于西壁		0.94	0.54			0.35		穴室向下倾斜呈椭圆形，宽0.3~0.35米，高0.35米，进深0.6米
F35J	室内西北角	窖口		1.56	1.02~1.06			1.3		从窖口到窖室都发现有较明显的脚踏窝痕。每层台阶面都有三层台阶，窖室东部二层台阶高0.62，东西宽0.7，南北长1.12米。
		窖室		0.7~1.1	2.2					
F42J	室内西南角	房址西南角外扩，内挖一个窖穴		1.2	1.2			0.18		
F45J1	室内西南部	平面呈椭圆形，斜壁，平底		1.2	1.16	0.72	0.68	0.92		
F45J2	室内西部	平面呈近方形，斜壁，寰底		1.06	0.94	0.64	0.57	0.87		
F55J	室内东部近穴壁	窖口		1.3	1.2			0.9		
		窖道	南北两条窖道西端相连接，与窖口相通，南侧窖道长0.8，宽米；北侧窖道长1.0，宽0.6~0.8米							
		窖室	南侧窖室呈半圆形，平底，高0.8米。北侧窖室呈半圆形，平底，直径0.8，进深0.6，直径1.0，高0.8米							

附表 24　查海遗址室外窖穴一览表

编号	位置	周邻	形状结构	尺寸（米）			出土遗物	备注
				口径	底径	深		
H1	TO502 西北角	东北为 H2，东邻 F7，西北邻 F4	近圆形，斜壁，底部较平整	1.7~1.8	1.58~1.72	0.45		
H2	TO503 东南部	东北为 F6，西南为 H1，西北邻 F4，东南邻 F7	主体近圆形，斜壁，底部较平	3.0~3.1	2.8~2.9	0.26	碎陶片、烧土块，石器 6 件，细石器 1 件	
H3	TO504 西南部	东为 F6，北为 F3，西南为 F4，东南邻 H2	椭圆形，斜壁，底部较平	1.08~1.7	1.6~1.0	0.30		
H4	TO105 西北角 TO106 东南角	北为 F11，南为 F13	圆形，斜壁，底部较平	1.6	1.4~1.44	0.40		
H5	TO508 南部	西北为 F20，西南邻 H7，东为 F8	椭圆形，斜壁，底部较平	1.0~1.2	0.9~1.1	0.42	陶器 2 件	
H6	TO208 西南部	西北为 F23，东北为 F22，西为 F9	近圆形，壁面平直，底部较平	0.85~0.9	0.78~0.85	0.32		
H7	TO407 东南部，TO507 西南部	西南为 F2，东北邻 H5，东南为 D3	圆形，壁面斜平，底部不平	1.3	1.2~1.22	0.23	石器、石块、碎陶片	
H8	TO307 西南部	北为 D2，西南为 F1，东南为 F2	圆形，斜壁，底部较平	1.65~1.7	1.58~1.62	0.24		
H9	TO104 西北部	东为 F10，西北为 F13	圆形，斜壁，底部较平	2.2~2.3	2.15~2.2	0.26		
H10	TO806 西部	东为 F18，西南为 F15，西邻 F5	圆形，斜壁，底部较平	1.2	1.08~1.1	0.30		
H11	TO901 南部	西邻 F19，北邻 H12，西北为 F14	圆形，斜壁，底部较平	1.5	1.4	0.40	陶器 6 件，石器 2 件，陶片 40 余片	
H12	TO901 北部	东南邻 H11，西北为 F14	椭圆形，斜壁，底部较平	1.0~1.2	0.9~1.1	0.42		
H13	TO114 西南部	西北为 F29，东为 F32，南邻 F30	近圆形，壁面平直，底部较平	0.85~0.9	0.78~0.85	0.32	陶器 2 件，陶片 4 片	
H14	TO115 东部，TO215 西部	东邻 H26，西南为 F38，南为 F32	近圆形，西侧壁面陡直，其余壁面斜平，较粗糙，底部不平	0.96~1.03	0.91~1.0	0.23	陶器 5 件，石器 5 件，碎陶片，石块	

编号	位置	周边	形状结构	尺寸（米）			出土遗物	备注
				口径	底径	深		
H15	TO217 中部	西邻 H23，东南为 F33	主体为圆形，斜壁，底部中心略高。东侧有半圆状外凸二层台	1.84	1.75	0.70	石块，碎陶片；二层台上有残陶片、石块	底部7个柱洞：近穴壁一周5个，居中2个。二层台宽1.2，外凸0.54，高0.40米。柱洞深0.12～0.5米
H16	ⅡTO214 南部、ⅡTO213 北部	西邻 H29，西南为 H30，北为 H27，南为 F25，东北为 H24	椭圆形，斜壁，底部中间低，中心有一圆形坑式灶，灶底不平	2.15～2.30	1.90～2.10	0.35	5片红褐陶片，5片灰褐陶片	窖穴北部被 H27 打破，灶址直径0.55，深0.06米
H17	ⅡTO214 西北部，ⅡTO215 西南	南为 H27、H16，东北为 H24，西北为石堆遗迹	椭圆形，斜壁，底部较平	1.20～1.08	1.07～0.90	0.4		
H18	ⅡTO215 东部	西南为 H17，东北邻 H19，东南为 F29	椭圆形，南侧壁面斜平，其他壁面陡直，底部较平整	1.10～1.45	1.34～0.94	0.3		
H19	ⅡTO115 北部	西北邻 F26，东北邻 H20，西南为 H18，东南邻 F38	主体为圆形，平底，北部设二级台面，一级台上有一柱洞，底部有三柱洞	1.8～1.7	1.7～1.56	0.9	炭灰，30余片陶片，石器1件	柱洞有圆形、椭圆形。一级台1.0×0.7米、高0.38米，二级台0.7×0.38米、高0.20米
H20	ⅡTO116 南部	西为邻 F26，东为 F33，东北为 H21，西南为 H19	椭圆形，斜壁，平底；6个柱洞：近穴壁一周5，居中1	1.70～1.90	1.62～1.8	0.38	少量石器及碎陶片	柱洞有圆形、椭圆形，直径0.13～0.34米，深0.12～0.42米
H21	ⅡTO116 东部、TO116 西部	西邻 F26，东邻 F33，东北为 H22，西南为 H20	近圆形，斜壁，中部略低，10个柱洞：7个居穴内，3个靠穴壁一周	1.95～1.95	1.80～1.80	0.54	10余片红褐陶片，石器1件	ⅠTO116 西部。柱洞有圆形、椭圆形和不规则形，直径0.13～0.43米，深0.11～0.70米
H22	TO117 西南角	西南为 H21，东北为 H23	近圆形，斜壁，底部中间低，近穴壁一周5个柱洞	1.38	1.36～1.40	0.34		柱洞有椭圆形和不规则形，直径0.27～0.60米，深0.11～0.28米

编号	位置	周邻	形状结构	尺寸（米）			出土遗物	备注
				口径	底径	深		
H23	T0117中部	西南为H22，东南邻H15	椭圆形，斜壁，穴底中部低；近穴壁一周有4个柱洞	1.67~1.88	1.54~1.73	0.55	陶器1件，石器2件，碎陶片、石块	柱洞有椭圆形和不规则形，直径0.18~0.47米，深0.07~0.42米
H24	ⅡT0214东部、ⅡT0114西部	西邻H16、H27，东南为F29，东南为F24	椭圆形，壁近直，底部较平	1.26~1.44	1.14~1.32	0.23	陶器1件，石器1件	
H25	T0114东北角、T0115东南角	西为F38，北邻H14，东北邻H26	椭圆形，壁较直，底部较平	0.85~0.97	0.76~0.92	0.32	陶器2件	窖穴打破同层位下F32
H26	T0215中部	西为H14，东邻F39，南邻F32，西南为F33，东北为H25	圆形，斜壁，底东部不平，中间有一灶址，灶深0.06米	2.52	2.14~2.14	0.36	陶器1件，石器2件	窖穴打破同层位下F33
H27	ⅡT0214中部	东邻H24、北邻H17，南邻H16	椭圆形，斜壁，平底	0.80~1.00	0.62~0.95	0.48	1片陶片	窖穴打破H16
H28	ⅡT0413东南角	西为F35，东为F25，东北邻H30	近圆形，斜壁	0.87~0.90	0.74~0.80	0.30~0.34		底部不平，西低东高
H29	ⅡT0313北部	西为F35，东邻H16，H27，南邻H30，西北为F34	圆形，斜壁，平底	0.84~0.90	0.74~0.85	0.18	1块陶片	
H30	ⅡT0313中部偏北	东南邻F25，西南邻H28，北为H29	近圆形，斜壁，底部较平整	0.84~0.92	0.74~0.82	0.20	陶器1件	
H31	T1115中部偏北	东南邻H32，西邻H33，西南为F44	圆形，斜壁，平底	1.20	1.10	0.10		

续表

编号	位置	周邻	形状结构	尺寸（米）			出土遗物	备注
				口径	底径	深		
H32	T1115 东南角、T1215 西南角、T1114 东北角、T1214 西北角	西北邻 H31，东南部 F50，西南邻 F51	主体为圆形，斜壁、平底，东南部有斜坡式二层台	2.1	1.8	0.50	炭灰，碎陶片，石器1件	二层台半圆状外凸。台缘宽1.32米，外凸0.6米，台缘高0.36米
H33	T1015 东北角、T1115 西北部	东邻 H31，西南为 F44，东南为 H32	圆形、斜壁、底部较平，南侧近穴壁有2柱洞，一洞内有2石块	2.75	2.50	0.38	石器7件	圆形柱洞口0.4米，圆角长方形柱洞口0.55×0.66米，深均为0.22米
H34	T0509 东南角、T0609 西南角、T0608 西北角	北为 M9，东北为 M5，西北为 H35	圆形、斜壁、偏匕侧囊底	1.9	1.4	1.14	少量陶片，5件石器，陶器5件，玉器1件	
H35	T0509 中部	西为 M10、M6，东南邻 H34，东北 M9	椭圆形、斜壁、壁面不规整、平底	1.22~1.0	1.04~0.84	0.48	少量陶片	打破 M6、M9
H36	T0510 西北部、T0511 西南部	北为龙形堆石，东为 M1、M2，叠压打破 M8	圆角方形、直壁、平底	1.55~1.65	1.30~1.42	0.40	炭灰及少量陶片、兽骨	祭祀坑不明种属骨骼与猪属牙齿（图版二八二，5）
H37	T1113 中部	北为 F51，西南 F45	椭圆形、斜壁、平底	1.52~1.64	1.36~1.46	0.46	炭灰及少量陶片	穴底一层黑灰色垫踏土，厚0.02~0.04米

附表 25　查海遗址中心墓地墓葬一览表

墓号	位置	层位	墓向	墓圹结构	尺寸（口/底）（米）长	北宽	南宽	深	性别	年龄	面向	葬式	人骨状况	随葬品	备注
M1	M2 东侧	①层下，被 M2 打破	正北	长方形土坑竖穴	1.8/1.72	0.42/0.34	0.3/0.26	0.3	男	成年人	西	仰身直肢	仅存头骨、上下肢骨残块		西北紧邻龙形堆石
M2	M1 西侧	①层下，打破 M1	正北	圆角长方形土坑竖穴	2.04/1.94	0.62/0.5	0.54/0.44	0.38	女	成年人	西	仰身直肢	仅存头骨、踝骨	足下 2 件直腹罐	西北紧邻龙形堆石，填土中出土鹿科左侧跟骨
M3	M1 东南 3 米	①层下，打破 M4	350 度	圆角长方形土坑竖穴	1.98/1.76	0.8/0.6	0.64/0.44	0.88	女	25 岁左右	仰面	仰身直肢	仅存头骨、上下肢骨残块		
M4	M3 西侧下方	①层下，被 M3 打破	355 度	圆角长方形土坑竖穴	2.22/2.14	0.9/0.84		0.23	女	成年人	仰面	仰身直肢	仅存头骨、肩胛骨、肋骨、上下肢骨		
M5	M4 东南 0.1 米	①层下	北	圆角长方形土坑竖穴	2.76	0.8~0.6	0.7	0.4		成年人			仅存 1 小块胫骨		北侧有二层台，墓底北高南低
M6	M8 南 5.1 米	①层下，打破 M10	16 度	圆角长方形土坑竖穴	1.84/1.72	0.6/0.44	0.6/0.5	0.52					尸骨朽无		
M7	M1 南 2.5 米	①层下，被 M9 打破	339 度	圆角长方形土坑竖穴	3.0/2.86	0.56/0.46	0.6/0.46	0.5	1 成年女性、2 未成年				尸骨腐蚀严重		墓北部残存两具未成年人头骨残片
M8	M2 西 1.25 米	①层下，被 H36 叠压打破	345 度	圆角长方形土坑竖穴	2.24	0.65		0.56	男	40 岁左右	西	仰身直肢	尸骨腐蚀较严重	足部 23 件石器	身长 1.76 米
M9	M10 东北 0.5 米	①层下，打破 M7	13 度	长方形土坑竖穴	2.48/2.4	1.0/0.9	0.92/0.84	0.12~0.2		成年人			仅存头骨、肱骨及胫骨		墓底北高南低
M10	M8 南 5.1 米	①层下，西壁被 M6 打破，中部被 H35 打破	16 度	圆角长方形土坑竖穴	1.6/1.46	0.8/0.66	0.66/0.6	0.44					仅存 1 小块股骨		

附表 26　查海遗址居室墓墓葬一览表

墓号	位置	层位	墓向	墓圹结构	尺寸（口/底）（米）				性别	年龄	面向	葬式	人骨状况	随葬品	备注
					长	北宽	南宽	深							
M10	M8 南 5.1 米	①层下，西壁被 M6 打破，中部被 H35 打破	16 度	圆角长方形土坑竖穴	1.6/1.46	0.8/0.66	0.66/0.6	0.44					仅存 1 块小股骨		
F7M	室内西侧中部	室内垫踏土层下	5 度	圆角长方形土坑竖穴	1.2	0.5		0.45		儿童		头北足南	墓底北部清理一枚儿童白齿	三对 6 件匕形玉器	墓葬西侧紧靠房穴西壁
F16M	靠近西壁偏北的二层台下	室内垫踏土层下	9 度	圆角长方形土坑竖穴	1.43/1.2	0.25/0.22	0.37/0.25	0.47		儿童		头北足南	墓内北侧仅存儿颗牙齿		墓圹不甚规整
F18M	室内西北角	室内垫踏土层下	32 度	圆角长方形土坑竖穴	1.18/1.12	0.56	0.50	0.55		儿童		头北足南	墓底北部清理一枚儿童牙齿，腐蚀严重		墓葬西侧紧靠房穴西壁
F19M	室内西北角	室内垫踏土层下	339 度	圆角长方形土坑竖穴	2.3/2.1	0.9/0.75	0.95/0.9	0.3		儿童		头北足南	墓底北部清理出一些腐蚀严重的儿童牙齿碎渣		
F21M	室内西侧中部	室内垫踏土层下	17 度	圆角长方形土坑竖穴	2.0/1.7	0.7/0.46		0.43					尸骨朽无	墓底中部偏北随葬 3 件直腹罐	陪葬的 2 件小直腹罐完整套放在一起
F43M	室内西北角	室内垫踏土层下	340 度	圆角长方形竖穴	2.1/1.9	0.7/0.5	0.64/0.46	0.72				头北足南	尸骨朽无	墓底北端玉块 2 件，南端陶器 7 件，石器 2 件	墓葬南端边缘被室内中心灶址叠压

附表27　查海遗址圆形穴灶一览表

单位：米

编号	位置	形状结构	灶口直径	灶底直径	灶深	抹泥厚	备注
F1Z	室内中部偏东北	圆形坑式灶，斜直壁、平底，灶壁及底抹泥，灶穴呈暗红色	0.84		0.12	0.03~0.05	
F2Z	室内中部偏东	圆形坑式寰底，斜直壁，灶穴呈暗红色	0.5		0.08		
F3Z	居室内中部	椭圆形坑式灶，斜直壁、平底，灶壁及底抹泥，灶穴呈暗红色	1.30~1.40		0.06		
F5Z	居室内中部	圆形坑式平底，灶壁及底抹泥，灶穴呈暗红色	0.66~0.8	0.5~0.7	0.14		
F6Z2	Z1北侧	圆形坑式平底，斜壁平底，灶壁及底抹泥，经使用呈暗红色	1.1	0.86	0.06	0.05~0.08	Z2打破Z1
F9Z	居室内中部偏西	圆形坑式平底，灶壁及底抹泥	1.0		0.12		
F11Z	居室内中部偏北	近圆形坑式平底，灶壁及底抹泥，灶穴呈暗红色	1.4~1.3		0.06	0.03~0.05	
F12Z	居室内中部	圆形坑式灶，斜壁平底，灶壁及底抹泥，灶穴呈暗红色	0.7~0.68	0.6	0.18	0.018	
F14Z	室内中部偏北	圆形坑式灶，平底，灶壁及底抹泥，灶穴呈暗红色	1.0	0.7	0.1	0.022	
F15Z	居室内中部偏北	圆形浅穴式灶，斜壁平底，灶穴呈暗红色	1.0	0.8	0.12	0.03~0.05	
F16Z	居室内中部	圆形浅穴式灶，斜壁平底，灶壁及底抹泥，灶穴呈暗红色	1.0	0.76	0.08	0.03~0.05	
F17Z	室内中部	圆形浅穴式灶，斜壁平底，灶壁及底抹泥，灶穴呈暗红色	0.74	0.5	0.10	0.03~0.05	
F18Z	居室内中部偏北	圆形浅穴式灶，斜壁寰底，灶壁及底抹泥，灶穴呈暗红色	0.74	0.54	0.12	0.04~0.07	
F19Z2	Z1西侧	圆形浅穴式灶，斜壁平底，灶壁及底抹泥，灶穴呈暗红色	0.7		0.10		
F20Z	居室内中部偏北	圆形浅穴式灶，斜壁平底，灶壁及底抹泥，灶穴呈暗红色	0.74		0.10	0.03~0.05	灶室中部出土一猪头骨

续表

编号	位置	形状结构	灶口直径	灶底直径	灶深	抹泥厚	备注
F21Z	居室内中部	圆形浅穴式灶，斜壁平底，灶壁及底抹泥，灶穴呈暗红色	1.0	0.08	0.04		
F26Z	居室内中部	圆形浅穴式灶，基岩灶壁呈暗红色。圜底。	0.42~0.40		0.12		
F27Z	室内中部偏北	圆形坑式灶，斜壁及底抹泥，灶穴呈暗红色	0.85	0.75	0.04	0.05~0.10	
F31Z	室内中部偏北	圆形坑式灶，斜壁及底抹泥，灶穴呈暗红色	0.72	0.62	0.1	0.05~0.15	
F33Z	居室内中部	圆形式灶，平底，灶壁及底抹泥，灶穴呈暗红色	0.98	0.88	0.1	0.09	
F35Z	居室内中部	圆形浅穴式灶，平底，灶壁及底抹泥，灶穴呈暗红色	0.6		0.06		
F36Z	居室内中部偏西	圆形坑式灶，斜壁平底，灶壁及底抹泥，灶穴呈暗红色	0.91~0.96	0.86~0.9	0.05	0.06~0.11	灶内一件残碎陶器
F37Z2	室内中部	圆形坑式灶，平底，灶穴呈暗红色	0.46		0.09		叠压打破Z3
F37Z3	Z2西北侧	圆形坑式灶，平底，灶壁及底抹泥，灶穴呈暗红色	0.5		0.06		被Z2打破
F38Z	居室内中部	圆形坑式灶，直壁平底，未见抹泥，灶穴呈暗红色	0.5		0.04		
F39Z	居室内中部	近圆形坑式平底，灶壁及底抹泥	0.64~0.68		0.04		
F40Z	室内中部偏北	圆形坑式灶，斜壁平底，灶壁及底抹泥，灶穴呈红色	0.6	0.45	0.08	0.05~0.06	
F41Z	室内中部偏东	圆形坑式灶，斜壁平底，灶壁及底抹泥，灶穴呈暗红色	0.5		0.2	0.04~0.08	灶底中部有一石块
F42Z1	居室内中部	圆形坑式灶，斜壁平底，灶壁及底抹泥，灶穴呈暗红色	0.64		0.02	0.02~0.04	不规则圆形
F45Z	居室内中部	椭圆形坑式灶，斜壁平底。灶内北部出土一件残碎陶罐	0.9~0.94	0.56~0.76	0.08		
F46Z	居室内中部	圆形坑式灶，斜壁平底，灶壁及底抹泥，灶穴呈暗红色	1.38~1.4	1.32~1.34	0.18	0.02~0.04	灶内2块石块
F48Z	居室内中部	圆形坑式灶，斜壁平底，灶壁及底抹泥，灶穴呈暗红色	0.9~0.96		0.04	0.02~0.05	
F49Z1	室内中部偏北	圆形坑式窶底，斜壁及底抹泥，灶穴呈暗红色	0.84×0.9	0.35	0.03	0.03~0.05	半圆形
F51Z	室内中部偏北	圆形坑式灶，平底，灶壁及底抹泥，灶穴呈暗红色	0.55	0.35	0.11	0.02~0.03	形状不规则
F53Z	居室内中部	圆形坑式灶，斜壁斜平底，灶壁及底抹泥，灶穴呈暗红色	0.94~1.0	0.8~0.84	0.17~0.06	0.03~0.08	出土1件石斧，2片陶片
F55Z	居室内中部	圆形坑式灶，斜壁窶底，灶壁及底抹泥，灶穴呈暗红色	1.0		0.08	0.03~0.08	

附表 28　查海遗址椭圆形穴灶一览表

单位：米

编号	位置	形状结构	灶口直径	灶底直径	灶深	抹泥厚	备注
F4Z1	室内中部偏北	椭圆形坑式灶，平底。灶壁及底抹泥，灶穴呈暗红色	1.14~0.9		0.12		Z1打破Z2
F4Z2	Z1南侧	椭圆形坑式灶，平底。灶壁及底抹泥，灶穴呈暗红色	0.68~0.8		0.1		Z2被Z1打破
F6Z1	室内中部	椭圆形坑式灶，斜壁平底。灶壁及底抹泥，灶穴呈暗红色	0.9~1.0	0.8~0.9	0.1	0.03~0.05	Z2被Z1打破
F10Z	室内中部	椭圆形坑式灶，平底。灶壁及底抹泥，灶穴呈暗红色	0.8~1.0		0.04		
F13Z	室内中部偏北	椭圆形坑式灶，平底。灶壁及底抹泥，灶穴呈暗红色	0.6~0.76		0.06	0.02	
F19Z1	室内中部	椭圆形坑式灶，斜壁平底。灶壁及底抹泥，灶穴呈暗红色	0.74~0.84		0.05	0.04~0.07	叠压打破Z2
F22Z	居室内中部	椭圆形坑式灶，斜壁平底。灶壁及底抹泥，灶穴呈暗红色	1.0~1.3	0.76~1.08	0.10		
F25Z	室内中部偏北	椭圆形坑式灶，斜壁平底。灶壁及底抹泥，灶穴呈暗红色	0.92~0.72		0.06~0.10	0.04~0.08	
F29Z	室内中部	椭圆形坑式灶，平底。灶壁及底抹泥，灶穴呈暗红色	0.8~0.66		0.05		灶南出土5颗小猪牙
F43Z	室内中部偏北	椭圆形坑式灶，斜壁平底。灶壁及底抹泥，灶穴呈暗红色	0.7~1.0		0.14	0.02~0.04	
F47Z	室内中部偏东南	椭圆形坑式灶，斜壁平底。灶穴呈暗红色	1.1~0.66		0.04~0.06		
F54Z	室内中部偏北	椭圆形坑式灶，斜壁平底。灶壁及底抹泥，灶穴呈红色	1.6~1.25		0.09	0.02~0.05	

附表 29　查海遗址大小组合穴灶一览表

单位：米

编号		位置	形状结构	口直径	底直径	灶深	抹泥厚	备注
F7	Z1	室内中部偏北	圆形坑式灶，斜壁平底，灶壁及底抹泥，经使用呈暗红色	0.58		0.06	0.08~0.1	灶口外径0.76，内径0.58
	Z2	Z1东侧	圆形坑式灶，斜壁平底，灶壁及底抹泥，经使用呈暗红色	0.8		0.1	0.12~0.15	灶口外径1.1，内径0.8
F8	Z1	居室内中部	圆形浅穴窜底灶，灶壁及底抹泥，灶穴呈暗红色	1.0		0.1		
	Z2	Z1北0.1米	圆形浅穴平底灶，灶壁及底抹泥，灶穴呈暗红色	0.85	0.8	0.05		
F24	Z1	室内中部	圆形浅穴式灶，斜壁平底，灶壁及底抹泥，灶穴呈暗红色	0.72~0.74	0.66	0.13	0.08~0.1	灶内出土一"之"字纹红褐色陶片
	Z2	Z1南0.04米	圆形浅穴式灶，平底，灶壁及底未见抹泥，灶穴呈暗红色	0.32	0.02	0.08		
F28	Z1	室内中部偏北	椭圆形坑式灶，平底，灶壁及底抹泥，灶穴呈暗红色	0.5~0.6		0.1	0.04	
	Z2	Z1西侧	椭圆形坑式灶，平底，灶壁及底抹泥，灶穴呈暗红色	0.38~0.5		0.2	0.04	
F30	Z1	室内中部偏北	圆形坑式灶，平底，灶壁及底抹泥，灶穴呈暗红色	0.84~0.8	0.66	0.13	0.04~0.05	内径0.74~0.72
	Z2	Z1南侧0.04米	圆形坑式灶，平底，灶壁及底抹泥，灶穴呈暗红色	0.32	0.2	0.08	0.04~0.05	内径0.24
F44	Z1	室内中部	椭圆形坑式灶，斜壁平底，灶壁及底抹泥，灶穴呈暗红色	0.6~0.7		0.06	0.02~0.07	
	Z2	Z1南侧0.3米	圆形坑式灶，窜底，未见抹泥，灶穴呈暗红色	0.3		0.03		

附表 30　查海遗址圆形铺石灶一览表

单位：米

编号	位置	形状结构	口直径	底直径	灶深	抹泥厚	备注
F32Z	室内中部	圆形坑式灶，斜平底，灶壁及底抹泥，底部铺摆石块，灶穴呈暗红色	0.96	0.76	0.085	0.05~0.10	
F34Z	室内中部	圆形坑式灶，斜壁平底，灶壁及底抹泥，底部铺摆石块，灶穴呈暗红色	0.75	0.65	0.1	0.06~0.10	
F37Z1	室内中部	圆形坑式灶，斜壁平底，底部铺摆石块，灶穴呈暗红色	0.45				叠压打破Z2、Z3
F50Z	室内中部	圆形坑式灶，斜壁平底，灶壁及底抹泥，灶底用石块、石器及陶片铺垫，灶穴呈暗红色	0.84~0.95	0.78~0.8	0.12	0.05~0.09	出土1小块兽骨
F52Z1	室内中部偏西	圆形坑式灶，斜直壁平底，底部铺摆石块及石器，间隙填泥土，灶穴呈红色	0.7~0.6	0.56~0.6	0.18~0.2		敲砸器、磨盘、磨石、砺石块

附表 31　地面支石灶一览表

编号	灶址		灶址尺寸（米）		备注
	位置	形状结构	直径	高	
F37Z4	室内中部偏北	用3块石头活动面上支垫而成，支石表面经火烧呈黑灰色	0.2		支石下地面红烧土近椭圆形，东西长0.54，南北宽0.42米

附表 31－1　查海遗址各遗迹单位之字纹陶器统计表

期别	Aa（长）红褐	Aa（长）灰褐	Ab（短）红褐	Ab（短）灰褐	Ba（疏）红褐	Ba（疏）灰褐	Bb（密）红褐	Bb（密）灰褐	红褐	灰褐	合计	％
房址	12		20				5		37		303	94.1
		17		215		5		29		266		
①											1	0.3
				1						1		
②	1		1						2		13	4.0
		2		9						11		
窖穴（H）											2	0.6
				1				1		2		
陶器堆（D）	1								1		2	0.6
		1								1		
壕沟（G）											1	0.3
				1						1		
合计	14	20	21	227		5	5	30	40	282	322	100.0
％	4.3	6.2	6.5	70.5		1.6	1.6	9.3	12.4	87.6		
	A 型直线式 87.5				B 型弧线式 12.5							

附表 31－2　查海遗址之字纹分期统计表

期别	Aa（长）红褐	Aa（长）灰褐	Ab（短）红褐	Ab（短）灰褐	Ba（疏）红褐	Ba（疏）灰褐	Bb（密）红褐	Bb（密）灰褐	红褐	灰褐	合计	％
早												
中	3		2				1		6		6	2.1
		1		7		1		1		10	10	3.5
晚	8		16				3		27		27	9.4
		6		206		4		27		243	243	85.0
合计	11	7	18	213		5	4	28	33	253	286	
	18		231		5		32					
％	6.3		80.8		1.7		11.2		11.5	88.5		
	A 型直线式 87.1				B 型弧线式 12.9							

附表 32　查海遗址施纹形式统计一览表

器类＼施纹形式	素面	单一施纹									复合施纹	合计	%
		短线纹	弦纹	斜线纹	窝点纹	交叉纹	网格纹	人字纹	菱格纹	之字纹			
斜腹罐	76			1	41						2	120	10.7
直腹罐	30	1	2	1	2		3	2		10	735	786	70.0
鼓腹罐	2			2		1			1	1	101	108	9.6
钵	22	2		4	2		4	6	3		34	77	6.9
杯	18	1			1	3	1	1	1	1	6	32	2.8
合计	148	4	2	8	45	2	10	9	5	12	878	1123	
		97											
%	13.2	8.6									78.2		

注：陶纺轮未作统计。

附表 33　查海聚落遗址　哺乳动物遗骸统计表

动物科属	骨骼名称	保存状况	数量	尺寸（毫米）长	尺寸（毫米）宽	重量（克）	出土单位	备注
	左侧下颌 I_1	残块	3			3.19	F3、F36、F43	
	右侧下颌 I_1	残块	2			2.42	F3、F36	
	左侧下颌 M_1		1	17.76	9.78	2.6	F6	
	左侧上颌 M^2	残块	1	24.88	17.27	3.03	F3	刚萌出，齿尖尚未磨损
	左侧上颌 M^2	残块	2			7.68	F36、T0209②	
	右侧上颌 M^2		1	27.17	20.14	4.43	F36	刚萌出，齿尖尚未磨损
	右侧上颌 M^2	残块	2		17.53	5.72	F3、F6	齿尖轻微磨蚀
	左侧下颌 M_2		1	27.18		3.61	F36	
	左侧下颌 M_2	残块	1		19.81	4.46	F36	
	右侧下颌 M_2		1	26.98	17.71	3.78	F36	刚萌出，齿尖尚未磨损
	右侧下颌 M_2		1	23.91	14.97	2.6	F3	
猪属	右侧下颌 M_2	残块	1			1.67	F33	
	左侧上颌 M^3	残块	1			4.34	H36	
	左侧下颌 M_3	残块	3			16.87	F33、F40、F53	磨蚀程度较高
	左侧下颌 M_3	残块	1	44.95	20.95	11.05	F33	
	右侧下颌 M_3	残块	3			9.31	F43、T0209②	
	前白齿	残块	9			7.45	F36、F43、T0210①	
	齿根	残块	35			6.41	M2	
	白齿	残块	389			80.82	F3、F6、F34、F36、F40、F43、F46、F52、F53、H21、H36、M2、M8、T0209②	
	大齿	残片	7			0.83	M2	
	趾骨	残块	1			2.51	M2	
	头骨	残块	2				F20	出土于灶内

续表

动物科属	骨骼名称	保存状况	数量	尺寸（毫米）		重量（克）	出土单位	备注
				长	宽			
牛科	下颌白齿	残块	1			1.82	F6	
	白齿	残块	260			37.74	F32、F33、F39、F43、F46、M2、M8、T0209②、T0509①	
鹿科	左侧跟骨	残块	1			13.67	T0509②	
	左侧距骨	比较完整	1	外侧长 41.23、内侧长 43.19、前端宽 27.96、后端宽 25.35、厚23.7		13.58	M8	外侧面有啮齿动物啃咬过的痕迹
	右侧下颌 P$_4$	残块	12			0.41	F46	
	炮骨	残块	1			1.11	M8	被火烧过
马科	左侧下颌 P$_4$	残块	1			17.7	F1	
不明种属	骨骼	残块	141			32.45	F3、F32、F46、F52、M8、H36	1件骨片表面有食肉动物啃咬的痕迹，14件表面有火烧过的痕迹，有的通体烧过

附表34　查海遗址各单位出土玉器一览表

单位	类别	分期	编号	玉玦	玉匕	玉凿	玉斧	玉管	玉环	玉料	残片	合计	合计	％
房址	活动面	早期	F50：59	1								1	21	47.7
	活动面	中期	F38：34			1						6		
	活动面	中期	F41：38、39					2						
	活动面	中期	F43：35、36、38	1	1			1						
	活动面	晚期	F11：19								1	12		
	活动面	晚期	F14：3			1								
	活动面	晚期	F16：16		1									
	活动面	晚期	F17：33				1							
	活动面	晚期	F18：32				1							
	活动面	晚期	F20：10			1								
	活动面	晚期	F36：106、110				1	1						
	活动面	晚期	F46：123、124		1									
	活动面	晚期	F54：108、109		2									
	堆积层		F27①：6				1					2		
	堆积层		F46①：25							1				
居室墓	中期		F43M：1、2	2								2	8	18.2
	晚期		F7M：1－6		6							6		
地层	①		T0411①：1			1						1	11	25.0
	②		T0307②：1		1							10		
	②		T0407②：1、6	2										
	②		T0505②：1	1										
	②		T0607②：1					1						
	②		T0608②：1	1										
	②		T0709②：1		1									
	②		T0508②：11					1						
	②		T0609②：1			1								
	②		T1110②：10					1						
祭祀坑			H34：2			1						1	1	2.3
采集			采：20、33、34			2	1					3	3	6.8
合　计				7	13	7	7	6	1	1	2	44		
百分比				15.9	29.5	15.9	15.9	13.6	2.3	2.3	4.5			

后 记

　　《查海——新石器时代聚落遗址发掘报告》一书，由辽宁省文物考古研究所编著，辛岩主编。其中第六章《遗物综述》第四节《查海遗址动、植物遗存分析研究》中"一　查海遗址动物遗存分析"由山东大学东方考古研究中心的宋艳波讲师与编著者合作完成；"二　查海遗址炭化植物遗存研究"由山东大学东方考古研究中心靳桂云教授、硕士研究生吴文婉、王海玉与编著者合作完成，同时中国科学院植物研究所刘长江工程师、中国社会科学院考古研究王树芝研究员、浙江省文物考古研究所郑云飞研究员在鉴定和拍照方面给予了帮助；"三　查海遗址石器表层残留物淀粉粒分析"由山东大学东方考古研究中心靳桂云教授、硕士研究生吴文婉、王育茜、王海玉，中国科学院地理科学与资源研究所杨晓燕副研究员与编著者合作完成，同时，中国科学院地理科学与资源研究所李明启博士、博士研究生万智巍和研究生马志坤对淀粉粒样品镜检提供方便和帮助；第七章《聚落综述》第三节《房址的规模与形制分类及复原》中"房址结构的认识与假设复原"由辽宁省文物考古研究所所长李向东研究员与编著者合作完成；第八章《查海—兴隆洼文化时空框架》由辽宁大学历史学院张星德教授与编著者合作完成。

　　本报告在编著过程中，辽宁省文物考古研究所摄影师穆启文，考古技工万成忠、张明和、马红光，辽宁大学历史学院硕士研究生智朴、孙予航做了大量的基础工作。

　　本报告初稿完成后，经辽宁省文物考古研究所名誉所长郭大顺先生、所长李向东研究员、副所长李新全研究员、副所长华玉冰研究员、辽宁大学历史学院张星德教授审阅，并提出宝贵意见，酌情修改完成。

　　本报告编辑出版期间，得到了文物出版社的大力支持和帮助，特别是张昌倬副总编辑、于炳文编审为本书做了大量艰苦细致的编审工作。

　　本报告的编写与出版，一直得益于国家文物局、辽宁省文化厅、辽宁省文物考古研究所的关心和照顾，以及多位专家、学者、同仁们的支持和帮助，同时得到阜新市市政府、市文化局，阜新蒙古族自治县县政府、县文化局的高度重视。

　　谨此一并致以诚挚的谢意。

　　《查海——新石器时代聚落遗址发掘报告》一书虽已呈现给大家，但有些方面研究还不够深入。在报告的编写过程中，我们尽可能按照各遗迹单位发掘记录资料，力求该遗址中的遗迹、遗物全面系统的发表，并在此基础上做了一定的综述研究，以便为学者的深入研究提供翔实的第一手资料。但愿本书能给大家的学习研究带来一定的帮助。

　　本书报告的一些观点看法，仅供参考，如有遗漏、不足、谬误之外，望同仁批评指正。

编著者　辛　岩

2012 年 5 月 9 日